Beate Sander

Der Aktien- und Börsenführerschein

BEATE SANDER

DER
AKTIEN-
UND
BÖRSEN-
FÜHRERSCHEIN

Die Lizenz zum Geldanlegen

FinanzBuch Verlag

Bibliografische Information der Deutschen Nationalbibliothek

Die Deutsche Nationalbibliothek verzeichnet diese Publikation in der Deutschen Nationalbibliografie; detaillierte bibliografische Daten sind im Internet über **http://d-nb.de** abrufbar.

Für Fragen, Prüfungen und Anregungen:

sander@finanzbuchverlag.de

4. aktualisierte und überarbeitete Auflage 2011

© 2011 FinanzBuch Verlag, ein Imprint
der Münchner Verlagsgruppe GmbH
Nymphenburger Straße 86
D-80636 München
Tel.: 089 651285-0
Fax: 089 652096

Satz: Beate Sander
Bildbearbeitung: Oliver Pailer, paginamedia GmbH
Druck: Firmengruppe Appl, aprinta Druck, Wemding

ISBN 978-3-89879-658-3

Weitere Infos zum Thema

www.finanzbuchverlag.de
Gerne übersenden wir Ihnen unser aktuelles Verlagsprogramm

Grußwort

Bessere Orientierung im Straßennetz der Aktienwelt mit dem **Aktien- und Börsenführerschein**

Liebe Leserinnen und Leser,

der Autoführerschein kann auf eine über hundertjährige Erfolgsgeschichte zurückblicken. Zwar durften die ersten Autos noch ohne Fahrerlaubnis bewegt werden; doch schon 1888 war Fahrunterricht Pflicht. Die Verkehrsregeln waren überschaubar, der Verkehr erst recht. Und die Unterweisung brachte dem Schüler damals die Grundzüge des Autofahrens und der Mechanik nahe. Heute ist für uns das Ablegen der Fahrprüfung selbstverständlich.

In anderen Lebensfeldern wünscht man sich ebenfalls eine Art Führerschein – nicht immer selbstkritisch, eher für die anderen als für sich selbst. Denkbar wäre ein Führerschein in finanzieller Allgemeinbildung. Denn Untersuchungen zeigen, dass man durchaus eine weiterführende Schule erfolgreich abschließen kann, ohne mit den Grundbegriffen der Wirtschaft vertraut zu sein. Völlig unvorbereitet findet man sich dann mit Entscheidungen wie der Wahl der richtigen Bank, der Finanzierung der Wohnung oder möglichen Geldanlagen konfrontiert. Und spricht nicht alle Welt von der großen Bedeutung der Altersvorsorge schon in jungen Jahren? Schnell wächst das Unbehagen, und eine innere Abwehr entsteht, wenn es darum geht, die Geldangelegenheiten zu regeln.

„Es ist besser, eine Stunde über Geld nachzudenken, als eine Woche dafür zu arbeiten." Börsenaltmeister André Kostolany hat Recht. Wir verbringen viel mehr Zeit damit, unser Geld zu verdienen, als das Beste aus ihm zu machen. Dass die Beschäftigung mit Finanzthemen sogar einen Lustgewinn bringen kann, merken Sie spätestens, wenn Sie durch kluge Geldanlage das eine oder andere Extra finanzieren können. Wir denken, Sie kommen bei mittel- bis langfristigem Anlagehorizont zur Vermögensbildung und Altersvorsorge – mag diese auch noch in weiter Ferne liegen – an der Aktienbörse nicht vorbei.

Wir wünschen Ihnen deshalb viel Spaß und Erfolg beim Navigieren durch die Welt der Börse, wo Bullen und Bären auf der Lauer liegen und ein D(achs)AX für spannende Überraschungen sorgt. Mit dem Aktien- und Börsenführerschein sind Sie bestens für diese Herausforderungen gewappnet.

Dr. Christine Bortenländer

Geschäftsführerin Börse München

Andreas Schmidt

Geschäftsführer Börse München

Vorwort

Vor gut einem Jahrzehnt schrieb ich voller Zuversicht und Begeisterung für das Börsenge-schehen das Vorwort zur 1. Auflage des „Kleinen Börsenführerscheins", der sich zum Bestseller entwickelte und mein Leben veränderte. Damals zogen die ersten Vorboten ei-nes schweren Börsen-Unwetters mit orkanartigem Sturm, Blitz, Donner und Hagelschlag auf. Damit fand die bis zum Frühjahr 2000 anhaltende Börsen-Schönwetterperiode ein jä-hes Ende. Die Spekulationsblase platzte und riss den Neuen Markt in den Abgrund. Fehlte es damals vereinzelt auch nicht an warnenden Stimmen, wohl niemand ahnte das Ausmaß des sich 2000 anbahnenden Crash. Selbst für den größten Pessimisten war es nicht vor-stellbar, dass der DAX vom Allzeithoch über 8.100 Punkte bis zum März 2003 auf 2.200 Punkte absinken und 70 % seines Buchwertes verlieren würde. Wer das Ende des Neuen Marktes mit einem Kurssturz von 98 % vorausgesagt hätte, dessen Verstand wäre ange-zweifelt worden. Anfängliche Gier und Euphorie, abgelöst von Angst und Panik, waren der Hauptgrund für den dreijährigen Crash und die damit verbundene Kapitalvernichtung.

Doch warum schlossen die wichtigsten Börsen drei Jahre lang im Minus? Weshalb ging es erst ab März 2003 wieder aufwärts? Und warum – eine besondere Tragik – wurde die daran anknüpfende Rallye bis 2007 und später ab Frühjahr 2009 nach erneutem Crash von so vielen Privatanlegern nicht beherzt genutzt? Vom Tiefpunkt bei 2.200 Punkten 2003 bis zu rund 8.000 Punkten 2007 und ab März 2009 bei 3.600 Punkten bis aktuell über 7.000 Punkten zum Jahresende 2010 eröffneten sich große Chancen, mit kluger Strategie Altverluste auszugleichen und üppige Gewinne einzufahren. Statt substanzstarker Aktien boomten Anleihen, Garantie- und Discountzertifikate und verständlicherweise auch Gold. In den gefahrvollen Phasen 2001/2002 wurde viel zu riskant spekuliert. Wäre es anders, hätte es die Kursexplosion am Neuen Markt ebenso wenig gegeben wie anschließend den Ab-sturz nahe 100 %. Wie neueste Untersuchungen zeigen, sind die meisten Privatanleger zwar mit ihrem Depot unzufrieden, wollen aber dennoch ihr Anlageverhalten kaum ändern und keinerlei Risiko eingehen. So kann man kein Vermögen aufbauen und seine Altersvor-sorge sichern – schon gar nicht bei Inflationsgefahr und abzuführender Abgeltungsteuer.

Die brutalen Terroranschläge am 11. September 2001 auf das World-Trade-Center in den USA trübten die für die Börsenentwicklung so wichtige Stimmungslage, minderten die Kon-sumlust der Verbraucher und die Investitionsbereitschaft der Unternehmen. Hinzu kamen die geopolitische Schieflage, die Angst vor einem explodierenden Ölpreis, neuen Terrorak-ten und der Irakkonflikt mit Kriegsausbruch im Frühjahr 2003. Das offizielle Kriegsgesche-hen endete früher als befürchtet; die Konjunktur begann sich zu erholen. Neues Unheil zog erst auf, als viele amerikanische Häuslebauer mit geringer Bonität bei steigendem Zinssatz ihre Hypothekenschulden nicht mehr tilgen konnten. Zwangsversteigerungen häuften sich, und damit stürzten die Immobilienpreise in den Keller. So gerieten auch die Hypotheken-banken mit ihren komplizierten, hochbrisanten verbrieften Kreditderivaten, die selbst in den Führungsetagen kaum jemand mehr verstand, in eine beängstigende Schieflage.

Die Subprimekrise weitete sich zur globalen Finanz- und Wirtschaftskrise aus, begleitet von Bankpleiten wie Lehman Brothers, milliardenschweren Rettungsschirmen und Konjunkturprogrammen der Notenbanken und einem abgesenkten Leitzinssatz nahe Null. So gab es im Herbst 2008 und im Frühjahr 2009 neuerliche Crashszenarien mit Kursabstürzen der Indizes rund um den Globus zwischen 40 % und über 80 %. Das am Abgrund taumelnde Finanzsystem stürzte nicht vollends ab, sondern erholte sich. Aber ausgestanden ist die Krise noch nicht. Etliche Länder sind überschuldet. Akut von Pleite bedroht sind ohne Hilfe Griechenland, Portugal und Irland, gefährdet aber auch Spanien. So mehren sich jetzt die Sorgen um die Euro-Stabilität und die Zukunft unserer Gemeinschaftswährung.

Die meisten Unternehmen haben ihre Hausaufgaben gemacht. Sie senkten die Kosten, starteten Runderneuerungen, schrumpften sich gesund, hielten sich mit Kurzarbeit über Wasser, nutzten die Konjunkturprogramme wie Infrastruktur, Abwrackprämie und historisch niedrige Zinsen. Wie schon 2003 waren auch im Frühjahr 2009 viele Aktien niedrig bewertet. Teilweise lagen der Buchwert und damit das Eigenkapital über dem Aktienkurs. Für beherzte Anleger ist dies eine Aufforderung, bei substanzstarken Aktien beherzt zuzugreifen. Aber wer hat dies schon gemacht in Richtung: *„Ein Crash ist gut – für Leute mit Mut"*?

Es heißt, dass der Mensch aus der Geschichte nichts lernt und irrationales Verhalten wiederholt. Dennoch sind viele Kapitalanleger mündiger, kritischer und selbstbewusster geworden. Sie folgen einem Guru nicht mehr willenlos wie ein Herdentier, sondern hinterfragen Produkt, Unternehmen, Management und Kennziffern. Der Trend geht in die Richtung, entsprechend der eigenen Markteinschätzung selbst zu entscheiden. Dies stärkt mich in meinem Bemühen, den Aktien- und Börsenführerschein gerade jetzt zu aktualisieren, das Niveau anzuheben, neue Themen einzubringen, Strategien vorzustellen, die das Marktgeschehen und neue Trends berücksichtigen. Auch bei angespannter Marktlage dürfte sich die Aktie bei laufenden Gelddruckmaschinen, damit verbundener Papiergeldentwertung und Inflationsgefahr als Sachwert neben Edelmetall und der selbst genutzten Immobilie als langfristig beste Anlageform behaupten. Wer im Ruhestand finanziell frei und unabhängig sein will, kommt an Aktien nicht vorbei. In fair bewertete Qualitätstitel mit Blick auf eine attraktive Dividende einzusteigen, ist der richtige Weg. Nichts ist so stark wie eine Idee, deren Zeit gekommen ist. Wer den Börsenführerschein studiert und das Zertifikat erwirbt, weiß genug, um sich erfolgreich ins spannende Abenteuer „Aktien, Börse, Bulle, Bär" zu stürzen.

Die Teilhabe am Börsengeschehen lohnt sich. Wissen bedeutet nicht unbedingt Macht, aber oft Geld. Wer langfristig in Aktien, preiswerte Indexfonds (Exchange Traded Fonds = ETF), in Edelmetall, Aktienfonds und Anlagezertifikate investiert und sich als kleine Depotbeimischung vielleicht für alternative Investments entscheidet, dürfte eine ordentliche Rendite erzielen. Störfeuer gefährden den kurz- bis mittelfristigen Anlageerfolg, setzen aber langfristig die Börsengesetze nicht außer Kraft. Gehen die Kurse durch die Decke, will jeder dabei sein. Gier und Euphorie trüben die Vernunft. In schwierigen Zeiten, in denen Börsenkurse nicht mehr die Titelseite der Boulevardpresse zieren, kommt die Stunde der mutigen und erfolgreichen Börsianer, die antizyklisch handeln, bei Tiefstkursen kaufen und in der Hausse hier und da verkaufen.

Selbst im Seitwärtstrend und in fallenden Märkten lässt sich mit Marktbeobachtung, Geduld und Disziplin Geld verdienen, sind doch die Kursschwankungen groß. Ständig werden neue Produkte entwickelt. Auch Neuemissionen sind interessant. Ob die Bären dominieren oder die Bullen regieren: Die Börse ist keine Einbahnstraße. Jede Baisse wird von einer Hausse abgelöst – und umgekehrt. Eine kleine Weisheit am Rande: Optimisten wandeln auf den Wolken, unter denen Pessimisten Trübsal blasen. Nimm das Negative wahr, aber unterwerfe dich ihm nicht. Wasser, das schon vorbeigeflossen ist, treibt die Mühle nicht. Nur auf ausgetretenen Pfaden zu laufen, macht keinen Spaß und schmälert den Erfolg.

Das Börsengeschehen ist spannend und faszinierend. Es erschließt interessante Erfahrungs- und Wissensbereiche, neue Kommunikationswege und ausfüllende Hobbys. Sie lernen, für Ihre Entscheidungen gerade zu stehen. So bauen sich Wirtschafts-, Sozialkompetenz und Selbstwertgefühl auf – wichtige Fundamente auch in der Arbeitswelt. Vielleicht entwickelt sich die Börse sogar zum Wegbereiter für eine berufliche Neuausrichtung.

Das neue Buch soll Ihnen dabei helfen, viel richtig und wenig falsch zu machen und eine Anlagestrategie zu entwickeln, die zum persönlichen Risikoprofil, Anlageziel, Zeithorizont, Alter und zur Vermögensdecke passt. Für den Sicherheitstyp bietet sich eine andere Marschroute an als für risikobewusste und spekulative Anleger. Dennoch gelten Grundregeln wie „Breit gestreut – nie bereut!" „Lass' Gewinne laufen – nicht im Verlust ersaufen!" Das Depot ist vergleichbar mit einer Fußballelf. Entscheidend sind die drei Siegpunkte bei Spielabpfiff, weniger wichtig, ob alle Leistungsträger überzeugen oder jemand von der Bank aus Stammspieler wird. Selbst Profis haben Aktien hochgelobt, die im Vorhof der Hölle endeten, oder Titel verdammt, deren Kurse später explodierten. Die von mir entwickelte Hoch/Tief-Mutstrategie und mein innovatives, individuell veränderbares Aktienauswahl-Punktesystem sollen helfen, solche Irrtümer zu vermeiden.

Die Börsenführerscheinprüfung wird über den FinanzBuch Verlag in München von mir abgewickelt. Die zahlreichen Tests, Lösungsmuster und das kleine Börsenlexikon im Anhang erleichtern die Vorbereitung und festigen das erworbene Wissen. Vielerorts werden Wissensrückstände im Finanzbereich beklagt. Der Aktien- und Börsenführerschein hilft Ihnen dabei, die Fachkompetenz aufzubauen. Es ist mir ein Bedürfnis, dem FinanzBuch Verlag mit seinem Chef Christian Jund dafür zu danken, dass er, als sich um die Jahrtausendwende der große Crash ankündigte, mir das Vertrauen schenkte, mein Börsenführerschein-Projekt zu starten. Heute kümmert sich vor allem Frau Fatima Cinar um neue Bücher.

Altmeister André Kostolany nennt als Basis für den Börsenerfolg fünf **G** und meint damit **G**eduld, **g**ute **G**edanken, **G**lück und **G**eld. **G**efährlich und **g**rottenfalsch ist **g**roße **G**ier.

Viel Lesefreude mit diesem Buch, das ich liebevoll auch selbst gestaltet habe, besten Erfolg bei der Kapitalanlage und der Börsenführerscheinprüfung! Mit den besten Wünschen

Ulm, im Sommer 2011   Ihre Autorin Beate Sander

Aus dem Inhalt

ANHANG

❶ Deutsche Börsenbarometer: DAX & Co.

1.1 Einführung: Die Wertpapierböse

Wer die Bankenmetropole Frankfurt besucht, sollte sich den Anblick von Bulle und Bär auf dem Börsenplatz vor der Frankfurter Wertpapierbörse nicht entgehen lassen. Ein imposanter Eindruck. Den DAX aber, das Wappentier (Dachs mit „chs") für den **D**eutschen **A**ktieninde**X,** sucht der interessierte Börsianer vergebens.

Quelle: Werbung der NORD/LB

Die Wertpapierbörse – vor mehr als 400 Jahren entstanden

Im März 1602 gründeten niederländische Kaufleute die Vereinigte Ostindische Compagnie (VOC), um den Pfefferhandel zu organisieren. So entstand die erste Aktiengesellschaft. Die Besitzer wurden in einem Aktienbuch erfasst. Damit entwickelte sich aus dem VOC-Kontor eine Aktienbörse. Bei der Erstnotiz stieg der Kurs um 15 %. Im Jahr 1622 betrug der Kurszuwachs 300 % und knapp 100 Jahre später sogar 1.200 %. Danach ging es steil abwärts. Das Aus kam 1799. Durch Missmanagement vom Top zum Flop! Das gab es nicht erst zu den Zeiten des Neuen Marktes. Wirtschaftshistoriker leiten das Wort „Börse" von dem alten Patrizierhaus Beurse in Brügge aus dem 14. Jahrhundert ab. Die Hausfassade war mit dem Geschlechterwappen, drei Geldbeuteln, verziert. Der griechische Begriff byrsa und das lateinische Wort bursa bedeuten Leder oder Geldtasche. In dem Anwesen ließen sich durchziehende Kaufleute nieder und bildeten einen Treffpunkt von Angebot und Nachfrage.

➢ **Die Börse als Ort des Kapitals präsentiert sich heutzutage als ein hochorganisierter Handelsplatz für Wertpapiere,** an dem regelmäßig Kauf- und Verkaufsorders (Transaktionen) stattfinden. Je nach Art der Wertpapiere wird von **Aktienbörse** (Anteilscheine, Dividendenwerte) oder **Rentenbörse** (verzinsliche Wertpapiere, Bonds, Rentenpapiere, Staats- und Unternehmensanleihen) gesprochen.

Der Käufer	**Wertpapierbörse**	**Der Verkäufer**
Der Aktionär bekommt die gewünschten Wertpapiere in sein Depot gebucht. Sein Konto wird mit dem Kaufpreis belastet.	Es handelt sich um ein zweiseitiges Verpflichtungs- und Erfüllungsgeschäft mit Einigung über Art, Menge und Preis der betreffenden Wertpapiere.	Er veräußert seine Aktien beim Bankberater, telefonisch oder online mithilfe eines Börsenhändlers. Der Verkaufspreis wird seinem Depotkonto gut geschrieben.

Die Wertpapierbörse als Finanzmarkt weist folgende Merkmale auf:

➢ Es herrschen genau bestimmte Marktbräuche (Usancen).

➢ Die Wertpapiere sind physisch abwesend, liegen also nicht als Dokumente vor.

➢ Die Geschäfte laufen standardisiert in einem elektronischen Handelssystem ab.

➢ Der Handel erfolgt in Deutschland in Frankfurt und an den Regionalbörsen Berlin-Bremen, Düsseldorf, Hamburg, Hannover, München und Stuttgart.

➢ Die hauptsächliche Bedeutung liegt in der Marktfunktion, der marktgerechten Preisbildung und der von den Medien geförderten Markttransparenz.

1.2 Die Bullen: Lieblinge der Börse

Bulle und Bär
als Börsensymbole
am Börsenplatz
vor der Frankfurter Börse

Quelle: „Der Neue Börsenführerschein"

Nichts ersehnt ein Börsianer so sehr wie einen anhaltenden Bullenmarkt, der die Kurse der Aktien aufwärts treibt und schöne Träume von Reichtum weckt. Überlegen Sie: Wann fühlen sich die mit ihren Hörnern nach oben stoßenden Bullen so richtig wohl?

Die Bullen als Symbol für steigende Börsenkurse mögen gute Aussichten. Die Börse lebt mehr von der Zukunft als von der Gegenwart.

Schönfärberei wird abgestraft, eine gesunde Bilanz verlangt. Die Aussichten für morgen sind in den Kursen von heute bereits „eingepreist".

1.3 Die Bären: gefürchtete Widersacher

Spätestens dann, wenn die mit ihren starken Tatzen kraftvoll von oben nach unten zuschlagenden Bären in die Arena einziehen, wird jedem Börsianer klar: So zerronnen – wie gewonnen! Weg die Träume von Reichtum und einem zweiten Dagobert, der auf seinen Geldsäcken sitzt! Erneut bewahrheitet es sich: Die Börse ist keine Einbahnstraße zum Reichwerden, keine Gelddruckmaschine wie anfangs der Neue Markt. Disziplin, Geduld, Sachkompetenz und Lernbereitschaft sind gefragt, um mit frei verfügbarem Geld dauerhaft Anlageerfolge zu erzielen.

Auch ein Bärenmarkt treibt Sie nicht in den Ruin, sofern Sie vernünftig reagieren und nicht alles auf eine Karte setzen. Eine Einwert-Strategie ist vergleichbar mit dem russischen Roulette. Zu den Kellerkindern der Börse zählt, wer im Crash in Panik gerät und hektisch all seine Papiere auf den Markt wirft. Am 11. September 2001, dem Tag der brutalen Terroranschläge auf das World Trade Center, trennten sich viele nervöse Anleger von ihren Aktien. Sie handelten nicht vernunftbetont – eher emotional, aus dem „Bauchgefühl" und folgten dem Herdentrieb. Viele Anleger hatten, wie allgemein empfohlen, Stoppkurse gesetzt, sodass die Aktien automatisch aus dem Depot verschwanden und als Kettenreaktion weitere Verkaufsorders auslösten. Kurz nach den Terrorakten wurde Kapital in Milliardenhöhe vernichtet. Einige Mutige stiegen gegen den Trend ein und verbuchten kurzfristig Kursgewinne. Jedoch war der Crash noch längst nicht ausgestanden. Die Bären tummelten sich bis März 2003 in der Börsenarena. Danach schloss sich eine mehrere Jahre dauernde Hausse an – von vielen Anlegern kaum wahrgenommen. Die nächste Hausse dauerte bis 2007. Im Zuge der Weltwirtschaftskrise kam es im Herbst 2008 und Frühjahr 2009 zum erneuten Crash.

Wann dominieren die Bären?

➢ Inflations-, Deflations-, Rezessionsängste

➢ Längere Periode steigender Leitzinssätze

➢ Umsatz- und Gewinnwarnungen

➢ Weltweit lahmende Konjunktur

➢ Hohe Arbeitslosigkeit, Steuererhöhungen

➢ Spekulativ hohe Rohstoffpreise (Erdöl)

➢ Überschuldung, Unternehmenspleiten

➢ Politische Unruhen bis hin zum Krieg

➢ Steigende Angst vor Terroranschlägen

➢ Platzen von Spekulationsblasen

Verhalten im Bärenmarkt

Kein Panikverkauf ohne einen triftigen Grund!

Zeichnungen: Anastasjia Breschner

Man kann an der Börse viel gewinnen und viel verlieren. Man kann aber nichts zurückgewinnen von dem, was man nicht mehr hat. Wer schnell reich werden will, wird meist arm, meint André Kostolany.

1.4 Die wichtigsten deutschen Indizes

Das wichtigste Element der deutschen Börsenlandschaft: der PRIME STANDARD. Weitere Titel sind dort gelistet.

DAX 30	TecDAX 30
Zusammensetzung: Die 30 größten deutschen Unternehmen aus allen Branchen	**Zusammensetzung:** Die 30 größten Technologie-Unternehmen nach dem DAX (In- und Ausland)
Aufnahmekriterien: Der Titel muss bei Börsenwert und Börsenumsatz zu den 35 Größten zählen.	**Aufnahmekriterien:** Der Titel zählt bei Marktkapitalisierung und Börsenumsatz zu den 35 Größten nach DAX
Indexanpassung: jährlich	**Indexanpassung:** halbjährlich

MDAX 50	SDAX 50
Zusammensetzung: Die 50 größten Unternehmen nach dem DAX aus klassischen Branchen	**Zusammensetzung:** Die 50 größten Unternehmen nach dem MDAX aus klassischen Branchen
Aufnahmekriterien: Der Titel muss bei Börsenwert und -umsatz zu den 60 Größten nach dem DAX zählen	**Aufnahmekriterien:** Der Titel zählt bei Börsenwert und -umsatz zu den ersten 110 Unternehmen (ohne DAX)
Indexanpassung: halbjährlich	**Indexanpassung:** vierteljährlich

1.4.1 Der DAX, der deutsche Leitindex

In Deutschland dreht sich fast alles um den DAX, sichtbar am Depot: „Heimatliebe". Gut informierte Anleger orientieren sich eher weltweit. Sie investieren nicht nur in internationale Blue Chips, sondern berücksichtigen auch Schwellenländer sowie Nebenwerte aus dem In- und Ausland, z. B. über ETFs.

Der DAX als das wichtigste Börsenbarometer im Prime Standard bildet die Wertentwicklung der 30 größten AGs aus Deutschland ab. Der DAX erfasst als „Performance-Index" auch Dividenden und Bonuszahlungen. Der DAX lässt sich als Leitindex des 2003 von der Deutschen Börse AG eingeführten „Prime Standard" mit der 1. Fußballbundesliga, der MDAX mit der 2. Liga, der SDAX mit der 3. Bundesliga vergleichen. Was Bayern München, Borussia Dortmund, Bayer Leverkusen, Schalke 04, der HSV und Werder Bremen für die Fußballfans bedeuten, sind Adidas, Allianz, BASF, Bayer, BMW, Daimler, Deutsche Bank, VW usw. für die Börsianer. Nicht zu vergessen die „Volksaktie" Deutsche Telekom. Sie rutschte von luftiger Höhe bis unter ihren Ausgabepreis ab! Noch schlimmer sah es bei Infineon aus, nach zeitweiligem Abstieg zum Penny Stock zurückgekehrt in die erste Börsenliga mit deutlichem Aufwärtstrend.

Obgleich sich der DAX seit seinem Allzeittief bei 2.200 Punkten im März 2003 mehr als verdreifachen konnte und die 7.000-Marke längst überschritten hat, schlossen der DAX und viele andere große internationale Börsenindizes im 10-Jahres-Vergleich mit Verlusten ab. Aktuell liegt das Kurs-Gewinn-Verhältnis (KGV) für 2012 mit 10 im historischen Vergleich unter dem Durchschnitt. Die deutschen Konzerne haben ihre Hausaufgaben gemacht, großteils vielversprechende Neuausrichtungen gestartet und die Kosten gesenkt.

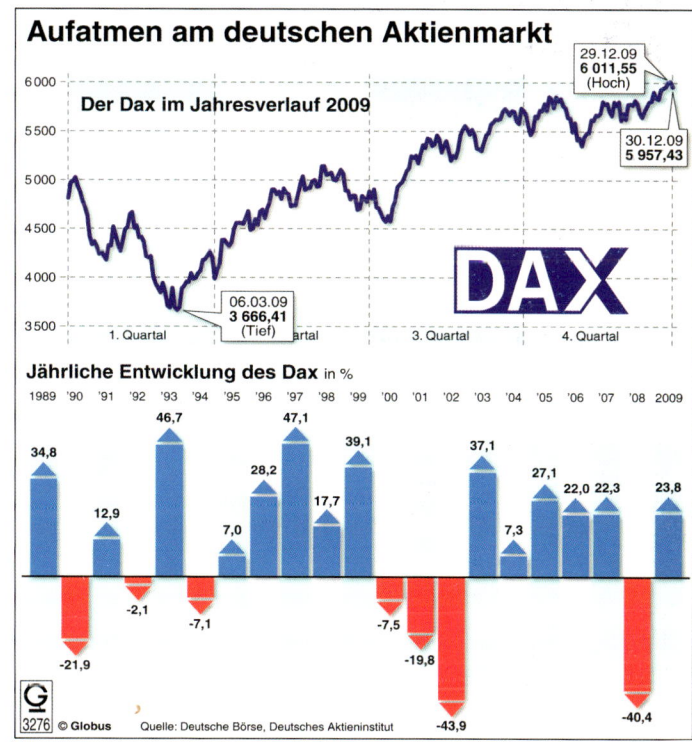

15

Im Langzeitvergleich markiert der im Jahr 1988 installierte DAX regelmäßig wiederkehrende Hoch- und Tiefpunkte. Einige Male fiel der deutsche Leitindex – wie weltweit alle großen Börsenbarometer – im berüchtigten Crashmonat Oktober auf ein markantes Tief. Wie beim Fußball gibt es auch an der Börse Auf- und Abstiegskandidaten. Im Fußball kämpfen die besten Teams um den Europacup. Die 50 marktführenden AGs vom Euroland bilden den EURO STOXX 50 mit so bekannten Titeln wie ArcelorMittal, L'Oreal, Nokia, Philips, Unilever oder Total. Um zum bevorzugten DAX-Depot „Heimatliebe" zurückzukommen: Das Risiko steigt bei starker Übergewichtung mangels Streuung. Zurückgerechnet liefert der deutsche Leitindex auch für die Zeit davor ein Spiegelbild des spannenden Kräftemessens zwischen Bulle und Bär.

Beim Vergleich zwischen DAX und EURO STOXX 50 (Euroland) sowie STOXX 50 (Gesamteuropa) fällt auf, dass das deutsche Börsenbarometer konjunkturabhängiger, also zyklischer ausgerichtet ist durch Finanzdienstleister, Versicherungen, Großchemie, Konsum, Industrie und Automobile. Der EURO STOXX ist defensiver zusammensetzt wegen des erheblichen Anteils an Öl- und Gasunternehmen, die im DAX vollständig fehlen. Bezüglich Dividende führt das Börsenbarometer aus Euroland mit einer Dividende von 3,4 % gegenüber dem DAX von 2,8 % zum Jahresende 2010.

Leitindex DAX
Schlusskurse:
2006: 6.597 Punkte (+22 %)
2007: 8.067 Punkte (+22 %)
2008: 4.810 Punkte (–40 %)
2009: 5.957 Punkte (+24 %)
2010: 6.914 Punkte (+16 %)
Allzeittief:
ca. 2.200 Punkte, März 2003
Allzeithoch:
ca. 8.150 Punkte, März 2000

Der DivDAX, eine interessante Idee

Alljährlich im Herbst wählt die Deutsche Börse AG die 15 besten Dividendenwerte im DAX aus. Momentan haben nur jene DAX-Unternehmen einen sicheren Platz, deren Gewinnausschüttung verlässlich ist und regelmäßig steigt mit einer Rendite von über 2,5 %. Die Rendite ergibt sich aus dem Einstiegskurs und errechnet sich so: Dividende multipliziert mit Hundert dividiert durch den aktuellen Kurs bzw. den eigenen Kaufpreis. Im Zuge der Weltwirtschaftskrise wurde die Dividende vielfach gekürzt oder gestrichen. Jetzt heben etliche DAX-Konzerne die Gewinnausschüttung wieder an.

Wer den Gesamt-DAX oder DivDAX ordern will, kann dies kostengünstig mit einem Indexfonds (Exchange Traded Funds, Abkürzung ETF) tun. Gegenüber einem Aktienfonds sparen Sie den Ausgabeaufschlag und die jährlichen Verwaltungsgebühren von 2 bis 3 %, aber auch Transaktionskosten gegenüber dem Kauf von Einzelaktien. Etliche Fondsmanager schneiden zwar bei Themen-, Spezial- und Nebenwertefonds recht gut ab, geraten aber mit der Performance bei den großen Indizes im Benchmark-Vergleich zu rund 80 % ins Hintertreffen. Ein passiv gemanagter ETF entwickelt sich weder besser noch schlechter als der Vergleichs-Index und ist sicherer.

1.4.2   Viel Potenzial beim Mittelstands-MDAX

Der DAX hat keinen Single-Status, sondern verfügt über einen großen Familien-clan. Dazu gehört der MDAX, TecDAX und SDAX. Jahrelang stahl der DAX dem MDAX die Schau. Folglich kehrten die Börsianer der 2. Börsenliga wegen schleppender Kursentwicklung enttäuscht den Rücken zu. Jetzt, Ende Dezember 2010, hat der MDAX die Marke von 10.000 Punkten übersprungen und mit einem Jahresplus von rund 35 % fast doppelt so stark zugelegt wie der DAX. Die Rallye mit Kursgewinnen von über 100 % im Jahr 2010 führen Pro Sieben, Lanxess, BOSS und LEONI an. Nur Sky, Salzgitter und Rhön Klinikum endeten im Minus.

➢ Die Verringerung von 70 auf 50 Titel und die Zulassung auch ausländischer Firmen seit dem 24. März 2003, dem Start in die neue Indexwelt, macht den MDAX beson-ders attraktiv. Hinzu kommt die Blutauffrischung durch erfolgreiche Neuemissionen.

Mit seinen 50 Unternehmen aus klassischen Branchen, oftmals familiengeführt, verlor der MDAX zwar im Verlauf des großen dreijährigen Crashszenarios von 2000 bis 2003 bis auf unter 2.700 Punkten auch massiv an Wert. Danach startete er aber durch und schaffte 2007 ein imposantes Allzeithoch mit knapp 11.200 Punkten. Danach erfolgte ein Absturz bis auf 5.600 Punkte im Finanzkrisenjahr 2008. Heute geht es dem MDAX mit seinen Autozulieferern und Maschinenbauern bei rund 10.300 Punkten wieder gut.

Sie sollten wissen, dass ein Unternehmen seine größte Wachstumsentwicklung als manövrierfähiges, flexibles Schnellboot und nicht als Dickschiff macht. Mit geschicktem Stock-Picking dürften Sie auch künftig mit MDAX-Titeln gut abschneiden, befinden sich doch in diesem Index zahlreiche Firmen, die sich in margenstarken Ni-schen tummeln, mit Innovation ihre gute Marktstellung verteidigen und weniger abhän-gig von Währungsturbulenzen sind. Die Mittelständler im MDAX sind zwar auch auf Export ausgerichtet, aber viel stärker in Europa und Ostasien aktiv als in den USA.

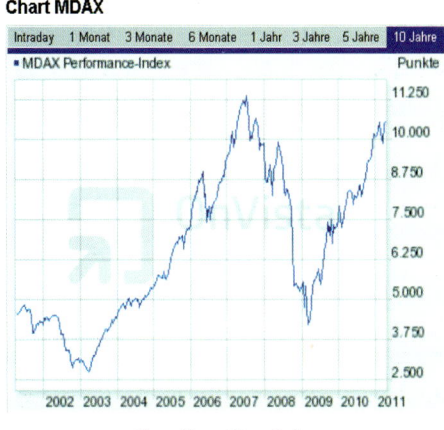

Quelle: Onvista

Der MDAX mit seinen großteils substanz-starken AGs fristet kein Mauerblümchen-dasein früherer Jahre. Das Umsatz- und Gewinnwachstum sowie die Dividenden-rendite überzeugen.

Hohe Dividenden-Renditen bieten auf Basis der Kurse Anfang März 2011 die Immo-bilienfirma Gagfah (6,2 %), Hannover Rück (5,1 %), der Baukonzern Bilfinger Berger (4,1 %), der Immobilieninvestor Deutsche Euroshop (4,0 %) und Axel Springer (4,0 %).

Allerdings darf eine hohe Dividendenrendite, mag sie auch den Kurs nach unten etwas absichern, nicht das einzige Kriterium bilden. Sinken Umsatz und Gewinn, wird die Ausschüttung möglicherweise gekürzt oder komplett gestrichen.

Die MDAX-Firmen sind oft Marktführer in attraktiven Nischen und weniger konjunkturanfällig als die Konsum-, Finanz-, Auto- und Chemietitel im DAX. Sie verfügen über mehr Spielraum bei der Preiskalkulation als die in Massenmärkten agierenden Großkonzerne. Die höhere Stabilität geht oft einher mit einer im Branchenvergleich niedrigeren Bewertung. Als Nachteil ist aber zu vermerken, dass die Abhängigkeit vom Inlandsgeschäft verhältnismäßig hoch ist und die Kaufzurückhaltung und Investitionsschwäche sofort auf sinkende Aufträge durchschlagen. Finanzielle Probleme bei den Kommunen und Ländern, Kreditklemme und Vertrauensverlust belasten stark. Dies zeigte das Krisenjahr 2009 deutlich.

1.4.3   Der TexDAX: Nachfolger Neuer Markt

Bis Mitte März 2000 schaffte der NEMAX 50 ständig neue Rekorde und stieg auf 9.650 Punkte. Trotz Überbewertung sagten Analysten einen schnellen Ansturm auf 10.000-Punkte voraus. Die Gelddruckmaschine Neuer Markt wurde zur Spielwiese für Risikofreudige, Spekulanten und Zocker, ebenso für die Träumer einer wundersamen Geldvermehrung ohne berufliche Arbeit.

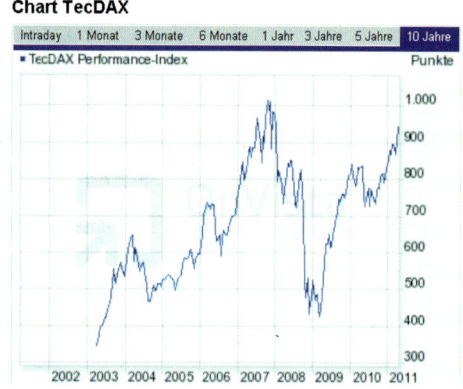

Chart TecDAX

Quelle: Onvista

So sprang auch noch Otto Normalverbraucher in den bereits rasant fahrenden Express Neuer Markt – für erfahrene Kapitalanleger ein deutliches Ausstiegssignal! Doch die Gier, der nachgesagt wird, das Hirn aufzufressen, überwog. Warnende Stimmen gab es eher vereinzelt. Wer für Ende 2000 eine Kurshalbierung voraussagte, galt als Spielverderber.

Die Wahrheit sah viel schlimmer aus – ein Kursverlust beim NEMAX 50 von 98 % – Zeit genug, den Index aufzulösen und durch den mit 30 Werten bestückten TecDAX zu ersetzen. Im Gegensatz zu 2009 (+61 %) kam der TecDAX, zeitweilig „Sonnen-DAX" genannt, 2010 durch die Abstrafung der Solarwerte kaum voran (+4 %).

Illustration: Dirk Meister, „Der kleine Börsenführerschein"

Mid-Cap-Index TecDAX

Schlusskurse:
2007: 974 Punkte (+30 %)
2008: 508 Punkte (–48 %)
2009: 818 Punkte (+61 %)
2010: 851 Punkte (+4 %)

Allzeittief NEMAX 50:
310 Punkte Frühjahr 2003

Allzeithoch TecDAX:
1.058 Punkte im Jahr 2007

Der 1997 mit großen Hoffnungen gegründete Neue Markt für junge Wachstumsfirmen" hat seinen 6. Geburtstag nicht mehr erlebt. Nach einem grandiosen Höhenflug kam der jähe Absturz, eingeleitet durch geschönte Bilanzen, gefälschte Umsatz- und Gewinnzahlen. Auch seriöse Firmen wie Bertrandt, Qiagen, Aixtron und Singulus wurden mit in die Tiefe gerissen von börsenunreifen Klitschen und Glücksrittern (EM.TV). Schnell war das IPO-Kapital verbrannt. **Im Rahmen der Neusegmentierung der Indizes wurde der Neue Markt 2003 „beerdigt".** Der Name war zum Makel geworden.

Die Gründe für den Umbau der deutschen Indizes im Jahr 2003

Der radikale Umbau der Indizes mit dem aufgelösten Neuen Markt und seinem neu installierten Nachfolger TecDAX führen zu mehr Transparenz und Kontrollen. Vorrangig geht es darum, verlorenes Anlegervertrauen zurückzugewinnen. Außer im DAX sind auch ausländische Unternehmen zugelassen. Als direkter Unterbau folgt der General Standard für kleinere national ausgerichtete Mittelständler. Er ist in der Einschätzung von Analysten „weder Fisch noch Fleisch" und wird vom Entry Standard der Börse Frankfurt und dem m:access der Börse München bedrängt. Die hier gelisteten AGs müssen nur gesetzliche Mindestanforderungen erfüllen. Für das Premium-Segment Prime Standard gelten härtere Regeln. Die dort notierten Unternehmen müssen Quartalsberichte erstellen, nach der internationalen Rechnungslegung IFRS oder US-GAAP bilanzieren, eine Analystenkonferenz pro Jahr veranstalten und Ad-hoc-Mitteilungen und Berichte sowohl in Deutsch als auch in Englisch vorlegen.

1.4.4   Der SDAX – das Börsenbarometer für die Kleinen

Den kleinsten deutschen Index – vergleichbar mit der 3. Fußballbundesliga – bis Mitte 2007 von einem zum nächsten Allzeithoch eilend, hat es danach so richtig erwischt. 2008 gab es einen Kurseinbruch um 46 Prozent. Umso besser sah die Kursentwicklung 2009 mit einem Plus von 27 % und erst recht 2010 aus. Mit einem Rekordanstieg von rund 45 % auf Rekordniveau ließ der Index der „Kleinen, aber Feinen" alle anderen deutschen Börsenbarometer deutlich hinter sich.

Quelle: Henning Löhlein, aus: „Der Neue Börsenführerschein"

Trotz der mit Ausnahme von 2007 und 2008 imposanten Kursentwicklung werden SDAX-Aktien von vielen Privatanlegern ignoriert, von den sachkundigen Small-Caps-Anhängern aber genau beobachtet, geschätzt und für eine Stock-Picking-Strategie genutzt. Im SDAX mit 50 klassischen Mittelständlern aus dem In- und Ausland sind etliche substanzstarke Nischenanbieter, viele Familienfirmen mit gesunder Bilanzstruktur, verlässlicher Umsatz- und Gewinnentwicklung und einer attraktiven Dividende vertreten. Ihre Stärke liegt in weltweit gefragten Produkten. Die SDAX-AGs erinnern an wendige Schnellboote, die rascher auf Marktentwicklungen und eine sich verändernde Bedürfnisstruktur reagieren. Durch Konzentration auf den Binnenhandel sowie den Export in Europa, den neuen EU-Ländern und Ostasien sind die kleineren Firmen mit schlankerem Management meist auch weniger abhängig von Währungsturbulenzen.

➢ Sehr günstig für die Rendite ist die vierteljährige „Blutauffrischung" durch nachrückende Kandidaten oft schon kurz nach deren Börsengang im Austausch mit schwächeren Abstiegskandidaten aus dem SDAX.

Wer sind in diesem Klein-Werte-Index die Sieger von 2010 mit einem Kursgewinn von über 100 % bis zu 200 %? Den Spitzenplatz nimmt der Fahrzeugsitzebauer Grammer (200 %) ein, gefolgt von dem Ingenieurdienstleister Bertrandt (über 150 %), dahinter der Online-Reifenhändler Delticom (140 %) und Maschinenbauer Jungheinrich (120 %).

Wer sind die Dividendenkönige mit einer Rendite von mehr als 4,5 % bei Kursfeststellung Anfang März 2011?

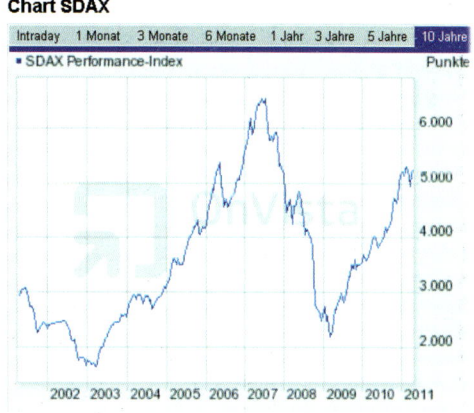

Chart SDAX

| Intraday | 1 Monat | 3 Monate | 6 Monate | 1 Jahr | 3 Jahre | 5 Jahre | 10 Jahre |

Quelle: Onvista

Hier sind trotz imposanten Kursanstiegs zu nennen: Deutsche Beteiligungs AG (1,00 €/6,8 %), Comdirect Bank (0,44 €/5,2 %), Indus Holding (1,20 €/4,7 %), Amadeus Fire (1,50 €/4,6 %), Alstria Office (0,50 €/4,6 %) und Hawesko Holding (0,75 €/4,6 %). Die Liste ist lang, und mehrere Unternehmen wollen im nächsten Jahr noch mehr ausschütten. Es ist lohnend, sich auf die Suche nach den besten Titeln bezüglich Kursgewinn und Dividende zu machen. Ein Blick auf die Kennziffern – siehe Fundamentalanalyse – und mein Aktienauswahl-Punktesystem erleichtern Ihre Entscheidung.

1.4.5   Der DAXplus Family Index als Nachfolger vom GEX

Zum Jahresbeginn 2010 hat die Deutsche Börse AG gemeinsam mit der Technischen Universität München (TU) den DAXplus Family Index kreiert. Es ist die richtige Antwort auf die unglückliche Regelung im German Entrepreneurial Index, Abkürzung GEX, die Aufnahme und die Dauer der Zugehörigkeit vom Zeitpunkt der Börsennotierung abhängig zu machen und auf 10 Jahre zu begrenzen.

Aus dem GEX stammt der Spitzenreiter 2010 mit einem Kursgewinn von 744 %. Es ist Paragon aus der Branche Sensoren-Technologie. Es folgt mit einem Kursgewinn von mehr als 150 % im Jahr 2010 der Online-Reifenhändler Delticom aus dem SDAX und YOC, der Spezialist für Handywerbung.

Ein Unternehmen, das schon länger als zehn Jahre den Börsengang hinter sich hatte, wurde für die Aufnahme gesperrt. Und die Mitgliedschaft endete, sobald die Zehn-Jahres-Grenze überschritten war. Den als Folge massiver Kritik im Januar 2010 neu eingeführten Familienindex gibt es in zwei Versionen, den DAXplus Family mit rund 130 und den DAXplus Family 20 mit den größten familiengeführten Unternehmen.

Die Gruppe inhabergeführter Firmen schaffte in den letzten Jahren großteils eine bessere Performance als der breite DAX, wird hier doch mehr auf eine dauerhafte und nachhaltige Geschäftspolitik geachtet. Die Orientierung an Grundwerte und die Verantwortung für die Angehörigen, die Mitarbeiter und die Region mit einer darauf ausgerichteten Firmenkultur sind stärker ausgeprägt. Diese Mittelständler werden zwar von Wirtschaftsflauten oft härter getroffen, erholen sich aber bei verbessertem Umfeld rascher. Etwa 30 % der im Prime Standard gelisteten Firmen sind eigentümergeführt. Sie gibt es in jeder Branche, darunter Produktions-, Pharma-, Chemie-, Technologie- und Bauunternehmen. Neben dem DAXplus Family Index und dem GEX sind der HAFixD® für Deutschland und der HAFixE® europaweit der Börse München interessant.

1.4.6   Der Entry Standard im Freiverkehr und der m:access

Im Oktober 2005 hat die im DAX notierte Deutsche Börse AG innerhalb des Freiverkehrs (Open Market) als weiterer Nachfolger für den gescheiterten Neuen Markt den ENTRY STANDARD eingeführt. Er wendet sich an kleinere Mittelständler, sogenannte Start-Ups. Die Ehre, erster IPO-Kandidat (IPO = Initial Public Offering) zu sein, wurde dem heute um seine Existenz kämpfenden Kieler Fertighausbauer Design Bau zuteil. Bis zum Jahresende 2005 waren 23 AGs dort notiert. Ein Börsengang im Entry Standard ist viel billiger als in den regulierten Marktsegmenten und gilt als Übungsbecken zum Freischwimmen vor dem Wechsel in den Prime Standard. Roth & Rau sowie Manz Automation wagten den Schritt, um in den TecDAX aufzusteigen.

Der m:access, ein Index für Mittelständler von der Börse München

Die Börse München bietet seit Juli 2005 mit ihrem Marktsegment m:access kleineren und mittleren Unternehmen einen transparenten Handelsplatz an mit der Effizienz des Freiverkehrs bei vernünftigen Folgepflichten. Der m:access versteht sich als attraktives, kostengünstiges Einstiegssegment für börsennotierte Unternehmen. Ziel ist es, die Chancen am Kapitalmarkt zu verbessern durch mehr Publizität, weniger Gebühren und erhöhte Aufmerksamkeit bei den Anlegern. Mittlerweile sind dort rund 40 Unternehmen notiert. Phoenix Solar schaffte zwischenzeitlich den Aufstieg in den TecDAX, und Solar Millennium zählt zu den Gründungsmitgliedern beim DESERTEC-Projekt „Solarstrom aus der Wüste Sahara". Der Börsenneuling Going Public Media ist hier mit einer Ausschüttungs-Rendite von über 7 % der Dividendenkönig.

1.4.7 Eine Aktienauswahl familiengeführter Unternehmen

Familienfirmen-Auswahl aus MDAX, TecDAX und SDAX					
Aktie Branche	WKN Index	Buchwert Eigenka- pitalquote	Kurs 22.02.2011 Entw. 2010	€ 52-Woch.- Hoch/Tief KGV 2011	Div. 2011 Div.-Rend. Rating
Bauer Tief- baubohrgeräte	516 810 SDAX	21,27 € 34 %	37,20 € +14 %	40,00/27,15 € 11,1	0,60 €/1,6 % ****
Bechtle Softwarehaus	515 870 TecDAX	15,20 € 64 %	26,80 € +54 %	31,70/19,20 € 11,2	0,65 €/2,4 % **
Celesio Han- del Apotheken	CLS 100 MDAX	13,22 € 29 %	19,25 € +5 %	25,75/15,70 € 10,6	0,60 €/3,1 % ***
Centrotherm Solarmaschinen	A0J MMN TecDAX	18,03 € 49 %	33,40 € -34 %	35,95/23,35 € 15,5	0,00 €/0,0 % **
Continental Reifenhersteller	543 900 MDAX	27,77 € 24 %	61,40 € +64 %	68,55/31,85 € 11,0	0,00 €/0,0 % ****
Delticom Onli- ne-Reifenhandel	514 680 SDAX	4,55 € 42,5 %	63,40 € +157 %	69,00/26,95 € 28,6	1,40 €/2,2 % ****
Drägerwerk Medizintechnik	555 063 TecDAX	35,97 € 32,5 %	59,75 € +130 %	71,20/41,20 € 11,8	0,60 €/0,8 % *
ElringKlinger Autozulieferer	785 602 MDAX	4,62 € 41 %	24,25 € +59 %	27,70/16,65 € 17,3	0,40 €1,2 % **
Fielmann Brillenhersteller	577 220 MDAX	12,04 € 73 %	65,15 € +36 %	74,00/51,60 € 21,0	2,10 €/3,1 % **

Aktie Branche	WKN Index	Buchwert Eigenka-pitalquote	Kurs 22.02.2011 Entw. 2010	€ 52-Woch.-Hoch/Tief KGV 2011	Div. 2011 Div.-Rend. Rating
GrenkeLeasing Büroleasing	586 590 SDAX	20,33 € 17 %	40,65 € +29 %	42,00/28,70 € 16,9	0,75 €/1,7 % ***
Hochtief Baukonzern	607 000 MDAX	30,6 € 25 %	69,40 € +22 %	70,05/45,05 € 17,4	1,80 €/2,3 % ****
Krones Abfüllanlagen	633 500 MDAX	22,00 € 39 %	47,75 € +33 %	49,30/36,00 € 17,1	0,60 €/0,8 % ***
KWS Saat Saatgutzüchter	707 400 SDAX	69,95 € 57,5 %	143,40 € +25,5 %	152,0/114,0 € 16,5	1,90 €/1,3 % **
Manz Autom. Solarmaschinen	A0J Q5U *TecDAX	39,95 € 69 %	47,30 € -32 %	62,45/42,15 € 26,3	0,00 €/0,0 % *Abstieg 2011
Patrizia Im-mobilien	PAT 1AG SDAX	5,47 € 22,5 %	5,60 € +20 %	5,90 €/2,60 € 51,3	0,00 €/0,0 % **
Puma Sport-bekleidung	696 960 MDAX	76,25 € 61,5 %	211,65 € +6,5 %	267,1/199,0 € 13,2	2,30 €/0,9 % **
Rational Profiküchen	701 080 MDAX	17,76 € 73,5 %	151,55 € +39 %	174,5/106,0 € 24,0	3,50 €/2,3 % **
SIXT Stämme Autoleasing	723 132 SDAX	21,18 € 25 %	33,10 € +73 %	39,20/18,25 € 11,0	0,50 €/1,5 % **
SMA Solar Wechselrichter	A0D J6J TecDAX	10,45 € 57 %	81,00 € -23 %	104,2/61,25 € 12,5	1,50 €/1,6 % **
Software AG Großrechner	330 400 TecDAX	25,65 € 48 %	114,00 € +40 %	120,7/75,75 € 16,3	1,30 €/1,1 % ****
SolarWorld Photovoltaik	510 840 TecDAX	8,02 € 32 %	9,00 € -52 %	12,20/6,90 € 10,5	0,21 €/2,1 % ****
United Internet Online-Technik	508 903 TecDAX	1,42 € 33 %	11,85 € +31 %	13,60/8,60 € 14,3	0,20 €/1,7 % *
Vossloh Verkehrstechnik	766 710 MDAX	30,12 € 37 %	93,25 € +33 %	100,4/65,75 € 13,0	2,50 €/2,7 % ***
Wacker Che-mie Silizium	WCH 888 MDAX	35,78 € 43 %	134,10 € +8 %	150,8/84,80 € 11,7	2,50 €/1,8 % ****
Wacker Neuson Baumaschinen	WAC K01 SDAX	11,25 € 81,5 %	12,65 € +50 %	13,75/8,00 € 16,8	0,00 €/0,0 % **

Familienfirmen aus MDAX, TecDAX, SDAX (Fortsetzung)

1.4.8   Wie positionieren sich die Anleger?

Ein Großteil der Privatinvestoren klammert sich an liebgewonnene Gewohnheiten und bevorzugt weiterhin das „Heimatliebe-Depot DAX". Immer noch liegt die Aktie der Deutschen Telekom wie Blei im Depot – gestützt von einer hohen und für drei Jahre garantierten Mindestdividende von 0,70 Euro, bei einem Kurs von unter 10 Euro eine attraktive Verzinsung von über 7 %. Das „Heimatliebedepot DAX" erhöht das Risiko gegenüber einer internationalen Ausrichtung und dem verstärkten Augenmerk auch auf mittlere und kleinere Werte sowie den Sektor Schwellenländer. Noch gefährlicher ist es, dass sich 43 %, immerhin die knappe Hälfte deutscher Aktiendepots, auf nur ein bis vier Einzeltitel beschränken. Eine Ein-Wert-Strategie ist mit dem Russischen Roulette vergleichbar. Ein Weg zum Aktienerfolg heißt: *„Breit gestreut – nie bereut!"*

Die Zahl der Aktionäre in Deutschland steigt laut Deutschem Aktieninstitut (DAI) seit Januar 2010 wieder leicht an. Der Tiefstpunkt scheint überwunden nach den erfreulichen Aktienjahren 2009 und 2010. Dennoch erscheint das Rekordjahr 2001 mit 12,9 Mio. Aktionären und Fondsbesitzern bzw. 9,8 Mio. reinen Fondsinvestoren und 6,2 Mio. Direktanlegern in Einzelaktien unerreichbar weit entfernt. Nach Alter führt die Gruppe 30 bis 60 Jahre mit dem höchsten Anteil der 40- bis 49-Jährigen. 2009 gab es im ersten Halbjahr zwei Mio. reine Aktionäre (3,1 % der Bevölkerung), 5,4 Mio. Fondsanleger (8,4 %) sowie 1,4 Mio. Anleger (2,1 %), die sowohl Aktien als Aktienfonds halten. Die Gesamtzahl der Anleger, die direkt oder indirekt in Aktien investieren, hat sich 2009 auf 8,8 Mio. Personen erhöht – 13,6 % der Bevölkerung. Wie das Handelsblatt Ende Dez. 2010 berichtete, stecken – angetrieben von hohen Dividenden – private und institutionelle Anleger wieder so viel Geld in Aktienfonds wie zuletzt im April 2006.

Die meisten Aktien hierzulande halten Unternehmen mit einem Anteil von 43 %. Es folgen institutionelle Investoren mit 21 %, Privatanleger 15 %, Banken 7 %, der Staat 7 %, Versicherungen 4 % und Fondsgesellschaften 4 % (Stand: 2008).

Anlageklassen im Vergleich von Ende 2009 bis Dez. 2010			
Rendite (gerundet)	**31.12.2009**	**13.12.2010**	**Veränderung**
Gold je Feinunze (31 Gramm)	1.100 US-$	1.400 US-$	+26 %
Rohstoffe (CRB Index)	283 US-$	315 US-$	+11,5 %
Rohöl (je Barrel)	79,5 US-$	88 US-$	+11 %
Aktien (Index MSCI Welt)	3.820 US-$	4.210 US-$	+10,5 %
Anleihen (Bond Index)	174 US-$	184 US-$	+6 %
Quelle: Handelsblatt Nr. 245, 17./18. Dezember 2010 und Unternehmensangaben			

❷ Die wichtigsten ausländischen Indizes

2.1 Der EURO STOXX 50 – Leitindex von Euroland

So wie die erfolgreichsten Fußballclubs der einzelnen europäischen Staaten um die Teilnahme an einem der attraktiven und mit Millionen-Einnahmen verbundenen europäischen Wettbewerbe kämpfen, bilden die marktführenden 50 Unternehmen der Europäischen Union (EU) den EURO STOXX 50. Die größten börsennotierten Gesellschaften aus dem gesamten Euroraum sind im STOXX 50 erfasst.

Quelle: Onvista

Im Jahr 2009 gab es beim EURO STOXX 50 immerhin eine Aufwärtsentwicklung um rund 20 % von 2.451 auf 2.966 Punkte. Im guten Aktienjahr 2010 mag vielleicht das aktuelle Minus von rund 4 % überraschen. Wieso dieser krasse Gegensatz? Die Überschuldung etlicher europäischer Länder, allem voran Griechenland und Irland, gefährdet Portugal und Spanien, drückt auf die Kursentwicklung europäischer Aktien.

Dabei überzeugen durchaus mehrere der hier gelisteten international agierenden Großkonzerne mit gesunder Bilanzierung, ordentlichem Wachstum bei Umsatz und Ertrag sowie üppigen Gewinnausschüttungen. Die historisch extrem niedrige Bewertung mit einem erwarteten Kurs-Gewinn-Verhältnis (KGV) von nur 9 für 2012 und eine durchschnittliche Dividendenrendite von knapp 4 % signalisieren für den europäischen Leitindex noch Nachholbedarf. Der EURO STOXX 50 sackte von seinem Allzeithoch bei über 4.900 Punkten während der großen Crashszenarien bis auf 2 000 Punkte ab und notiert gegenwärtig bei rund 3.000 Punkten.

Kursentwicklung EURO STOXX 50	
1999:	4.904 Punkte
2200:	2.386 Punkte
2003:	2.760 Punkte
2005:	3.579 Punkte
2007:	4.404 Punkte
2008:	2.451 Punkte
2009:	2.966 Punkte
2010:	2.807 Punkte

Im Euroland-Börsenbarometer befinden sich einige große Ölwerte wie Royal Dutch oder Total und etliche Finanztitel (Banken/Versicherungen), die im Zuge der globalen Finanz- und Wirtschaftskrise stark gebeutelt wurden. Zu den Spitzenwerten mit hoher Dividende zählen France Telecom (8,5 %), Telefónica (7,5 %), Vivendi (6,8 %), Enel (6,3 %) und Banco Santander (6,2 %). Allerdings bleibt durch das Doppel-Besteuerungs-Abkommen so viel von dem Geldsegen für Privatanleger nicht übrig.

2.2 Die US-Indizes DOW JONES & Co.

Ob Börsen-, Menschen- oder Tierwelt: Überall sind ähnliche Verhaltensmuster zu beobachten: Der Mitläufer orientiert sich am Anführer, das Wolfsrudel am Al-pha-Leitwolf, der deutsche DAX längerfristig am amerikanischen Leitindex DOW JONES und der TecDAX an der US-Technologiebörse NASDAQ. Allerdings ist die Abhängigkeit etwas weniger ausgeprägt als früher. Dennoch erscheint eine komplette Abkopplung vom Börsengeschehen in den USA auch künftig unwahr-scheinlich. Häufig vollzieht der DAX übertrieben nach, was der DOW vorgibt. Im Crash ging es stärker abwärts, während der dreijährigen Erholungsphase dafür dynamischer nach oben. Der DAX gewann 2010 fast 20 %, der DOW nur gut 10 %.

Steigt – bedingt durch die zeitliche Verschiebung – in den frühen Abendstunden der DOW Jones (der seit dem Jahre 1897 von dem Verlagshaus Dow Jones ermittelte Kursindex der New Yorker Effektenbörse), raffen sich der DAX, der EURO STOXX 50 und die anderen Börsen in Europa zum Endspurt auf, während der japanische NIKKEI mehr Unabhängigkeit zeigt. Wehe, wenn an der Wall Street die Bären regieren und die Stimmung vermiesen! Spätestens kurz vor Handelsschluss machen die schwankungs-breiten (volatilen) deutschen Indizes schlapp. Und am nächsten Morgen ist mit einer eher düsteren Eröffnung zu rechnen. Oft ist folgendes Szenario typisch: Stürzen die amerikanischen Indizes ab, wird die negative Vorgabe heftig nachvollzogen. Kommt es bei Dow, S&P 500 (der breit gefasste US-Index) oder der Technologiebörse Nasdaq zu einer Kursexplosion, ist das Feuerwerk bei DAX und TecDAX umso üppiger. Die US-Leitbörse gibt weiterhin die Richtung vor. Der US-Markt agiert als großer Trendsetter für den Rest der Welt, mögen auch die Karten durch die Konjunkturlokomotive China und zusehends auch Indien allmählich neu gemischt werden.

Quelle: Onvista   Quelle: Onvista

Was den US-Markt letztendlich belastet hat, war der prozentual viel geringere Kurs-rückgang während des dreijährigen Crash' von 2000 bis 2003 gegenüber DAX & Co. Die amerikanischen Aktien waren und sind deshalb etwas höher bewertet.

Der jetzt deutlich über 12.000 Punkte notierende DOW JONES ist nur noch knapp 1.000 Punkte vom Höchststand 2007 entfernt. Was die Chancen am US-Markt ausbremst, sind die riesige Staatsverschuldung in einer Billionen-Dimension (eine Zahl mit 12 Nullen), der Vertrauensverlust, die nicht bereinigte Immobilienkrise, die hohe Arbeitslosenquote, das Gefühl, aus früheren Fehlern nicht genug gelernt zu haben. Ist die US-Währung gegenüber dem Euro relativ stark – wie bei einem Wechselkurs unterhalb 1,30 US Dollar – profitieren deutsche Anleger von diesem Effekt. Legt der Euro zu, sinken die Kursgewinne amerikanischer Titel wegen höherer Umrechnungskurse. Dieses Risiko sollten Sie beim Ein- und Ausstieg im Auge behalten.

Der Dow Jones ist – wie der DAX – das Börsenbarometer für die 30 größten Industriewerte. An der New Yorker Wall Street sind die US-Globalplayer wie der Kursgewinnsieger von 2010 Caterpillar (+74 %), Cisco, Coca-Cola, Disney, General Electric, Hewlett-Packard, IBM, Intel, Mc. Donald's und Microsoft gelistet.

Dow Jones	S&P 500	NASDAQ 100
2002: 8.342 Punkte	2002: 880 Punkte	2002: 1.339 Punkte
2003: 10.425 Punkte	2003: 1.108 Punkte	2003: 1.397 Punkte
2004: 10.783 Punkte	2004: 1.214 Punkte	2004: 1.597 Punkte
2005: 10.730 Punkte	2005: 1.249 Punkte	2005: 1.689 Punkte
2006: 12.463 Punkte	2006: 1.418 Punkte	2006: 1.763 Punkte
2007: 13.265 Punkte	2007: 1.468 Punkte	2007: 2.021 Punkte
2008: 8.776 Punkte	2008: 903 Punkte	2008: 1.510 Punkte
2009: 10.535 Punkte	2009: 1.124 Punkte	2009: 1.807 Punkte
2010: 11.570 Punkte	2010: 1.258 Punkte	2010: 2.226 Punkte
Kursentwicklung 2010: +11 %	**Kursentwicklung 2010: +13 %**	**Kursentwicklung 2010: +20 %**

Die US-Technologiebörse Nasdaq enthält eine Vielzahl von Hightech-, Biotech-, Telekommunikations-, Internet- und Medienwerten, außerdem Aktien des jungen Wachstumsmarktes erneuerbare Energien, z. B. die international bekannten Sonnenstromaktien First Solar und Sunpower. Risikobewusste Anleger fühlen sich hier zu Hause und ordern die Aktien von Wachstumsfirmen wie Amazon, Apple oder Google. Die früher hochgejubelten, danach gewaltig abgestürzten Internettitel starteten wegen ihrer erfreulichen Geschäftsentwicklung und positivem Ausblick in jüngster Zeit wieder durch. Gleiches gilt für einige Hightech- und Biotechtitel. Wer den Mut hatte, in der Nähe der Tiefstkurse von 2002/2003 oder 2008/2009 einzusteigen, konnte sich über üppige Kursanstiege erfreuen. Aber auch hohe Verluste sind und waren zu beklagen.

Der breit gefächerte amerikanische Index S&P 500 vermittelt ein ausgewogenes Bild von den US-Unternehmen und der amerikanischen Wirtschaft. Er wird vor allem von institutionellen Investoren beobachtet und genutzt. Etliche Aktien konnten 2010 ihren Kurs mehr als verdoppeln. Dies gilt für Netflix (+225 %), F5 Networks (158 %) und Commins (134 %). Auch im S&P 500 gab es nicht nur Sieger. Je größer die Chance, umso höher ist erfahrungsgemäß das Risiko. Über 50 % verloren Dean Foods und Weyerhäuser.

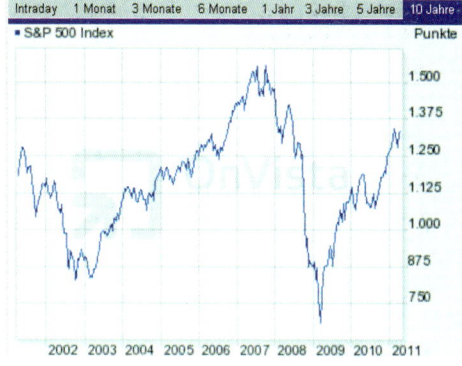

Quelle: Onvista

Nach jeder großen Lerneinheit ein Test zur Leistungsfeststellung!

Die jeweils themenbezogenen Testaufgaben mit Bewertungsvorschlag und den im Schlussteil vergleichbaren Lösungsmustern dienen der Selbstkontrolle und der Prüfungsvorbereitung. Einige tausend schriftliche Prüfungsabnahmen „Der Börsenführerschein" bei Erwachsenen und Schülergruppen zeigen ein eindeutiges Bild. Wie ein roter Faden zieht sich durch das Prüfungsgeschehen:

Woran ist der Spitzenbereich erkennbar?

➢ Logisches Denken
➢ Konzentrierte und gründliche Arbeitsweise
➢ Sorgfältiges Ausfüllen aller verlangten Daten
➢ Ordentliche äußere Form, gute lesbare Eintragungen
➢ Vernünftige Strategie und Selbstkontrolle

Was kennzeichnet den unteren Leistungsbereich?

➢ Defizite im logischen Denken
➢ Oberflächliche Arbeitsweise
➢ Konzentrationsmängel, ungenaues Lesen der Aufgaben
➢ Schlecht lesbare, zum Teil sogar fehlende Angaben
➢ Formale Mängel, unzureichende äußere Form
➢ Strategiemängel, erkennbar am Nichtankreuzen von Multiple-Choice-Teilen
➢ Nachlässige bzw. fehlende Selbstkontrolle zum Schluss

Testbogen ❶ zur Prüfungsvorbereitung

Nr.	Aufgabenstellung	Lösung/Bewertung	Richtig/Falsch	
1	**Zuordnung: Welche Nr. passt zu welchem Begriff?** Auch Mehrfachnennung: 1) Prime Standard, 2) General Standard, 3) DAX, 4) MDAX, 5) TecDAX, 6) SDAX, 7) DivDAX	Num-mern		13 [ ]
1.1	Die 15 dividendenstärksten Titel aus dem DAX			1 [ ]
1.2	Vierteljähriger Auf- und Abstieg			1 [ ]
1.3	Die größten 30 börsennotierten Titel Deutschlands			1 [ ]
1.4	Die 30 größten in- und ausländischen Hightech-Titel			1 [ ]
1.5	50 in- und ausländische Titel aus klassischen Branchen			2 [ ]
1.6	Strengste Zulassungskriterien			1 [ ]
1.7	Regelmäßiger halbjähriger Auf- und Abstieg			2 [ ]
1.8	Etwas mildere Zulassungskriterien			1 [ ]
1.9	Nachfolger vom NEMAX 50			1 [ ]
1.10	Der Index mit den kleinsten mittelständischen Firmen			1 [ ]
1.11	Dominanz im Index: Erneuerbare Energien			1 [ ]
2	**Beurteilungstest: Welche Aussagen sind typisch für einen Bärenmarkt bzw. für schlechtes Börsenklima?**	Ja Nein		10 [ ]
2.1	Sinkender Leitzinssatz			1 [ ]
2.2	Nachlassendes Verbrauchervertrauen			1 [ ]
2.3	„Gewinnwarnungen" der Unternehmen			1 [ ]
2.4	Kaufzurückhaltung der Konsumenten			1 [ ]
2.5	Ansteigende Investitionsbereitschaft der Unternehmen			1 [ ]
2.6	Erfolgreich verlaufende Restrukturierungsprogramme			1 [ ]
2.7	Große Zurückhaltung bei neuen Börsengängen (IP0)			1 [ ]
2.8	Ungebremster konjunktureller Abschwung (Rezession)			1 [ ]
2.9	Sinkende Nachfrage, gefüllte Vorratslager			1 [ ]
2.10	Anziehende Immobilienpreise im Büro-/Gewerbesektor			1 [ ]
3	**Multiple-Choice-Fragen: Welche Maßstäbe sind für den Prime Standard verpflichtend?**	Ja Nein		5 [ ]
3.1	Entry Standard und m:access erfordern Prime Standard			1 [ ]
3.2	Verpflichtung, Quartalsberichte abzugeben			1 [ ]
3.3	Internationale Bilanzierung (IFRS oder US-GAAP)			1 [ ]
3.4	Pro Quartal mindestens eine Analystenkonferenz			1 [ ]
3.5	Englisch als offizielle Geschäftssprache verpflichtend			1 [ ]
	Auswertung: 27 – 28 Punkte: sehr gut, 24 – 26 Punkte: gut, 21 – 23 Punkte: befriedigend, 18 – 20 Punkte: ausreichend (Lösung S. 207)			28 [ ]

❸ Informationen rund um die Aktie

3.1 Aktien und Aktienarten

Solange das Klima freundlich ist und sich die Aktienkurse in einem „stabilen Aufwärtstrend" befinden, grassiert das Börsenfieber, und Aktien erobern sich die Schlagzeilen in der Boulevardpresse. Grund genug, bei einer sich auftürmenden Spekulationsblase einen größeren Teil der Kursgewinne mitzunehmen.

In schlechten Börsenzeiten, wenn die Bären den Markt dominieren, zieht sich mancher Aktionär verschämt in den Keller zurück, dort, wo schon seine abgestürzten Papiere liegen. Er verdrängt die Börse aus seinem Gesichtsfeld, und auch am Stammtisch herrscht mittlerweile Funkstille. In der Baisse bleiben oft nur nervenstarke professionelle Investoren bei der Stange. Wer viele Aktien besitzt, dem gehört ein größeres Stück von der Vermögenstorte, Grundkapital genannt. Der Kleinaktionär muss sich mit ein paar Kuchenkrümeln begnügen – zu wenig, um Macht und Einfluss auszuüben, aber genug, um zu merken, ob die Torte schmeckt und bekömmlich ist. Es gibt nicht nur verschiedene Torten, sondern auch mehrere Aktienarten. Dabei bietet sich eine Unterteilung nach Art der Übertragbarkeit und Art und Umfang der Rechte an.

Was sind Aktien? Art der Übertragbarkeit	
Inhaberaktien	**Namensaktien**
Ein Eigentumswechsel erfolgt ohne große Formalitäten durch den Kauf und Verkauf, Transaktion oder Order genannt.	Die in das elektronische Aktienbuch eingetragenen Namensaktien entwickeln sich zum Renner. Die AG kennt ihre Aktionärsstruktur und kann direkt mit ihren Anteilseignern kommunizieren.
Heute dominieren nennwertlose Stückaktien. Sie verbriefen einen prozentualen Anteil am Grundkapital. Aktien sind auch bei Pleite der Depotbank ein geschütztes Sondervermögen, weil die Bank sie nur verwaltet. Der Kurs zeigt den Wert an.	

Was sind Aktien? Art und Umfang der Rechte	
Stammaktien (ST)	**Vorzugsaktien (VZ)**
Sie verbriefen alle gesetzlichen und satzungsmäßigen Rechte. Die Stammaktien (Abkürzung ST) gewährleisten das volle Stimmrecht (pro Aktie eine Stimme) auf der Jahres-Hauptversammlung.	Die Vorzüge (VZ) werden oft mit einer höheren Dividende bedacht. Dafür wird das Stimmrecht bei der HV beschnitten oder ausgeschaltet. Institutionelle Anleger mögen keine Vorzüge („kastrierte Aktien"), wollen sie doch Einfluss auf das Firmengeschehen nehmen und mitbestimmen.

Tanz der Stamm- und Vorzugsaktien

Beim Tanz auf dem internationalen Börsenparkett bevorzugen die Investoren die attraktiven Stammaktien. Die stimmrechtslosen Vorzüge sind heute bei den mündiger und selbstbewusster auftretenden Aktionären nicht mehr gefragt. Sie werden spöttisch auch als „kastrierte" Aktien bezeichnet. Die vielleicht etwas höhere Dividende gleicht den Nachteil zumindest bei einem größeren Aktienpaket kaum aus.

Illustration Rüdiger Trebels/Agentur J. Fricke

3.2 Aktien bekommen Nachwuchs

Aktiensplit, Reversesplit und Gratisaktien bei Kapitalerhöhung aus Gesellschaftsmitteln

Ein freudiges Ereignis: Auch manche Aktien bekommen Junge. Trotz optischer Täuschung ist ein Aktiensplit bei den Anlegern beliebt.

Aktiensplits passen gut zum Bullenmarkt. Die negative Umkehrung: Der „Reversesplit" findet eher im Bärenmarkt und bei Zahlungsproblemen statt. Die AG will dem „Penny-Stock-Dasein" entrinnen oder die Auflagen für eine Kapitalerhöhung erfüllen.

Auf einer früheren Werbung der NORD/LB

Im Frühsommer 2005 gab es im MDAX beim Autozulieferer LEONI (Verkabelungen) einen Aktiensplit (laut DUDEN: Splitt, in der Bankensprachregelung: Split) von 1 zu 3 sowie bei den beiden vom SDAX in den MDAX aufgestiegenen Titeln Fuchs Petrolub (Schmierstoffproduzent) und ElringKlinger (Spezialist für Zylinderkopfdichtungen) im Verhältnis 1 zu 2. Bei LEONI bedeutete dies, dass der Aktionär statt 100 fortan 300 Aktien besaß. Bei Petrolub und ElringKlinger verdoppelte sich der Bestand. Eine gestückelte Aktie ist besser handelbar. Im Crash erübrigt sich ein Aktiensplit. Der Kurs fällt von allein, jetzt allerdings einhergehend mit empfindlichem Wertverlust.

So können eine Kapitalerhöhung und die Ausgabe junger Aktien in einer HV-Einladung angekündigt werden:

Beschlussfassung über die Erhöhung des Grundkapitals und die Ausgabe von neuen Stückaktien

Das Grundkapital der ElringKlinger AG beträgt € 28.800.000,00. Es ist eingeteilt in 4.800.000 Stückaktien. Es ist vorgesehen, das Grundkapital aus Gesellschaftsmitteln – aus einem Teil der Kapitalrücklage sowie Teilen der Gewinnrücklagen – auf einen Betrag von € 57.600.000,00 zu erhöhen. Für jede bestehende Stückaktie soll infolge der Kapitalerhöhung eine neue Stückaktie ausgegeben werden, sodass das neue Grundkapital in 9.600.000 Stückaktien eingeteilt sein wird.

Optisch erscheinen die Aktien leichter bzw. billiger, wenn sie gestückelt werden, z. B. im Verhältnis 1:2, 1:3, 1:4, 1:5, 1:10 (Porsche) oder wie vormals bei dem skandalumwitterten Unternehmen EM.TV im Neuen Markt sogar 1:25 (jetzt Constantin Medien, SDAX). Aktiensplits sind willkommen. Schließlich geschieht dies nur, wenn der Kurs zuvor stark gestiegen ist und weiterhin mit Unternehmenswachstum gerechnet wird. Ein von Insolvenz bedrohter Absturzkandidat aus einer der verbreiteten „Todeslisten" halbiert seinen Kurswert auch ohne Split und ohne zusätzliche Kosten!

➢ **Objektiv wird eine Aktie durch den Split nicht mehr oder weniger wert.** Der Anteil am Grundkapital bleibt gleich. Hier bietet sich der Vergleich mit einer Aktientorte an. Ein großes Stück Kuchen lässt sich in mehrere kleine Portionen aufteilen. Die Menge bleibt gleich, solange davon nichts gegessen wird.

➢ **Allerdings hält eine Aktie, die über 100 Euro kostet, auch Berufskläger vom Kauf ab und solche Aktionäre, die nur wegen Essen und Trinken eine Hauptversammlung besuchen.** Vor Änderung der Gesetzgebung haben sich „räuberische Aktionäre" im Allgemeinen von jedem Titel nur ein bis zwei Stücke ins Depot gelegt, um das Teilnahmerecht an der Hauptversammlung zu missbrauchen, aus purem Eigennutz Anfechtungsklagen einzureichen oder Widerspruch einzulegen.

Im Mai 2009 hat der Bundestag einige Änderungen im Aktienrecht beschlossen, um Berufskläger auszubremsen. Jetzt können Anteilseigner, die Aktien mit einem Nennbetrag von unter 1.000 Euro halten, Mehrheitsbeschlüsse nicht mehr ohne weiteres aufhalten. Diese Hürde entspricht meist einem Börsenwert von 10.000 bis 20.000 Euro. Der feste Kern von etwa 40 räuberischen Aktionären wird es nun viel schwerer haben, ein Unternehmen über einen auszuhandelnden Vergleich zu schröpfen, zumal auch das Rederecht – oft missbraucht für Störmanöver – eingeschränkt werden kann.

Ob und wie oft Aktien gestückelt werden, hängt nicht nur vom Konjunkturverlauf und der Kursentwicklung ab, sondern auch von der im Land und Konzern üblichen Mentalität. In Japan sind es die Anleger gewöhnt, dass schon eine einzige Aktie umgerechnet mehr als 1.000 Euro kosten kann, beispielsweise NTT Docomo. Auch unter den Schweizer Aktien gibt es etliche Titel, die einige hundert Euro kosten. Umgekehrt sind in Hongkong fast alle Titel im einstelligen Bereich zu haben, ein Großteil als Penny-Stock. Interessant ist die Situation in Amerika. Kostet ein Papier über 100 Dollar, steht zur Freude der Aktionäre gewöhnlich schon bald ein Split ins Haus.

So ungefähr sieht eine Depot-Einbuchung beim Reversesplit aus:

> **Umbuchung von Aktien:** Aufgrund des Reversesplits erfolgt ein obligatorischer Umtausch im Verhältnis 6 zu 1 in Aktien der WKN: 766054, ISIN: US7415034039, PRICELINE.COM INC. SHARES. Die Aktien sind frei verfügbar. Entstandene Aktienspitzen werden wir gemäß der Verfahrensweise unserer Lagerstelle regulieren.

Beispiele für die Kapitalvernichtung bei einem Reversesplit

Die Thüringer Intershop AG aus Jena, ein früheres Glanzlicht am Neuen Markt, setzte ihr Kapital zweimal herab im Verhältnis von 10 zu 1, gleichbedeutend mit einmal 100 zu 1. Wer im Dezember 2000 für 10.000 Euro Intershop-Aktien kaufte, verlor binnen fünf Jahren sein gesamtes Kapital bis auf den kläglichen Rest von knapp 27 Euro – quasi ein Totalverlust. Allerdings ging Intershop nach schwierigen Zeiten nicht unter. Der E-Commerce-Spezialist schaffte den Wandel vom reinen Technologie- zum Geschäftsprozessanbieter und baut seine Marktnische nun in diesem Zukunftsmarkt aus.

Sehr schlecht erging es den Anlegern mit dem Chipbroker CE-Consumer Electronic, einst ein früherer großer Hoffnungsträger am Neuen Markt mit einem Rad schlagenden Vorstandschef zu Beginn der HV. Hier erwies sich der Reversesplit als Vorstufe zur Hölle. Während sich Intershop erholt und 2009 erstmals in der Firmengeschichte einen Gewinn erzielte, ist CE-Consumer Electronic von der Bildschwäche verschwunden. Geschafft hat es dagegen PRICELINE – heute einer der US-Top-Performer. Und auch beim Windkraftunternehmen NORDEX, TecDAX, sieht es wieder deutlich besser aus.

3.3 Mehr Rendite durch eine hohe Dividende

Im Bullenmarkt, in einer länger andauernden Hausse wie Ende der 1990er-Jahre geschehen, blicken die Anleger weniger auf die Dividende. Sie wollen mit ordentlichen Kursgewinnen Geld verdienen. Und je höher sich die Kurse in Richtung Norden schrauben, umso weniger wird beim Einstieg auf die Dividende geschaut. Genau umgekehrt verhält sich die Situation im Bärenmarkt. Im Verlaufe der Baisse stürzen die Aktienkurse weiter ab. Die Papiere sind zum Schnäppchenpreis zu haben. Bei gleich hoher Ausschüttung steigt die Rendite. Nur fehlt meist der Mut zuzugreifen. Und letztlich droht ja auch in schwierigen Zeiten wie bei der noch längst nicht überwundenen Schuldenkrise, dass Umsatz und Ertrag einbrechen und die Ausschüttung empfindlich gekürzt oder gar gestrichen wird.

So gab es im Zuge der Weltwirtschaftskrise für 2009 weder bei der Commerzbank noch beim einstigen Dividendenspitzenreiter DAIMLER überhaupt eine Dividende. Für die ehemalige Volksaktie Deutsche Telekom wird dagegen drei Jahre lang eine Mindestdividende von 0,70 Euro garantiert – ein Trostpflaster für Privatanleger und dringend notwendig für den Staat, der 30 % der noch günstig erworbenen Anteile hält. Die beiden Versicherungsriesen Allianz und Münchener Rück kündigen für die HV 2011 eine steigende Dividende auf 4,50 Euro bzw. 6,25 Euro an.

Dividende Bayer-Aktie

März 2003: Kauf Bayer-Aktie: 11 €
Dividende: 0,80 €
Dividendenrendite: 7,3 %

März 2005: Kauf Bayer-Aktie: 35 €
Dividende: 0,85 €
Dividendenrendite: 2,4 %

Febr. 2010: Kauf Bayer-Aktie: 50 €
Dividende: 1,50 €
Dividendenrendite: 3 %

Formel: Dividende multipliziert mit 100, dividiert durch den Kaufpreis (Einstandspreis) bzw. den aktuellen Börsenkurs.

Sich auf Sparkonto, Garantiezertifikate oder Total-Return-Fonds zurückzuziehen, sind die Hauptfehler nach einem Börsencrash. Geht es dem Unternehmen gut und schüttet es in gewohnter Höhe Gewinne aus, kommt eine ansehnliche Dividendenrendite heraus – nur oft genug von ängstlichen Aktionären nicht bemerkt. Zwei Berechnungen zeigen, worum es geht. Wird die Dividende bei der BAYER-Aktie (siehe Kasten) im Laufe der Jahre von 0,80 auf 1,50 Euro erhöht, so beträgt die Dividendenrendite bei den zu 11,00 Euro gekauften und als steuerfreier Altbestand gehaltenen Papieren bereits 13,6 %.

Wer frühzeitig die EUWAX-Aktie kaufte wie ich zu einem Preis von rund 10 Euro, freut sich jetzt über eine Dividende von 3,26 Euro – durch den Beherrschungsvertrag der Börse Stuttgart garantiert. Allein mit der Gewinnausschüttung wird alle drei Jahre der Einsatz bezahlt. Warum verkaufen, selbst wenn der Kurs aktuell bei 51 Euro liegt?

Firmen, die hohe Dividenden ausschütten, sichern den Kurs nach unten ab. So hat das Ölunternehmen Royal Dutch seit dem Zweiten Weltkrieg noch nie die Dividende gesenkt. Auch der US-Zigarettenkonzern Altria, vormals Philip Morris, und die deutschen Energieversorger E.ON und RWE verwöhnen ihre Aktionäre mit einer attraktiven, meist wachsenden Ausschüttung. Eigentlich soll die Dividende die Gewinnentwicklung widerspiegeln. Manche Gesellschaften schrecken jedoch in wirtschaftlich angespannten Zeiten davor zurück, die Dividende entsprechend zu kürzen, um die Kapitalanleger nicht zu verärgern und dadurch einen weiteren Kurssturz auszulösen.

12 Dividendenkönige der DAX-Konzerne, Planung 2011

DAX Dividenspitzenreiter	Dividende für 2010	Dividende für 2011(e)	Dividende/ Rendite(e)	KGV/Kurs 22.02.2011
Deutsche Telekom	0,70 €	0,70 €	7,0 %	13,3/10,00 €
RWE	3,50 €	2,00 €	6,7 %	8,8/52,60 €
E.ON	1,50 €	1,30 €	6,1 %	11,7/24,65 €
Munich Re	6,25 €	6,25 €	5,1 %	9,4/121,80 €
Deutsche Post	0,65 €	0,70 €	4,8 %	10,0/13,50 €
Allianz	4,50 €	5,00 €	4,3 %	9,6/105,45 €
Deutsche Börse	2,10 €	2,15 €	3,7 %	13,3/56,70 €
DAIMLER	1,85 €	2,00 €	3,5 %	10,6/52,90 €
BASF	2,20 €	2,30 €	3,5 %	12,0/59,35 €
Lufthansa	0,60 €	0,60 €	4,0 %	11,1/14,90 €
SIEMENS	2,70 €	3,00 €	2,8 %	13,2/96,00 €
BAYER	1,50 €	1,60 €	2,7 %	16,7/55,25 €

Unternehmen aus der „Old Economy" mit aktionärsfreundlicher Firmenpolitik – Shareholder Value genannt – schütten oft hohe Dividenden aus. Gesellschaften aus der „New Economy", dem Hightech-, Internet- und Biotechbereich sowie dem Sektor Erneuerbare Energien, nehmen meist keine oder nur karge Gewinnausschüttungen vor. Die konjunkturabhängigen Growth-Gesellschaften sind vorrangig auf Wachstum ausgerichtet und brauchen ihr Eigenkapital für Investitionen, Beteiligungen und Übernahmen. Bill Gates ertragstarke Microsoft-Company begann erst 2003 mit der Zahlung einer bescheidenen Dividende. Aktien heißen zwar „Dividendenpapiere". Aber bei vielen Wachstumswerten – siehe TecDAX und Nasdaq – wird eine Dividende zumindest in der Gründungsphase nicht angedacht. In den USA sind vierteljährliche Ausschüttungen üblich. Hierzulande gibt es dies bei Gagfah aus dem MDAX.

Über die Ausschüttung für das abgelaufene Geschäftsjahr stimmt die Hauptversammlung ab. Wer am HV-Tag die Aktie besitzt, bekommt die gesamte Dividende
am nächsten Werktag ausgezahlt. Der Zinssatz der Banken bezieht sich dagegen
auf volle zwölf Monate (per annum). Liegt der Bank ein Freistellungsantrag vor, kassiert der Fiskus bis zum Ausschöpfen des steuerfreien Pauschalbetrags von 801
Euro für Ledige und 1.602 Euro für Verheiratete nicht mit. Danach greift der Staat mit
25 % Abgeltungsteuer plus Solidarzuschlag und eventuell Kirchensteuer zu, sodass
sich die automatisch abgeführte Kapitalertragsteuer auf rund 28 % beläuft. Außer Le-
bensversicherungen werden alle Kapitalerträge nun einheitlich versteuert. Steuerfrei
bleibt nur der Gewinn der vor 2009 erworbenen Aktien und Aktienfonds (Altbestand).

Acht Dividenden-Spitzenreiter im Euro Stoxx 50: ab 5,5 %					
Aktie	WKN	Kurs 21.02.11	Hoch/Tief 52 Wo. €	KGV 2011	Div. 2010(e) Rendite
Banco Santander	858 872	8,95 €	10,85/7,15	7,2	0,57 €/6,2 %
Enel	928 624	4,25 €	4,35/3,40	9,3	0,27 €/6,3 %
Eni	897 791	17,35 €	18,60/14,35	7,7	1,00 €/5,6 %
France Telecom	906 849	16,30 €	17,90/14,00	9,3	1,40 €/8,5 %
Nokia	870 737	6,60 €	11,80/6,50	11,2	0,41 €/5,8 %
Telefónica	850 775	18,20 €	19,70/14,70	9,7	1,39 €/7,5 %
Unbail-Rodamco	863 733	143,00 €	166,0/121,2	15,4	8,02 €/5,6 %
Vivendi	591 068	20,55 €	22,00/16,20	9,3	1,41 €/6,8 %
Fünf MDAX-Dividenden-Spitzenreiter: ab 4 % Rendite 2011(e)					
Bilfinger Berger	590 900	60,50 €	65,60/40,75	11,6	2,50 €/4,1 %
Dt. Euroshop	748 020	27,35 €	29,00/21,25	21,0	1,20 €/4,4 %
Gagfah	A0L BDT	8,05 €	9,00/5,05	22,9	0,50 €/6,2 %
Hannover Rück	840 221	41,55 €	43,50/30,65	7,9	2,10 €/5,1 %
Springer, Axel	550 135	114,55 €	125,8/77,60	11,6	4,80 €/4,2 %
Fünf TecDAX-Dividenden-Spitzenreiter: ab 3 % Rendite 2011(e)					
BB Biotech	A0N FN3	48,30 €	52,05/39,50	17,6	2,47 €/5,1 %
Carl Zeiss Meditec	531 370	14,55 €	15,15/10,95	19,4	0,55 €/3,8 %
Drillisch	554 550	6,85 €	7,10/4,20	12,3	0,70 €/10 %
Freenet	A0Z 2ZZ	8,75 €	11,10/7,25	14,6	0,80 €/9,1 %
Pfeiffer Vacuum	691 660	96,70 €	98,35/52,50	17,0	3,30 €/3,4 %

Sieben Dividenden-Spitzenreiter im SDAX: ab 3,5 % Rendite

Aktie	WKN	Kurs 22.02.11	Hoch/Tief 52 Wochen in €	KGV 2011	Div. 2011(e) Rendite
Alstria Office	A0L D2U	10,90 €	11,25/6,90	19,8	0,44 €/4,0 %
Amadeus Fire	509 310	34,80 €	36,35/15,60	14,5	1,50 €/4,3 %
Comdirect Bank	542 800	8,10 €	8,50/6,40	17,2	0,44 €/5,2 %
Dt. Beteiligung	550 810	20,70 €	23,80/15,20	11,2	1,85 €/6,8 %
Hawesko Holding	604 270	33,45 €	35,50/23,50	17,1	1,55 €/4,8 %
H&R Wasag	775 700	20,60 €	22,90/14,00	13,7	0,80 €/3,9 %
Indus Holding	620 010	21,30 €	24,40/12,10	9,1	1,20 €/4,7 %

Zwölf fair bewertete Dividenden-Stars: ab 6 % Rendite für 2010

Aktie	WKN	Kurs 22.02.11	Hoch/Tief 52 Wochen in €	KGV 2011	Div. 2011(e) Rendite
Bijou Brigitte	522 950	101,50 €	142,0/98,65	11,9	6,00 €/6,0 %
Essanelle	661 031	8,40 €	8,80/7,20	12,6	0,50 €/6,0 %
Euwax	566 010	51,70 €	54,50/48,50	19,9	3,26 €/6,3 %
Goingpublic Media	761 210	3,50 €	3,75/2,55	11,7	0,22 €/6,3 %
I:FAO	622 452	11,40 €	12,40/8,50	16,8	0,70 €/6,1 %
KAP Beteiligung	620 840	26,45 €	29,00/17,80	6,4	2,00 €/7,6 %
Lang & Schwarz	645 932	6,40 €	6,95/4,00	12,8	0,50 €/7,8 %
MAGIX	722 078	9,60 €	9,60/4,10	17,1	0,88 €/9,2 %
PEH Wertpapier	620 140	31,45 €	34,50/23,75	15,7	1,90 €/6,0 %
RWE Vorzüge	703 714	50,50 €	62,90/44,55	8,4	3,50 €/6,9 %
Telegate	511 880	8,05 €	11,55/5,95	17,8	0,70 €/8,7 %
Travel Viva	A0H NGF	5,80 €	7,65/4,75	11,6	0,40 €/6,9 %

Je mehr ein Aktienkurs steigt, umso stärker sinkt prozentual die Dividendenrendite. Dies trifft vor allem beim MDAX (2010: +34 %) und SDAX (2010: +46 %) zu. Ganz anders sieht es beim EURO STOXX 50 aus. Der Euroland-Index wurde wegen der Überschuldungskrise etlicher europäischer Länder mit einem Minus von 4 % abgestraft und von der Börsenrallye ausgesperrt. In früheren Jahren betrug die Dividendenrendite bei vielen MDAX- und SDAX-Titeln über 6 %. Da beide Börsenbarometer von einem Höchststand zum nächsten eilten, war der Bewertungsrückstand zum DAX schnell aufgebraucht. Je höher die Kurse nach oben kletterten, umso mehr verringerte sich prozentual die Dividendenrendite.

3.4 Börsengang: Wann zeichnen? Wann Finger weg?

Sobald Neuemissionen interessant erscheinen, fragen Sie sich: Wann zeichnen? Wann verzichten? Wie auf Überzeichnung reagieren? Wann nach der ersten Börsennotiz einsteigen oder bei Zuteilung den erhofften Gewinn mitnehmen?

Die Jahre 1998 bis 2000 waren von regelrechten IPO-Exzessen geprägt. Im Zuge des Crashszenarios gab es 2001 lediglich elf, 2002 nur eine, 2003 keine, 2004 immerhin eine Handvoll Neuemissionen. 2005 war die zeitweilige Durststrecke beendet. Der Lockruf des Aktienmarktes führte zu 22 Börsengängen. Das Emissionsvolumen betrug über 4 Milliarden Euro. Auch 2006/2007 ging es spürbar aufwärts. Etliche Neuemissionen von 2007 sind heute im MDAX (Gerresheimer, Tognum), TecDAX (Centrotherm) und SDAX (Homag, Wacker Neuson) notiert. 2008 sank im Zuge der Finanzkrise das IP0-Volumen gewaltig. 2009 kam es zum totalen Einbruch, 2010 zur leichten Erholung mit einigen sehr erfolgreichen Neuemissionen.

Einige Börsengänge in Deutschland Ende 2007 bis 2010					
IPO-Aktie	WKN	IPO-Jahr	Ausgabepreis	Kurs 27.12.10	Performance
BHB Brauholding	A1C RQD	2010	2,80 €	2,45 €	-12 %
Brenntag, MDAX	A1D AHH	2010	50,00 €	75,00 €	+50 %
Daldrup & Söhne	783 057	2007	13,50 €	21,85 €	+62 %
Flatex	524 960	2009	3,90 €	4,20 €	+7,7 %
GK Software	757 142	2008	21,00 €	49,85 €	+137 %
Goingpublic Med.	761 210	2010	2,60 €	3,30 €	+27 %
JK Wohnbau	A1E 8H3	2010	8,00 €	7,90 €	-1,3 %
Joyou	A0W MLD	2010	13,00 €	12,65 €	-2,7 %
Kabel Dt., MDAX	KD8 888	2010	22,00 €	36,30 €	+65 %
Kinghero	A0X VMW	2010	15,00 €	34,70 €	+131 %
NanoRepro	657 710	2008	11,50 €	4,05 €	-65 %
SMA Solar, TecDAX	A0D J6J	2008	47,00 €	71,00 €	+51 %
Ströer Out., SDAX	749 399	2010	20,00 €	26,15 €	+31 %
Tom Tailor, SDAX	A0S TST	2010	13,00 €	15,45 €	+19 %
Tonkens Agrar	A1E MHE	2010	23,75 €	22,90 €	-3,5 %
Travel Viva	A0H NGF	2010	5,50 €	5,00 €	-5,5 %

Ein IPO, die Abkürzung für Initial Public Offering, bezeichnet das erstmalige öffentliche Angebot von Wertpapieren, also das Börsenlisting einer AG. In der Regel wird der Börsengang gemeinsam mit einer Emissionsbank und bei einem größeren Börsengang mit einem Bankenkonsortium geplant, vorbereitet und durchgeführt. Das Hauptmotiv ist, sich zusätzliches Eigenkapital zu verschaffen, um wachsen, neue Geschäftsfelder erschließen und die Marktstellung festigen zu können. Die Zeiten, in denen durch den Internet-Boom und sich auftürmende Spekulationsblasen am Neuen Markt die Erstnotiz um einige hundert Prozent nach oben schnellte, sind längst vorbei.

Welche Fragen sollte sich ein Anleger vor der Zeichnung stellen?

Gründliche Information ist das A und O. Woher stammt das Aktienangebot? Sollen vorrangig die Altaktionäre kassieren, oder fließt der Erlös dem Unternehmen direkt zu? Wie lange dauert die Lockup-Frist? Je länger die Altaktionäre ihre Aktien aus dem Börsengang halten müssen, umso besser ist dies für den Aufbau von Vertrauen. Wichtig für das künftige Kurspotenzial ist eine faire Bewertung. Die Neuemission sollte einen Bewertungsabschlag aufweisen. Die fundamentalen Kennziffern im Börsenprospekt müssen klar und wahr sein. Das Augenmerk ist auch auf die Kapitalmarktfähigkeit zu richten. Damit ist die professionelle Öffentlichkeitsarbeit gemeint. Zu hinterfragen sind die Eintrittsbarrieren für Wettbewerber, die Wachstumsaussichten, eine längerfristig ausgelegte Umsatz- und Gewinnentwicklung, die Marktstellung, die Chance, eine attraktive Marktnische zu erobern. Das Geschäftsmodell muss werthaltig sein. Vom Börsenneuling wird keine Weltmarktführerschaft erwartet. Aber der Börsengang soll helfen, dieses Ziel zu verwirklichen. Entscheidend für den Erfolg ist das Management: ein klar ausgerichtetes Kerngeschäft mit gesunder Bilanzstruktur.

Vorbörsliche Kurseinschätzungen als Orientierungshilfe nutzen

Selbst ein Privatanleger, der die Aktien einer Neuemission nicht außerbörslich ordern will, tut gut daran, sich beim Brokerhaus LANG & SCHWARZ oder bei der DKM Wertpapierhandelsbank zu erkundigen, was die Aktien kosten. Liegt der Aktienkurs hier deutlich über dem oberen Ende der Handelsspanne (Bookbuildingspanne), ist mit einer Überzeichnung zu rechnen. Dann ist es sinnlos, ein Limit zu setzen; denn die Chance auf Zuteilung wird damit vertan. Wer vorbörslich ordert, dem wird ein bestimmter Kurs angeboten. Vor einer so wichtigen Anlageentscheidung sind alle verfügbaren Nachrichten zu studieren. Wer bei der Zeichnung leer ausgeht, sollte danach die Kursentwicklung beobachten und bei Schwäche beherzt zugreifen. Die Zeichnungsaussichten sind gut, wenn der Anleger über ein Depotkonto bei den Konsortialführern verfügt.

Wie geht es mit Neuemissionen im Jahr 2011 weiter?

➢ Die heißesten Börsenkandidaten sind nach Norma und GSW Immobilien die Reederei Hapag-Loyd, die Kabelnetzgesellschaft Kabel Baden-Württemberg und das Flughafen- und Infrastrukturunternehmen Hochtief Concessions.

3.5 Aktienrückkaufprogramme treiben die Kurse

Die bei der Hauptversammlung beschlossenen Rückkaufprogramme sind beliebt, soweit damit nicht Aktienoptionen der Führungskräfte finanziert werden. Der Anteilseigner hört es gern, wenn die AG ihre eigenen Aktien einzieht. Der einzelne Anteilschein gewinnt an Wert, und es steigt die Nachfrage. Akzeptiert wird auch, wenn günstig gekaufte Papiere als Akquisitionswährung dienen.

Die Gesamtzahl der Aktien sinkt, sofern das Unternehmen sie nach dem Rückkauf einzieht. Bei gleichbleibendem Ergebnis erhöht sich somit der Gewinn je Aktie. Gemessen am KGV wird das Papier preiswerter. Eine solche Nachricht wirkt als Treibsatz für die Kursentwicklung. Laut einer Untersuchung der US-Investmentbank Morgen Stanley laufen die Aktien von Unternehmen, die Anteilscheine zurückkaufen, im ersten Jahr nach der Ankündigung an der Börse im Schnitt um 13 % besser als der Gesamtmarkt. *„Bei der Auswahl von Aktien sind Rückkäufe also ein gutes Kriterium"*, urteilt der Analyst Ben Funnell von Morgan Stanley.

Während bei Dividenden nach Ausschöpfung des Pauschalbetrags von 801 € für Ledige und 1.602 € für Verheiratete die Abgeltungsteuer von 25 % anfällt, bleibt beim Altbestand der Kursgewinn steuerfrei. Dies gilt für alle Aktien, die vor 2009 gekauft wurden. Manche Analysten betrachten den Aktienrückkauf als besten und schnellsten Weg, die Aktionäre am Unternehmenserfolg zu beteiligen, vorausgesetzt, die Aktien werden danach eingezogen. Dazu meint Hermann Köster von der Fondsgesellschaft INVESTO: *„Aktienrückkäufe bewahren ein Unternehmen davor, in überflüssige Repräsentationsbauten zu investieren oder Firmen viel zu teuer zu übernehmen."*

Mitunter werden auch eigene Aktien eingesammelt, um sie als Akquisitionswährung einzusetzen. Ein Aktientausch bietet sich an, wenn ein Unternehmen durch Übernahme oder Fusion weiterwachsen, neue Märkte erschließen, lästige Mitbewerber abschütteln und Synergieeffekte erzielen will. Ein solches Vorhaben kann, muss sich aber nicht für den Aktionär auszahlen. Nicht jede Übernahme verläuft erfolgreich, denn Größe ist nicht unbedingt das Maß aller Dinge. Außerdem harmonieren die unterschiedlichen Unternehmenskulturen nicht immer wie gewünscht miteinander. Der „Kampf der Kulturen" hat schon so manchen Synergieeffekt zunichte gemacht.

Gelegentlich fehlt es nicht an Kritik. Als Vorwurf führen Kritiker an, dass es eine Hauptaufgabe des Managements sei, aussichtsreiche neue Wachstumsfelder zu erschließen. Gäbe es keine bessere Idee als eigene Anteilscheine zurückzukaufen, sei dies ein Armutszeugnis. Eine ordentliche Dividende wäre die bessere Alternative. Zudem könne der Rückkauf für die Optionsprogramme der Führungskräfte dienen. So kämen die Aktien erneut auf den Markt. Laut EURO AM SONNTAG gingen von den 2004 in den USA angekündigten Rückkäufen ein Drittel in Optionsprogramme.

3.6 Penny Stocks: Spielwiese für Zocker

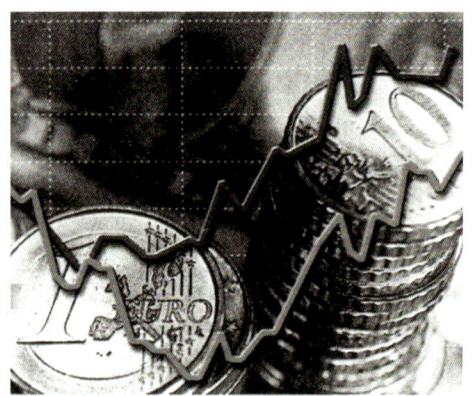

Quelle: „Der Neue Börsenführerschein"

Penny Stocks, also Aktien im Wert von unter einem Euro, sind riskant, bei einer Turnaround-Story und Aussicht auf den Break-Even, Rückkehr zur Gewinnzone, aber auch sehr chancenreich. Viele ehemalige Glanzlichter vom mittlerweile „beerdigten" Neuen Markt fristen heute ein tristes, von Analysten kaum mehr beachtetes Penny-Stock-Dasein.

Mitunter sind folgende Worte zu hören: *„Mit Penny Stocks kann ich nicht viel verlieren. Die Aktien sind ja schon so tief im Keller!"* Eine solche Einschätzung ist unsinnig. Mit Penny Stocks lassen sich ebenso hohe Beträge verlieren wie mit Blue Chips. Ein Anleger, der sich vielleicht nur zehn RATIONAL-Aktien für rund 1.700 € ins Depot legt, begnügt sich nicht mit zehn Penny-Stock-Aktien. Allein die Gebühren betragen pro Order knapp 10 bis 30 Euro. Er wird also 1.000 bis 2.000 Aktien oder noch höhere Stückzahlen ordern, damit die Gebühren nicht den möglichen Kursgewinn auffressen und sich ein Kursanstieg bei dem hohen Risiko richtig lohnt.

Penny Stocks, an der US-Technologiebörse NASDAQ nach kurzer Verweildauer aus dem Index verbannt, sind zum Spielball von Spekulanten verkommen. Die angeschlagenen, vom Pleitegeier umkreisten Firmen stellen für Zocker willkommene Spielwiesen dar. Sei es, dass eine Ad-hoc-Meldung Aufsehen erregt, ein Gerücht die Runde macht, der Einstieg eines Großaktionärs bevorsteht, das Restrukturierungs- und Kostensenkungsprogramm Früchte trägt oder auf eine Übernahme spekuliert wird. Stehen die Signale für Turnaround und Break-Even auf Grün, ist eine Kursexplosion möglich. Einige Börsenbriefe haben sich auf ein solches Szenario spezialisiert. Stimmt die Turnaround-Story, sind dreistellige Kursgewinne binnen kurzer Zeit denkbar. Löst sich die Vision in Luft auf, droht ein Totalverlust. Geschönte Kaufempfehlungen bei marktengen, niedrig kapitalisierten Werten treiben

Tipps für Penny Stocks

Betrachten Sie Penny Stocks als spekulative Depotbeimischung, und investieren Sie nur „Spielgeld".

Halten Sie den prozentualen Anteil am Depotumfang gering, etwa 1 bis 2 %.

Wegen starker Kursturbulenzen bietet ein eng gesetztes Limit einen gewissen Schutz.

Warten Sie ab, bis sich der Kurs normalisiert, und kaufen Sie nicht aufgrund von Guru- oder Stammtisch-Tipps.

den Kurs blitzartig nach oben und anschließende Gewinnmitnahmen schnell wieder in den Keller. Meistens ist es klüger, geduldig eine Kurskorrektur abzuwarten.

3.7 Börsengeschichte: spannend und turbulent

Vor elf Jahren, Anfang 2000, erreichten die Börsenkurse der führenden Indizes ihren Höhepunkt. Die Dotcom-Euphorie entfachte ein Kursfeuerwerk und ließ an der US-Technologiebörse Nasdaq und am deutschen Neuen Markt die Kurse so rasant steigen, dass die Blase letztlich abrupt mit großem Knall platzen musste. Auch den DAX erwischte es. Seine Entwicklung ist ein Spiegelbild der Börsengeschichte mit ihren Höhen und Tiefen – eine Fundgrube für Aktienstrategen.

Meilensteine der Börsengeschichte von 1995 bis 2010	
❶ Oktober 1997	Die Asienkrise löst bei den Tigerstaaten eine Rezession aus. Die Länderwährungen stürzen ab. Der DAX notiert bei 4.000 Punkten.
❷ Oktober 1998	Der Hedge-Fonds LTCM stürzt ein. Das Finanzsystem wankt. Die Notenbanken senken den Leitzinssatz. Der DAX markiert 4.000 Punkte.
❸ März 2000	Die Interneteuphorie erstürmt den Gipfel. DAX, Nemax und Nasdaq erreichen Allzeithochs. Der DAX schafft 8.064, der Nemax 9.631 Punkte.
❹ Nov. 2001	Das Terrornetzwerk Al Kaida zerstört mit gekaperten Flugzeugen das World Trade Center (3.000 Tote). Der DAX stürzt auf 5.000 Punkte ab.
❺ Jahr 2002	Das zweite Crashjahr ist geprägt von Rezessionsangst, Bilanzfälschungen um Enron und Worldcom. Der DAX fällt unter die 5.000er-Marke.
❻ März 2003	Im Crashfinale sinkt der DAX auf 2.188 und der Nemax 50 auf 309 Punkte. Die USA greifen den Irak an und entmachten Saddam Hussein.
❼ Jahr 2005	Zahlreiche deutsche Unternehmen profitieren vom investitionsgetriebenen globalen Aufschwung. Der DAX erholt sich auf 4.000 Punkte.
❽ Jahr 2007	Die Subprimekrise löst noch wenig Sorgen aus. Der DAX schafft 7.000 Punkte. Die Börsenwelt scheint heil – tückische Ruhe vor dem Sturm.
❾ Jahr 2008	Die Immobilienkrise verschärft sich. Mit der Bankenpleite Lehman Brothers steht das Finanzsystem am Abgrund. Die Indizes brechen ein.
❿ Jahr 2009	Es kommt zur schwersten Weltwirtschaftskrise der Nachkriegszeit. Der DAX stürzt Anfang März auf 3.600 Punkte ab. In Erwartung eines Aufschwungs erholen sich die Indizes. Der DAX schafft 6.000 Punkte.
Das Jahr 2010	Ein turbulentes Jahr 2010! Die Schuldenkrise erfasst Griechenland und Irland, gefährdet Spanien und Portugal. Deutschland wird zur Konjunkturlokomotive mit stabilem Aufschwung. Der DAX schafft 7.000 Punkte.

Testbogen ❷ zur Prüfungsvorbereitung

Nr.	Aufgabenstellung			Punkte
1	**Welche Begriffe passen nicht, sind falsch oder ohne Bezug?**			9 [ ]
1.1	**Aktienarten:** 1) Vorzüge, 2) Stämme, 3) Dividendenrendite, 4) Aktiensplit, 5) Nennwertlose Stückaktien, 6) Namensaktien, 7) Inhaberaktien, 8) Börsenwert, 9) Penny Stock.	Nr. Nr. Nr.		3 [ ]
1.2	**Dividende:** 1) Kursabsicherung, 2) Auszahlung am HV-Tag, 3) Fester Zinssatz, 4) Gewinnausschüttung, 5) Abgeltungsteuer fällt an, 6) Dividenden-Rendite abhängig vom Einstiegskurs, 7) Höchste Dividenden gibt es im TecDAX.	Nr. Nr. Nr.		3 [ ]
1.3	**IPO-Bewertungskriterien:** 1) Börsenplatz, 2) Management, 3) Lockup-Frist, 4) Marktstellung, 5) Unternehmensziele, 6) DAX, 7) Volatilität, 8) Kerngeschäft, 9) Kennzahlen.	Nr. Nr. Nr.		3 [ ]
2	**Welche Aussagen stimmen, was ist falsch? (Kreuz)**	ja	nein	5 [ ]
2.1	Nur wer die Aktie über ein Jahr hält, bekommt Dividende.			1 [ ]
2.2	Ein Aktiensplit eröffnet oft weiteres Kurspotenzial.			1 [ ]
2.3	Kurze Lockup-Fristen sind beim IPO ein positives Kriterium.			1 [ ]
2.4	Fundamentalkennzahlen sind beim IPO nicht wichtig.			1 [ ]
2.5	Im Kerngeschäft müssen die Eintrittsbarrieren niedrig sein.			1 [ ]
3	**Welche Verhaltensweisen sollte man <u>nicht</u> übernehmen?**			5 [ ]
	1) Breite Streuung. 2) Eigenes Urteil bilden. 3) Bei tiefen Kursen Aktienkauf Kredit. 4) Herdentrieb folgen. 5) Infos aus vielen Quellen. 6) Gurutipps befolgen. 7) Nur DAX ins Depot. 8) Auf Dividende achten. 9) Gewinne laufen lassen. 10) Verlust begrenzen. 11) Order nach Bauchgefühl.	Nr. Nr. Nr. Nr. Nr.		1 [ ] 1 [ ] 1 [ ] 1 [ ] 1 [ ]
4	**Zuordnungstest: Ordnen Sie den Begriffen unter a) die richtigen Stichworte unter b) zu.**	**Muster: A1/B7**		11 [ ]
4.1	A1) Hohes Risiko. A2) Prime Standard. A3) General Standard. A4) Bärenmarkt. A5 Bullenmarkt. A6) DAX. A7) TecDAX. A8 MDAX. A9) Indexanpassung DAX. A10) Schwankungsfreudigkeit. A11) Aktienzusammenlegung (Kapitalschnitt). A12) Aktienrückkauf mit Aktieneinzug.	A2 A3 A4 A5 A6 A7	B B B B B B	1 [ ] 1 [ ] 1 [ ] 1 [ ] 1 [ ] 1 [ ]
4.2	B1) 30 Hightechtitel. B2) Volatilität. B3) Reversesplit. B4) Strenge Aufnahmebedingungen. B5) Jährlich. B6) Mildere Zulassungsauflagen. B7) Hohe Chancen. B8) Baisse. B9) Hausse. B10) Höherer Wert pro Aktie. B11) 30 Größte deutsche Werte. B12) 50 Klassische Werte.	A8 A9 A10 A11 A12	B B B B B	1 [ ] 1 [ ] 1 [ ] 1 [ ] 1 [ ]
	Auswertung: 29 – 30 Punkte: sehr gut, 26 – 28 Punkte: gut, 23 – 25 Punkte: befriedigend, 20 – 22 Punkte: ausreichend (Lösung S. 208)			30[ ]

❹ Die richtige Anlagestrategie mit Blick auf die Demografie

Die steigende Lebenserwartung in Verbindung mit Geburtenarmut bedeutet keine reine Freude, sondern wirft große Probleme auf. In 50 Jahren, 2060, wird es in Deutschland fast so viele 80-Jährige geben wie unter 20-Jährige. Wer 2060 geboren wird, hat als Junge eine Lebenserwartung von 85 Jahren und als Mädchen von 89 Jahren. Die 2006 bis 2008 Geborenen dürften im Schnitt rund 80 Jahre alt werden.

Nettorenten-Niveau vor Steuern	
2005:	52,7 %
2010:	50,0 %
2020:	46,7 %
2030:	43,8 %
Erwartete Senkung 2030 um 15 % bis 20 %	

Dass es für eine vernünftige, weitsichtige Investition, für Vermögensaufbau und Altersvorsorge mit dem Ziel finanzieller Freiheit und Unabhängigkeit nie zu früh, aber letztlich auch nicht unbedingt zu spät ist, zeigt ebenfalls die demografische Entwicklung. Sind Sie heute 20 Jahre alt, liegt Ihre durchschnittliche Lebenserwartung bei weiteren 60 Jahren, 30-jährig bei 50, 40-jährig bei 40, 50-jährig bei 30, 60-jährig bei 22, 70-jährig bei 15 und 80-jährig noch bei acht Jahren. Als Frau dürfen Sie etwas dazurechnen, als Mann ein bisschen abziehen.

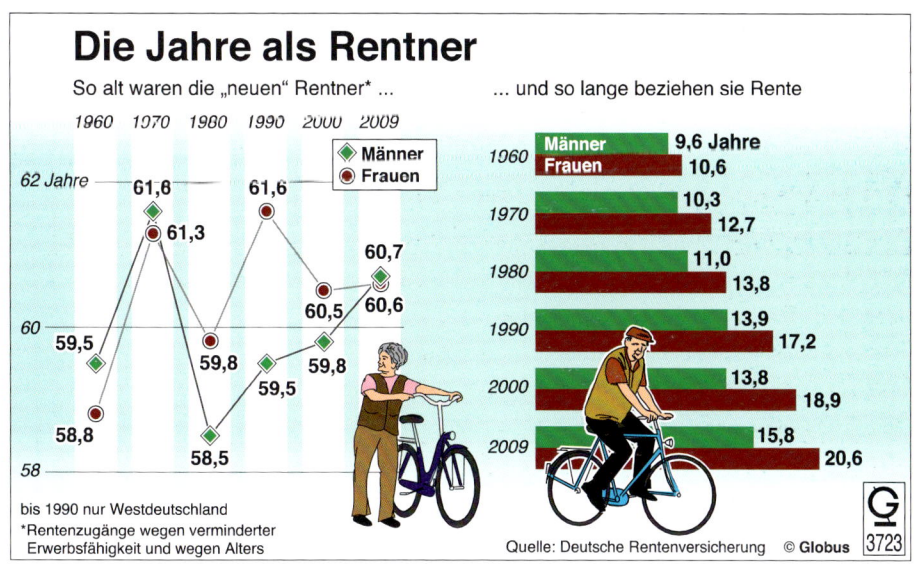

Das längere Leben bleibt wegen der Fortschritte in der Medizin und Biotechnologie, verbesserten Wohnbedingungen und mehr Hygiene, höherem Lebensstandard, niedriger Arbeitszeit und Verringerung schwerer körperlicher Belastungen ungebrochen.

Schon bald dürfte ein Neugeborener also rund 90 Jahre alt werden. Dabei gefährdet die niedrige Geburtenrate mit nur 1,3 bis 1,4 Kindern (statt 2 Kindern) pro Frau das gesellschaftliche Gleichgewicht. Der Bundesbürger spürt dies auch, verdrängt aber gern die Belastungen oder sucht nach Sündenböcken. Mit Protesten gegen die stufenweise Erhöhung des Renteneintrittsalters auf 67 Jahre und ein künftig niedrigeres Rentenniveau ist es nicht getan. Geld, das fehlt, kann der Finanzminister nicht verteilen, zum Leidwesen der Rentner und Patienten im explodierenden Gesundheitswesen.

➢ Waren vor gut 50 Jahren lediglich 20 % der Bevölkerung 60 Jahre und älter, sind es derzeit 25 % und 2030 vermutlich schon 35 %. Heute beziehen Frauen fast 21 Jahre und Männer knapp 16 Jahre eine Altersrente.

Für die soziale Rentenversicherung bedeutet dies: Die Beitragszahler müssen immer länger für eine stetig wachsende Zahl von Ruheständlern aufkommen. Letztlich hilft kein Wehklagen, sondern nur der eigenverantwortliche Aufbau einer soliden Altersvorsorge schon in jungen Jahren. In der ersten Lebenshälfte ist ein hoher Aktienanteil wegen der langfristig attraktiven Rendite besonders günstig. Das Problem besteht darin, dass man in jungen Jahren oft zwar will, aber nicht kann, weil große Anschaffungen, Familien- und Firmengründung, eventuell auch der Erwerb einer eigenen Immobilie kaum einen finanziellen Spielraum für die Aktienanlage offen lassen.

Aktuell sucht die BaFin verdeckte Ermittler. Die Bundesregierung hat die Finanzaufsicht beauftragt, strenger die Qualität der Finanzberatung in Banken zu überwachen. Die CDU-Ministerin Ilse Aigner will denjenigen Geldhäusern, die ihre Kunden schlecht beraten, auf die Finger schauen. Freilich müssen Banken Geld verdienen. Aber wer nicht erkennt, dass der Aufbau und Erhalt des Vertrauens die wichtigste Währung der Branche ist, ignoriert Ausmaß und Folgen der weltweiten Finanz- und Schuldenkrise. Statt aufs schnelle Geld zu schauen, ist eine langfristige Kundenbindung entscheidend – schon um Lockvögel-Angeboten der Konkurrenz zu widerstehen.

Langfrist-Aktienanlage ist Trumpf. Wer vor 50 Jahren 10.000 US-Dollar in den Dow-Jones-Aktien-Index investierte, erzielte etwa 400.000 Dollar Gewinn – genug für ein finanziell sorgenfreies Alter. Überzeugender kann sich ein langfristiges Aktieninvestment nicht präsentieren, mögen auch kurzfristig hohe Verluste drohen und solche Traumrenditen künftig nur noch schwerlich zu erreichen sein.

Zwischen Flop und Top: Ein Blick in die Statistik

Wie wichtig es ist, nicht blindlings irgendwelchen Freunden, Bekannten und Verwandten bezüglich Kapitalanlage zu vertrauen, sondern überlegte Entscheidungen zu treffen, zeigen die folgenden Zahlen:

Wer 2003 auf Standardaktien im DAX setzte, buchte mit seinem Depot „Heimatliebe" trotz unzureichender Streuung 30 % Gewinn. Wer dies 2002 tat und sein Geld zum Jahresende wieder abzog, kam mit 40 % tief in die Miesen. Ihn machte neben der allgemeinen Marktschwäche die einseitige Anlage zu schaffen. Auf Sicht von Jahrzehnten sieht vieles ganz anders aus. Die untere Grafik zeigt, wie bedeutsam der Anlagezeitraum ist. Börse ist jedoch nicht nur eine Sache perfekten Timings und guter Marktkenntnis, sondern wird insbesondere bei geringer Streuung stark vom Zufall bestimmt.

Was wurde 2011 aus einem Einsatz von 10.000 Euro?

Januar 2010 bis 2011 (ein Jahr)		Januar 2006 bis Januar 2011	
Gold	13.750 €	Gold	23.000 €
DAX-Aktien	11.560 €	DAX-Aktien	12.800 €
Bundesobligationen (5 J.)	10.600 €	Offene Immobilienfonds	11.800 €
Sparbriefe, Laufzeit (4 J.)	10.260 €	Öffentliche Anleihen (5 J.)	11.600 €
Termineinlagen (1 Jahr)	10.100 €	Sparbuch	10.600 €
Finanzierungsschätze (1 J.)	10.060 €	Garantiezins Lebensversicherg.	1,8 %

Durchschnittliche Sparergebnisse bei 50 € Einzahlung

Fondsart (Sparplan)	10 Jahre	20 Jahre	30 Jahre
Deutsche Aktienfonds	8.283 €	31.549 €	89.353 €
Rendite	6,3 %	8,8 %	9,2 %
Europäische Aktienfonds	8.301 €	33.516 €	86.442 €
Rendite	6,3 %	9,3 %	9,0 %
Internationale Aktienfonds	8.779 €	30.280 €	84.941 €
Rendite	7,4 %	8,5 %	9,0 %
Deutsche gemischte Fonds	8.284 €	31.787 €	73.720 €
Rendite	6,3 %	8,9 %	8,2 %
Internationale Rentenfonds	8.724 €	27.553 €	73.768 €
Rendite	7,3 %	7,7 %	8,2 %
Europaweite Rentenfonds	7.958 €	23.891 €	59.224 €
Rendite	5,5 %	6,4 %	7,0 %
Offene Immobilienfonds	7.402 €	21.524 €	46.577 €
Rendite	4,1 %	5,5 %	5,7 %
Quelle:	Handelsblattgrafik aus dem Jahr 2006		

Erheblich veränderte Einschätzungen aufgrund der Fortschritte von Medizin, Medizintechnik, Biotechnologie und Nanotechnologie

Die Lebenserwartung steigt weiter. Eine Obergrenze ist nicht in Sicht. Derzeit werden schon mehr als 10 % der japanischen Frauen über 100 Jahre. Einige Wissenschaftler halten schon bald ein Lebensalter von rund 100 Jahren im Durchschnitt für denkbar. Versuche mit Mäusen beweisen, dass dies kein bloßer Wunschtraum ist. Die heutige Zielsetzung heißt, gesund und fit

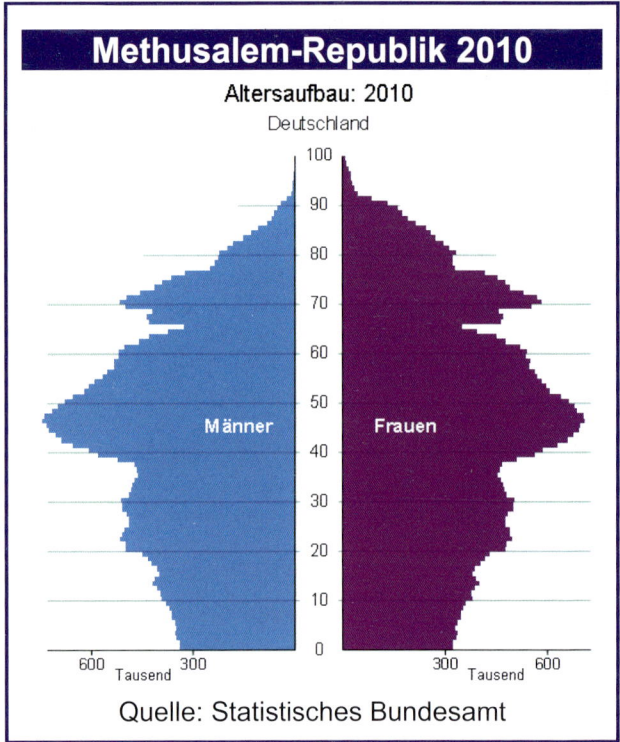

Quelle: Statistisches Bundesamt

zu altern – mit mehr Lebensqualität, finanziell abgesichert. Dies stellt das Gesundheitswesen, die Rentenkassen, die Volkswirtschaft, die Sozial- und Arbeitsmarktpolitik, den Angebots- und Nachfragemarkt vor immer neue Herausforderungen.

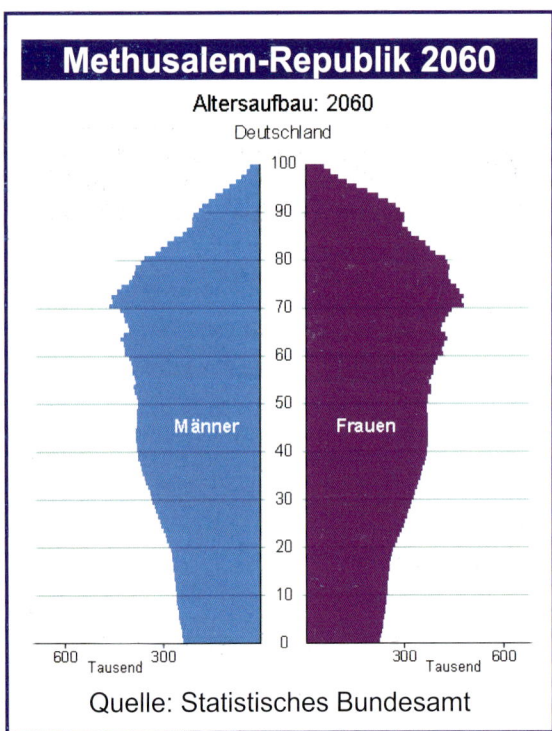

Quelle: Statistisches Bundesamt

Nutznießer werden Pharma und Medizintechnik, private Kliniken, Betreutes Wohnen, Senioren- und Pflegeheimbetreiber, Reisebranche, Freizeitindustrie, Wellnessanbieter, die Haustier- und begrenzt auch die Sportartikelbranche sein. Allerdings sind die Freizeitgewohnheiten bei älteren Menschen anders als bei jungen Leuten. Gediegene Kleidung und Körperpflege, schmackhafte, leicht zuzubereitende Nahrungsmittel und Haustierhaltung sind bei den älteren Herrschaften gefragt. Rentner- und Pensionärshaushalte verfügen über ein leicht überdurchschnittliches Einkommen. Die „jungen, neuen, aktiven Alten" wollen nicht nur sparen.

Viele Senioren wollen nicht nur Geld für ihre Enkel beiseite legen, sondern ihren Lebensabend auch genießen und ausgeben, was sie sich erarbeitet haben. Von daher spielt eine kapitalgedeckte Altersvorsorge, wozu insbesondere Aktien zählen, eine wichtige Rolle.

Die Verlierer im Zuge einer insgesamt schrumpfenden, aber gleichzeitig alternden Bevölkerung bei höheren Gesundheitsausgaben dürften die Auto-, Zigaretten- und Spielzeugindustrie, der Immobilienmarkt sowie die Möbel- und Elektrogerätehersteller sein. Die meisten älteren Menschen sind mit solchen Gebrauchsgütern eingedeckt. Dagegen liegen Wohnungsrenovierungen bei besser situierten Senioren durchaus im Trend.

4.1 Die richtige maßgeschneiderte Geldanlage

Bei einer vernünftigen Kapitalanlage mit persönlichem Zuschnitt geht es darum, Privatanleger bestimmten Grundtypen zuzuordnen. Als Orientierungshilfe für eine bedürfniszentrierte Geldanlage bietet sich eine Einteilung an in den

- ➢ konservativen, sicherheitsbewussten, risikoscheuen, vorsichtigen Typ,
- ➢ den neutralen, chancenorientierten Typ und
- ➢ den risikobewussten, risikofreudigen, spekulativen Anlegertyp.

Was sollte jeder Kapitalanleger berücksichtigen?

Risikoneigung

Anlagehorizont

Vermögensdecke

Investmentziele

Renditeerwartung

Lebensalter

Lebensplanung

Familienverhältnisse

Steuerliche Aspekte

Diversifikation (Streuung)

❶ Der sicherheitsbewusste, vorsichtige Anlegertyp

Merkmale und typische Verhaltensweisen

Er scheut größere Risiken und spekuliert nicht, will Verluste vermeiden, setzt nicht alles auf eine Karte, ist auf Sicherheit eingestellt, mag sich nicht ständig um sein Depot kümmern, bevorzugt Standardwerte und Blue-Chips-Fonds bzw. Indexfonds (ETF), Index-, Garantie- und Discountzertifikate. Er schichtet nicht hektisch um und bleibt seinen Standard-Aktien eher treu. Als vorrangig gilt der Kapitalerhalt.

Anlageempfehlungen für den Aktienbereich

➤ Nutzung des Cost-Average-Effekts durch Streuung des Anlagezeitpunkts bzw. durch frühzeitigen Abschluss von Sparplänen

➤ Breite Depotstreuung nach Ländern und Branchen unverzichtbar, auch über ETF, Indexzertifikate und Blue-Chips-Fonds möglich

➤ Schwerpunkt: Standardwerte mit Übergewichtung von konjunkturunabhängigen Value-Titeln und Blue Chips mit hoher Dividende

➤ Bevorzugtes Interesse an Indexfonds (ETF), Garantie- und Discountzertifikaten und den auf Sicherheit abzielenden Total-Return-Fonds

❷ Der neutrale, chancenorientierte Anlegertyp

Merkmale und typische Verhaltensweisen

Wer sich diesem Anlegertyp zugehörig fühlt, nutzt eine große Bandbreite von Anlagemöglichkeiten. Bei positiver Börsenstimmung ist er mutig genug, auf Trends zu reagieren und gelegentlich auch antizyklisch zu handeln. Er setzt bei Einzeltiteln nicht nur auf das „Heimatliebedepot DAX", sondern versucht, den gesamten Markt abzudecken – gern auch mit ETFs. Der chancenorientierte Anleger will nicht nur sein eingesetztes Kapital erhalten. Er strebt eine Rendite an, die ihm dazu verhilft, Vermögen aufzubauen, Anlageziele zu verwirklichen und – falls schon vor dem Crash von 2000 bis 2003 investiert – seine damals erlittenen Verluste wettzumachen. Vermutlich hinderte ihn aber sein gebremstes Risikobewusstsein daran, von 2003 bis 2007, als der DAX vom Tiefststand bei 2.200 Punkten auf über 8.000 Punkte empor kletterte, mutig zuzugreifen. Vielleicht hat er es auch versäumt, in den MDAX und SDAX zu investieren. Hier gibt es viele substanzstarke mittelständische Familienfirmen. Hoffentlich hat er die Chance genutzt, sich zu niedrigen Kursen bis Ende 2008 einen steuerfreien Aktien-Altbestand aufzubauen.

❷ Der neutrale, chancenorientierte Anlegertyp (Forts.)

Anlage-Empfehlungen mit dem Schwerpunkt Aktienbereich

➢ Nutzung des Cost-Average-Effekts durch Streuung des Anlagezeitpunkts bzw. Abschluss von Sparplänen

➢ Breite Depotstreuung auch nach Ländern und Branchen unverzichtbar, auch über ETF, Indexzertifikate und ausgewählte Themen-Fonds möglich

➢ Schwerpunkt: Standardwerte mit Ausrichtung auf werthaltige, substanzstarke Value-Titel, aber auch konjunkturabhängige, chancenreiche Growth-Aktien

➢ Bevorzugtes Interesse an Indexfonds (ETF), Discount- und Bonus-Zertifikaten sowie an physischen Edelmetallen, Bergbau- und Minenaktien

➢ Als Depotbeimischung ein gewisser Anteil an alternativen Investments wie Rohstoffe, erneuerbare Energien und möglicherweise Managed-Futures-Fonds

❸ Der spekulative, risikobewusste Anlegertyp

Merkmale und typische Verhaltensweisen

Er geht größere Risiken ein und schreckt auch vor spekulativen Investments nicht zurück. Sein bevorzugtes Anlageinteresse gilt den Wachstumswerten auch in Schwellenländern und den Perlen im Nebenwertebereich. Ebenso beobachtet er interessante internationale Aktien und zeichnet chancenreiche Neuemissionen. Hedge-Fonds als Depotbeimischung, Hebelzertifikate und Optionsscheine sind für ihn nicht tabu. Er schichtet aktiv um, bevorzugt das „schnelle Rein und Raus", schätzt den „gewissen Kick", Spannung und Nervenkitzel. Vielleicht spekuliert er – gestützt auf die technische Analyse – auf Knock-Out-Produkte Long oder Short.

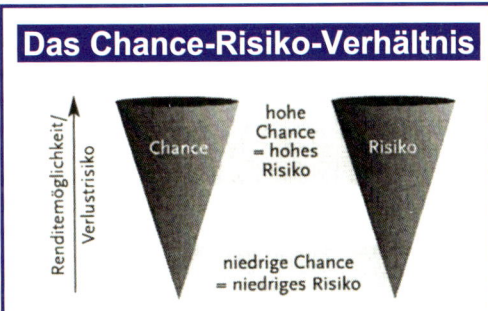

Das Chance-Risiko-Verhältnis

Renditemöglichkeit/ Verlustrisiko

Chance — hohe Chance = hohes Risiko — Risiko

niedrige Chance = niedriges Risiko

Quelle: Der Börsenführerschein, S. 42

Eventuell erhöht er sogar im Seniorenalter seinen Aktienanteil, wenn er Geld und Zeit übrig hat und den Markt genau beobachtet. Wer hohe Verluste nicht verkraften kann und größere Gewinne leichtfertig aufs Spiel setzt, für den ist diese spekulative Strategie untauglich. Fazit: Nichts für schwache Nerven! Sofortige Trendumkehr bei finanziellem Engpass.

❸ Der spekulative, risikobewusste Anlegertyp (Forts.)

Anlage-Empfehlungen mit dem Schwerpunkt Aktienbereich

➢ **Antizyklisches Handeln:** Kaufen, wenn „die Kanonen donnern" und die Kurse abstürzen. Verkaufen, sobald die Boulevardpresse zum Aktienkauf rät!

➢ **Augenmerk auf chancenreiche Wachstumswerte,** z. B. Spitzentitel aus dem Hightech-, Biotech-, Erneuerbare Energien-, Rohstoff- und Internetbereich

➢ **Zur Risikoabsicherung und als Depotbeimischung evtl. ein Hedge-Fonds-Investment** mit erstklassigem Management und hervorragendem Rating

➢ Gewinne laufen lassen, Verluste begrenzen – Information aus mehreren Quellen – Einsatz der technischen Analyse, Beachtung fundamentaler Daten

➢ Neben einem Investment in Discount-, Bonus- und Expresszertifikate usw. auch Orders in Hebelzertifikate unterschiedlicher Ausstattung und Optionsscheine

---

Typischer Fehler Gier:

Bei historischen Höchstkursen von DAX und DOW:

Kaufen! Kaufen! Kaufen!

Typischer Fehler Panik:

Bei historischen Tiefstkursen von DAX und DOW:

Verkaufen! Verkaufen!

4.2   Private Finanzplanung nach Lebensphasen

Für die Einteilung in Lebensphasen und eine darauf abgestimmte Altersvorsorge besteht kein einheitliches Muster. Neben einem Vier-Lebensphasen-Modell gibt es differenzierte Ausrichtungen mit einer Einteilung in bis zu sechs Phasen.

In der Regel empfehlen Vermögensverwalter und Bankberater, den anfangs hohen Aktienanteil mit jedem Lebensabschnitt herunterzufahren, um einerseits von den hohen Renditechancen zu profitieren, andererseits aber das Risiko in späteren Jahren abzusenken. Ein Crash mit dramatischer Kapitalvernichtung sollte nicht gerade im Lebensherbst geschehen. Dann wird es schwierig, größere Verluste auszugleichen. Welcher Aktienanteil angemessen ist, hängt von Risikoprofil, Vermögensdecke und familiären Pflichten ab. Warum im Alter „raus aus Aktien", wenn es Spaß macht, Abwechslung und Kommunikation bietet und die Kapitaldecke es zulässt? Junge Leute haben oft kein Geld für Aktien wegen Familien- und Firmengründung, Wohnungseinrichtung und Immobilenerwerb. Finanziell unabhängige ältere Menschen können frei entscheiden.

➢ Ein Blick auf die vorstehend abgebildeten Veränderungen der Alterspyramide, die diesen Namen nicht mehr verdient (Seite 48: Vergleich 2010 – 2060), sagt mehr als viele Worte über die anstehenden Probleme aus.

Beliebteste Anlageformen 2009

Sparbuch:	54 %
Bausparvertrag:	41 %
Versicherungen:	39 %
Girokonto:	35 %
Kurzfristige Geldanlagen:	29 %
Investmentfonds:	27 %
Immobilien:	27 %
Riester-Rente:	20 %
Aktien:	18 %
Sonstige Wertpapiere:	10 %

Quelle: Deutsche Bundesbank

Es führt kein Weg an der eigenverantwortlichen Planung der Altersvorsorge vorbei mit dem Ziel, finanziell frei und unabhängig zu sein. Es ist hilfreich, die vier Lebensabschnitte „Berufsstart, Existenzaufbau – Etablierung, Familie – Stabilisierung, neue Ziele – Vermögensverzehr – Erntezeit" in die Finanzplanung mit einzubeziehen. Wichtig ist eine Strategie, die auch auf die Besonderheiten, Anforderungen, Ansprüche, Gefahren, Risiken und Chancen eingeht und eigene Vorstellungen berücksichtigt. Die Bundesfinanzaufsicht BaFin will mit verdeckten Ermittlern den Bankberatern dabei künftig genauer auf die Finger schauen.

Quelle: „Der Neue Börsenführerschein", S. 51

Großteils nutzen die Bundesbürger laut einer Studie von 2010 die falschen Finanzprodukte. Statt in Aktien, Anleihen oder Aktien- und Rentenfonds zu investieren, werden sichere Sparbücher oder Festgeldanlagen gewählt. Auf längere Sicht ist damit kein Blumentopf zu gewinnen, decken doch diese Produkte kaum die Inflationsrate und die nach dem Pauschbetrag fällige Abgeltungsteuer ab. Die Anleger schaden sich selbst, wie aktuelle Untersuchungen des Instituts für Vermögensaufbau (IVA) und der Deutschen Schutzvereinigung für Wertpapierbesitz (DSW) ergaben. *„Wer bei der langfristigen Vermögensplanung auf Bargeld, Sparbücher, Festgeld oder Tagesgeldkonten vertraut, baut auf Sand und erreicht genau das Gegenteil: Er vernichtet Schritt für Schritt seine Ersparnisse"*, meint DSW-Geschäftsführer Ulrich Hocker.

Phase 1: Berufsstart – Existenzaufbau – Familiengründung

(ab Berufsstart bis etwa 35 Jahre)

Absicherung der Arbeitskraft, Schaffung von Liquiditätsreserven durch renditestarkes Sparen (möglichst am Monatsanfang)

Sparformen: Zu empfehlen sind Sparpläne, um das Sparvorhaben möglichst lange durchzuhalten und den allerdings etwas umstrittenen Cost-Average-Effekt bei einem Investment in Aktien bestmöglich zu nutzen (ein günstigerer Durchschnittspreis durch mehr Anteile bei Kursschwäche und weniger Anteile bei hohem Kursniveau).

Sparumfang: Mindestens 5 %, besser 10 bis 15 % vom Nettoeinkommen und 25 bis 50 % von Gehaltserhöhungen, Erbschaften, Sonderzuwendungen usw.

Art der Geldanlage: Im 1. und 2. Lebensabschnitt spricht alles für einen hohen Aktienanteil, werfen doch die Dividendenpapiere auf Dauer von Jahrzehnten die mit Abstand höchste Rendite ab (siehe HANDELSBLATT-Daten Seite 47). Es empfehlen sich Sparpläne für Indexfonds (ETF), Aktien-Themenfonds und eine physische Anlage in Edelmetalle (Barren und Münzen). Zu überlegen ist auch eine Kapital gedeckte Rentenversicherung bzw. der Abschluss einer Betriebs- oder Riester-Rente. Mit dem Berufseintritt sind Aktienfonds

Fondssparen in Deutschland	
Vermögensanlage:	**1.505,8 Mrd. €**
Publikumsfonds:	**575,8 Mrd. €**
Darunter im Jahr 2008:	
Aktienfonds:	133,6 Mrd. €
Rentenfonds:	143,4 Mrd. €
Geldmarktfonds:	78,8 Mrd. €
Offene Immofonds:	84,3 Mrd. €
Dachfonds:	45,5 Mrd. €
Anlage pro Kopf:	**6.990 €**

gegenüber Rentenfonds zunächst überzugewichten. Ein Bausparvertrag ist nur günstig bei einem konkreten Immobilienwunsch bzw. Sanierungsvorhaben.

Sparziele: Ganz oben stehen der Weg zum Wohneigentum und die Altersvorsorge. Größere Anschaffungen wie Wohnungseinrichtung, ein neues Auto, „Notgroschen" zur Sicherung der Liquidität bei unerwarteten Ausgaben, Kapitalbedarf wegen Familiengründung und Konsumwünsche sind weitere Sparmotive in dieser Lebensphase.

Wichtige freiwillige Versicherungen: Es gilt, alle großen Risiken vernünftig abzudecken, für kleine Schäden selbst aufzukommen, damit die Kostenfalle nicht zuschlägt. Unverzichtbar sind: Private Haftpflichtversicherung mit hoher Deckungssumme; Berufsunfähigkeitsversicherung; private Unfallversicherung; Risikolebensversicherung, falls enge Angehörige finanziell zu schützen sind; Hausratversicherung, evtl. Kranken-Zusatzversicherung; Teilkaskoversicherung bei neuem Auto.

Phase 2: Etablierung – Absicherung der Familie

(berufliche Karriere oder Kinder – vielleicht beides: 35 – 45 Jahre)

Vermögensaufbau – Investitionen in die Karriere – höherer Lebensstandard – Immobilienerwerb – evtl. Unternehmensgründung

---

Sparformen: Sparpläne und unterschiedliche Einmalanlagen bei vorhandenem Kapital (z. B. Erbschaft, Gewinnausschüttung, Bonuszahlung, Tantieme usw.).

Auswahl für eine differenzierte Geldanlage: Vorwiegend Aktien-, aber auch Immobilien- und Rentenfonds, Indexfonds (ETF) und Indexzertifikate, Themen- und Dachfonds. Vielleicht auch Managed Futures- oder Hedge-Fonds als kleine Depotbeimischung. Sehr zu empfehlen auch eine Anlage in Edelmetall-Barren oder Anlagemünzen, Minenaktien und ETF bzw. ETC für Gold, Silber, Platin. Je nach Risikoprofil ein Investment in Einzelaktien, Discount- und Bonuszertifikate sowie Wandelanleihen. Außerdem eine Kapital gedeckte Betriebs-, Riester- oder Rürup-Rente, ein Bausparvertrag bei Immobilienerwerb bzw. Eigenheimrenovierung. Als risikofreudiger Anlegertyp vielleicht ein prozentual kleiner Anteil an Optionsscheinen und Hebelzertifikaten.

Sparziele: Eigenheim oder Eigentumswohnung, vielleicht Feriendomizil (Zweitwohnung), Liquiditätsreserve für größere Anschaffungen und unvorhergesehene Ausgaben, Rücklagen für Studium bzw. Berufsausbildung der Kinder, Aufbau von Eigenkapital für eine geplante Unternehmensgründung, Aufstockung der Altersvorsorge usw.

Wichtige freiwillige Versicherungen: Private Haftpflichtversicherung mit einer hohen Deckungssumme; Berufsunfähigkeitsversicherung; private Unfallversicherung; Risiko- bzw. Kapitallebensversicherung, falls enge Angehörige finanziell zu schützen sind; evtl. Kranken-Zusatzversicherung; Teilkaskoversicherung bei neuem Auto.

Phase 3: Stabilisierung oder Aufbruch – neue Ziele

(Lebensmitte: berufliche und private Veränderungen; 45 – 60 Jahre)

Steueroptimierende Vermögensstrategien – Schuldentilgung wegen Immobilienerwerb oder Unternehmensgründung – Erfüllung materieller Wünsche – Altersvorsorge – Unterstützung der Kinder und Enkel

Sparformen: Weiterführung der Sparpläne und neue Einmalanlagen unterschiedlicher Ausrichtung (Diversifikation) bei Kapitalzufluss (z. B. Erbschaft).

Auswahl für eine differenzierte Geldanlage ähnlich wie bei Phase 2: Renten-, Immobilien-, Dach-, Misch-, Aktien- und Indexfonds; physische Anlage in Gold, Silber, Platin (Barren und Anlagemünzen, alternativ ein physisch unterlegter Edelmetall-ETC oder Minen- und Bergbauaktien), vielleicht Managed Futures- oder Hedge-Fonds zur Risikoabsicherung. Je nach Risikoprofil und Vermögensdecke auch Einzelaktien, Discount- und Bonuszertifikate, Wandelanleihen, fondgebundene Rentenversicherung, Betriebsrente, Bausparvertrag bei Immobilienbesitz (Renovierung); bei hoher Risikoneigung auch kleine Investments in Hebelzertifikate und Optionsscheine.

Sparziele: Eigenheim oder Eigentumswohnung, vielleicht Feriendomizil (Zweitwohnung), Liquiditätsreserve für größere Anschaffungen und unvorhergesehene Ausgaben, Rücklagen für Studium bzw. Berufsausbildung der Kinder, evtl. Eigenkapital für eine geplante Unternehmensgründung, weitere Aufstockung der Altersvorsorge.

Freiwillige Versicherungen: Private Haftpflichtversicherung; Berufsunfähigkeitsversicherung; private Unfallversicherung; Risiko- bzw. Kapitallebensversicherung; Kranken-Zusatzversicherung; Teilkaskoversicherung; bessere Pflegeversicherung.

Phase 4: Erntezeit – Vermögenserhalt und -verzehr

(Lebensherbst, Austritt aus dem Berufsleben; ab 60 bis 70 Jahren)

Erhalt und Nutzung des Vermögens; evtl. Nachfolgeregelungen; Erhalt des Lebensstandards und der finanziellen Unabhängigkeit

Sparformen: Weiterführung der Sparpläne und neue Einmalanlagen bei Kapitalzufluss (z. B. Erbschaft oder Auszahlung einer Kapitallebensversicherung).

Differenzierte Geldanlage: Sofern es die Vermögenslage nach dem Ausscheiden aus dem Berufsleben erlaubt, je nach Risikoprofil Fortführung der Investments.

Statt Vermögensverzehr bei größerer Vermögensdecke weiterhin Kapitalanlagen in Renten-, Immobilien- und Aktienfonds, Indexfonds (ETF), Indexzertifikate, Dach-, Misch- und Managed Futures-Fonds, festverzinsliche Wertpapiere und Blue Chips; Übergewichtung von Anleihen gegenüber Aktien; Cash in Geldmarktfonds parken (oft erhöhter Kapitalbedarf bei Krankenhausaufenthalt, für Kuren und Wellness usw.). Bei ausgeprägtem Risikobewusstsein vielleicht auch prozentual kleine Investments in Hebelzertifikate unterschiedlicher Ausstattung und in Optionsscheine.

Sparziele: Vermögenserhalt, größere Reisen, Wohnungsrenovierung; evtl. Veränderung der Wohnsituation (vom geräumigen Haus in eine altengerechte Eigentumswohnung oder „betreutes Wohnen"); Vorsorge für chronische Erkrankungen und Pflegebedürftigkeit, Unterstützung bedürftiger Kinder und Enkel; finanzielle Vorkehrungen für die spätere Umsiedlung in eine Seniorenresidenz gehobenen Niveaus.

Wichtige freiwillige Versicherungen: Private Haftpflichtversicherung; private Unfallversicherung; leistungsfähige Krankenkasse; Risikolebensversicherung zur finanziellen Absicherung von Familienangehörigen.

Entscheidungshilfe für Sie: Globalisierte deutsche Aktien

Umsatzanteil im Ausland		Investitionsanteil im Ausland	
Aktie und Index	**Prozent**	**Aktie und Index**	**Prozent**
Fresenius Medical, DAX	97 %	Hochtief, MDAX	96,5 %
Centrotherm, TecDAX	91 %	MAN, DAX	88 %
Krones, MDAX	90 %	Dyckerhoff, Prime Standard	85 %
Linde, DAX	89 %	SGL Carbon, MDAX	76,5 %
Vossloh, MDAX	89 %	KWS, SDAX	76,5 %
EADS, MDAX	88 %	Südzucker, MDAX	76,5 %
Hochtief, MDAX	88 %	EADS, MDAX	74 %
SKW Stahl, SDAX	87 %	Continental, MDAX	72 %
GEA, MDAX	77 %	Metro, DAX	66 %
Henkel, DAX	76 %	Merck, DAX	65,5 %
Quelle:		Handelsblattgrafik Nr. 252 vom 29.12.2010 und CBP	

4.3 Infos zur Betriebs-, Riester- und Rürup-Rente

Die Betriebsrente

Jeder Mitarbeiter hat Anspruch auf eine Betriebsrente. Der Arbeitgeber bestimmt die Form: Unterstützungskasse, Direktversicherung, Direktzulage, Pensionskasse oder Pensionsfonds. Solange jemand beruflich arbeitet, verzichtet der Mitarbeiter auf einen Teil seines Verdienstes. Die Beiträge werden vom laufenden Arbeitseinkommen abgeführt oder aus Sonderzahlungen beglichen, über das Unternehmen angespart und nicht besteuert. Damit verringern sich beim Bruttoeinkommen die Abzüge. Mit der Umsetzung des Alterseinkünftegesetzes entfällt seit 2005 das Steuerprivileg für die Kapitallebensversicherung. Dadurch ist die betriebliche Altersvorsorge attraktiv. Den Anlegern bleibt der volle Betrag, den sie investieren. Steuern, Kranken- und Pflegeversicherungsbeiträge fallen erst bei Auszahlung an, solange die Beiträge jährlich nicht höher als 2.590 Euro sind. Erst im Ruhestand darf der Sparer seine Betriebsrente nutzen.

Die Riester-Rente

Jeder, der in die gesetzliche Rentenversicherung einzahlt, darf in das staatlich geförderte Altersvorsorgemodell investieren. Staatlich gefördert werden zertifizierte Investmentfonds, Banksparpläne und Rentenversicherungen, die den Kapitalerhalt garantieren. Welches Produkt unter mehreren tausend Angeboten am besten ist, hängt vom Risikobewusstsein, Lebensalter, von den persönlichen Lebensverhältnissen und dem Anbieter ab. Für Berufseinsteiger empfiehlt sich eine Anlage in Aktienfonds, um langfristig die höchste Rendite zu erwirtschaften. Wer schon älter ist, sollte Rentenfonds übergewichten. Die Sparleistung liegt bei 4 % vom sozialversicherungspflichtigen Arbeitseinkommen des Vorjahres. Die Grundzulage beträgt bei Alleinstehenden 154 Euro und Verheirateten 308 Euro. Für jedes Kind gibt es eine Zulage von 185 Euro. Die Riester-Rente, die eine Auszahlung bis zum Lebensende gewährleistet, bleibt bei Arbeitslosigkeit (Hartz IV) unangetastet. Bis 31. März 2010 wurden 13,6 Millionen Riester-Verträge abgeschlossen, und zwar mit folgendem Anteil: Versicherungsverträge: 10,0, Investmentfonds: 2,7, Banksparverträge: 0,7, Wohn-Riester: 0,3 Millionen Stück.

Die Rürup-Rente

Beim staatlich geförderten Vorsorgemodell Rürup für die Zielgruppe Selbstständige sind die Einzahlungen ebenfalls steuerfrei. Namensgeber ist für Rürup der frühere „Wirtschaftsweise" Bert Rürup, für Riester der frühere Bundesarbeitsminister. Die Rürup-Rente ist eine kapitalgedeckte Form der gesetzlichen Rentenversicherung mit einer Leibrente bis zum Tod. Diese Basisrente ist günstig für Beitragszahler, die uralt werden, jedoch nachteilig beim frühen Ableben. Sie darf weder beliehen noch verkauft, vererbt oder beim Hausbau ausgezahlt werden.

Testbogen ❸ zur Prüfungsvorbereitung

Nr.	Aufgabenstellung		Punkte
1	**Welche 4 Begriffe passen überhaupt nicht bzw. sind falsch?**		**8 [ ]**
1.1	**Sicherheitsstrategie:** 1) DAX-Aktien, 2) Garantiezertifikate, 3) Value-Aktien, 4) Nebenwerte, 5) Indische Small-Caps, 6) Russische Ölaktien, 7) Rentenfonds, 8) Immobilienfonds, 9) Discountzertifikate, 10) Biotech-Aktien, 11) Bundesanleihen.	Nr. Nr. Nr. Nr.	**4 [ ]**
1.2	**Altersvorsorge:** 1) Eigenverantwortlichkeit, 2) Höhere Rente wegen Alterspyramide, 3) Fondsgebundene Rentenversicherung, 4) Riester-Rente, 5) Private Haftpflichtversicherung, 6) Spekulativer Aktienkauf, 7) Zweitwohnsitz, 8) Rürup-Rente.	Nr. Nr. Nr. Nr.	**4 [ ]**
2	**Was stimmt, was ist falsch? (Kreuz)**	Ja/Nein	**6 [ ]**
2.1	Der Cost-Average-Effekt wird beim Sparplan optimal genutzt.		**1 [ ]**
2.2	Langfristig bringen Immobilienfonds die höchste Rendite.		**1 [ ]**
2.3	Bei Riester- und Rürup-Rente wird bis Lebensende gezahlt.		**1 [ ]**
2.4	Value-Aktien gelten als weitgehend konjunkturabhängig.		**1 [ ]**
2.5	Die Orientierungsformel heißt: 100 ./. Alter = Rentenanteil.		**1 [ ]**
2.6	UNISEX-Tarife bedeuten bei Riester Vorteil für Männer.		**1 [ ]**
3	**Welches Verhalten passt zum Sicherheitsbewusstsein?**		**5 [ ]**
	1) Untergewichtung Aktien. 2) Übergewicht Bundesanleihen. 3) Vorliebe Nebenwerte. 4) Vorliebe Ostasien. 5) Antizyklisches Handeln. 6) Breite Streuung. 7) Discountzertifikate. 8) Dividendenstarke Blue Chips. 9) Biotech-Fonds. 10) Growth-Aktien. 11) Vorliebe Nasdaq-Aktien. 12) Hebelzertifikate.	Nr. Nr. Nr. Nr. Nr.	**1 [ ]** **1 [ ]** **1 [ ]** **1 [ ]** **1 [ ]**
4	**Wissenstest: Setzen Sie die richtigen Begriffe ein!**		**5 [ ]**
4.1	Hohe Kurse wenig, niedrige Kurse mehr Anteile		**1 [ ]**
4.2	Schwankungsfreudigkeit		**1 [ ]**
4.3	Streuung im Depot		**1 [ ]**
4.4	Aktionärsfreundliche Unternehmenspolitik		**1 [ ]**
4.5	Wertpapierentwicklung		**1 [ ]**
5	**Bilden Sie aus a) und b) passende Wortpaare!**		**10 [ ]**
5.1	A1) Hohes Risikobewusstsein. A2) Hohes Sicherheitsbewusstsein. A3) Folge von Gier. A4) Bei Panik. A5) Bei Berufseinstieg. A6) Erntezeit. A7) Sparplan. A8) Depotbeimischung. A9) Konjunkturunabhängig. A10) Altersvorsorge.	A1/B A2/B A3/B A4/B A5/B	**1 [ ]** **1 [ ]** **1 [ ]** **1 [ ]** **1 [ ]**
5.2	B1) Raus aus Aktien. B2) Kauf zum Höchstpreis. B3) Spekulative Anlagen. B4) Cost Average. B5) Value-Aktien. B6) Hoher Aktienanteil. B7) Hedge-Fonds. B8) Riester-Rente. B9) Vermögensverzehr. B10) Vorliebe Garantieprodukte.	A6/B A7/B A8/B A9/B A10/B	**1 [ ]** **1 [ ]** **1 [ ]** **1 [ ]** **1 [ ]**
	Auswertung: 32 – 34 Punkte: sehr gut, 29 – 31 Punkte: gut, 26 – 28 Punkte: befriedigend, 23 – 25 Punkte: ausreichend (Lösung S. 209)		**34 [ ]**

Die Schattenseite einer globalen Anlagestrategie.

Quelle: Dirk Meissner, „Der Neue Börsenführerschein"

Die einzig richtige Anlagestrategie gibt es nicht und wird es nie geben. Zu unterschiedlich sind die Einflussfaktoren, die Voraussetzungen und die jeweilige Marktlage. Da ist der Investor mit seiner persönlichen Risikobereitschaft und seinen Renditeerwartungen, seinen Anlagezielen, einem kurz-, mittel- oder langfristigen Anlagezeitraum, einer ansehnlichen oder auch nur bescheidenen Vermögensdecke. Da ist der augenblickliche Trend, der nicht zu vernachlässigen ist und der Freund des Aktionärs sein soll. Da steht aber auch die gegensätzliche Forderung nach mutigem antizyklischen Handeln im Raum – ein gewisser Widerspruch, der aufzuarbeiten ist.

Die Börsenstrategie wird durch zahlreiche volkswirtschaftliche, politische und psychologische Einflussfaktoren mitbestimmt. Steht wegen charttechnischer Signale eine technische Korrektur nach unten oder ein Ausbruch nach oben an? Wird eine Blasenbildung befürchtet, oder dümpelt die Börse in einem Sägezahnmarkt richtungslos dahin? Kein Börsenexperte schafft es, in jeder Marktlage der Beste zu sein!

Gibt es gute Gründe für eine Fortdauer der Hausse oder Baisse? Zeichnen sich Veränderungen an der Zinsfront, bei der Konjunktur und dem Weltwirtschaftswachstum, auf dem Immobilienmarkt, bei den Wechselkursen, der Ölpreisentwicklung und anderen Rohstoffpreisen ab? Belasten Ängste vor massiven Terrorakten oder drohende Staatspleiten wie aktuell in Griechenland, Portugal und Irland das Börsenklima? Bauen sich neue Verwerfungen infolge bestehender Kriegsgefahr, des Flächenbrands in Afrika und sich verschärfender Währungsturbulenzen auf? Was heute strategisch vernünftig erscheint, kann morgen unklug sein und ist zu überprüfen.

Dennoch gibt es Strategien, die Erfolg versprechen, und solche, die fragwürdig erscheinen. Sei es die Einwertstrategie oder das ungebremste Bauchgefühl. Wichtig bleibt die Identifikation mit der gewählten Marschroute. Es lassen sich nur jene Strategien geduldig und konsequent durchführen, an die der Kapitalanleger glaubt, zu denen er steht und die zu seiner Persönlichkeitsstruktur passen. Von daher ist zu bestätigen:

> ## Sich sein eigenes Urteil bilden und danach handeln!

5.1 Gewinne lass' laufen – im Verlust nicht ersaufen!

Es ist nicht einfach, den besten Kaufzeitpunkt zu finden, aber noch schwieriger, eine richtige Verkaufsentscheidung zu fällen. Wann ist es vernünftig, sich von den Verlierern zu trennen, Gewinne mitzunehmen und Teilverkäufe zu starten? Der Wunschtraum *„Zum Tiefstkurs einsteigen und zum Höchstkurs aussteigen"*, bleibt oft unerfüllbar. Selbst Profis glückt das perfekte Timing selten. Halten Sie sich an die Regel: *„Gewinne laufen lassen – Verluste begrenzen!"*

Quelle: BÖRSE ONLINE
„Der kleine Börsenführerschein", 2001

Allerdings durchkreuzt die Psychologie oft gute Vorsätze. Bei der Verlustbegrenzung wird zu viel Sitzfleisch bewiesen und der überfällige Verkauf mit dem Trost: *„Die Aktie wird sich schon wieder erholen!"* hinausgeschoben. Laut Börsenspruch: *„An Gewinnmitnahmen ist noch niemand verarmt"* wird der Glücksbringer dagegen meist viel zu früh verkauft. Dabei ist die Wahrscheinlichkeit, dass sich der Trend ändert und eine aufwärts strebende Aktie plötzlich abstürzt, erheblich geringer, als dass sie weiter nach oben klettert. Die Toleranz bezüglich Gewinnrealisierung sollte dreimal so hoch angesetzt werden wie die Duldsamkeit gegenüber Verlusten. Stoppkurse können hilfreich sein. Ein Teilverkauf als Kompromiss bei hohem Gewinn bedeutet für Sie: Damit bleiben Sie im Boot und ärgern sich weniger, wenn der Kurs weiter steigt.

Grundstrategie: Richtiger Umgang mit Gewinn und Verlust

Sieger-Strategie ❶: Ideal, viel Disziplin nötig

Bei intaktem Aufwärtstrend Gewinne nicht vorschnell realisieren. Besser: bei fundamental schlechten Nachrichten und Abgleiten in die Rezession verkaufen. Lieber 15 – 30 % verlieren und das Kapital für günstige Zukäufe nutzen als ins Bodenlose absinken! Entschlossenes Handeln verlangt Mut, zahlt sich aber aus; denn Qualitätsaktien steigen eher als dass sie fallen. Gute Werte bleiben im Depot. Toleranzschwelle gegenüber Gewinnmitnahmen dreimal so hoch ansetzen wie bei einer Verlustrealisierung!

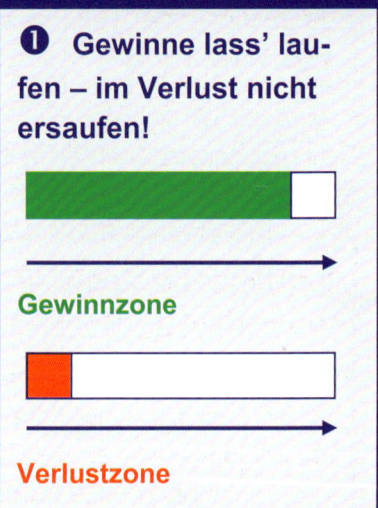

❶ **Gewinne lass' laufen – im Verlust nicht ersaufen!**

Gewinnzone

Verlustzone

Neutral-Strategie ❷: Beliebt, nur zum Teil vertretbar

Braves „Aussitzen" ist nur ratsam bei einem psychologisch bedingten Kursabsturz und in kaum vorhersehbaren Crash-Situationen. Die Wachstumstitel der Hightech- und Biotechbranche aus TecDAX und US-Börse Nasdaq trifft es beim Platzen von Spekulationsblasen extrem hart. Reihenweise stürzen auch Qualitätswerte ab, die sich im Bullenmarkt wieder erholen. Dies gilt auch für Titel, die in Sippenhaft genommen werden, weil der Marktführer patzt, eine Gewinnwarnung abgibt oder der Ausblick enttäuscht.

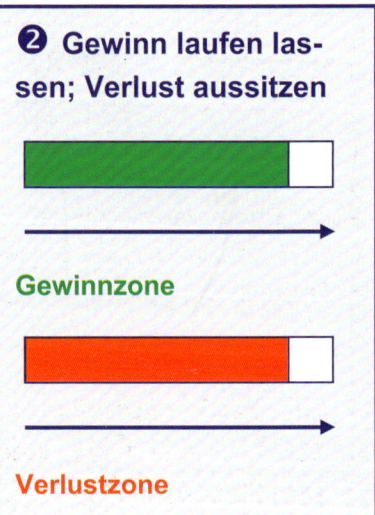

❷ **Gewinn laufen lassen; Verlust aussitzen**

Gewinnzone

Verlustzone

Minimal-Strategie ❸: Häufig eingesetzt, aber ziemlich schlecht

Schon kleine Gewinne von 5 bis 10 % einheimsen, aber auch die Verluste begrenzen, ist nicht sinnvoll. Bei *„viel hin und her – macht Taschen leer"* fallen unnötig hohe Gebühren an, und die Aktien werden oft zu Beginn des Aufwärtstrends, also viel zu früh verkauft. Bei extrem guten Zahlen und Übernahmegerüchten geht der Kurs mitunter durch die Decke. Die Chance, dabei zu sein, wird vertan. Überdies ist es viel wahrscheinlicher, dass der bestehende Trend weiterläuft, als dass es zu einer nachhaltigen Trendumkehr kommt. Besser: Bei einer Spitzenaktie nur einen Teilverkauf vornehmen. Die Freude kann weitergehen.

❸ **Minigewinn mitnehmen, Verlust begrenzen**

Gewinnzone

Verlustzone

Verlierer-Strategie ❹: Oft zu beobachten – aber grottenschlecht

Wer einerseits seine Verluste verdrängt und tapfer aussitzt, andererseits aber ängstlich und ungeduldig selbst magere Gewinne mitnimmt, gehört zu den Kellerkindern des Börsengeschehens. Der Misserfolg ist unausweichlich. Früher oder später liegt nur noch Schrott im Depot. Jede gute Aktie ist weg. Böse Zungen sprechen von „Idiotenstrategie", bezahlt doch der unbelehrbare Loser mit seinen Fehlern die Gewinne der Erfolgreichen. Hier gibt es nur zwei Konsequenzen: entweder die Strategie sofort ändern oder sich von der Börse verabschieden. Selbst die „schleichende Kapitalvernichtung Sparbuch" mit niedrigem Zinssatz wäre jetzt die bessere Alternative.

❹ **Minigewinn mitnehmen, Verlust aussitzen**

Gewinnzone

Verlustzone

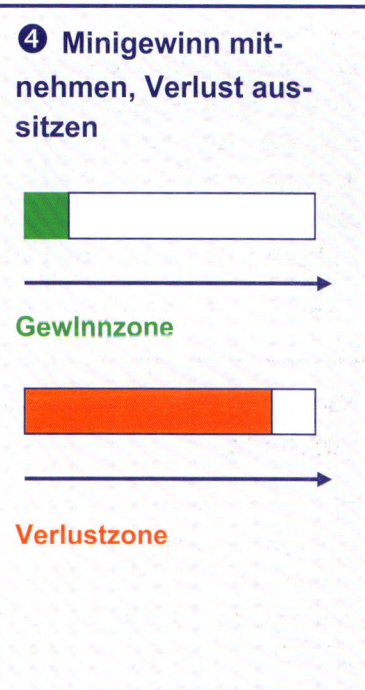

➢ **Die Zauberformel der Börse: Ein Aktiengewinn kann sich vervielfachen, es gibt keine Begrenzung nach oben. Der Verlust ist dagegen auf den Einsatz begrenzt! Zerstören Sie nicht solche großen Chancen!**

Kleine schlagen Große: Top & Flop bei DAX & Co.

Nr.	DAX-Sieger 2010	%/€ 2010	DAX-Verlierer 2010	%/€ 2010
❶	Volkswagen VZ	+87 %/56 €	RWE	-26 %/-18 €
❷	BMW	+84 %/27 €	E.ON	-21 %/-6 €
❸	Infineon	+81 %/3,1 €	Deutsche Bank	-13 %/-6 €
❹	MAN	+67 %/35 €	Deutsche Börse	-9 %/-6,2 €
❺	Siemens	+48 %/29 €	Beiersdorf	-9 %/-4,5 €
Nr.	MDAX-Sieger	%/€ 2010	MDAX-Verlierer	%/€ 2010
❶	Pro Sieben SAT 1	+187 %/23 €	Sky	-26 %/-0,6 €
❷	Hugo Boss VZ	+130 %/32 €	Salzgitter	-16 %/-11 €
❸	Lanxess	+124 %/59 €	Rhön Kliniken	-5 %/-0,7 €
❹	LEONI	+102 %/17 €	Praktiker	+3 %/+0,2 €
❺	TUI	+79 %/5,0 €	Stada	+5 %/+1,2 €
Nr.	TecDAX-Sieger	%/€ 2010	TecDAX-Verlierer	%/€ 2010
❶	Adva Optical	+137 %/3,3 €	Q-Cells	-72 %/-6,8 €
❷	Dialog Semicond.	+120 %/9,4 €	Roth & Rau	-58 %/-18 €
❸	Drägerwerk	+112 %/35 €	Solarworld	-52 %/-8 €
❹	QSC	+94 %/1,6 €	NORDEX	-46 %/-5 €
❺	Bechtle	+61 %/10 €	Phoenix Solar	-45 %/-19 €
Nr.	SDAX-Sieger	%/€ 2010	SDAX-Verlierer	%/€ 2010
❶	Grammer	+196 %/12 €	Pfleiderer (Abstieg)	-60 %/-4 €
❷	Bertrandt	+153 %/33 €	Constantin Medien	-11 %/-0,1 €
❸	Delticom	+138 %/40 €	MVV Energie	-11 %/-3 €
❹	SAF-Holland	+125 %/3 €	MLP	-7 %/-0,3 €
❺	Jungheinrich	+122 %/16 €	Tipp 24	-4 %/-0,2 €

Index-Kursgewinn 2010: DAX: 18 %, MDAX: 36 %, TecDAX: 4 %, SDAX: 45 %:
Siegerbranchen 2010: Automobile, Maschinenbauer, Software, Chemie, Konsum.
Verliererbranchen 2010: Erneuerbare Energien, Versorger und Finanzdienstleister.

5.2 Richtig limitieren beim Kauf und Verkauf

Wer bei den großen DAX-Titeln über den Telefonhandel oder online seine Orders abgibt und sich beispielsweise an den Realtime-Kursen im Nachrichtensender n-tv orientiert, muss nicht unbedingt limitieren. Da die DAX-Orders wegen der hohen Marktkapitalisierung, Liquidität und Nachfrage meist sekundenschnell abgewickelt werden, wird die Order nahe am aktuellen Kurs ausgeführt. Unverzichtbar sind limitierte Transaktionen im Nebenwertesektor.

➢ Bei geringer Nachfrage, wenig Liquidität und möglicher Guru-Kursmanipulation sind größere Kurssprünge nicht selten. Zudem gibt es das Abstauberlimit in der Hoffnung, in einer Korrekturphase zum Schnäppchenpreis zum Zug zu kommen.

Wollen Sie, dass Ihre Transaktion sofort durchgeht, sollten Sie Ihr Limit etwas weiter spannen, beim Verkauf (niedrigerer Geldkurs) unter und beim Kauf (höherer Briefkurs) über dem aktuellen Kurs. Verzichten Sie auf ein Limit bei marktengen Titeln im Nebenwertebereich, drohen böse Überraschungen. Im SDAX, im General Standard sowie im Entry Standard ist ein vernünftiges Limit ein Muss – auch wenn Sie Ihre Depotbank mit Gebühren belastet. Der Limitverzicht wäre Sparen am falschen Fleck.

Generell gilt: Bei einer Kauforder ist das Limit der höchste Kurs, bei einem Verkauf, der niedrigste Preis, den Sie akzeptieren. Setzen Sie das Limit zu eng, oder begrenzen Sie Ihre Transaktion auf einen Tag statt bis zum Monats- oder Quartalsende, laufen Sie Gefahr, dass Ihr Auftrag gar nicht ausgeführt wird.

Was heißt Geld- und Briefkurs? Orientiert sich ein Börsianer am Realtimekurs, so erhält er meist zwei Kurse. Der niedrigere **Geldkurs „G"** ist der Preis, der für den Verkauf gilt. Der **höhere Briefkurs „B"** ist der Preis, der beim Kauf zu bezahlen ist. Fehlt bei einer Kursabfrage der Geld- und Briefkurs, wird – wie bei Einzelaktien oft üblich – ein **Mischkurs** genannt.

Beispiel: Kauflimit

Die im MDAX gelistete **Lanxess**-Aktie notiert aktuell bei 57,50 €. Wollen Sie das Papier unbedingt haben, setzen Sie das Limit großzügig, z. B. bei 58,00 €. Evtl. geben Sie, sofern Sie mit einer Korrekturphase rechnen, eine zweite Kauforder mit einem Abstauberlimit von vielleicht 55,00 € ein. Bei sehr marktengen Werten dürfen Sie Ihr Abstauberlimit spekulativ noch tiefer setzen.

Beispiel: Verkaufslimit

Sie wollen die im SDAX notierte **Delticom**-Aktie verkaufen. Der aktuelle Kurs liegt bei 65,70 Euro. Brauchen Sie unbedingt das Geld, erscheint ein Limit von 65 Euro und knapp darunter angemessen. Besteht keine Eile, und der Markt tendiert aufwärts, können Sie spekulativ das Verkaufslimit bei 66 oder 67 Euro platzieren – aber nicht auf einen Tag begrenzt, sondern das Quartal.

5.3 Den Cost-Average-Effekt ausnutzen!

Quelle: Dirk Meissner, „Der Neue Börsenführerschein"

Bei der Werbung für Sparpläne wird der heute bisweilen umstrittene „Cost-Average-Effekt" oft groß herausgestellt, und der Bankberater hilft mit Beispielen, Erklärungen und Berechnungen nach. Ob Sparpläne für Aktien- oder Indexfonds (ETF) als Grundlage für Vermögensaufbau und Altersvorsorge: Wohl nie wird der Cost-Average-Effekt vergessen. Was damit gemeint ist, sei an einem Beispiel verdeutlicht.

Berechnung: Der Anleger zahlt langfristig monatlich 200 € in einen DAX-Indexfonds ein. Steht der DAX bei 5.000 €, so erhält der Investor bei entsprechender Stückelung im Verhältnis 1 zu 100 genau vier Anteile. Stürzt der DAX auf ein neues Tief von 4.000 Punkten ab, so würden ihm – ein schwacher Trost – fünf Anteile ins Depot gebucht. Schwingt sich der DAX auf 6.700 Punkte empor, wächst der Bestand nur um knapp drei Anteile. Erreicht der DAX irgendwann wieder sein Allzeithoch um 8.000 Punkte, sind es zweieinhalb Anteile. Fazit: Die Durchschnittskosten sinken, indem durch gleich hohen Einsatz bei fallenden Preisen mehr Wertpapiere zugekauft werden, während der Anleger bei höherem Preis mit gleich bleibendem Einsatz weniger Anteile erwirbt.

Da der Investor bei Kursschwäche relativ viele Papiere und bei Kursaufschwung nur wenig Aktien einsammelt, ist der Cost-Average-Effekt eine feine Sache. Aber wie überall: Wo es viel Licht gibt, mangelt es nicht am Schatten. Gefahr droht weniger bei Sparplänen für Aktienfonds und Indexzertifikate, aber umso mehr beim Zukauf von Einzelaktien einzig allein aus der Überlegung, damit den Einstandskurs zu verbilligen.

Dies ist klug und weise im Bereich der Bodenbildung, entwickelt sich aber zum Horrorszenario, wenn die Kurse weiter absacken und sich jede kurzfristige Kurserholung als bösartige Tücke bzw. charttechnisch als „Bullenfalle" erweist. Börsenaltmeister Friedhelm Busch warnt davor, nicht ins fallende Messer zu greifen. Das Problem besteht allerdings darin, dass kein Anleger wirklich weiß, ob das Messer weiter fällt oder bereits im Boden steckt. Wer öfters in solche Fußangeln tappt, gibt früher oder später meist entnervt auf, sodass er beim Tiefstkurs außen vor bleibt. In dem Bestreben, sein Depot ausgewogen zu gestalten, sieht manch einer schon deshalb von weiteren Zukäufen ab, um eine Übergewichtung zu vermeiden und sein Kapital nicht einseitig und mit erhöhtem Risiko zu binden.

Zwei Beispiele mögen diese Problematik verdeutlichen:

Cost-Average-Strategie mit Einzelaktien ohne Sparplan

Aixtron, TecDAX: Orderumfang jeweils rund 1.000 €

1. Kauf, 14.11.00   17 St.   59,10 €
2. Kauf, 09.08.01   40 St.   25,90 €
3. Kauf, 28.12.06 320 St.   3,25 €
4. Kauf, 31.03.09 280 St.   3,80 €

Wer nach dem 1. Kauf aufgab und seinen Verlust aussaß, dürfte den Einstandspreis kaum mehr erleben. Beim 3. und 4. Kauf wurde der Mut belohnt. Anfang März 2011 kostete die Aixtron-Aktie rund **30 Euro**.

Infineon, DAX: Orderumfang jeweils rund 1.000 €

1. Kauf, 23.07.01   37 St. 27,30 €
2. Kauf, 10.03.03   180 St.   5,50 €
3. Kauf, 31.01.06   125 St.   8,00 €
4. Kauf, 30.12.08 1.100 St.   0,92 €

Wer nach dem 1. Kauf aufgab und den Verlust aussaß, steht schlecht da und bindet sein Kapital mit Verlust. Wer den 4. Kauf tätigte (Altbestand!), dem eröffnen sich große Chancen. Anfang März 2011 notierte Infineon bei über **8 Euro**.

5.4   Wie auf Kapitalerhöhungen reagieren?

Sobald eine AG eine Kapitalerhöhung ankündigt, führt die erste Reaktion an der Börse wegen des Verwässerungseffekts gewöhnlich zum empfindlichen Kursverlust. Abhängig davon, wozu die Finanzspritze dient und wie erfolgreich die Platzierung verläuft, sind auch positive Reaktionen denkbar, wie 2009 bei Rio Tinto (Stoxx 50), AXA (Euro Stoxx 50), Bilfinger Berger, Klöckner & Co., Euroshop (alle MDAX), SKW Stahl (SDAX), Eckert & Ziegler, Impreglon und Arques, um nur einige positive Kursverläufe zu nennen. Für 2011 plante der Maschinenbauer Gildemeister (MDAX) eine Kapitalerhöhung auf der Suche nach einem Ankeraktionär.

Die hauptsächlichen Beweggründe für eine Kapitalerhöhung sind:

➢ Finanzierung des organischen Wachstums, Stärkung des operativen Geschäfts.

➢ Unterstützung des externen Wachstums durch Übernahme, Kooperation, Allianz.

➢ Verbesserung der Bilanzstruktur durch eine höhere Eigenkapitalquote.

➢ Verringerung der eigenen Verbindlichkeiten, also Abbau der Schulden.

➢ Mehr Liquidität an der Börse durch Ausgabe junger Aktien – vielleicht sehr wichtig bei Aufstiegsambitionen in den SDAX, MDAX, TecDAX oder sogar DAX.

Altaktionäre interessiert: Wann soll ich die Bezugsrechte wahrnehmen, wann besser verzichten und die Bezugsrechte verkaufen, sofern ein Bezugsrechtshandel stattfindet?

Hände weg! Dient die Kapitalerhöhung dazu, die drohende Insolvenz abzuwenden bzw. die Schulden herunterzufahren, heißt die Konsequenz: Werfen Sie Ihr gutes Geld nicht dem schlechten hinterher! Das Verlustrisiko ist hier größer als die Gewinnchance.

Mitmachen! Überzeugt das Unternehmensziel, so ist zu überlegen, sich noch vor Beginn dieser Maßnahme mit Aktien einzudecken, sofern der Preis für die jungen Aktien mehr als 10 % unter dem aktuellen Kurs liegt. Analysten sind positiv gestimmt, wenn die Kapitalerhöhung dazu dient, wichtige Investitionen und Übernahmen zu finanzieren, neue Produktlinien aufzubauen, weitere Absatzmärkte zu erschließen.

Rechtslage: Kapitalerhöhungen setzen voraus, dass auf der HV mindestens 75 % des vertretenen Aktienkapitals (pro Aktie eine Stimme) den Beschluss absegnen. Zur Verdeutlichung wird die Ankündigung einer Kapitalerhöhung gegen Bareinzahlung im Verhältnis von 4 zu 1 beim Fernsehbauer LOEWE auszugsweise abgedruckt. Die damals im SDAX notierte Aktie kostete zum Zeitpunkt der Kapitalerhöhung rund 11 Euro.

WKN/ISIN   DE 000 649 410 7 LOEWE AG AKTIEN   Stück 250
Kapitalerhöhung gegen Bareinzahlung 4 zu 1 per Ex-Tag 12.10.2005

Die Gesellschaft beschloss per Ex-Tag 12.10.2005 eine Kapitalerhöhung:

Bezugsverhältnis:	4 zu 1
Bezogener Titel:	LOEWE AG AKTIEN
Bezugspreis:	EUR 9,60
Bezugsrechtsnotierung:	Ein Bezugsrechtshandel ist nicht vorgesehen.
Bezugsfrist:	12.10.2005 bis 26.10.2005
Zahlbarkeitstag:	26.10.2005
Dividendenberechtigt ab:	01.01.2005
Verfügbare Bezugsrechte:	250

Die Einbuchung der Bezugsrechte erfolgt ohne besondere Anzeige.

5.5   Breit gestreut – nie bereut!

Es ist riskant, auf ein einziges Pferd zu setzen. Manchmal geht dies gut, und man streicht mit wenig Einsatz große Gewinne ein. Oft geht diese Strategie aber daneben. Bei der Konzentration auf nur einen oder wenige Titel steigt die nervliche Anspannung.

Es wächst die Angst vor wegschmelzenden Gewinnen oder einer Trendumkehr in die Verlustzone. Dies alles erschwert rationales Denken. Besser ist es, sein Depot nach Branchen, Indizes und Kontinenten zu streuen. Unvernünftig ist es, das gesamte Kapital – z. B. eine Erbschaft

Quelle: Dirk Meister, „Der Börsenführerschein", S. 58

oder Kapitallebensversicherung – auf einmal zu investieren. Der Einstieg erfolgt vielleicht zu überhöhten Kursen, und kursschwache Tage bleiben ungenutzt.

Eher bietet sich ein Zukauf in zwei bis drei Tranchen an. Die erste Order befriedigt den Wunsch, diese Aktie unbedingt zu besitzen. Eine zweite Order erfolgt bei Kursschwäche, vorausgesetzt, die fundamentalen Daten überzeugen. Auf diese Weise nutzen Sie den Cost-Average-Effekt. Allerdings sind die Gebühren zu beachten. Bei einer zu kleinen Order wird Ihr Gewinn aufgefressen. **Ein Beispiel:** Ein Anleger kauft 30 Telekom-Aktien zu 10 € und zahlt an Kosten pro Order rund 15 €. Realisiert er seinen Gewinn von 20 %, würde er bei dieser Miniorder 60 Euro verdienen, abzüglich zweifacher Ordergebühren und Abgeltungsteuer rund 20 Euro. Beim Kauf von 300 Stück sähe die Sache ganz anders aus. Hier blieben beim Veräußerungsgewinn von 600 Euro nach Gebühren und Steuer immerhin noch knapp 400 Euro übrig. Bei kleiner Vermögensdecke sind Indexfonds (ETF) und Aktienfonds die beste Alternative.

5.6   Den Trend im Auge behalten

Die Börsenweisheit *„The trend is your friend"* und mein Börsenspruch *„Wer zu spät erkennt den Trend, leicht in das Verderben rennt",* machen deutlich, dass Sie als Privatanleger den Markt nicht beeinflussen, steuern oder ausbremsen können. Der Markt reagiert zwar auch nicht immer logisch. Er macht aber, was er will. Ihn dauerhaft zu schlagen, bleibt im Regelfall ein erfolgloses Unterfangen.

Selbst die Profis schaffen dies mit großen Kapitalbewegungen nur selten. Sonst würden die Aktienfonds besser abschneiden und nicht so häufig hinter der Benchmark (Vergleichsindex) zurückbleiben. Elisabeth Weisenhorn warnt deshalb: *„Wer sich um jeden Preis gegen den herrschenden Trend stellt, läuft schnell gegen die Wand."*

Quelle unbekannt, aus: „Der Neue Börsenführerschein"

Die prozyklische Anlagestrategie nutzt die Tatsache, dass die Aktienmärkte nicht geradlinig verlaufen, sondern sich in Zyklen bewegen. Der Frühindikator Börse spiegelt weniger die Gegenwart als die Zukunftserwartungen wider. Der Aktienmarkt läuft der Wirtschaftsentwicklung um mehrere Wochen bis Monate voraus. Wenn Sie das richtige Gespür für den Trend entwickeln, sich aber auch des Einflussfaktors Zufall bewusst sind, steigt Ihre Chance auf Kursgewinne. Reagieren Sie erst dann, wenn sich die Kauftipps mehren, haben das große Geschäft schon andere gemacht. Wer sich nur in ausgetretenen Pfaden bewegt, kommt zu spät. Konjunkturindikatoren, Zinspolitik, Arbeitsmarkt, Export, Ölpreis, Binnennachfrage, Wechselkurse, Verbrauchervertrauen und andere volkswirtschaftliche Einflussfaktoren sollten Sie beobachten, ebenso die Charttechnik und Kennziffern wie KGV, Dividendenrendite, Buchwert und Cashflow.

Fünf typische Konjunkturphasen erleichtern die Markteinschätzung

Der Konjunkturzyklus mit fünf typischen Phasen	
Phase ❶	**Die Wirtschaft rutscht in eine Rezession.** Das Wachstum stagniert oder ist rückläufig. Die Aktienkurse bewegen sich abwärts. Um Wirtschaft, Konsum und Investitionsbereitschaft anzukurbeln, senken die Notenbanken stufenweise den Leitzinssatz, und es werden Konjunkturprogramme aufgelegt. Am besten entwickeln sich jetzt noch werthaltige, weitgehend konjunkturunabhängige, substanz- und dividendenstarke Value-Aktien.

Phase ❷ **V** **U** **W** **L**	**Die 2. Phase kennzeichnet den beginnenden Aufschwung.** Die Gewinnaussichten verbessern sich zaghaft, zumal die Unternehmen rigoros die Kosten senken. Erste mutige Käufer kehren an den Aktienmarkt zurück. Wer mit glücklichem Händchen Value- und Growth-Aktien mischt, hat gute Chancen. Allerdings verläuft der Aufschwung nicht immer geradlinig, wie die Buchstabensymbole zeigen: Das **V** steht für den günstigsten Verlauf, die schnelle Erholung. Das **U** zeigt an, dass die Talsohle nur langsam durchschritten wird (Rezession). Das **W** markiert die negative **Double-Dip**-Situation: Nach einem kurzen Aufschwung erfolgt ein erneuter Abschwung. Erst dann kommt es zu einer dauerhaften Erholung. Am negativsten ist der **L**-Verlauf, die **Deflation,** wie sie jahrelang in Japan vorherrschte und im Zuge der Finanzkrise zeitweilig auch für die USA und Europa befürchtet wurde. Weder Zins- noch Steuersenkungen greifen dann und bringen die Wirtschaft auf Trab. Die Staatsverschuldung und die Arbeitslosenquote steigen. Das sich verflüchtigende Deflationsgespenst wird von Inflationsängsten abgelöst.
Phase ❸	**In der 3. Phase verstärkt sich der Aufschwung.** Die Unternehmen stehen nicht nur wegen Kostensenkungen und Restrukturierungsprogrammen gut da, sondern erzielen im operativen Geschäft Umsatz- und Gewinnzuwachs. Die Aktienmärkte steigen. Droht eine konjunkturelle Überhitzung mit Inflationsgefahr, heben die Notenbanken schrittweise den Leitzinssatz an, was die Börse überhaupt nicht mag. Wachstumsstarke Growthtitel laufen großteils gut. Aber es kündigen sich Branchenrotationen an. Noch dominieren die Bullen, aber die Bären sind in Lauerstellung.
Phase ❹	**In der Spätphase des meist nur wenige Jahre anhaltenden Aufschwungs verlangsamt sich das Wirtschaftswachstum.** Die Zinssätze erreichen ein relativ hohes Niveau. Als Anleger tun Sie jetzt gut daran, hier und dort Gewinne mitzunehmen und sich auf substanzstarke Value-Aktien mit einer hohen Dividendenrendite zu konzentrieren.
Phase ❺	**In der letzten Phase beginnt die Konjunktur zu lahmen.** Die Unternehmensgewinne schrumpfen, die Prognosen verschlechtern sich. Es kommt zu Stellenstreichungen. Jetzt ist es ratsam, den Aktienanteil zurückzufahren und Cash zu halten, um am Ende der Korrektur zukaufen zu können. Die Phase 5 mündet in Phase 1. Ein neuer Konjunkturzyklus beginnt – anfangs gekennzeichnet von Stagnation bzw. Rezession und fallenden Aktienkursen, die sich nach Zinssenkungen später wieder erholen. Kommt es zum Crash, so gilt: *„Ein Crash ist gut – für Leute mit Mut!"*

5.7 Antizyklisch handeln – die Strategie für Mutige

Noch ist es die Angst vor Verlusten...
- aber ein bißchen ist es bereits
schon wieder die Angst vor der Gier!

Quelle: Dirk Meister, „Der Neue Börsenführerschein"

Nur wer entschlossen gegen den Strom schwimmt, kann zur Quelle vorstoßen. Tote Fische und Mitläufer treiben mit dem Strom.

Das folgende Zitat in „ANTIZYKLISCH INVESTIEREN" von Gallea-Patalon verdeutlicht, worum es geht: *„Der kluge Investor – derjenige also, der sich nicht für ein Finanzgenie hält, sich aber darin übt, die Meldungen in Zeitschriften und Fernsehen zu analysieren und Hochs und Tiefs an den Extremwerten der öffentlichen Meinung zu erkennen – lernt schließlich, bei Angst und Panik zu kaufen, bei Gier und Euphorie zu verkaufen. Der kluge Investor behält einen kühlen Kopf und sucht nach solchen Extremen. Aber weil er die Neigung seiner Mitmenschen kennt, sich der Massenmeinung anzuschließen, begibt er sich nicht in derart zerstörerische Gefahren."*

Der bekannte Börsenexperte Jack Schwager schreibt in „STOCK MARKET WIZARDS" zu diesem Thema: *„Es ist allgemein anerkannt, dass man Gewinne erzielen kann, wenn man das Gegenteil dessen tut, was die Mehrheit der Trader macht. Das Grundkonzept: Wenn eine große Mehrheit von Tradern optimistisch ist, dann impliziert dies, dass fast alle Marktteilnehmer, die mit steigenden Kursen rechnen, schon gekauft haben. Daher führt der Weg des geringsten Widerstands nach unten. Ein entsprechendes Argument gilt, wenn die Mehrheit der Trader pessimistisch ist."*

Antizyklisches Handeln gegen den Trend ist nicht nur geboten, wenn im Bullenmarkt Spekulationsblasen zu platzen beginnen (verkaufen, wenn die Letzten gierig aufspringen und die Boulevardpresse in großen Lettern über den Aktienboom berichtet). Ebenso ist Mut gefragt, wenn die Börse ein Crashszenario durchlebt wie im September 2001 wegen der Terroranschläge auf das World Trade Center, im März 2003 vor Ausbruch des Irak-Kriegs, im Oktober 2008 und im März 2009 im Zuge der weltweit um sich greifenden Finanz- und Wirtschaftskrise, deren Vorläufer die US-Subprimekrise bildete.

Das antizyklische Handeln verspricht auch dann Erfolg, wenn einzelne Titel wegen eines Gerüchts abstürzen oder übertriebene Schwarzmalerei zu Panikverkäufen und zu automatisch ausgelösten Stop-Loss-Orders führt. Mitunter reichen die schlechten Zahlen des Marktführers aus, um die gesamte Branche nach unten zu stoßen. Dicht vor der Bodenbildung, dem Erreichen der Gewinnschwelle oder bei ersten Insiderkäufen öffnet der frühzeitige Einstieg das Tor zu hohen Kursgewinnen. Doch dürfen Sie nicht ungeprüft und undifferenziert in „gefallene Engel" investieren. Nicht jeder, der zu Boden geht, steht danach wieder auf.

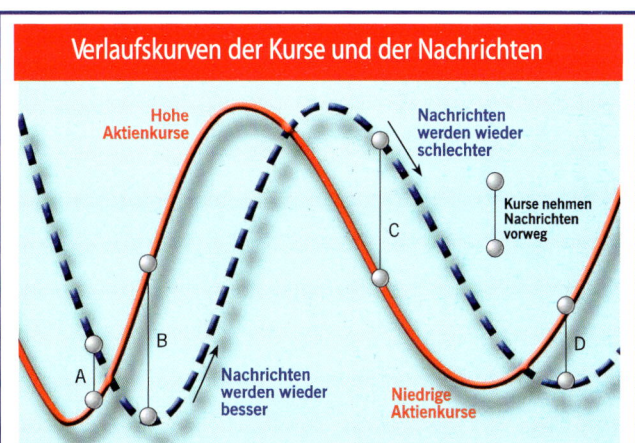

Quelle: „Der Neue Börsenführerschein", S. 6

Was kommt zuerst: das Huhn oder das Ei? Bewegen Nachrichten Kurse oder verändern sich nicht vielmehr Kurse, bevor Nachrichten publiziert werden? Die Erfahrung zeigt, dass Kurse den Nachrichten bisweilen einige Monate vorauseilen.

Umgekehrt: Verkauft die Unternehmensspitze den Titel oder wird das Papier von Gurus zuvor aus Eigennutz übertrieben gelobt bzw. mittels eingestreuter Gerüchte planmäßig hochgepuscht, ist es an der Zeit, Gewinne mitzunehmen. Notfalls lieber etwas zu früh als viel zu spät verkaufen, als untätig zusehen, wie sich ein ansehnlicher Buchgewinn in einen dramatischen Verlust verwandelt. Es ist ungleich schwieriger, den günstigsten Verkaufs- als den richtigen Kaufzeitpunkt zu finden und diszipliniert und geduldig seiner Strategie treu zu bleiben.

Die Professoren Michael Frenkel und Lukas Menkhoff halten zwei Phänomene für Fehlfunktionen der Börse verantwortlich: Beim „noise trading" orientieren sich die Marktteilnehmer an Gerüchten, selbst wenn diese Informationen wirklichkeitsfern sind. „Herding" betrifft Anleger, die ihr Verhalten an anderen Tradern ausrichten, statt ihre Entscheidung auf fundamentale Daten oder die Technische Analyse zu stützen. Die Folge? Die Börse ist nicht leicht zu verstehen und lässt manchmal an Logik vermissen.

5.8 Die defensive Value-Strategie

Von 1998 bis Frühjahr 2000, als DOW und DAX, Nasdaq und der 2003 „beerdigte" Neue Markt von einem zum nächsten Allzeithoch eilten, galt Altmeister Warren Buffett als ein vom Strom der Zeit weggespültes Fossil. Sein Buch war noch weniger gefragt als seine Unternehmensaktie. Der dicke Wälzer mit dem Titel *„Von bleibendem Wert – Die Biographie des erfolgreichsten Investors"* verstaubte in der hinteren Ecke der Börsenbibliothek.

Die Aktie seines milliardenschweren Unternehmens Berkshire Hathaway fristete ein bis dato ungewohntes Mauerblümchendasein. Warren Buffett, der sich immer wieder zum reichsten Mann der Welt hocharbeiten konnte, investiert nur in substanzstarke, niedrig bewertete Aktien von Unternehmen, deren Geschäft er versteht. Hightech, Biotech, Internet, Erneuerbare Energien sind nicht seine Welt. Prompt wurde die Investorikone im Hochpunkt der Hausse um die Jahrtausendwende von den spekulativen Anlegern belächelt und trotz großen Respekts vor seiner Lebensleistung mit sanftem Spott bedacht.

Die „New Economy" mit Hightech, Biotech, Internet, Telekommunikation, Software und Medien war bis zum Platzen der Spekulationsblase trotz krasser Überbewertung „in", die „Old Economy" mit ihren als langweilig geltenden Industrietiteln „mega-out". Damals zählten allein Wachstum, Umsatz, Fusionen und Übernahmefantasien. Gewinn und ein faires KGV erschienen zweitrangig. Manche Firma verschluckte oder verhob sich bei dem schier grenzenlosen Streben nach Größe und Internationalisierung.

Mit Beginn des dreijährigen Crash' Mitte März 2000 feierten Warren Buffett und seine Aktie Berkshire Hathaway ein imposantes Comeback. Buffetts Fangemeinde bekam großen Zulauf. Die über ihn geschriebenen Bücher eroberten sich ihren Logenplatz in den Buchläden zurück. War es da verwunderlich, dass sich auf einer ebay-Auktion im Juli 2003 die Interessenten um ein Mittagessen mit dem Börsen-Urgestein Warren Buffett rissen? Der Sieger blätterte für dieses Vergnügen mit ein paar Freunden und Geschäftskollegen stolze 250.000 US-Dollar hin.

Die Value-Strategie wendet sich an konservative und chancenorientierte Anleger mit einem langfristigen Anlagezeitraum. Value ist ausgerichtet auf werthaltige, substanzstarke Papiere mit hoher Ausschüttung und einem im Branchenvergleich eher niedrigen Kurs-Gewinn-Verhältnis. Value schaut auf wichtige Finanzzahlen wie Cashflow und Buchwert als Maßstab für die Höhe des Eigenkapitals. Vor allem am Ende eines Konjunkturzyklus sowie im Bärenmarkt sind Value-Papiere zu empfehlen.

Seilziehen zwischen Value und Growth

Quelle: Handelsblatt, Anlegerzeitung, 17. Dez. 2001, aus: „Der Neue Börsenführerschein", S. 70

> Ein Beispiel: Vom Fußballspiel ausgehend, lassen sich die Stürmer eher mit wachstumsstarken, konjunkturabhängigen Growth-Titeln, die Abwehr mit stabileren, weniger konjunkturell beeinflussten Value-Aktien vergleichen. Eine Fußballelf mit nur Offensivkräften schießt vermutlich viele Tore, muss aber auch mehr Treffer vom Gegner einstecken. Wer allein auf eine starke Abwehr setzt, verhindert zwar leichter Einschläge ins eigene Tor; dafür bleibt die eigene Torausbeute mager. Das typische Ergebnis lautet 0:0 – ein Punkt statt drei Zähler. Damit lässt sich weder ein Liga-Abstieg vermeiden noch die Meisterschaft erkämpfen.

5.9 Viagra ins Portfolio mit der Growth-Strategie

Bis zum Frühjahr 2000 war die Börsenwelt noch intakt. Der DAX legte sich mächtig ins Zeug und übersprang die 8.000er-Marke, was danach erst wieder 2007 geschah und für 2011 erneut gehofft wird.

Der damals noch bestehende NEMAX 50 steuerte auf 10.000 Punkte zu. Die „New Economy" lieferte die Zauberformel für eine wundersame Geldvermehrung in kürzester Zeit. Das KGV wurde kaum beachtet, eine seriöse Bilanzierung auch nicht. Erträge galten vorerst als nebensächlich. Mit dem Crash zerstoben diese schönen Träume wie Staub im Orkan. Jetzt gelten wieder bewährte Bewertungsmaßstäbe.

Wettrennen: Growth und Value

Quelle: A. Holzach, Handelsblatt, Oktober 2001, aus: „Der Neue Börsenführerschein", S. 70

Growth bezeichnet einen wachstumsorientierten Investmentstil mit innovativen Geschäftsmodellen und überdurchschnittlich hohem Umsatz- und Gewinnwachstum. Bei vielen Börsianern hält sich das Missverständnis, wonach Value stets an einem niedrigen Kurs-Gewinn-Verhältnis (KGV), Kurs-Buchwert-Verhältnis (KBV) und Kurs-Umsatz-Verhältnis (KUV) gemessen wird. Renditestarke Substanztitel sind nicht mehr zum Schnäppchenpreis zu haben. Dazu erklärt der Bestsellerautor Professor Otte: *„Wachstum und Value schließen sich nicht aus! Billige Unternehmen können zu Recht billig sein – dann nämlich, wenn sie wenig wachsen, schrumpfen oder vielleicht sogar dauerhaft Verluste produzieren. – Genauso können Unternehmen mit hohen KGVs durchaus günstig bzw. preiswert sein, dann nämlich, wenn die Wachstumsaussichten dieses KGV rechtfertigen. – Qualität ist und bleibt teuer."* Value setzt den Schwerpunkt auf den Unternehmenswert. Growth orientiert sich auf mehr Wachstum.

➢ **Seit der Jahrtausendwende schlägt der Value-Wertansatz das Wachstumskonzept von Growth.** Über einen 25-jährigen Zeitraum hat Value eine um 3 % höhere Durchschnittsrendite geschafft. Im DAX sind zahlreiche offensive Growth-Titel bzw. Zykliker vertreten – rund 45 %. Im Euro Stoxx 50 machen dagegen die Growth-Titel kaum 20 % aus.

5.10 Raus im Mai/Juni? Rein im Oktober/November?

„Sell in May and go away?" Wann billig kaufen? Wann teuer verkaufen?

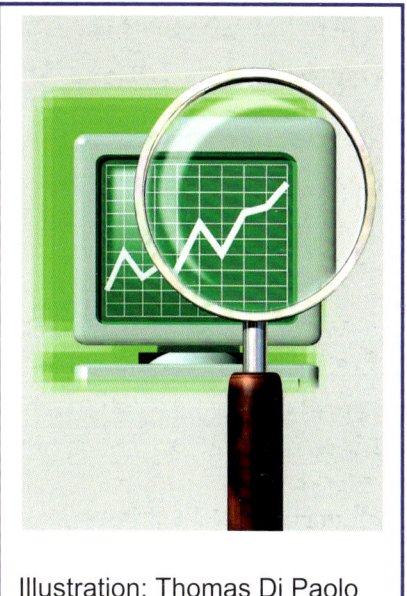

Illustration: Thomas Di Paolo

Die frei übersetzte Empfehlung: *„Verkaufe deine Aktien im Mai, und halte dich dann zunächst fern von der Börse!"* ist nicht aus der Luft gegriffen und beruht kaum auf reiner Willkür. Immerhin beweist das Studium der DAX-Statistik über einen Zeitraum von 30 Jahren, dass langfristig nur in den schlechtesten Börsenmonaten September, August und Mai ein Minus erzielt wurde. Der Dezember, November, Februar und Juli präsentieren sich oft in guter Bullenlaune. Die größte Angst zeigen die Börsianer zwar vor dem Oktober, gab es hier doch 1929 und 1987 die ganz großen Crash-Szenarien und auch 2008 einen heftigen Einbruch. So zeigt der Oktober oftmals eine kümmerliche Performance, läutet aber, wenn der befürchtete Crash erneut ausbleibt, meist eine dynamische Herbst-Winter-Rallye ein. Bei einer oberflächlichen Betrachtung bestätigt sich die Aussage: „Sell in May and go away!" Die Konsequenz bedeutet: zumindest einige Gewinne mitnehmen – vielleicht auch Verluste weiter begrenzen! Sich von allen Aktien zu trennen, ist jedoch nicht ratsam, zumal bei jeder Order Gebühren anfallen und damit auch oft der Verzicht auf die Dividende verbunden ist. Die Nutznießer sind andere – nämlich die drei großen B: Börse, Broker, Banken.

Ein Blick auf die Statistik schafft etwas mehr Klarheit

➢ Laut financeblog.ch hat der Mai als viertschlechtester Börsenmonat in **100 Jahren** – gemessen am Dow Jones – im Schnitt eine Performance von nur 0,09 % erzielt.

➢ Für die letzten **50 Jahre,** ein halbes Jahrhundert, ergibt sich ein ähnliches Bild. Der Mai als fünfschlechtester Monat verschaffte dem Dow Jones ein kümmerliches Durchschnittsplus von 0,14 %. Nur jeder zweite Mai brachte ein positives Ergebnis.

➢ Laut Landesbank Helaba legte der MSCI World in den letzten **40 Jahren** von November bis April um 8,9 %, von Mai bis Oktober dagegen nur um magere 1,1 % zu.

➢ Anders präsentieren sich die letzten **20 Jahre.** Jetzt steht für den Mai eine Rendite von 1,8 % zu Buche. Im Dow Jones ist er nun der drittbeste Monat im Jahr.

➢ Laut wallstreet-online.de verlief die DAX-Entwicklung anders als beim Dow. Wer **20 Jahre,** seit 1990, investiert blieb, wurde mit einer Rendite von 440 % belohnt.

➤ Wer hingegen jährlich von Mai bis Oktober sein Geld auf dem Tagesgeldkonto parkte und danach wieder zum Aktienmarkt zurück fand, erzielte eine ordentliche Rendite. Wer also Anfang 1990 ohne umzuschichten in den DAX investierte und auch noch 20 Jahre später im Markt blieb, steigerte seinen Einsatz um das 3,4-Fache. Wer dagegen alljährlich von Mai bis Oktober in den Geldmarkt auswich und danach stets in den Aktienmarkt zurückkehrte, strich den zehnfachen Gewinn ein.

Aber aufgepasst: Diese Darstellung ist in der Theorie überzeugender als in der Praxis. Sie berücksichtigt nicht die Transaktionskosten für den Ein- und Ausstieg. Ebenso bleibt außer acht, dass bei dieser Strategie oft die Gewinnausschüttung verpasst wird. Vor allem wird vergessen, dass bis einschließlich 2008 Kursgewinne steuerfrei waren, sofern die Aktien mindestens ein Jahr im Depot blieben und dies auch weiterhin für den Altbestand gilt. Steuerfreie Kursgewinne gab es beim jährlichen Umschichten nicht. **Fazit:** Damit schmilzt das dicke Polster wie der Schnee in der Sonne.

Was spricht für die Beherzigung: „Sell in May and go away?"

❶	Diese Einschätzung erfüllt sich womöglich schon deshalb, weil viele Börsianer ihr Handeln – wie bei der Charttechnik – darauf ausrichten (Herdentrieb).
❷	Es herrscht Urlaubsstimmung; die Geldanlage interessiert jetzt weniger. Das Kapital fließt in die „schönsten Wochen des Jahres" statt in Aktien.
❸	Der Rückzug aus dem Aktienmarkt erfolgt auch aus Angst vor einem „Oktober-Crash". Automatisch ausgelöste Stop-Loss-Orders verstärken den Trend.
❹	Während des Urlaubs fehlt es an Gelegenheit, sein Depot genau zu beobachten. Also werden zusätzliche Risiken durch erneute Investments vermieden.

Dennoch ist es nicht ratsam, sich grundsätzlich an diese alte Weisheit zu klammern und im Herbst wie bisher gewohnt erneut einzusteigen. Schließlich ist jeder Ein- und Ausstieg mit Transaktionskosten verbunden, die sich allmählich summieren. Außerdem widerspricht ein solches Verhalten der mutigen antizyklischen Strategie.

> *„Wenn sich alle bärisch verhalten, muss der Markt nach oben gehen, denn es sind keine Verkäufer übrig. Im umgekehrten Fall, wenn alle bullisch sind, muss der Markt nach unten gehen, denn es gibt keine Käufer mehr."*
>
> Börsenkalender 2004, S. 160

Zudem ist eine Vorverlagerung auf April zu befürchten, um noch günstigere Verkaufskurse zu erzielen. Da zahlreiche Hauptversammlungen im Mai und Juni stattfinden, wird vielleicht auch auf die Gewinnausschüttung verzichtet. Vor allem aber ließ sich vor 2009 mit *„Sell in May and go away"* kein steuerfreier Altbestand aufbauen, den es heute wie einen Schatz zu hüten gilt – eine Art Zauberformel an der Börse.

Was spricht gegen die Beherzigung: Sell in May and go away?

❶	Die Prophezeiung erfüllt sich nicht, wenn die jahreszeitlichen Faktoren durch wesentliche fundamentale oder charttechnische Indikatoren überlagert werden.
❷	Sobald viele Börsianer den Rat befolgen, verschiebt sich das jahreszeitlich beeinflusste Anlageverhalten schrittweise nach vorn. Niemand will der Letzte sein.
❸	Den Langzeitanleger interessieren die jahreszeitlich bedingten Kursschwankungen wenig. Nur der Kurzzeitanleger ist von der Volatilität stärker betroffen.
❹	Nachhaltiger als durch die Jahreszeit wird die Kursentwicklung durch Branchentrends bzw. eine sich erneut vollziehende Branchenrotation beeinflusst.
❺	Wer im Mai aus- und im Oktober/November wieder einsteigt, streut seine Investments nicht zeitlich. Das kann sich rächen, denn die Börse spielt durch den starken Einfluss psychologischer Einflussfaktoren selbst bisweilen „verrückt".
❻	Wer seine Aktien bis 2009 ausnahmslos im Mai verkaufte, baute keinen steuerfreien Altbestand auf. Und wer nicht aufpasst, büßt vielleicht seine Dividende ein.
❼	Das häufige Rein und Raus erweist sich bei einem größeren Depot als echter Gebührenfresser. Erinnert sei an: *„Viel hin und her – macht Taschen leer."*
❽	Wer mittels Sparplan sein Geld in Aktienfonds anlegt, für den verlieren jahreszeitlich bedingte Transaktionen wegen des Cost-Average-Effekts ihren Sinn. Bei niedrigen Kursen werden mehr Anteile erworben als im Bullenmarkt.

Raus im Wonnemonat Mai?

Quelle: Dirk Meissner, aus: Der Neue Börsenführerschein, S. 73

An den besten Börsentagen dabei sein! Wer beim Ein- und Ausstieg ein schlechtes Timing zeigt, halbiert laut einer Studie im Schnitt seine Gewinnchancen, wenn er an den zehn besten Börsentagen „außen vor" bleibt. Verpasst er pro Jahr die 20 besten Börsentage, sinkt seine Gewinnchance auf ein Viertel. Ist er an den 30 besten Tagen nicht investiert, schmilzt sein Kursgewinn auf ein gutes Achtel gegenüber Anlegern, die an den 30 besten Tagen im Markt sind. Es bestätigt sich die Regel: *„Man kann gewinnen, man kann verlieren, man kann aber nichts zurückgewinnen!"* Zudem wächst beim schnellen Rein und Raus die Gefahr, die wirklich guten Börsentage zu verpassen.

➤ **Was Sie sonst noch beachten sollten:** Vor Feiertagen winken oft Kursgewinne. Die Hälfte vom Zuwachs erzielt der DAX gegenwärtig vor arbeitsfreien Tagen.

5.11 Übernahmefantasien im Vorfeld nutzen

Im Jahr 2011 soll es bei Übernahmen und Fusionen rund laufen. Interessierte Unternehmen strotzen vor Kraft, und die Finanzierung ist bei den niedrigen Zinssätzen günstig wie selten. Allerdings kann es bei Akquisitionen gewaltig brodeln.

➢ Übernahmen und Fusionen – Mergers & Acquisitions (M&A) genannt – sorgen für Spannung, Unruhe und Kursfantasie. Meist reagiert die Börse bei der Bieterfirma mit Kursabschlägen, beim Zielunternehmen mit üppigen Aufschlägen, will doch kein Altaktionär zum Nulltarif seine Papiere verkaufen.

So berappte die italienische UniCredit 22,3 Milliarden Dollar für den Erwerb von 95 % an Deutschlands zuvor zweitgrößtem Kreditinstitut HypoVereinsbank. Danach griff der Pharmakonzern Merck nach Schering, Linde nach dem englischen Gasehersteller BOC und E.ON nach dem im EURO STOXX 50 gelisteten spanischen Stromerzeuger Endesa. Übernahmefantasien heizen das Börsenklima an. Augenblicklich droht dem im MDAX gelisteten größten deutschen Baukonzern Hochtief die Übernahme durch den verschuldeten spanischen Konzern ACS. Marc Tüngler von der Deutschen Schutzvereinigung für Wertpapierbesitz (DSW) befürchtet: *„Sie (ACS) würden mit ihren Stimmen den Aufsichtsrat austauschen, der dann den Vorstand absetzt.“* Vergebliche Hoffnung auf Platzen der drohenden Übernahme nährte zeitweilig der „weiße Ritter" Katar mit dem geplanten Einstieg von 9,1 % bei Hochtief. Aktuell verhandelt der Bergbauriese Rio Tinto über die 3,5 Milliarden schwere Übernahme des Kohlekonzerns Riversdale.

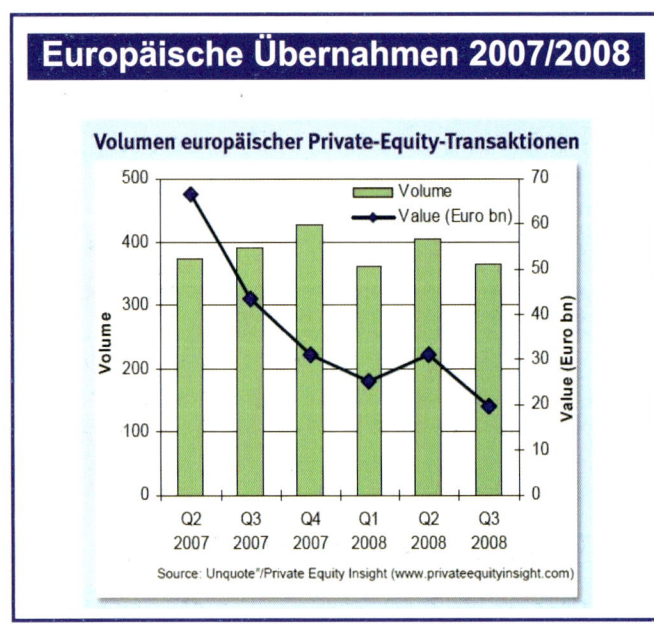

Statt Wertvernichtung höherer Firmenwert durch Synergieeffekte

Laut KPMG-Studie mehrt sich die Anzahl der erfolgreichen Übernahmen. Unternehmen mit klarer Strategie schneiden auch bei einer schwierigen Marktlage häufig positiv ab. Bleiben dennoch die Synergieeffekte aus und verläuft die Akquisition enttäuschend, so liegt dies meist am Kampf der Kulturen. Vor allem bei der Einverleibung ausländischer Unternehmen harmonieren Mentalität, Führungsstil, Leitrichtlinien und Betriebsklima nicht miteinander.

Sinkt die Motivation der Mitarbeiter und macht sich Unzufriedenheit breit, erweist sich die Akquisition leicht als Flop statt Top. Heute werden die Top-Manager und externe Berater schon im Vorfeld stärker eingebunden.

> Von 100 US-Übernahmen führte die knappe Hälfte der kritisch beurteilten Deals nach einem Jahr zu einer um 10 % besseren Aktienkursentwicklung als im Branchenvergleich. Von den positiv eingestuften Übernahmen schafften dies nur 34 %.

Die Verwerfungen an den globalen Finanzmärkten haben 2008/2009 die weltweiten Übernahmeaktivitäten beeinträchtigt. Die Banken stellten kaum mehr Kredite für die Finanzierung der Transaktionen bereit. So fiel in den Vereinigten Staaten 2008 das Volumen der durchgeführten Zusammenschlüsse gegenüber 2007 um 29 % und im November 2008 im Vergleich zum Vorjahresmonat sogar um 86 % – welch gewaltiger Rückgang! Viele deutsche Unternehmen haben aber ihre Hausaufgaben gemacht und mit platzierten Anleihen zu niedrigen Zinsen genügend Liquidität aufgebaut, um 2011/2012 ihre Übernahmevorhaben zu verwirklichen. Davon sollte auch der Börsianer profitieren. Besitzt er Aktien vom Zielunternehmen, winken hohe Kursgewinne.

Übernahmen 2010 gegenüber 2009 nach Branchen	
Gesundheit:	+490 %
Immobilien:	+83 %
Energie:	+25 %
Sonstige Branchen:	-50 %
Finanzbereich:	-60 %
Industriesektor:	-81 %

Eine feindliche Übernahme droht niedrig bewerteten Unternehmen mit interessantem Geschäftsmodell und gesunder Bilanz, die über keinen Großaktionär und somit einen hohen Streubesitz (Free Float) verfügen. Nicht selten hapert es bei den Mittelständlern an einer erfolgreichen Abwehrstrategie, zu der vielleicht auch Anzeigenschaltungen in der Wirtschaftspresse mit Appellen an die Aktionäre gehören. Eventuell hofft das bedrohte Unternehmen auf einen „weißen Ritter". Dies kann ein befreundetes Unternehmen sein, das die Kaufofferte überbietet. Die freien Aktionäre erwarten einen deutlichen Aufschlag im zweistelligen Bereich auf den Börsenkurs. Ansonsten erscheint der Erfolg fraglich.

Freundliche Übernahmen sind üblich, wenn die Zielfirma vom Geschäftsmodell her gut zum Bieterunternehmen passt. Generell gilt: Kleine Häppchen sind bekömmlicher als dicke Brocken! In den Boomzeiten des Neuen Marktes haben sich viele Bieterfirmen an großen Übernahmen verhoben – finanziell wie organisatorisch.

Wie soll der Privatanleger auf eine Übernahme reagieren?

Nur ein Gerücht? Positive Verbreitungen sind ein Treibsatz für steigende Aktienkurse solange sie genährt werden. Platzt das Gerücht, stürzt der Kurs in die Tiefe.

Ein Aufkäufer am Werk? Erstes Anzeichen, dass an den Übernahmefantasien etwas dran ist, sind steigende Aktienkurse trotz Fehlens aktueller Nachrichten bzw. einer fundamentalen Neubewertung. Vermutlich scheint ein Aufkäufer aktiv zu sein.

Welche Aktien im Depot? Meist steigt der Kurs der Zielaktie, während das Bieterpapier eher sinkt. Die Aktionäre befürchten, dass ein zu hoher Preis bezahlt wird, stark angeheizt durch einen Bieterwettstreit. Vorausgesetzt, die führenden Analysten beurteilen den Zusammenschluss einhellig positiv und der Übernahmepreis gilt als fair, kann auch der Kurs der Bieter-AG steigen.

Übernahmeofferte annehmen? Wird ein festes Übernahmeangebot gemacht, sollte der Anleger bei attraktivem Kursaufschlag, z. B. ab 20 % oder 30 %, zustimmen. Schließlich dürfte der Titel bald vom Kurszettel verschwinden. Bei einer zu niedrigen Offerte im Nahbereich des aktuellen Kurses ist möglicherweise ein Nachbesserungsangebot bzw. eine spätere Zwangsabfindung, „Squeeze-out" genannt, abzuwarten. Das neue Übernahmegesetz schafft den Rahmen für eine vernünftige Bewertung. Vorrangig geht es darum, die Minderheitsaktionäre rasch los zu werden. Jede weitere HV kostet Zeit und Geld.

Passende Unternehmenskulturen? Etwa die Hälfte aller Zusammenschlüsse scheitert an Integrationsproblemen. Abweichende Sprachen, Mentalitäten, Hierarchien und Einstellungen zerstören die Synergieeffekte. Als warnendes Beispiel gilt Daimler: Lange Zeit eine Großbaustelle statt „Welt-AG". Erinnert sei auch an die Probleme der ALLIANZ und aktuell der Commerzbank mit der Dresdener Bank.

Motive für Übernahmen

Mehr Marktmacht durch Größe

Zugang zu neuen Märkten auch durch die EU-Erweiterung

Synergiepotenziale durch Kostensenkung

Befreiung von hartnäckigen Mitbewerbern

Squeeze-Out

Das Übernahmegesetz von 2002 erleichtert es dem Aufkäufer bei einer feindlichen Übernahme, Minderheitsaktionäre, die sich bislang allen Abfindungsangeboten widersetzten, aus dem Unternehmen zu drängen. Sofern der Bieter 95 % der Anteile kontrolliert, kann er sich im Squeeze-out-Verfahren („herausquetschen") von den unliebsamen Aktionären trennen. Die Zwangsabfindung muss dem tatsächlichen Wert entsprechen.

Delisting

Um den Rückzug von der Börse mit einer halbjährigen Frist beantragen zu können, bedarf es eines HV-Beschlusses von 75 % der vertretenen Stimmen. Die seit 2002 geltende Fristenlösung erleichtert es den Großaktionären, das geplante Delisting durchzusetzen.

Fazit: Übernahmen gestalten sich häufig zu einem Glücksspiel. Das Aussitzen nach einem Abfindungsangebot lohnt sich für den Privatanleger öfters, aber nicht immer.

5.12   Was macht den Anleger zum Verlierer?

Meide die gefährlichen Vier: Euphorie, Panik, Angst und Gier!
Aktieneinkauf auf Kredit – alles andre als ein Hit!

Anlegertypen im Blickpunkt

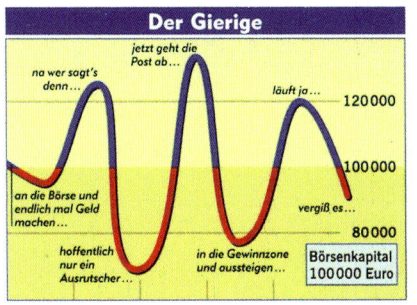

Der gierige Anleger hat nur die Gewinne vor Augen und ignoriert die Risiken. Die Folge: Trotz kurzfristig guter Profite bleibt ihm der langfristige Erfolg versagt. Nicht selten endet seine Börsenkarriere als finanzielles Debakel.

Der disziplinierte Anleger achtet zuerst auf die Risiken, lässt Gewinne laufen und begrenzt Verluste. Sein Kapital wächst zwar wenig spektakulär, dafür stetig und ohne große Rückschläge.

Quelle: BÖRSE ONLINE, aus: „Der Kleine Börsenführerschein", S. 46

Bei einem Fernsehinterview erklärte der hochbetagte, aber damals noch aktive Börsenbroker John Slade (Bear Stearns): *„Am schlimmsten ist es, Schulden zu haben. Danach kommen Nervosität und Gier am Aktienmarkt."* Wer nur über sehr geringe Rücklagen bzw. über kein überschüssiges Geld verfügt, sollte sich statt eines Investments in Einzelaktien zunächst mit Börsenspielen begnügen. Eine interessante Alternative ist der Abschluss eines Sparplans in einen Blue-Chips-ETF oder einen internationalen Aktien-Themenfonds der Spitzenklasse.

Will jemand mithilfe einer Aktienanlage Schulden tilgen, verliert er bei einem Kurssturz leicht die Nerven, bringt sich um Schlaf und Gesundheit. Er tätigt aus Angst Panikverkäufe, operiert hochspekulativ und gierig. Statt seines Vermögens treibt er die Schulden in die Höhe – oft genug bis zum finanziellen Ruin.

Der US-Börsenstar Peter Lynch warnt, Börsengewinne vorzeitig zu realisieren und liegt damit auf einer Wellenlänge mit Börsenaltmeister André Kostolany (kaufen – lange schlafen – nachschauen – reich sein). Bisweilen wird eine steigende Aktie mit einer Rakete verglichen, die nur über eine bestimmte Menge Treibstoff verfügt. Tiefer als Null fällt keine Aktie. Umgekehrt besteht keine Grenze nach oben. Immer wieder gibt es einige Aktien, die mit mehrstelligen Kursgewinnen überraschen.

Peter Lynch erklärt: *„Einer der dümmsten Sprüche: Die Aktie ist schon so hoch gestiegen; sie kann eigentlich nicht mehr nach oben!"* Oft ist der Ausstieg psychologisch bedingt. Schon bei mageren Gewinnen befürchtet der Aktionär die Trendumkehr.

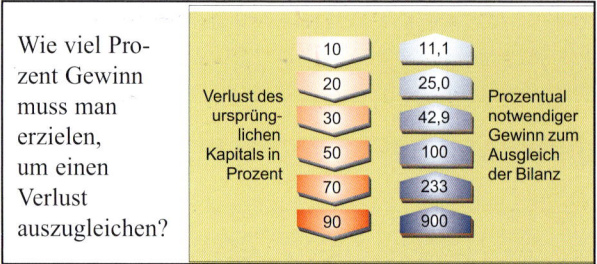

Quelle: „Der Börsenführerschein", S. 56

➤ Bei Verlusten hofft so mancher Anleger dagegen auf eine rasche Erholung, zeigt eine viel höhere Risikobereitschaft und schiebt ungünstige Nachrichten beiseite. Ungewöhnlich heftige Kursschwankungen, Volatilität genannt, signalisieren, dass die Indizes vermutlich schon bald das ruhige Fahrwasser verlassen werden und je nach Marktlage zum Auf- oder Abschwung ansetzen.

Neben fundamentalen Daten und charttechnischen Signalen beherrschen psychologische Faktoren wie Pessimismus, Angst, Panik, Unsicherheit oder Euphorie und Gier das Börsenklima. Überreaktionen sind ebenso schlecht wie Unterreaktionen. Zu wünschen sind vernunftbetonte Verhaltensweisen, die nicht das „Bauchgefühl" diktiert. Da es kaum „reine" Anlegertypen gibt, sondern eher Mischformen, gelten die drei Prototypen nur als Orientierungshilfe für die eigene selbstkritische Zuordnung.

Drei Verhaltenstypen in schwierigen Börsenzeiten		
Der Zocker	**Der coole Könner**	**Der Angsthase**
Der zu Überrektionen neigende spekulative Typ riskiert viel, braucht Kick und Nervenkitzel.	**Der psychisch stabile und fachlich kompetente Anleger handelt vernünftig und marktbezogen.**	**Der zu Unterreaktionen neigende, sicherheitsbewusste Typ zaudert und handelt zögerlich.**
Bei Verlusten gerät er leicht in Panik und schreibt sie Fremdverschulden zu.	Bei Gewinnen reagiert er gelassen und realisiert sie nicht übereilt.	Bei Misserfolg gerät er leicht in Panik. Sonst weicht er Entscheidungen eher aus.
In dem Bestreben, schnell reich zu werden, überschätzt er seine Chancen.	Er beobachtet den Markt genau, begrenzt Verluste und handelt nicht aus dem Bauch heraus.	Er lässt selbst beste Chancen verstreichen, weil er viel zu zaghaft reagiert und sich letztlich zu wenig zutraut.
Er ordert Erfolge seiner Cleverness zu, neigt zu Leichtsinn und Überheblichkeit.	Bezüglich Vermögensaufbau und Altersvorsorge plant er langfristig, setzt auf Qualität und streut breit.	Er realisiert schon kleine Gewinne aus Angst vor Crash, verdrängt Verluste und sitzt sie zu lange aus.
Um Verluste auszugleichen, reagiert er oft waghalsig.		

Das aktuelle Fallbeispiel: PORSCHE spekulierte mit 56 Milliarden Euro und musste die Übernahmepläne begraben

Zocker gibt es nicht nur unter Privatanlegern und hart gesottenen Profis. Auch die Führungsspitze internationaler Großkonzerne ist vor riskanten Börsengeschäften nicht gefeit. 2007/2008 brachte der württembergische Sportwagenbauer PORSCHE das in der Unternehmenslandschaft einmalige Kunststück fertig, mehr Gewinn als Umsatz zu erwirtschaften. Die Einnahmen aus den Options-Transaktionen spülten viel Geld in die Firmenkasse, und die Aktionäre feierten auf der Hauptversammlung 2008 in Stuttgart den damaligen Vorstandschef Wendelin Wiedeking und seinen Finanzchef Holger Härter als wahre Finanzgenies. Letztlich ging es den Beiden ebenso wie vielen anderen Zockern auf dieser Welt: „Wie gewonnen – so zerronnen!" Als Beigabe: Häme, Spott, Klagen und Rauswurf.

Comicfigur Dagobert Duck
Illustration: Walt Disney Productions, EHAPA Verlag, aus: Sander/Kujawa, „Börseneinstieg mit Spaß und Spannung"

Im Geschäftsjahr 2008/2009 spekulierte der Sportwagenbauer PORSCHE mit rund 56 Milliarden Euro an der Börse – eine höhere Summe als die Firmeneinnahmen in zehn Jahren. PORSCHE wollte mit den erhofften Gewinnen aus den Aktiengeschäften die geplante und am Ende geplatzte Übernahme von VW absichern. Im Gegensatz zum Jahr zuvor nahm das Glück Reißaus. PORSCHE fuhr einen Verlust von 2,4 Milliarden Euro vor Steuern ein. Der Motor begann zu stottern.

Die Quittung und Abstrafung für diesen Leichtsinn sieht schlimm aus: Die Staatsanwaltschaft Stuttgart ermittelt gegen den früheren Vorstandschef Wendelin Wiedeking ebenso wie gegen seinen Finanzchef Härter. Beide wurden ihrer Ämter enthoben. Und etliche der zuvor so begeisterten Aktionäre schimpfen und klagen.

5.13   Beizeiten umschichten und neu gewichten?

Die Frage: „Wann ist es ratsam, Gewinne mitzunehmen?" ist nicht so leicht zu beantworten, spielen doch bei der Beurteilung viele Gegebenheiten eine Rolle. Vielleicht wird das Geld dringend benötigt, um eine größere Anschaffung zu tätigen oder eine als attraktiv empfundene Chance zu nutzen. Ebenso ist es wichtig, wie sich Konjunktur und Börse momentan entwickeln.

Ist das Platzen einer Spekulationsblase zu befürchten? Ziehen externe Störfaktoren auf wie Änderung der Zinspolitik, steigender Ölpreis, Flächenbrand in Afrika, Terror-, Kriegs- oder Pandemiegefahr wie der BSE-Rinderwahnsinn und die Vogelgrippe auslösten? Oder sprechen die Marktdaten für eine neuerliche Rallye? Daneben gehört das Unternehmen selbst auf den Prüfstand. Wie überzeugend sind die Umsatz- und Gewinnentwicklung, die Marktstellung, die eigene Marke, die Zukunftschancen? Was leistet das Management? Welche Signale sendet die Charttechnik aus? Wie groß ist der Aktienbestand, wie hoch die Eigenkapitalquote und der bislang erzielte Buchgewinn?

Beispiel Teilverkauf: Der Anleger verkauft bei ordentlichem Kursgewinn so viele Aktien, bis er den gesamten Einstandspreis herausgeholt hat. Dies hat den Vorteil, dass er bei Fortdauer der Aufwärtsentwicklung weiterhin im Boot bleibt anstatt sich im Nachhinein über die verfrühte Gewinnmitnahme allzu sehr zu ärgern. Geht es mit dem Titel künftig abwärts, hat sich sein Investment dennoch gelohnt.

Dass ein Umschichten widersprüchliche Gedankengänge zulässt, zeigen folgende Börsensprüche:

Zum einen: *„Wer zu spät erkennt den Trend, leicht in das Verderben rennt. – Viel hin und her macht Taschen leer!"*

Zum anderen: *„Gewinnmitnahmen: kein Verarmen. – Beizeiten umschichten und neu gewichten!"*

Welche Nachteile drohen bei übertriebenem Umschichten?

➢ Wird zu früh umgeschichtet, bleibt der erzielte Gewinn meist relativ niedrig.

➢ Bei einer zu kleinen Aktienorder fressen die Gebühren den Gewinn auf.

➢ Die Kurse der neuen Aktien entwickeln sich enttäuschend. Dass sich bei den bisherigen Highflyern ein Abwärtstrend vollzieht, ist unwahrscheinlich.

➢ Der Anleger lässt sich zu sehr vom „Herdentrieb" leiten bzw. folgt unkritisch den Empfehlungen eines Börsengurus.

Wann sollte der kompetente Anleger umschichten?

➢ Er erkennt frühzeitig, dass in bestimmten Branchen ein starker Aufwärtstrend einsetzt, wie 2010 im Maschinenbau und in der Automobilindustrie, während andere Sparten nicht vorankommen wie derzeit der Bankensektor. Er realisiert Gewinne gut gelaufener Papiere, um in noch niedrig bewertete Titel einsteigen zu können.

➢ Er beurteilt das Marktgeschehen zutreffend, nutzt Informationsquellen sinnvoll, zieht beizeiten die richtigen Schlüsse, ergreift rasch und zielsicher die Initiative.

➢ Er benötigt das Geld für einen besonders aussichtsreich erscheinenden Wert und schlägt zwei Fliegen mit einer Klappe: Gewinnmitnahme und Neuinvestment.

5.14   Wer kennt seine Firma besser als die Chefs?

Das Handelsblatt informiert seine Leser alle zwei Wochen jeweils am Montag über alle wichtigen zulässigen Insidergeschäfte aus DAX, TecDAX, MDAX und SDAX. Im Internet sind bei den Finanzdienstleistern und online-Providern solche Informationen zum Teil auch täglich abrufbar.

Bulle oder Bär?

Quelle: „Der Neue Börsenführerschein", S. 79

Sie fragen sich vielleicht: *„Was nützt es mir zu wissen, ob und wann der Vorstand und Aufsichtsrat mit Aktien vom eigenen Unternehmen handeln?"* Ein Blick auf diese Aktivitäten ist ein verlässliches Barometer für die Einschätzung der Firma durch das eigene Management. Niemand kennt den Betrieb und die Wachstums- und Ertragschancen so gut wie die Firmenspitze. Bei positiver Einschätzung wird kaum ein Unternehmenslenker große Positionen veräußern, sondern Schwächephasen an der Börse für den Zukauf nutzen. Umgekehrt verkauft das Management eher im großen Stil, wenn es schlecht um die AG steht. Jedoch dürfen solche Aktivitäten nie im direkten Zusammenhang mit einer kurz darauf folgenden ad-hoc-Meldung stehen. Wer sein Insiderwissen unfair zum eigenen Vorteil ausnutzt, muss mit harten Geld- oder gar Haftstrafen rechnen; denn Insidergeschäfte ab 5.000 Euro sind bei der BaFin meldepflichtig.

Das Forschungsinstitut für Asset Management (Fifam) berechnet in Zusammenarbeit mit Commerzbank Private Banking fortlaufend für das Handelsblatt das Insiderbarometer. Die Aktienorders des Managements gelten als besonders aussagekräftig, wenn wiederholt gekauft oder verkauft wird. Schließlich lassen Vorstand und Aufsichtsrat ihren Wissensvorsprung einfließen. Während in Phasen von scharfer Korrektur und Crash zahlreiche Experten zum Ausstieg blasen, handelt die Firmenspitze oft antizyklisch. Kaufen, wenn andere verkaufen und die Kurse niedrig sind!

Das seit 2002 bestehende Insider-Barometer zeigte im Sommer 2010 mit 180 Punkten viel Optimismus. Den Käufen in Millionenhöhe standen nur wenige kleine Verkäufe gegenüber. Unterhalb von 100 Punkten sind dies Verkaufssignale, ab 110 Punkten Kaufsignale. Während Ende 2010 die meisten Analysten zum Aktienkauf bliesen, trennten sich viele Vorstände und Aufsichtsräte von einem Teil ihrer Aktien. Das Insider-Barometer sank auf 91 Zähler. Bevor Sie handeln, werfen Sie einen Blick auf die Insideraktivitäten, auch wenn dies nicht das einzige Kriterium sein darf. Den höchsten Buchgewinn beim Kauf 2010 heimste das Management ein von: LEONI (115 %), Jungheinrich (88 %), Delticom (80 %), Dialog Semiconductor (76 %), Lanxess (73 %).

5.15 Mit gutem Gewissen anlegen

Illustration: Henning Löhlein, aus: „Der kleine Börsenführerschein", S. 64

Wie sehen diese ethisch-ökologisch-sozialen Standards aus?

Beim Corporate Governance Kodex geht es um die ethischen Standards einer verantwortungsvollen Unternehmensführung. Eine Firma, die sich daran hält, erzielt meist eine bessere Performance. Gerade in Zeiten, in denen so mancher Vorstand kein Vorbild ist, hinterfragen auch Aktionäre die ethischen Standards und reagieren empfindlich auf Unredlichkeit, Raffgier und Machtmissbrauch.

➢ Was hat Ethik mit der Kursentwicklung von Aktien und der Strategie zu tun? Ein Unternehmen, das ethisch-ökologisch-soziale Standards im Alltag vorlebt, ist oft erfolgreicher, als wenn es die 2003 festgelegten Rahmenbedingungen missachtet.

Der deutsche Verhaltenskodex schafft mehr Transparenz, erhöht den Anlegerschutz und will Skandale wie eine geschönte Bilanzierung und Umsatzbetrug verhindern. Eine Regierungskommission wacht über die Einhaltung der Vorschriften. Die Qualität der Unternehmensführung bildet ein wichtiges Kriterium – auch erkennbar an den Fragestellungen auf der HV. Eine Analyse der Deutschen Bank bestätigt den Zusammenhang zwischen den Standards der Unternehmensführung und der Performance. Vom Vertrauensverlust zur Kehrtwende in Richtung: „Mit gutem Gewissen anlegen!" Firmen, die den Kodex vernachlässigen, erzielen im Schnitt weniger Gewinn, als wenn sie die Standards verinnerlichen. Dazu gehören die Firmenkultur, die Qualität, Zusammensetzung und Unabhängigkeit der Aufsichtsräte, die Offenlegung der Managergehälter, die Bilanzprüfungsverfahren und Abwehrmaßnahmen gegen Übernahmen.

Bisweilen tut sich bei einigen Konzernen eine Kluft auf, sobald es um Anstand und Moral geht. So gerieten der VW-Konzern („Lustreisen der Betriebsräte"), Daimler („Hochzeit im Himmel – Scheidung auf Erden"), Siemens (Korruptionsskandal), Porsche (hochriskante Spekulationsgeschäfte) und Lehman Brothers (Bilanzbetrug) in die Kritik. In einer Zeit, in der von Mitarbeitern oft große Opfer abverlangt werden und Arbeitnehmer zeitweilig um ihren Arbeitsplatz fürchten mussten, stößt es übel auf, dass selbst solche Firmenvorstände riesige fixe und variable Bezüge bzw. Abfindungen einschoben und es noch tun, die Kapital in Millionen- bis Milliardenhöhe verbrannten.

Neue Studien beweisen: Unternehmen, die sich gegenüber ihren Mitarbeitern, Kunden und der Gesellschaft sozial verantwortlich fühlen und deren Firmenkultur von gegenseitiger Wertschätzung getragen wird, entwickeln sich vergleichsweise besser. Dies gilt für eigentümergeführte Mittelständler, die sich ihrer Familie und künftigen Generationen verpflichtet und ihrer Region verbunden fühlen. Familienfirmen planen langfristig, wirtschaften nachhaltig und bauen Substanzkraft auf. Wegen des Erfolgsdrucks ist das Fremdmanagement dagegen eher auf schnellen Erfolg, Macht, Prestige und Größe ausgerichtet. Fremdmanager sitzen auf Feuerstühlen. Sie werden vom Aufsichtsrat häufiger gefeuert als die Trainer der ersten und zweiten Fußballbundesliga. Wer befürchtet, ethisch-ökologische Geldanlagen werfen weniger Rendite ab, irrt. Viele Anleger wollen ihr Geld mit gutem Gewissen anlegen. Dennoch gibt es Risiken: Abhängig davon, wie stark z. B. regenerative Energien künftig staatlich gefördert werden und wie sich die Anbieter von Solarstrom- und Windkraftanlagen sowie Biomasse und Erdwärme auf dem Markt behaupten, sind diese Aktien extrem schwankungsfreudig.

Beurteilungskriterien für Ethik und Nachhaltigkeit

Verantwortung der AG	Umweltverträglichkeit
➢ Für die Umwelt ➢ Für den Klimaschutz ➢ Für den Menschen ➢ Für die Region ➢ Für die Gesellschaft	➢ Schadstoffvermeidung und Energieersparnis ➢ Ausbau erneuerbarer Energien ➢ Schutz für das Klima, die bedrohte Tier- und Pflanzenwelt
Ethisch-ökologisches Rating	**Sozial- und Kulturverträglichkeit**
➢ Umweltverträglichkeit ➢ Sozialverträglichkeit ➢ Kulturverträglichkeit ➢ Vorbildwirkung ➢ Corporate Governance	➢ Keine Niedrigstlöhne, keine Kinderarbeit und sonstige Ausbeutung ➢ Keine Menschenrechte-Verstöße ➢ Keine Gewinnmaximierung auf Kosten der Mitarbeiter und Kunden ➢ Keine gesundheitsschädigenden Produkte

Testbogen ❹ zur Prüfungsvorbereitung

Nr.	Aufgabenstellung													Punkte
1	**Börsenrätsel: Setzen Sie die fehlenden Buchstaben ein. Das aus elf Anfangsbuchstaben zu bildende Lösungswort gehört zur Börse.**													11[ ]
1.1	Aktienart													1 [ ]
1.2	Wachstumsaktien													1 [ ]
1.3	Aktienexperten													1 [ ]
1.4	Kapitalertrag													1 [ ]
1.5	Aktienindex													1 [ ]
1.6	Dauerhafter Kursanstieg													1 [ ]
1.7	Alte Industriewirtschaft													1 [ ]
1.8	Flüssigkeit (finanziell)													1 [ ]
1.9	Gewinnausschüttung													1 [ ]
1.10	Spezialfonds „gutes Gewissen"													1 [ ]
1.11	Qualitätsbeurteilung (Fonds)													1 [ ]

Nr.	Aufgabenstellung	Ja	Nein	Punkte
2	**Wissenstest: Was stimmt? Was ist falsch? Kreuz!**			13[ ]
2.1	„Aus dem Bauch", emotionell handeln ist gut.			1 [ ]
2.2	Sich an den Kauftipps der Börsengurus orientieren.			1 [ ]
2.3	Fundiertes Börsenwissen schützt vor Manipulation.			1 [ ]
2.4	Eine gute Informationsquelle reicht für Kaufentschluss.			1 [ ]
2.5	Wahres dran: Gier frisst Hirn und Panik tötet den Verstand.			1 [ ]
2.6	Ratsam: Gewinne laufen lassen, Verluste aussitzen.			1 [ ]
2.7	Index im General Standard: SDAX.			1 [ ]
2.8	Prime Standard: DAX, MDAX, TecDAX, Entry Standard.			1 [ ]
2.9	Defensiv-Strategie: Übergewichtung von Value-Aktien.			1 [ ]
2.10	Laufen bei Konjunktur schlechter: Growth-Aktien.			1 [ ]
2.11	Antizyklisches Handeln taugt nur für Spekulanten/Zocker.			1 [ ]
2.12	Penny Stocks: Spielwiese für Spekulanten und Zocker.			1 [ ]
2.13	Squeeze-Out: Herausdrängen der Mehrheitsaktionäre			1 [ ]

Nr.	Aufgabenstellung	Nr.	Punkte
3	**Zuordnungstest: Welche vier Aussagen passen?**	Nr.	8 [ ]
3.1	**Risikofreudiger Anleger:** 1) Nur Value-Aktien. 2) „Heimatliebe"-Depot. 3) Antizyklisches Handeln. 4) Auch SDAX-Titel. 5) Biotech-Aktien. 6) Kein TecDAX. 7) Auch Auslandsaktien. 8) Nur Indexzertifikate wie DAX und Dow.	Nr. Nr. Nr. Nr.	4 [ ]
3.2	**Kursrallye in Sicht:** 1) Ölpreis steigt. 2) Inflationsrate steigt. 3) Niedrige Bewertung. 4) Konjunkturüberhitzung droht. 5) Leitzinssenkung. 6) Umsatzwachstum ohne Gewinn. 7) Exportquote steigt. 8) Neue Rückkaufprogramme.	Nr. Nr. Nr. Nr.	4 [ ]
	Zwischenstand (Lösung S. 210):		32[ ]

Nr.	Testbogen ❹ (Fortsetzung) Übertrag			32 [ ]
4	Zuordnungstest: Suchen Sie hier 10 Aussagen, die für einen Aktienkauf sprechen.	Nr. eintragen		Punkte 10 [ ]
	1) Analysten-Kursziel erreicht. 2) Unterbewertung. 3) Hohes KGV im Branchenvergleich. 4) Gewinnwarnung. 5) Noch keine Bodenbildung. 6) Turnaround-Story. 7) Marktführer. 8) Starke Marke. 9) Kurs sinkt seit einiger Zeit. 10) Hohe Dividende. 11) Index-Aufstieg nahe. 12) Aktiensplit. 13) Reversesplit. 14) Geschönte Bilanz. 15) Bieterfirma bei Übernahme. 16) Spitzenmanagement. 17) Hohes Fremdkapital. 18) Übernahmekandidat. 19) Tiefes Rating. 20) Erfolge klinische Phase III.	Nr. Nr. Nr. Nr. Nr.	Nr. Nr. Nr. Nr. Nr.	2 [ ] 2 [ ] 2 [ ] 2 [ ] 2 [ ]
5	Zuordnungstest: 10 Aussagen, die zu einer vernünftigen Strategie passen bzw. stimmen.	Nr. eintragen		10 [ ]
	1) Entscheidend ist die Risikoneigung. 2) Strategie ist der Marktlage anzupassen. 3) Kleine Gewinnmitnahmen und Aussitzen der Verluste. 4) Gewinn laufen lassen, Verlust begrenzen. 5) Cost-Average-Effekt nur beim Sparplan nutzbar. 6) Bei zu kleiner Order frisst Gebühr Gewinn auf. 7) Diversifikation senkt Risiko. 8) Prozyklisch: „The trend is your friend!" 9) Konjunktur: **U** markiert Double-Dip. 10) Deflation: gut für die Börse. 11) Chancenreich: antizyklisches Handeln. 12) Chancenreich: Bauchgefühl vertrauen. 13) Chancenreich: Herdentrieb folgen. 14) Value-Aktien: schlecht im Seitwärtstrend. 15) Bei Konjunkturaufschwung: Growth-Aktien. 16) „Sell in May and go away" stets richtig. 17) Verborgene Perlen in Small-Caps-Indizes. 18) Mit Penny Stocks nur Miniverluste möglich. 19) Bei Rückkaufprogramm Aktien verkaufen. 20) Mit Ethikaktien niedrige Rendite. 21) Dividende sichert Kurs nach unten ab.	Nr. Nr. Nr. Nr. Nr. Nr. Nr. Nr. Nr. Nr.		1 [ ] 1 [ ] 1 [ ] 1 [ ] 1 [ ] 1 [ ] 1 [ ] 1 [ ] 1 [ ] 1 [ ]
6	A sucht B: Bilden Sie die passenden Wortpaare.			15 [ ]
6.1	A1) Defensiv-Strategie. A2) Offensiv-Strategie. A3) Antizyklisch handeln. A4) Diversifikation. A5) Bodenbildung. A6) Small-Cap-Index. A7) Mid-Cap-Index. A8) Kurs-Gewinn-Verhältnis. A9) Deflation. A10) Kapitalschnitt. A11) Cost-Average-Effekt. A12) Gier. A13) Umwelt-, Sozial- und Kulturverträglichkeit. A14) Nicht so strenge Auflagen. A15) Squeeze-out.	A1 B/ A2 B/ A3 B/ A4 B/ A5 B/ A6 B/ A7 B/ A8 B/		1 [ ] 1 [ ] 1 [ ] 1 [ ] 1 [ ] 1 [ ] 1 [ ] 1 [ ]
6.2	B1) Reversesplit. B2) Konjunktur: Buchstabensymbol **L**. B3) SDAX. B4) Streuung. B5) Value-Aktien. B6) Ethikfonds. B7) „... frisst Hirn." B8) Growth-Aktien. B9) Turnaround. B10) KGV. B11) General Standard. B12) Herausdrängen. B13) Größter Nutzungseffekt beim Sparplan. B14) Gegen den Strom. B15) MDAX.	A9 B/ A10 B/ A11 B/ A12 B/ A13 B/ A14 B/ A15 B/		1 [ ] 1 [ ] 1 [ ] 1 [ ] 1 [ ] 1 [ ] 1 [ ]
Auswertung: 63 – 67 Punkte: sehr gut, 58 – 62 Punkte: gut, 53 – 57 Punkte: befriedigend, 47 – 52 Punkte: ausreichend (Lösung: S. 210/211)				67 [ ]

❻ Einführung in die Fundamentalanalyse

Quelle: Henning Löhlein, „Der Börsenführerschein", S. 72

„Die größte aller Begabungen ist die Kraft, den wahren Wert der Dinge zu erkennen." Die fundamentale Analyse versucht, den Wert eines Unternehmens und seiner Aktien zutreffend zu ermitteln, während die Charttechnik aus den Verhaltensmustern der Vergangenheit künftige Entwicklungen ableitet.**

Für die „Theorie der begründeten Annahmen" reicht auf dem Börsensektor seit dem Desaster am Neuen Markt eine fantasievolle Story nicht mehr aus. Zu schmerzhaft für den Anleger sind die Erfahrungen mit unseriösen Unternehmen, die mit Luftschlössern Wachstumsprognosen ohne Wirklichkeitsbezug aufbauten und mit Schaumschlägerei von schlechter Marktstellung, unzureichender Eigenkapitaldecke, hoher Verschuldung, fehlenden Alleinstellungsmerkmalen, mangelnder Professionalität und ausbleibenden Gewinnen abzulenken versuchten. So verringert sich auch endlich die Anzahl der Börsengurus, die den künftigen Börsentrend anhand von Sternbildern, Sonnenflecken, Mondphasen, sonstigen Naturphänomenen, Glaskugeln, Kaffeesatz, Kartenlegen und anderem Schnickschnack vorherzusagen versuchen.

Es sind wieder ausgewiesene Experten gefragt, die auf Handfestes – die Fundamentalanalyse und Charttechnik – vertrauen. Es wächst das Misstrauen, wenn rote Zahlen als Anzeichen für immenses Wachstum gedeutet werden und Marke, Alleinstellungsmerkmale, Management und Erträge an den Rand drücken. Der Anleger verlangt harte Fakten, überprüfbare Daten, genaue Einschätzungen, bevor er investiert.

Ein kritischeres Anlegerverhalten wird erfreulicherweise nun auch bei Neuemissionen sichtbar. Es wird nicht mehr blindlings gezeichnet, sondern nur dann, wenn die Bewertung fair erscheint, das Management überzeugt und das eingesammelte Geld aus dem Börsengang nicht großteils in die Taschen der Altaktionäre wandert. Das neue Eigenkapital soll dem Unternehmen dazu dienen, die Marktstellung auszubauen, die Forschung voranzutreiben, um künftig mehr Umsatz und Gewinn zu erwirtschaften.

Deutsche Analysten oft besser als globale Wettbewerber

Top 5 für 2010 nach Erfolg der Aktienempfehlungen

DAX-Aktien	MDAX-Aktien	TecDAX-Aktien	SDAX-Aktien
❶ equinet	❶ CA Cheuvreux	❶ UBS	❶ Warburg Res.
❷ UniCredit	❷ Merck Finck	❷ Kepler Capital	❷ Commerzbank
❸ Metzler	❸ WestLB Capital	❸ BHF-Bank	❸ Bankh. Lampe
❹ CA Cheuvreux	❹ UniCredit Group	❹ Metzler	❹ BHF-Bank
❺ SG Securities	❺ UBS	❺ Merrill Lynch	❺ Berenberg

Top 5 für 2010 nach Treffergenauigkeit bei Gewinnschätzung

DAX-Aktien	MDAX-Aktien	TecDAX-Aktien	SDAX-Aktien
❶ DZ Bank	❶ Bankh. Lampe	❶ WestLB Capit.	❶ Bankh. Lampe
❷ CA Cheuvreux	❷ DZ Bank	❷ BHF-Bank	❷ Warburg Res.
❸ Equinet	❸ UniCredit Group	❸ UniCredit Group	❸ BHF-Bank
❹ Nomura	❹ HSBC	❹ Goldman Sachs	❹ UniCredit Group
❺ Natixis Securit.	❺ Warburg Res.	❺ Commerzbank	❺ Berenberg

Marco Cabras, DSW: *„Für Anleger ist es extrem wichtig zu wissen, auf wessen Analysen sie sich verlassen können."*

Quellen: Thomson Reuters Starmine und Handelsblatt, Nr. 217, 9. November 2010

Was heißt „Fundamentalanalyse"? Um den fairen Wert einer Aktie möglichst genau ermitteln zu können, betrachten die Analysten die Vergangenheit, die augenblickliche Marktlage und die Zukunftsaussichten eines Unternehmens. Mithilfe der Erfolgsrechnung werden positive wie negative Faktoren beleuchtet. Das Bild wird abgerundet durch Vergleiche mit marktführenden Wettbewerbern. Wichtige Kennziffern erleichtern die Einschätzung. Dazu gehören die Einzel-, die Branchen- und die Globalanalyse.

Gerade die **Branchenanalyse** ist wieder in den Fokus der Anleger gerückt, wirken sich doch im Zuge der Globalisierung die Einflussfaktoren auf vergleichbare Unternehmen weltweit ähnlich aus. Die **Globalanalyse** untersucht die Wirtschaftsentwicklung im Heimatland, ebenso die Abhängigkeit von der Konjunktur in anderen Ländern. Die Anhänger der Fundamentalanalyse vertrauen darauf, dass der Markt Recht hat und den tatsächlichen Wert einer Aktie, gestützt auf eine seriöse **Einzelanalyse,** widerspiegelt. Die Fundamentalanalyse liefert wichtige Entscheidungshilfen für die Aktienauswahl.

Merkmalbeschreibung: Fundamentalanalyse	
Global- analyse	Einschätzungen der Konjunktur im Heimatland, in Euroland, Asien, Amerika usw.; Untersuchung der Wirtschafts-, Sozial- und Steuerpolitik
	Ölpreis, Währungseinflüsse, Wechselkurse, vor allem das Verhältnis von Euro, Dollar und Yen, Naturkatastrophen, Ausbruch von Seuchen usw.
	Wichtige politische Ereignisse wie die US-Präsidenten- oder Bundestagswahl, aber auch weltweite Konflikte, Krisen, Kriege, Terrorakte
	Zinspolitik (sinkender Leitzinssatz: mit zeitlicher Verzögerung Kursanstieg; steigender Leitzinssatz: mit Nachlaufzeit meist Kursabschwung)
Bran- chen- analyse	Folgen einer anziehenden oder sich abschwächenden Konjunktur auf die Branche, der das Unternehmen angehört
	Auswirkungen von steigenden oder fallenden Rohstoffpreisen, Arbeitszeitregelungen, Streiks und Lohnerhöhungen, Zinssenkungen oder Zinserhöhungen, einem schwachen oder starken Euro gegenüber dem Dollar
Einzel- analyse	**Überprüfung des Unternehmens auf Herz und Nieren, wobei folgende Kennziffern besonders wichtig sind:**
	Das Kurs-Gewinn-Verhältnis (KGV) bildet die wichtigste Kennziffer und erleichtert die Einschätzung einer Aktie innerhalb der Branche. Es zeigt auf, mit welchem Vielfachen des Jahresgewinns eine Aktie gehandelt wird. (Formel: Das KGV errechnet sich aus dem aktuellen Börsenkurs geteilt durch den geschätzten Gewinn pro Aktie für das nächste Jahr. Je niedriger das KGV im Branchenvergleich ist, desto preiswerter erscheint unter reinen Ertragsgesichtspunkten eine Aktie.)
	Substanzwert bzw. Kurs-Buchwert-Verhältnis (KBV). Beim KBV interessieren der Buchwert, also die Eigenkapitalbasis bzw. die materiellen Unternehmenswerte. Liegen Kurs- und Buchwert nahe beieinander, erscheint die Bewertung angemessen. Ist der aktuelle Kurs deutlich niedriger als der Buchwert, so deutet dies auf Unterbewertung hin.

Einzel-analyse	**Kurs-Cashflow-Verhältnis (KCV) bzw. Einschätzung der Finanz- und Ertragskraft.** Der Cashflow auf Basis des aktuellen Geschäftsberichts setzt sich zusammen aus Jahresüberschuss, Abschreibungen, Veränderungen langfristiger Rückstellungen und Steuern auf Einkommen und Ertrag. Erwartet wird eine korrekte Bilanzierung ohne jegliches Versteckspiel.
	Dividendenrendite. Die Formel lautet: Ausschüttung multipliziert mit Hundert dividiert durch den Kurs. **Wichtige Fragen:** Steigt die Dividende verlässlich? Wird der Kurs durch eine attraktive Dividende abgesichert?
	Ebit (Gewinn vor Steuern und Zinsen) und **Ebitda** (Gewinn vor Steuern, Zinsen und Abschreibungen); Rechnungslegung im Prime Standard nach US-GAAP oder IFRS
	Beschreibung der Geschäftstätigkeit Einschätzung von Management, Marketing und Unternehmenspolitik, Firmenkultur, Shareholder Value usw.
	Untersuchung Historie (lange Börsengeschichte oder Newcomer) und **Prüfung der momentanen Situation** (Beleuchtung von Einflussfaktoren)
	Beurteilung der Chancen und künftigen Umsatz- und Gewinnentwicklung. Werden rote oder schwarze Zahlen geschrieben?

Fundamentaldaten und Psychologie

Quelle: „Der Neue Börsenführerschein", S. 86

Die Anhänger der Fundamentalanalyse vertrauen darauf, dass der Markt den tatsächlichen Wert einer Aktie gut widerspiegelt. Sie lassen sich von den Störfeuern an der Börse nicht verunsichern. Ihre Zuversicht gründet auf der Annahme, dass der Markt längerfristig zu 80 bis 90 % auf Logik und nur zu 10 bis 20 % auf Psychologie beruht. Die Börsenpsychologen billigen dagegen den Massenphänomen wie dem Herdentrieb viel mehr Einfluss zu.

❼ Das innovative Aktienauswahl-Punktesystem

Das Punktesystem stellt sich vor

Ich habe mir für Sie, liebe Leserinnen und Leser, etwas Besonderes ausgedacht, ein praktisches Punktesystem, um eigene Kaufentscheidungen zu erleichtern. Dabei gewichte ich die entscheidenden Kennziffern doppelt gegenüber den als weniger bedeutsam eingeschätzten Daten. Sie selbst vergeben jeweils einen Punkt bis zu drei Punkten. Stehen mehrere Aktienkandidaten auf Ihrer Beobachtungsliste, entscheiden Sie sich für den bzw. die Punktesieger.

Dieses System habe ich schon früher entwickelt, um mit meinen Kindern eine demokratische Auswahl des Urlaubszieles zu ermöglichen oder die persönlich am besten passende Depotbank unter den Discountbrokern auszuwählen.

Wie gehen Sie mit dem Aktienauswahl-System am besten um?

Das von mir entwickelte neuartige Aktienauswahl-Punktesystem lässt sich besonders effizient nutzen, wenn Sie wichtige Kennzahlen mit einbeziehen. Dafür bietet sich beispielsweise die Datenbank von BÖRSE ONLINE an. Neben einem niedrigen Kurs-Gewinn-Verhältnis im Branchenvergleich, einem möglichst hohen Buchwert gegenüber dem aktuellen Kurs, einem günstigen Kurs-Umsatz-Verhältnis mit einer Null oder Eins vor dem Komma (KUV) und einem ebenfalls möglichst niedrigen Kurs-Cashflow-Verhältnis (KCV) sind eine hohe Dividendenrendite und Eigenkapitalquote sowie die Analysten-Einstufungen besonders interessant. Niemals darf eine Finanzzahl allein den Ausschlag geben. Es kommt auf die Gesamtsicht an. Besonders chancenreich sind die Aktien von Unternehmen, bei denen der Firmenwert über dem Aktienkurs liegt. Der Star-Investor Warren Buffett ist mit dieser Strategie seit Jahrzehnten erfolgreich.

Warum bietet das Punktesystem auch für Sie einen Spielraum, innovativ zu sein, etwas zu verändern, Ihre Vorstellungen einzubringen?

Ich empfehle, sich an dem umseitigen Modell zu orientieren und es als Grundmuster für die eigene Eingabe an Ihrem Computer zu nutzen und es nach eigenen Vorstellungen abzuwandeln. Die Liste muss, damit sie übersichtlich bleibt und leicht zu berechnen ist, auf eine A4-Seite passen. Danach sollten Sie Ihr persönliches Aktienauswahl-Punktesystem vorrätig ausdrucken oder kopieren. Dieses Verfahren habe ich auch den Studenten der EBZ Business School in Bochum im Rahmen einer ganztägigen Vorlesung vorgestellt. Es ist durchaus denkbar, dass Sie bezüglich der Gewichtung andere Vorstellungen haben, dass Sie die Zeilenzahl neu zuordnen, erweitern oder verringern. Schaffen Sie sich Raum für Ihre Kreativität. Dann macht Börse noch mehr Spaß.

Das innovative Punktesystem für eigene Aktienauswahl

Bewertungsfaktor	0 P.	1 P.	2 P.	3 P.	Punktzahl
Doppelte Gewichtung: Jeder Punkt zählt hier zweifach					
Kurs-Gewinn-Verhältnis					
Börsensegment/Index					
Kursentwicklung 1 Jahr					
Portfolio-Streuung					
Eigenkapital oder KCV					
Buchwert oder KBV					
Dividendenrendite					
Ergebnisentwicklung					
Analysen/Rating					
Value, Substanzkraft					
Technische Analyse					
Zwischensumme					
Bewertungsfaktor	**0 P.**	**1 P.**	**2 P.**	**3 P.**	**Punktzahl**
Normale Gewichtung: Alle Ergebnisse zählen nur einfach					
Geschäftsmodell					
Marktstellung/Wettbewerb					
Hoch/Tief 52 Wochen					
Bekanntheitsgrad					
Nachrichten/Kommunikat.					
Sympathie/Standards					
Marke					
Internationalität					
Insiderhandel					
Zwischensumme					
Endergebnis					

\#10 günstig bewertete deutsche Aktien, 1. Quartal 2011					
Nr.	**Aktie**	**Index**	**WKN**	**Kurs 22.02.11**	**KGV 2011(e)**
Günstig ist ein niedriges Kurs-Gewinn-Verhältnis im Branchenvergleich					
❶	Hannover Rück	MDAX	840 221	41,55 €	7,9
❷	RWE Stämme	DAX	703 712	52,60 €	8,8
❸	Phoenix Solar	TecDAX	A0B VU9	24,35 €	8,8
❹	Indus Holding	SDAX	620 010	21,30 e	9,1
❺	Munich Re	DAX	843 002	121,75 €	9,4
❻	Allianz	DAX	840 400	105,45 €	9,6
❼	Grammer	SDAX	589 540	17,70 €	9,8
❽	Deutsche Post	DAX	555 200	13,50 €	10,0
❾	Highlight Com.	SDAX	920 299	4,80 €	10,0
❿	LEONI	MDAX	540 888	31,55 €	10,2
Nr.	**Aktie**	**Index**	**WKN**	**Kurs 22.02.11**	**Buch-wert**
Niedrige Bewertung bei einem hohen Buchwert gegenüber dem Kurs					
❶	Pfleiderer (Vorsicht!)	Abstieg	676 474	1,55 €	10,60 €
❷	Commerzbank	DAX	803 200	6,20 €	19,85 €
❸	Aareal Bank	MDAX	540 811	24,90 €	42,90 €
❹	Praktiker	MDAX	A0F 6MD	8,35 €	14,85 €
❺	Air Berlin	SDAX	AB1 000	3,45 €	5,75 €
❻	König & Bauer	SDAX	719 350	17,20 €	25,65 €
❼	Q-Cells	TecDAX	555 866	3,15 €	4,15 €
❽	DIC Asset	SDAX	509 840	10,40 €	13,30 €
❾	Gagfah	MDAX	A0L BDT	8,05 €	9,70 €
❿	Deutsche Bank	DAX	514 000	46,35 €	52,20 €

10 günstig bewertete deutsche Aktien, 1. Quartal 2011					
Nr.	Aktie	Index	WKN	Kurs 22.02.11	Div.- Rendite
Eine hohe Dividendenrendite macht Aktien attraktiv und sichert Kurs ab					
❶	Freenet	TecDAX	A0Z 2ZZ	8,75 €	10,3 %
❷	Drillisch	TecDAX	554 550	6,85 €	7,3 %
❸	Deutsche Telekom	DAX	555 750	10,00 €	7,0 %
❹	Deutsche Beteilig.	SDAX	550 810	20,70 €	6,8 %
❺	RWE Stämme	DAX	703 712	52,60 €	6,7 %
❻	Gagfah	MDAX	A0L BDT	8,05 €	6,2 %
❼	E.ON	DAX	ENA G99	24,65 €	6,1 %
❽	Comdirect Bank	SDAX	542 800	8,10 €	5,9 %
❾	Munich Re	DAX	843 002	121,75 €	5,1 %
❿	Hannover Rück	MDAX	840 221	41,55 €	5,1 %
Nr.	Aktie	Index	WKN	Kurs 22.02.11	KUV
Je niedriger das Kurs-Umsatz-Verhältnis, umso günstiger für die Aktie					
❶	Pfleiderer	Abstieg	676 474	1,55 €	0,07 €
❷	Air Berlin	SDAX	AB1 000	3,45 €	0,09 €
❸	Praktiker	MDAX	A0F 6MD	7,90 €	0,14 €
❹	Celesio	MDAX	CLS 100	19,25 €	0,15 €
❺	TUI	MDAX	TUA G00	9,75 €	0,15 €
❻	BayWa	MDAX	519 406	33,05 €	0,16 €
❼	Aurubis	MDAX	676 650	38,85 €	0,18 €
❽	Grammer	SDAX	589 540	17,70 €	0,20 €
❾	Hochtief	MDAX	607 000	69,40 €	0,28 €
❿	Bilfinger Berger	MDAX	590 900	60,50 €	0,29 €

❽ Die Technische Analyse oder Charttechnik

Die Technische Analyse mit Trendkanal, Unterstützungs-, Widerstandslinien und verschiedenartigen Formationen leitet aus den wiederkehrenden Verhaltensmustern der Vergangenheit künftige Trends ab. Die Charttechnik verschafft einen raschen, anschaulichen Überblick über die bisherige Entwicklung von Indizes, Aktien und anderen Finanzinstrumenten. Viele interessante Vergleichsstudien basieren auf der Grundlage der Technischen Analyse.

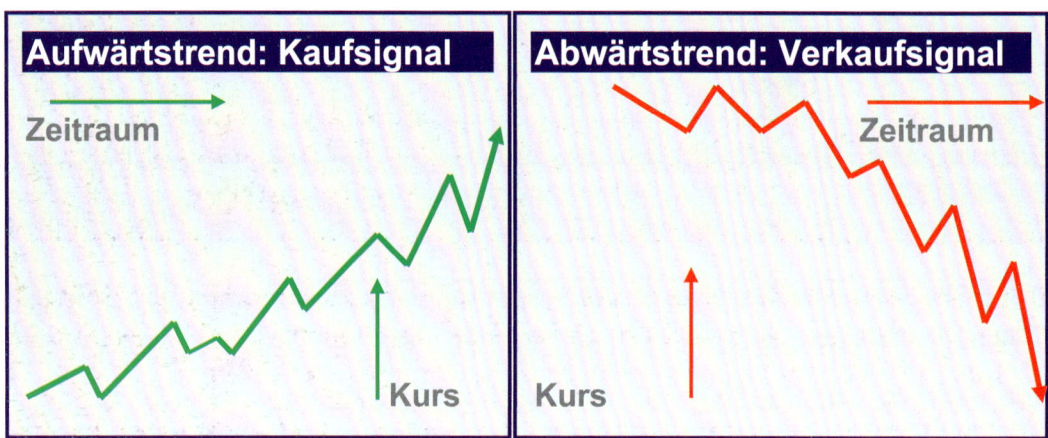

Im Börsenfernsehen zaubern die Spezialisten der Technischen Analyse aus ihrem Notebook gern farbenfrohe Kursgrafiken mit Unterstützungs- und Widerstandslinien, Wimpel, Dreieck, Flagge, Ober- und Untertasse, M- und W-Formation, Bären- und Bullenfalle, Doppeltop, Keil- oder Kopf-Schulter-Formation, Diamant, Rosshaken usw. hervor. Da bleibt bei den interessierten Zuschauern meist mehr haften als ein respektvolles Staunen, hat sich doch die Charttechnik längst als wichtige Orientierungshilfe für die zu treffenden Kauf- und Verkaufsentscheidungen durchgesetzt.

Die Technische Analyse, auch Charttechnik genannt, stellt Kurs- und Indexverläufe aus der Vergangenheit über bestimmte Zeiträume dar. Angefangen vom Tageschart gibt es je nach Bedarf Wochen-, Monats-, 80-Tage-, 200-Tage-, Jahres-, Mehrjahres- und vergleichende Charts. Auf der Horizontalen zeichnet der Charttechniker die Zeitspanne, auf der Vertikalen den Aktienkurs ein. Er arbeitet mit Linien, Wellen, Strichen, Kurven, schwarzen und weißen Kerzen, Pfeilen, Bollinger Bändern usw.

➢ Zu den Widersprüchen zählt die Tatsache, dass die Börse zwar mehr am Morgen als am Heute und Gestern ausgerichtet ist, sich das Handeln vieler Börsianer aber am früheren Geschehen orientiert, wie die Charttechnik zeigt. Den Grund liefert das zu Wiederholungen neigende menschliche Verhalten.

100

➢ Die Technische Analyse schätzt den Aktienmarkt als Resultat von Angebot und Nachfrage ein. Aus den Kursentwicklungen der Vergangenheit, verursacht durch wiederkehrende Verhaltensmuster und Regelabläufe als typisch menschliches Phänomen, werden Trends für die Zukunft abgeleitet. Und dies erfolgreich, wie sich häufig belegen lässt.

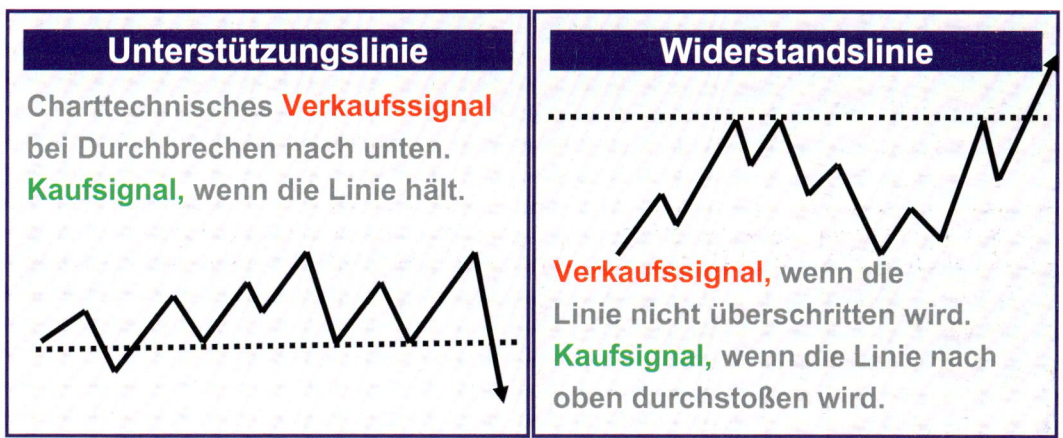

Das menschliche Verhalten unterliegt gewissen Gesetzmäßigkeiten und Regelabläufen. Mithilfe der Charttechnik lassen sich psychologische Einflussfaktoren aufspüren und bei Anlageentscheidungen nutzbringend umsetzen.

Die Charttechnik signalisiert günstige Kaufgelegenheiten. Durch Einbeziehen psychologischer Gegebenheiten mahnt sie ebenso zum rechtzeitigen Ausstieg. Damit wird so mancher Anleger vor großen Verlusten bewahrt. Allerdings sollte der Anleger bei aller Aussagekraft der Charts nicht die fundamentalen Daten vernachlässigen. Er darf nicht vergessen, dass die Charts das vergangene Geschehen widerspiegeln und nur deshalb für die Gegenwart und Zukunft bedeutsam sind, weil der Mensch am Gewohnten hängt und zu wiederkehrenden Verhaltensmustern neigt – allen guten Vorsätzen, sich mit Neujahrsbeginn ändern zu wollen, zum Trotz. Das Sprichwort „Der Mensch ist ein Gewohnheitstier" weist auf diesen Zusammenhang hin.

Für die Kritiker der Technischen Analyse stellt sich die Frage nach Ursache und Auswirkung bzw. das Problem einer sich selbst erfüllenden Prophezeiung. Stimmt die Charttechnik nur deshalb, weil die Anhänger ihr Verhalten danach ausrichten? Sie orientieren sich am Trendkanal, kaufen, wenn die untere Unterstützungslinie hält, verkaufen, wenn sie nach unten durchbrochen wird. Sie steigen aus, wenn der Kurs an der gedachten oberen Widerstandslinie abprallt. Sie steigen ein, wenn die Widerstandslinie durchstoßen wird und der Weg nach oben frei ist. Der Chart bestätigt das gezeigte Anlegerverhalten. Die Börse, die ansonsten ihrer Zeit vorauseilt, schätzt die Charttechnik, obgleich sie das vergangene Geschehen aufzeichnet, als unverzichtbares Instrumentarium für die zu treffenden aktuellen und künftigen Entscheidungen.

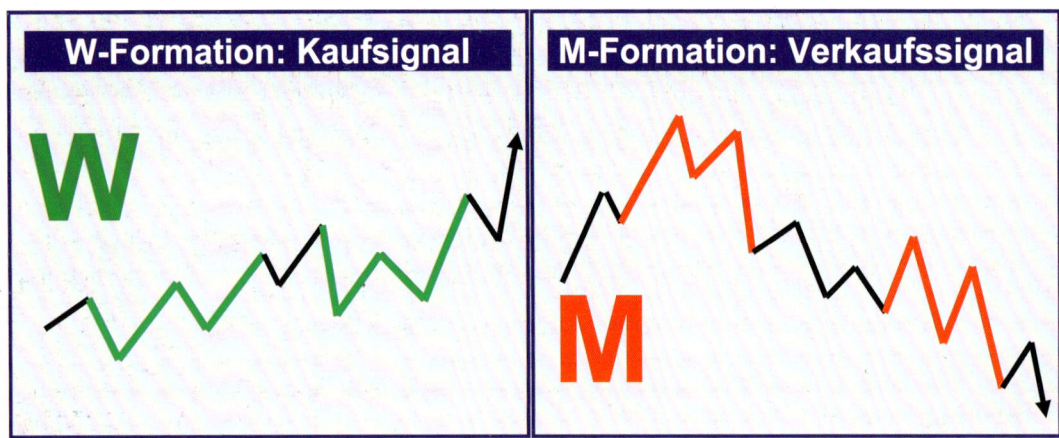

Der Börsenpsychologe Alexander Elder ist davon überzeugt, dass die Markteinschätzungen und das daraus abzuleitende Anlegerverhalten zu 35 % aus Psychologie, zu 35 % aus klugem Kapitalmanagement und zu 30 % aus Erkenntnissen der Technischen Analyse bestehen. In extrem hektischen und aufregenden Phasen steigt der psychologische Einfluss auf rund 80 % bis über 90 %.

> Wer davon ausgeht, dass Aktiencharts nur deshalb meistens stimmen, weil sich so viele Börsianer daran orientieren und ihr Handeln danach ausrichten, sollte über das folgende Geschehen nachdenken. Der bekannte Chartexperte Professor Schulz erstellte von dem 1998 gebildeten EURO STOXX 50 im Nachhinein einen Mehrjahreschart. Ebenso wurde der 2005 von der DEUTSCHEN BÖRSE AG neu gegründete Index für eigentümerorientierte Familienunternehmen, der GEX, zurückgerechnet und mit einem nachträglichen Mehrjahreschart versehen. Dieser bestätigt die gute Performance von Familienfirmen, was die Daseinsberechtigung des GEX trotz einiger Schwachpunkte in den ersten Jahren untermauert hat.

Eine gute und einfache Orientierung bietet der Trendkanal. Es ist viel wahrscheinlicher, dass eine einmal eingeschlagene Bewegungsrichtung fortgeführt wird als der abrupte Richtungswechsel. Handlungsbedarf besteht meist erst dann, wenn der längerfristige Trendkanal einen klaren Ausbruch um einige Prozentpunkte erfährt. Eine deutliche Tendenz nach oben ist als Signal zu verstehen, dass die Talsohle vermutlich verlassen wird und sich die Bären verabschieden. Im Bereich der Bodenbildung steigen Mutige wieder ein bzw. kaufen zu. Bei einem nachhaltigen Ausbruch nach unten lässt sich bei rechtzeitigem Ausstieg der Verlust begrenzen, sei es mithilfe von Stop-Loss-Orders, sei es über eine dynamisch erfolgende Verlustbegrenzung.

> Widerstands- und Unterstützungslinien erleichtern die Anlageentscheidung. Viele Börsianer verkaufen ihre Aktien, sobald nach einer Konsolidierungs- oder Korrekturphase das alte Niveau bzw. der „Einstandspreis" wieder erreicht wird.

Folglich entsteht an der **Widerstandslinie** ein erhöhtes Angebot. Die Aktie braucht oft mehrere Anläufe, damit der Kurs diese gedachte Linie nach oben durchstößt. Gelingt dieser Ausbruch, steht charttechnisch einem weiteren Kursaufschwung nichts im Wege. Sinkt umgekehrt der Kurs auf einen alten Tiefpunkt, glauben viele Anleger, der Boden sei erreicht und greifen zu. So bildet sich eine **Unterstützungslinie,** die sich einem Kursrückgang widersetzt. Bei Konjunkturschwäche, fundamental schlechten Nachrichten und einem generell miesen Börsenklima hält jedoch keine gedachte Unterstützungslinie mehr. Der Kurs bricht ein wie das Messer durch die weiche Butter. Statt eines Kaufsignals liefert die Charttechnik nun eine klare Verkaufsanweisung.

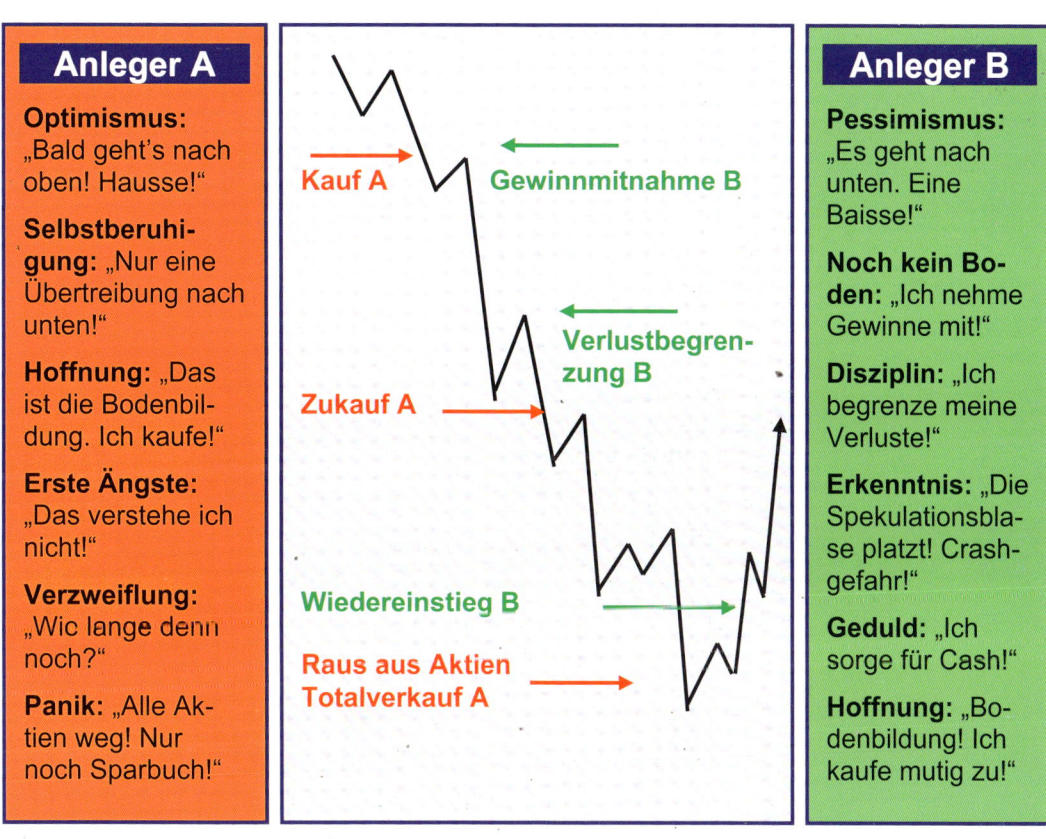

Anleger A

Optimismus: „Bald geht's nach oben! Hausse!"

Selbstberuhigung: „Nur eine Übertreibung nach unten!"

Hoffnung: „Das ist die Bodenbildung. Ich kaufe!"

Erste Ängste: „Das verstehe ich nicht!"

Verzweiflung: „Wie lange denn noch?"

Panik: „Alle Aktien weg! Nur noch Sparbuch!"

Kauf A
Gewinnmitnahme B
Zukauf A
Verlustbegrenzung B
Wiedereinstieg B
Raus aus Aktien Totalverkauf A

Anleger B

Pessimismus: „Es geht nach unten. Eine Baisse!"

Noch kein Boden: „Ich nehme Gewinne mit!"

Disziplin: „Ich begrenze meine Verluste!"

Erkenntnis: „Die Spekulationsblase platzt! Crashgefahr!"

Geduld: „Ich sorge für Cash!"

Hoffnung: „Bodenbildung! Ich kaufe mutig zu!"

Zu den bekanntesten Umkehrformationen zählt die Schulter-Kopf-Schulter-Formation. Der Chart erinnert mit einiger Fantasie an einen Kopf mit seiner linken und rechten Schulter. Die beiden Tiefpunkte zwischen Kopf und Schultern werden durch die gedachte **Nackenlinie** verbunden. Häufig bildet diese Nackenlinie eine stabile Unterstützung. Erst wenn der Kurs nachhaltig nach unten durchbricht wie in der ersten Abbildung auf der nächsten Seite, besteht ein Verkaufssignal. Ansonsten wird zu früh verkauft und die Chance auf eine Kurserholung vertan wie in der zweiten Abbildung. Laut Statistik ist zu etwa 70 % damit zu rechnen, dass nach dem Absacken unter die Nackenlinie der Kurs weiter abstürzt.

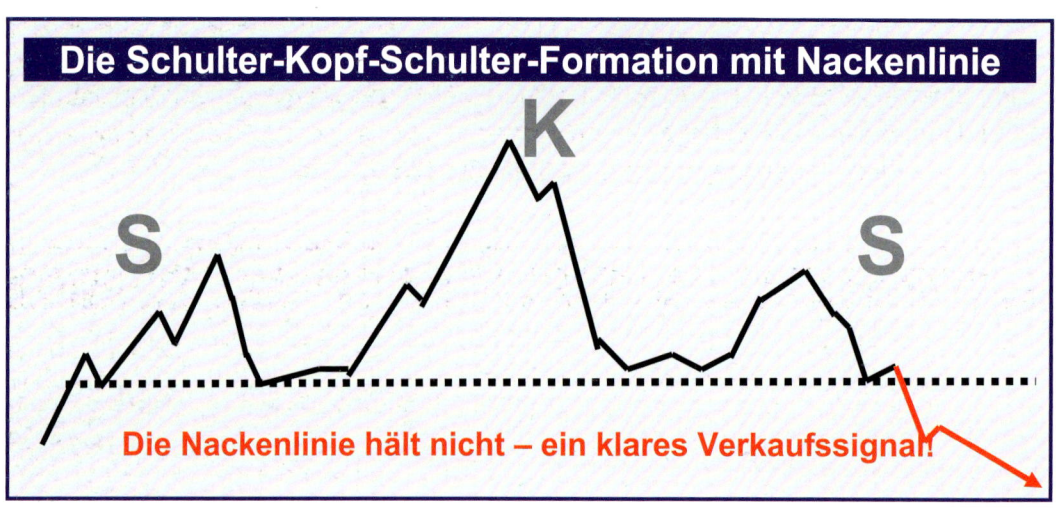

Die Schulter-Kopf-Schulter-Formation mit Nackenlinie

S K S

Die Nackenlinie hält nicht – ein klares Verkaufssignal!

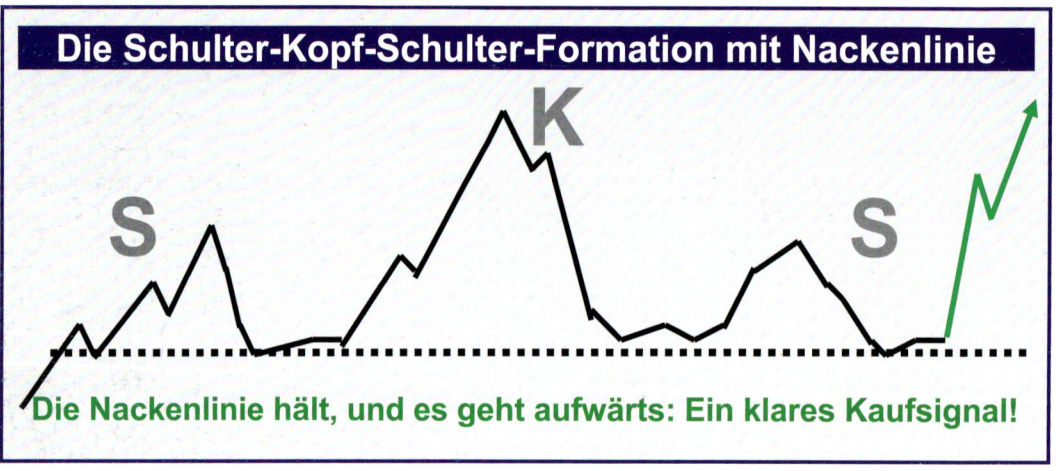

Die Schulter-Kopf-Schulter-Formation mit Nackenlinie

S K S

Die Nackenlinie hält, und es geht aufwärts: Ein klares Kaufsignal!

Besonders aussagekräftig: Charts im Branchenvergleich und ausgewählte Aktien gegenüber dem Index

Selbst die treuesten Anhänger der Fundamentalanalyse greifen gern auf Charts zurück, um sich über die Entwicklung bestimmter Titel im Branchenvergleich zu informieren, beispielsweise im Automobilsektor Daimler gegenüber BMW, VW und Porsche. Ebenso ist es interessant und aufschlussreich zu beobachten, wie eine bestimmte Aktie gegenüber der Benchmark, dem Vergleichsindex notiert. Besonders spannend ist es, wichtige Indizes in einem Langfristchart übereinander zu legen, wie DAX, Dow Jones, Nikkei, Euro Stoxx 50 usw. Ebenso macht es Sinn, die Kursentwicklung der deutschen Indizes DAX, TecDAX, MDAX und SDAX über einen bestimmten Zeitraum anhand der anschaulichen, einen schnellen Überblick bietenden Charts miteinander zu vergleichen. Erkenntnis: Mehrjahressieger sind der SDAX und MDAX.

Die Ergebnisse der Charttechnik bilden die unverzichtbare Grundlage für viele Untersuchungen und Forschungen. Mit solchen Schaubildern kann die Fundamentalanalyse nicht dienen – aber selbst davon profitieren und Nutznießer sein. Umgekehrt unterfüttert und begründet die Fundamentalanalyse die charttechnische Entwicklung mit ihrem Auf und Ab, ihren Widerstands- und Unterstützungslinien.

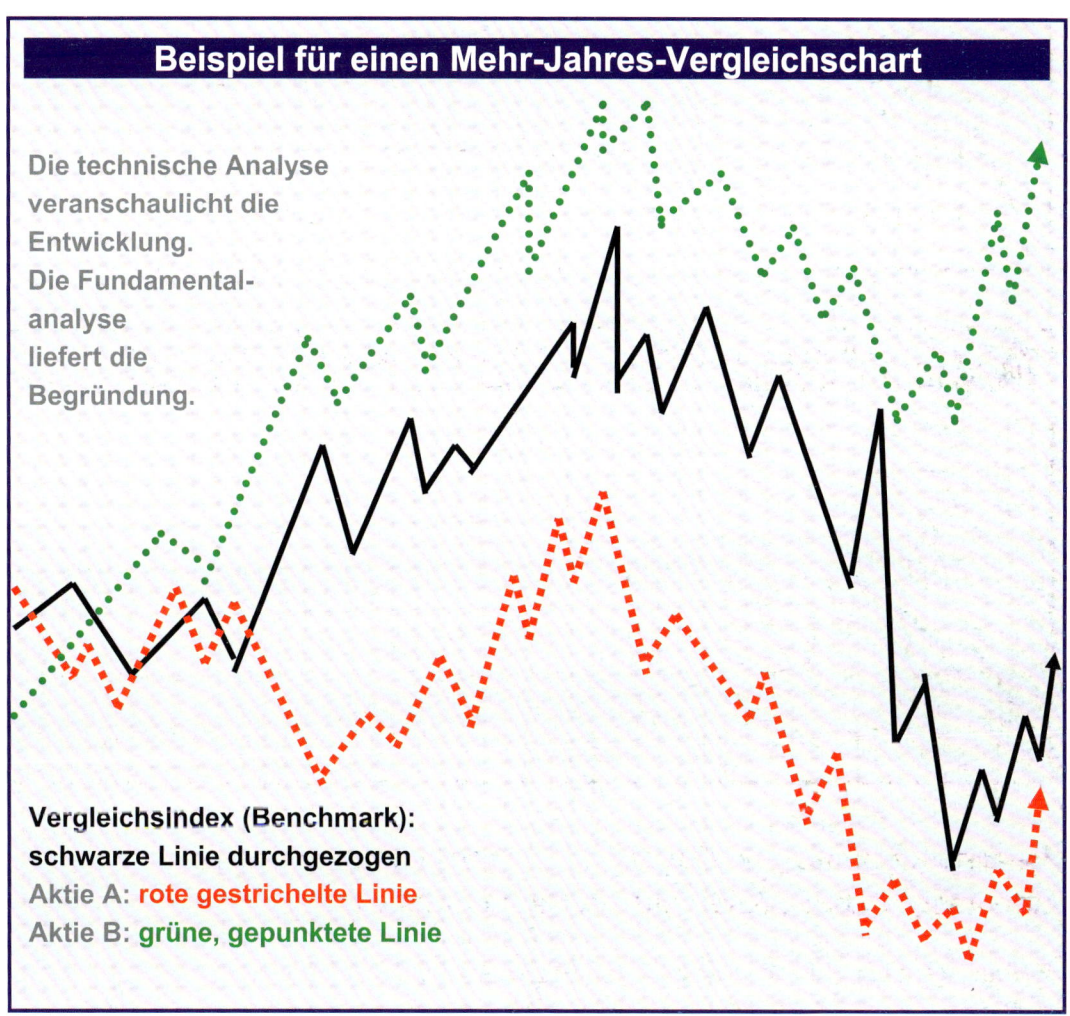

Beispiel für einen Mehr-Jahres-Vergleichschart

Die technische Analyse veranschaulicht die Entwicklung.
Die Fundamentalanalyse liefert die Begründung.

Vergleichsindex (Benchmark):
schwarze Linie durchgezogen
Aktie A: rote gestrichelte Linie
Aktie B: grüne, gepunktete Linie

Candlestick-Charts erlauben eine genaue Marktanalyse

Die japanische Candlestick-Chartanalyse erinnert in ihrem Aussehen an schwarze und weiße oder grüne und rote Kerzen mit Dochten. Sie ist leicht verständlich, aufschlussreich und optimiert die Effizienz der charttechnischen Analyse. Candlesticks zeigen auf anschauliche Weise den Eröffnungs- und Schlusskurs sowie das Tageshoch und das Tagestief. Die Aufwärtstendenz wird durch weiße oder grüne, der Abwärtstrend durch schwarze oder rote Kerzen angezeigt.

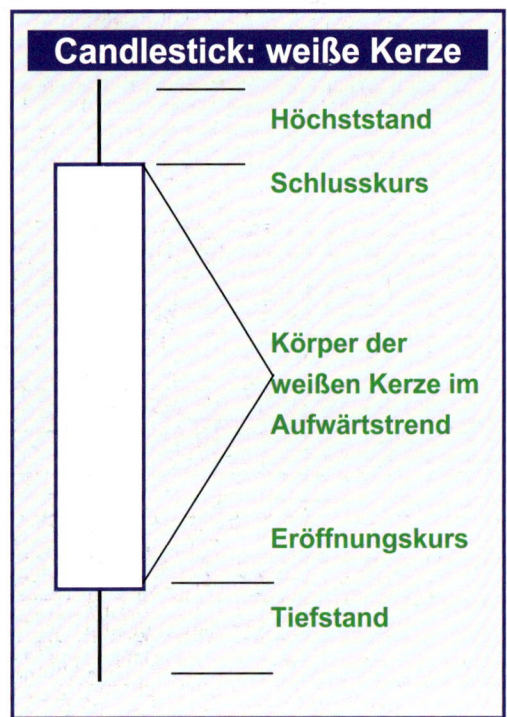

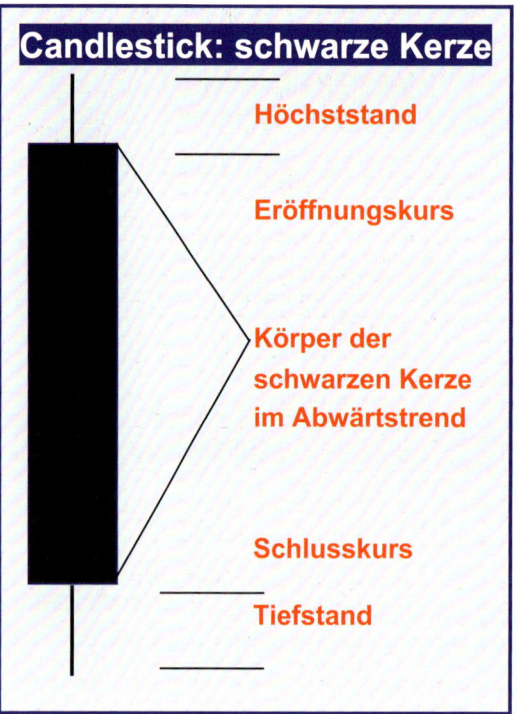

Anmerkungen zum Lösen der Aufgaben mit Eingangsrätsel

Börsenrätsel wie das umseitige, bei weiteren Aufgaben und ebenso bei der Börsenführerscheinprüfung machen Spaß, sofern Sie strategisch richtig vorgehen.

Wie gehen Sie dabei am besten vor?

Nehmen wir als Ausgangsbeispiel das umseitige Rätsel. In die farbig markierte Spalte nach den Begriffen ist das Lösungswort einzutragen. Dieses gleich zu Beginn zu suchen, kostet Zeit, ist mühsam und verleitet zu Fehlern. Viel einfacher und erfolgreicher ist die Methode, zunächst die Begriffe in jene Buchstabenspalten einzusetzen, die genau passen und Alternativen schon von der Länge her gar nicht oder kaum zulassen. So weiß fast jeder auf Anhieb, dass der Fachausdruck für Bevölkerungsentwicklung „Demografie" heißt, aus Zucker der Biokraftstoff „Ethanol" gewonnen wird, eine Aktienorder „Transaktion" heißt und zu den Börsenaltmeistern „Kostolany" zählt.

Ebenso geben bestimmte Buchstabenfolgen Zuordnungshinweise. Zwischen einem **S** und einem **H** steht in der Regel ein **C**. Drei Selbstlaute hintereinander sind ebenso selten wie fünf oder sechs Mitlaute. Vor **NG** steht meist ein **U** oder **I**. Nach einem **M, N** oder **R** folgt in der Regel ein Doppelbuchstabe oder ein Vokal, nach einem **Q** ein **U**, nach einem **J** oder **Z** normalerweise ein Selbstlaut. Erst wenn das Gerüst beim Lösungswort steht, eignet es sich als Orientierungshilfe für weitere Suchwörter.

Testbogen ❺ zur Prüfungsvorbereitung

Nr.	Aufgabenstellung	Ja/Nein	Punkte
1	**Börsenrätsel: Setzen Sie die fehlenden Buchstaben ein. Das aus elf Anfangsbuchstaben bestehende Lösungswort gehört zur Börse.**		11[ ]
1.1	Gibt Kauf-/Verkaufssignale		1 [ ]
1.2	Rohstoffreicher Markt		1 [ ]
1.3	Aktienart		1 [ ]
1.4	Bevölkerungsentwicklung		1 [ ]
1.5	Beeinflusst Kursentwicklung		1 [ ]
1.6	Biokraftstoff aus Zucker		1 [ ]
1.7	Methode zur Geldanlage		1 [ ]
1.8	Aktienorder		1 [ ]
1.9	Preissteigerungsrate		1 [ ]
1.10	Finanz- und Ertragskraft		1 [ ]
1.11	Börsenaltmeister		1 [ ]
2	**Wissenstest: Was stimmt? Was ist falsch? Ankreuzen!**	Ja Nein	11 [ ]
2.1	Die Orientierung am Trendkanal zeugt von Herdentrieb.		1 [ ]
2.2	Ein fortdauernder Abwärtstrend liefert Kaufsignale.		1 [ ]
2.3	Kursabprall bei Widerstandslinie heißt: Halten, Verkaufen.		1 [ ]
2.4	Die M-Formation liefert ein Kaufsignal.		1 [ ]
2.5	Zur Globalanalyse zählt der Branchenvergleich.		1 [ ]
2.6	Die Einzelanalyse untersucht die Unternehmenskennziffern.		1 [ ]
2.7	Das Kurs-Buchwert-Verhältnis (KBV) soll möglichst hoch sein		1 [ ]
2.8	Der Cashflow misst die Finanzlage und Finanzkraft.		1 [ ]
2.9	Unterbewertung: KGV ist im Branchenvergleich niedrig.		1 [ ]
2.10	Fundamentaldaten u. Charttechnik schließen einander aus.		1 [ ]
2.11	Charttechnik basiert auf sich abzeichnenden neuen Trends.		1 [ ]
3	**Wissenstest: Setzen Sie die richtigen Fachbegriffe ein.**		8 [ ]
3.1	Zeichnungsspanne bei Neuemission:		1 [ ]
3.2	3 Bestandteile Fundamentalanalyse:		1 [ ]
3.3	Bodenbildung, Wende zum Guten:		1 [ ]
3.4	Gewinn vor Steuern und Zinsen:		1 [ ]
3.5	Erreichen der Gewinnschwelle:		1 [ ]
3.6	Aktionärsfreundliche Firmenpolitik:		1 [ ]
3.7	Börsenwert eines Unternehmens:		1 [ ]
3.8	Kerzencharts:		1 [ ]
	Auswertung: 29 – 30 Punkte: sehr gut, 26 – 28 Punkte: gut, 23 – 25 Punkte: befriedigend, 20 – 22 P.: ausreichend (Lösung S. 212)		30 [ ]

❾ Großer Einfluss der Börsenpsychologie

Verdrängung und verzerrte Wahrnehmung: Die Börsenpsychologie ist in ruhigen Zeiten etwa zu 30 bis 40 %, in kritischen Phasen sogar zu 80 bis 90 % im Spiel.

Prof. Daniel Kahneman von der Princeton Universität konnte beobachten, wie stark das tatsächlich gezeigte Anlegerverhalten von rationalen Grundsätzen abweicht. 2002 wurde er mit dem Wirtschafts-Nobelpreis ausgezeichnet.

Anleger lassen sich nicht nur von Angst, Panik, Gier und Euphorie beeinflussen. Sie folgen oftmals dem Herdentrieb und gehorchen auch ihrem Bauchgefühl, unabhängig davon, was die Marktdaten zeigen. Die Psyche verführt Anfänger wie Profis in hektischen Börsenzeiten, immer wieder die gleichen Fehler zu machen.

Ilustration: Beck,
aus: „Der Neue Börsenführerschein", S. 94

Behavioral Finance – Brücke zwischen Ökonomie und Psychologie

Mithilfe der Behavioral Finance – dem Bindeglied zwischen Ökonomie und Psychologie – können Sie die Fallstricke psychologisch bedingter Verhaltensweisen erkennen und strategisch nutzen. Der Markt wird in schwierigen Zeiten stark von verzerrter Wirklichkeitswahrnehmung und Verdrängung geprägt. In ruhigen Zeiten sind dies etwa 30 bis 40 %, in kritischen Phasen bis zu 80 oder 90 %. Berühmte Ökonomen wie Schumpeter oder Keynes erkannten schon in den 1950er-Jahren, dass irrationale Beweggründe und Verhaltensweisen die Entwicklung an den Aktienmärkten beeinflussen.

Fünf Phasen: emotionaler Überschwang und Herdentrieb

Stabilisierung: Die Gefühlslage an der Börse beruhigt sich. Der starke Kurseinbruch kommt zum Stillstand. Die ersten mutigen Anleger steigen wieder ein.

Aufschwung: Die Stimmung kehrt sich ins Positive. Es entwickelt sich ein verhaltener Optimismus – auch wenn noch schlechte Nachrichten den Markt belasten.

Begeisterung: Der Optimismus steigert sich in Zuversicht, dass es mit den Kursen dauerhaft aufwärts geht. Die Käufer werden durch zunehmend erfreulichere Meldungen aus dem Wirtschaftsleben in ihrer Meinungsbildung bestätigt.

Euphorie: Spekulation und Gier beherrschen die Börse. Immer mehr Anleger springen auf den schon schnell fahrenden Börsenzug auf aus Angst, die Hausse zu verpassen. Die ersten Negativmeldungen werden ignoriert.

Crash, Panik, Angst: Die Stimmung schlägt panikartig um. Zahllose Anleger werfen ihre Papiere auf den Markt ohne Rücksicht auf Verluste. Negative Nachrichten dominieren. Die Börsenpessimisten überbieten sich in ihren düsteren Prognosen.

Irrationalität und Herdentrieb im Überschwang der Gefühle

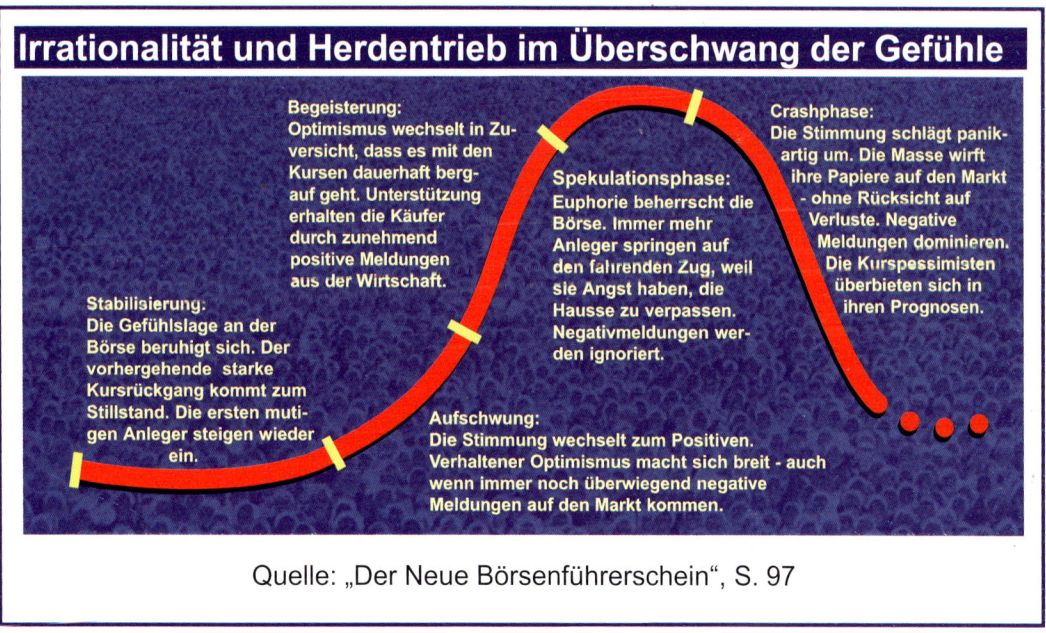

Quelle: „Der Neue Börsenführerschein", S. 97

Franz-Josef Buskamp stellt in seinem im FinanzBuch Verlag erschienenen Buch „Mentale Börsenkompetenz" im Vorwort die Fragen: *„Was braucht man, um an der Börse überdurchschnittlich gut abzuschneiden, um auf die Dauer zu den Gewinnern zu zählen?*

Eine fundierte Strategie und ein individuelles Handelskonzept gehören sicherlich dazu. Aber warum scheitern viele Anleger trotz ausgefeilter Analysen oder einer ausgeklügelten Handelsmethode? Die meisten Anleger stehen sich selbst im Weg. Zwischen den wenigen Anlegern, die überwiegend gewinnen, und der Mehrheit der Akteure, die meistens verliert, existieren gravierende Unterschiede in der Persönlichkeitsstruktur. Diejenigen, die zu den Gewinnern zählen, sind nicht nur gut über sich selbst informiert, sondern können ihre persönlichen Stärken und Schwächen sehr gut einschätzen. Die eigene Psyche hat einen maßgeblichen Einfluss auf die Erzielung von Börsengewinnen."

An anderer Stelle: „Oft entscheiden Anleger aus dem Bauch heraus, worin sie investieren – ohne die Folgen zu bedenken. Die Psyche beeinflusst den größten Teil des Anlageverhaltens. Ängste, Wünsche, Hoffnungen, Sorgen usw. sind nahezu immer die emotionalen Begleiter. Dies kann soweit führen, dass die Emotionen börsenbezogene Investments nahezu 100 % beeinflussen. Nehmen wir als Beispiel die antizyklische Anlage. Dazu ist die Mehrheit der Anleger nicht wirklich fähig. Antizyklisch investieren bedeutet streng genommen, gegen einen bestehenden Trend zu investieren. Die meisten Anleger nehmen sich keine Zeit. Alle wollen möglichst schnell gewinnen. Steigt eine Aktie nicht gleich nach einer Empfehlung und innerhalb weniger Wochen um möglichst 100 %, werden die ersten Anleger bereits nervös. So funktioniert das nicht; denn Ungeduld ist an den Märkten ein schlechter Partner. Aus Ungeduld werden auch Gewinne zu früh mitgenommen. Welche Aktie kann mir ganz schnell den Supergewinn bescheren? Wer so an den Markt herangeht, befindet sich auf dem Weg des Verlierers."

Strategietipps – auf Börsenpsychologie gründend

Sich über seine Ziel- und Handelsmotive, die Beweggründe der Börsenaktivitäten im Klaren sein.	Wichtig ist eine ehrliche Selbstanalyse: Warum investieren Sie in Aktien? Welche Renditeerwartung haben Sie? Legen Sie für Vermögensaufbau und Altersvorsorge eine bestimmte Summe fest? Spielen Erfolgserlebnisse, Spannung, Spaß, Abwechslung und Kommunikation eine Rolle? – Hören Sie nicht auf Stammtischgespräche, und prahlen Sie nicht mit Erfolgen. Informieren Sie sich gründlich, und fühlen Sie sich verantwortlich für Ihre Entscheidungen.
Bei hohen Gewinnen nicht prahlen. Bei Verlusten nicht verzagen. Aus Fehlern lernen.	Handeln Sie bei Erfolg nicht leichtsinnig. Buchgewinne sind keine realisierten Erträge. Es ist gefährlich, alles auf eine Karte zu setzen, dagegen besser, in zwei oder drei Tranchen zu ordern. Stürzt Ihre Aktie ab, begrenzen Sie bei schlechten fundamentalen Nachrichten Ihren Verlust. Erwarten Sie nicht, dass sich all Ihre Aktien positiv entwickeln. Auch in einem Spitzenteam bringt nicht jeder Fußballer im Punktespiel die Höchstleistung.

Nicht alles glauben, was geschrieben steht. Prognosen und Werbung kritisch hinterfragen.	Lassen Sie sich nicht von aggressiven und unseriösen Werbeparolen irritieren. Dazu ein Beispiel: *„Wären Sie 1996 mit umgerechnet 5.000 € bei EMC eingestiegen, besäßen Sie heute (2005) 1,5 Mio. €. Hätten Sie 1996 auf Lucent gesetzt, wären es 60.000 €."* Die Abrechnung könnte auch so aussehen: Wer EMC im Jahr 2000 zu 105 € geordert und gehalten hätte, säße 2010 trotz Erholung auf einem Riesenverlust. Wer 2000 Lucent für 54 € kaufte, müsste heute nahezu einen Totalverlust verkraften."
Kein Kauf bei innerer Abwehr. Nur bei „Ja" zum Unternehmen und Geschäftsmodell.	Bevorzugen Sie die Aktien von Unternehmen, deren Produkte Sie mögen. Wer das Rauchen verabscheut, wird sich kaum Altria ins Depot legen – höchstens als Ausgleich für die Leiden als passiver Raucher. Man muss Fußball lieben, um hier zu investieren. Wer auf seinem Hausdach Solarstrom erzeugt, den interessieren solche Aktien. Wer Luxus liebt, investiert gern in LVMH.
Kein schlechtes Gewissen bei einem Depot mit mehr als 20 Titeln haben.	Sofern Sie sich nicht mit Aktien- und Indexfonds (ETF) begnügen, ist ausreichende Streuung nach Ländern, Branchen und vom Zeitpunkt her mit zehn Werten kaum möglich. Sofern Sie den Überblick behalten und Zeit für Marktbeobachtung haben, spricht nichts gegen ein größeres Depot. Da die Gebühren den Gewinn schmälern, sollte eine Order kaum unter 1.000 € liegen.
Sich vom Herdentrieb abkoppeln und rational handeln.	Nur wenn es triftige fundamentale und charttechnische Gründe gibt, der Markttrend und die Streuung Ihres Depots dafür sprechen, sollten Sie handeln. Vorsicht, wenn Sie die Aktie nur deshalb besitzen wollen, weil Freunde dazu raten oder ein Börsenguru den Titel anpreist. Das Bauchgefühl ist kein guter Ratgeber.
Sich nicht überschätzen. Bevorzugen, was man kennt und versteht.	Machen Sie es so wie Warren Buffett. Kaufen Sie fair bewertete, substanzstarke Aktien von Unternehmen, deren Geschäftsmodell Sie verstehen. Wer sich mit regenerativer Energie, Nano- und Biotechnologie, IT-Software und Online-Service nicht auskennt und den Rohstoffsektor nicht einschätzen kann, deckt diese Bereiche am besten mit Aktien- oder Indexfonds (ETF) ab.
Zeitdruck vermeiden, aber auf Branchenrotation, Trends und Marktlage reagieren.	Wichtig ist der Anlagezeitraum. Mögen Sie das schnelle Rein und Raus, müssen Sie auf die Marktlage blitzschnell reagieren, Gewinne früher mitnehmen und Verluste konsequent begrenzen. Hier gilt mein Spruch: *„Wer zu spät erkennt den Trend, leicht in das Verderben rennt!"* Bei den von Langzeitanlegern geschätzten Value-Aktien entwickeln sich die Kurse eher gemächlich. Mitunter vergehen einige Jahre, bis sie neuen Schwung entfachen.

Gegenteilige Infos nicht nach „Scheuklappensyndrom" verdrängen.	Viele Anleger verdrängen Informationen, die der eigenen Sichtweise zuwider laufen. Setzen Sie sich mit gegenteiligen Meinungen auseinander. Oft dienen Einschätzungen, die zur eigenen Überzeugung passen, als Alibi für das eigene Handeln. Ihre Erfolgschance steigt, wenn Sie Chancen und Risiken wirklichkeitsnah einschätzen und dementsprechend entscheiden.
Daran denken, dass zu viel „Heimatliebe" im Depot das Risiko erhöht.	Machen Sie nicht den Fehler, nur DAX-Werte zu ordern. Deutschland ist das führende Exportland, führt aber beim Wirtschaftswachstum nicht überall die Rangliste an. Sie streuen Ihr Risiko, wenn Sie auch ausländische Spitzentitel aufnehmen und sich im TecDAX, MDAX, SDAX und DAXplus Family umsehen.
Aus der Informationsflut die zur Strategie passende Auswahl treffen.	Die auf Sie zukommende Informationsflut wird immer größer. Es gibt nicht nur Börsenmagazine und die Wirtschaftspresse, die um Ihre Gunst buhlen, sondern viele Börsenbriefe, die im Internet auf Ihren Abruf warten, sei es kostenlos oder gegen Bezahlung. Muten Sie sich nicht zu viel zu. Beschränken Sie sich auf die Angebote, deren Inhalt, Aufmachung, Informationsgehalt und Sprachform Sie gutheißen und verstehen.
Den eigenen Weg auch bei Stimmungsmache konsequent weiter gehen.	Bedenken Sie, dass die Ihnen zugänglichen Nachrichten auch für andere Börsianer verfügbar sind. Ob Kauf- oder Verkaufstipp: Sie hinken den Profis hinterher. An der Börsenweisheit: *„Bei guten Nachrichten verkaufen* (weil schon eingepreist) *und bei schlechten Meldungen kaufen"* (da der Kurs schon abgerutscht ist) ist Wahres dran. Wer beim Börsengang außen vor bleibt, kann den Titel oft später günstiger ordern als bei der Erstnotiz.
Den Trend als guten Freund ansehen, aber auch antizyklisch handeln.	*„The trend is your friend"* eignet sich zur Groborientierung. Es ist wahrscheinlicher, dass der bestehende Trend weiter anhält als gebrochen wird. Wenn Sie jedoch lediglich trendgemäß handeln, zählen Sie nicht zu den großen Börsensiegern. Setzen Sie für antizyklisches Handeln den kleineren Teil Ihres Kapitals ein.
Nicht nur auf Wachstum setzen. Industriewerte mit hoher Dividende können auch ertragreich sein.	Auch als „langweilig" geltende Aktien können ansehnliche Erträge abwerfen. Es gibt Kursfantasie nicht nur bei Hightech. Viele Industrieaktien erleben eine Renaissance, wenn sie mit guten Geschäftszahlen und einer üppigen Dividende aufwarten und mit ihrem Ausblick überzeugen. Dazu gehören sowohl Value-Aktien aus dem Energie- und Konsumbereich, erfolgreiche Nischenanbieter aus dem MDAX und SDAX, als auch bei konjunkturellem Aufschwung gute Growth-Titel z. B. aus TecDAX und Nasdaq.

Bei Verlusten diszipliniert reagieren.	Es ist gefährlich, erlittene Verluste mit hochspekulativen Investments wettmachen zu wollen. Bei Pech und Kontrollverlust ist ein noch tieferer Absturz vorprogrammiert. Fatal ist es, auf Kredit zu spekulieren. Bis zum finanziellen Ruin ist es nicht mehr weit.
Bei Angst und Panik kaufen, bei Hoffnung und Euphorie eher verkaufen.	Börsenexperte Jack Schwager schreibt *„Es ist bekannt, dass man Gewinne erzielen kann, wenn man das Gegenteil dessen tut, was die Mehrheit der Trader macht. Ist die Mehrheit optimistisch, haben fast alle Marktteilnehmer schon gekauft. Daher führt der Weg des geringsten Widerstands nach unten. Ein entsprechendes Argument gilt, wenn die Mehrheit pessimistisch ist.“*
Das Erlebte aufarbeiten; denn ein Börsencrash brennt sich in die Psyche ein.	Angst, Vertrauensverlust und Unsicherheit prägen das Verhalten und erschweren die Rückkehr in den Aktienmarkt. Erfolgreiche Börsengänge helfen, die Leidenschaft für Aktien neu zu entfachen. Die meisten Anleger sind mündig geworden und zeichnen nicht mehr ungeprüft, was auf den Markt kommt. Sie informieren sich gründlich und wägen das Chancen-Risiko-Verhältnis ab.

Zum Nachdenken: Börsenpsychologie und Glücksspiel

Warum steigen Casinospieler am Roulettetisch oft zu zeitig aus, wenn sie sich gerade in einer Glücksphase befinden? Warum hören sie nicht einfach auf, wenn sie eine Pechsträhne erleiden? Sind solche Probleme auf das Spielcasino begrenzt? Namhafte Experten wie der Wirtschafts-Nobelpreisträger Professor Daniel Kahneman glauben, dass genau dieses Verhalten die Investoren

M. Volk: „Der kleine Börsenführerschein", S. 68

einige Prozent Rendite pro Jahr kostet. Dazu meint Börsenpsychologe K. von Tharp: *„Der Anleger muss einige emotionale Prägungen überwinden, um wirklich erfolgreich zu sein und in schwierigen Zeiten mit dem Börsengeschehen zurechtzukommen.“*

⑩ Stoppkurse – Licht und Schatten

> *„Es war mein Sitzfleisch, das mir half, reich zu werden."*
>
> J. Livermoore
>
> *„Es ist nicht wichtig, wie oft ich richtig oder falsch liege. Es zählt nur, wie viel ich gewinne, wenn ich richtig liege."*
>
> George Soros
>
> *„Verluste begrenzen bei einem Flop – dazu dient ein fester Stopp."*
>
> *„Um keinen Topwert zu verlieren, dynamisch stoppen, wenn Bullen regieren."*
>
> Beate Sander

Karikatur: Bensch, Handelsblatt, aus: „Der Neue Börsenführerschein", S. 86

In früheren Jahren wurde heftig über den Sinn und die Abwegigkeit von Stop-Loss-Orders gestritten. Heute ist es um das Thema Stoppkurse still geworden. Die Befürworter dominieren den Markt. Die vier großen B – **B**örse, **B**roker, **B**anken, **B**örsenjournalisten – verdienen mit Stoppkursen, ihrer Anpassung auf die aktuellen Kurse, die damit verbundenen Handelsaktivitäten und Berichterstattungen kräftig mit. Es gingen viele Arbeitsplätze verloren, und das Handelsvolumen an den Börsen würde schmelzen, wären Stop-Loss-Orders verpöhnt.

Viele Marktexperten halten Stoppkurse für jeden rational handelnden Börsianer als unverzichtbar. Sie sind es bei Unschlüssigkeit, unzureichender Marktbeobachtung und längerer Abwesenheit. Diese positive Einschätzung hat sich durchgesetzt und wird kaum kritisch hinterfragt. Und wenn, dann eher verhalten, mit vorgehaltener Hand. Wäre ich, die Autorin, in leitender Funktion bei der Börse oder in einem Bankhaus tätig und würde auch auf die Kehrseiten hinweisen, bestände die Gefahr, wegen geschäftsschädigender Nestbeschmutzung meinen Arbeitsplatz zu verlieren. Was den Derivate- und Optionsscheinsektor betrifft, herrscht Einmütigkeit. Zu Recht gibt es hier wohl keinen einzigen Experten, der bei Hebelprodukten von Stop-Loss-Orders abrät.

Dennoch sei die Frage erlaubt, warum die unbestrittenen Vorzüge von Stop-Loss-Orders stets genannt, die Nachteile jedoch verschwiegen werden. Stoppkurse sind oft, aber nicht immer der beste Weg. Es gilt zu differenzieren, abhängig von Marktlage, Index, Branche, Risikoneigung, Fachkompetenz und Disziplin. Blue Chips, Nebenwerte und konjunktursensible Branchen sind unterschiedlich zu behandeln und ein Bullen- oder Bärenmarkt in die Strategie einzubeziehen. Dies führt dazu, Stoppkurse zwar einzusetzen, aber nicht bei allen Titeln und schon gar nicht mit gleichen Prozentsätzen.

> **Pro:** Die Abwärtsbewegung vollzieht sich oft schleichend. Zu typischen Anlegerfehlern gehört, sich die erzielten Buchgewinne wieder abknöpfen zu lassen. Statt den Gewinn zu sichern oder den Verlust frühzeitig zu begrenzen, bevor es richtig weh tut, verlassen sich viele Börsianer auf das Prinzip des Hoffens und Bangens.

Ein Beispiel: Wohl niemandem blieb der Kursabsturz aller Indizes im Oktober 2008 und März 2009 verborgen. Begleitet von Pleiten etlicher Hedge-Fonds, Hypotheken- und Investmentbanken wurde das Ausmaß der weltweiten Finanzkrise mit Rezessionsangst, Rohstoffpreis- und Währungsturbulenzen, Vertrauensverlust und Kreditklemme offenkundig. Mit der Insolvenz der US-Großbank Lehman Brothers, die sogar ihre Bilanzen fälschte, stand das globale Finanzsystem am Abgrund, zunächst gerettet durch Staat und Notenbanken. Wer hier enge Stoppkurse platzierte, dessen Aktiendepot wurde komplett ausgeräumt – allerdings nicht zum gewünschten Preis. Bei einem Crashszenario stürzen die Kurse schnell unter die Stoppkursmarke ab. Der Stoppkurs garantiert keinen Ausführungspreis, sondern bedeutet den Verkauf an und unterhalb dieser Marke bei der nächsten Kursfeststellung. Der Kursabsturz selbst löst weitere Verkäufe aus, sodass gleich einer Kettenreaktion die Verluste dramatisch anwachsen.

Jeder Anleger sollte seine Stoppkurse wie eine Versicherung betrachten, die ihren Preis hat, hier die Transaktionskosten. Was viele Trader kaum wahrnehmen, ist außerhalb von starker Korrektur und Crash die schleichende Talfahrt einstiger Glanzlichter. Und irgendwann, wenn sich die anfangs sanfte Abwärtsbewegung in ein regelrechtes Absturzszenario auswächst, mag es zu spät sein, noch zu verkaufen. Das brave, aber riskante Aussitzen, die Treue zur Aktie, wird nur selten belohnt.

Platzieren Sie Ihre Stop-Loss-Orders nicht zu eng. Bei Nebenwerten sind Kurssprünge von über 10 % an einem Tag nicht selten. Ansonsten bestände das Problem, dass der Titel zu früh aus dem Depot verschwindet, obgleich er noch Kurspotenzial hat. Je nach Schwankungsfreudigkeit sollten Sie Ihre Stop-Loss-Marken 15 bis 25 % unterhalb des aktuellen Kurses setzen und die Charttechnik im Auge behalten.

Beim kräftigen Aufwärtstrend sollten Sie Ihre Stoppkurse nachziehen. Einige Discountbroker berechnen nichts für die regelmäßige Anpassung. Andere Banken bitten pro Stop-Loss-Order monatlich bis zu 5 Euro zur Kasse. Gehören Sie zu den Stoppkursanhängern, sollten Sie auch unter diesem Aspekt Ihre Depotbank auswählen.

Stoppkurse bewähren sich im Bärenmarkt und Crash durch Platzen von Spekulationsblasen. In tendenziell schlechtem Börsenklima bewahren Stoppkurse bei Unschlüssigkeit vor hohen Verlusten. Sie haben sich bestens bewährt in der Phase des tückischen „Salamicrashs", wie er vom Frühjahr 2000 bis 2003 vorherrschte. Ebenso bestätigt das zweitschlechteste Börsenjahr 2008 in der damals 20-jährigen DAX-Geschichte mit einem Kurseinbruch um 40 % und fast 50 % beim TecDAX den Nutzen von Stoppkursen. Die aus dieser Zeit stammenden Untersuchungen unterstreichen den Wert der Stoppkursstrategie. Erinnert sei auch an die Kurstiefstände im März 2009. Der DAX sank auf 3.600 Punkte. Bei angespannter Marktlage gibt es keinen Zweifel an ihrer Berechtigung. Es ist auch beruhigend, bei längerer Abwesenheit sein Aktiendepot gegen hohe Verluste abgesichert zu wissen. Neben dem Geldbeutel schonen Stop-Loss-Orders die Nerven, vorausgesetzt, der Kapitalrückfluss wird nicht dazu verwendet, erneut einzusteigen, danach wiederum ausgestoppt zu werden usw.

Was spricht für automatische Stop-Loss-Orders?

➤ Rasche Verlustbegrenzung bei starker Korrektur und Crash. Im Bärenmarkt neigen Aktienkurse dazu, weiter zu sinken. Der bestehende Trend setzt sich fort.

➤ Die ersten Verluste sind die geringsten. Auch reduzierte Gewinnmitnahmen sind zu verkraften.

➤ Der Anleger muss sein Depot nicht börsentäglich beobachten. Bei längerer Abwesenheit ist es beruhigend, sich mit Stoppkursen abzusichern.

➤ Wichtige Entscheidungen werden nicht aus Unentschlossenheit hinausgezögert.

➤ Schlechte Aktien belasten nicht länger das Depot. Mithilfe des Kapitalrückflusses lässt sich das Depot preiswert aufstocken.

➤ Bei veränderter Markteinschätzung bietet sich auch ein Rückkauf des zuvor ausgestoppten Titels an.

➤ **Kontra:** In der Baisse verschwinden nahezu alle Titel aus dem Depot. Solange die Spekulationsfrist galt, wurde kaum eine Aktie über ein Jahr lang gehalten. So blieb die Chance ungenutzt, vor 2009 einen größeren steuerfreien Altbestand aufzubauen. Diese die künftige Rendite beeinträchtigende Kehrseite wurde verschwiegen. Ärgerlich ist, wenn der Titel kurz vor der Gewinnausschüttung ausgestoppt wird.

Was spricht gegen automatische Stop-Loss-Orders?

Ein zu eng gesetzter Stopp: selten gut, viel öfter Flop!

➤ Der Börsianer gibt seine Entscheidungskompetenz aus der Hand.

➤ Marktenge Nebenwerte geraten oft kurzfristig unter die Räder.

➤ Wer bis 2008 all seine Aktien mit Stop-Loss-Orders versah, besitzt keinen oder nur einen kleinen Altbestand mit steuerfreien Kursgewinnen.

➤ Bei einem größeren Depot summieren sich die Transaktionskosten.

➤ Der Frust ist groß, wenn sich ein ausgestoppter Titel rasch erholt. „Billig erneut einsteigen" ist ein schwacher Trost.

➤ Wer im Bärenmarkt den Kapitalrückfluss für den Einstieg nutzt, läuft Gefahr, erneut ausgestoppt zu werden. Die Verluste weiten sich aus.

➤ Da Stoppkurse an markanten Tiefpunkten gesetzt werden, stürzen die Aktien in einer Art Kettenreaktion immer tiefer ab. Ein Stoppkurs löst den nächsten aus.

➤ Ärgerlich ist es, wenn die Aktie kurz vor der Hauptversammlung ausgestoppt wird und dadurch eine attraktive Gewinnausschüttung (Dividende) entfällt.

➤ Stoppkurse garantieren keinen bestimmten Ausführungskurs. Der Verkaufspreis kann bei einem Kurssturz weit unterhalb der gesetzten Marke liegen.

➤ Verheerend wirken sich Stop-Loss-Orders aus wie am 06. Mai 2010, als nachmittags binnen weniger Minuten der DOW JONES um rund 1.000 Punkte in den Keller rauschte und kurzfristig zu einer Kapitalvernichtung in Billionenhöhe führte. Procter & Gamble war binnen fünf Minuten rund 60 Milliarden US-Dollar weniger wert. Weltweit verloren die Indizes 5 bis 15 % – dies alles wohl wegen einer Eingabepanne. Komplette Aktiendepots wurden leergefegt und die Gebühren aufgesattelt. So etwas kommt höchst selten vor; aber es geschieht.

Zu beachten ist die hohe Volatilität der Nebenwerte. Mancher Titel verliert nur deshalb 10 bis 20 %, weil der Marktführer gepatzt hat oder ein Gerücht die Runde macht.

In der Hausse sind Stoppkurse eher ungünstig; denn der Trend ist aufwärts gerichtet. Wäre es anders, würden die Bären statt der Bullen den Markt dominieren. Ausgestoppte Aktien, die das Opfer von Nervosität, Angst, Sippenhaft, haltlosen Gerüchten oder irrationaler Übertreibung sind, erholen sich wieder.

Das Dilemma wird offenkundig, wenn ein Börsenkommentar wie folgt lautet: *„Leider wurde trotz unserer positiven Einschätzung der Titel ausgestoppt. Wir nutzen die Kursschwäche zum Rückkauf."*

Die Börsenpsychologie und das Steuerrecht beachten! Wird ein Kursgewinn realisiert, fällt die Abgeltungsteuer, der Solidaritätszuschlag und die Kirchensteuer an, zusammen rund 28 %. Nur beim Altbestand mit einem Kauf vor 2009 greift das Finanzamt nicht zu.

Wie werden denn Stoppkurse gesetzt? Sie erteilen Ihrer Bank die Stop-Loss-Orders und Ihre Wünsche über nachzuziehende Stoppkurse, um Gewinne zu sichern. Bei Blue Chips empfiehlt sich – auch abhängig von der Höhe Ihres Einsatzes – ein Stoppkurs 10 bis 20 % unterhalb der aktuellen Notierung, bei Hightechtiteln eher 20 bis 30 %.

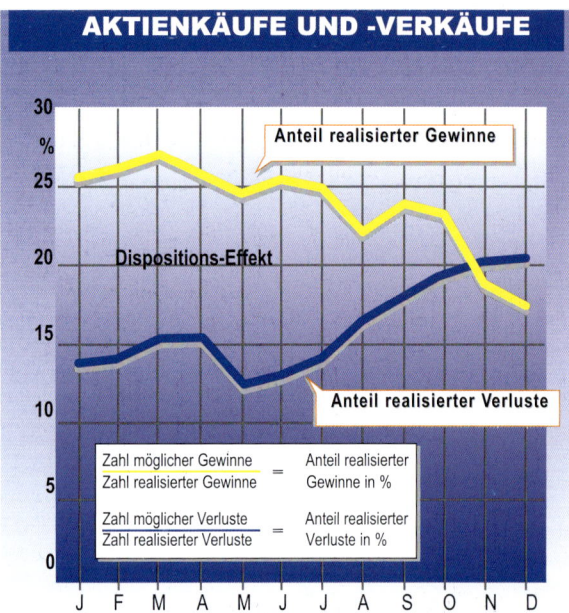

AKTIENKÄUFE UND -VERKÄUFE

Anteil realisierter Gewinne

Dispositions-Effekt

Anteil realisierter Verluste

$$\frac{\text{Zahl möglicher Gewinne}}{\text{Zahl realisierter Gewinne}} = \frac{\text{Anteil realisierter}}{\text{Gewinne in \%}}$$

$$\frac{\text{Zahl möglicher Verluste}}{\text{Zahl realisierter Verluste}} = \frac{\text{Anteil realisierter}}{\text{Verluste in \%}}$$

Aktionäre schrecken davor zurück, Verluste zu realisieren. Im Rahmen von Portfolioentscheidungen ist der Anteil realisierter Verluste deutlich geringer als der Anteil realisierter Gewinne.

Quelle: „Der Neue Börsenführerschein", S. 102

Wer als spekulativer Kurzzeitanleger das schnelle Rein und Raus bevorzugt, mit großen Summen arbeitet oder gar als Day-Trader handelt, platziert seine Stoppmarken deutlich niedriger im einstelligen Prozentbereich.

Wo gibt es Hilfen? Wer Anleitungen braucht, um Stoppkurs-Marken vernünftig setzen bzw. bei Bedarf nachziehen zu können, findet im Wochenmagazin BÖRSE ONLINE, in Börsenbriefen und in anderen Finanz-Publikationen sachdienliche Hinweise.

Was heißt dynamische oder mentale Verlustbegrenzung? Ein nervenstarker, disziplinierter Anleger mit hoher Fachkompetenz und Zeit für Marktbeobachtung zieht die Reißleine nur im Geist, also „mental". Er beobachtet sein Depot börsentäglich und entscheidet mithilfe fundamentaler und charttechnischer Daten selbst, ob ein Verkauf ratsam erscheint. Wenn ja, handelt er ohne Zaudern und Zögern rasch und konsequent.

Entscheidend ist die Persönlichkeitsstruktur, insbesondere Risikoneigung, Disziplin und Selbstkontrolle. Wer empfindliche Verluste nicht aushält, sollte Stoppkurse enger setzen als ein nervenstark und souverän handelnder Investor, der auch ohne dieses Instrumentarium gut schläft und keine Magenschmerzen bekommt. Bei längerer Abwesenheit – Urlaub, Geschäftsreisen, Klinikaufenthalt usw. – wirken Stoppkurse beruhigend. Sie sichern das Depot gegen extreme Kurseinbrüche ab. Ausnahmslos sind Stoppkurse unverzichtbar, wenn jemand seine mentalen Verkaufsabsichten im Ernstfall nicht zügig umsetzt und seine Verluste entgegen aller guten Vorsätze aussitzt.

Fazit: Vorausgesetzt, Sie haben Zeit und Lust, die Börse regelmäßig zu beobachten, verfahren Sie als Alternative dynamisch. Sie handeln abhängig von der Marktlage eigenständig, setzen Ihre „mentalen" Verkaufsvorhaben bei Bedarf zügig um. Im Bullenmarkt sind Stoppkurse für kompetente Investoren eher entbehrlich als in einem sich abzeichnenden Bärenmarkt.

➢ **Ein enger Stopp – oftmals ein Flop!** Bankberater, die Ihnen eng gesetzte Stoppkurse auch bei kleineren Orders und langfristigem Anlagezeitraum empfehlen, füllen sich auf Ihre Kosten die Taschen. Da müssen alle Warnlampen aufleuchten!

Wann Stoppkurse? Wann dynamisch Verlust begrenzen?		
Situation, Marktlage, Anlegertyp, Börsenklima usw.	Stop-Loss-Orders	Dynamische Verlustbegrenzung
Bullenmarkt, Hausse		X
Bärenmarkt, Baisse	X	
Sägezahnmarkt, stagnierender Markt	X	X
Langzeitanlage mit Altbestand		X
Langzeitanlage mit Neubestand	X	X
Kurzzeittrading, schnelles Rein/Raus	X	
Kompetenter, disziplinierter Anleger		X
Unerfahrener Anleger, Einsteiger	X	
Blue Chips, Qualitäts-Standardaktien	X, ab 10 %*	X
Klassische Nebenwerte	X, ab 15 %*	X
Hightech, neue Energie, Biotech usw.	X, ab 20 %*	X
Längere Abwesenheit	X	
Zögerliches Verhalten	X	
Ständige Marktbeobachtung		X
Ausgeprägtes Risikobewusstsein		X
Ausgeprägte Sicherheitsneigung	X	
Schlechtes Nervenkostüm, Angst	X	
*Preis unterhalb des aktuellen Kurses; Stoppkurse regelmäßig nachziehen!		

Testbogen ❻ zur Prüfungsvorbereitung

Nr.	Aufgabenstellung	Ja/Nein	Punkte
1	**Börsenrätsel: Setzen Sie die fehlenden Buchstaben ein. Das aus 16 Anfangsbuchstaben zu bildende Lösungswort gehört zur Börse**		16[ ]
1.1	Preisspanne Neuemission		1 [ ]
1.2	Chancenreicher Markt		1 [ ]
1.3	Gefahr grauer Kapitalmarkt		1 [ ]
1.4	Aktienart		1 [ ]
1.5	Technische Analyse		1 [ ]
1.6	Negatives Anlegerverhalten		1 [ ]
1.7	Bei mancher AG zu gering		1 [ ]
1.8	Name Small Caps		1 [ ]
1.9	Kapitelherabsetzung		1 [ ]
10	Windkraft im Meer		1 [ ]
11	Mit Stoppkurs vermeidbar		1 [ ]
12	Kontrollorgan einer AG		1 [ ]
13	Begriff technische Analyse		1 [ ]
14	Zahlungsunfähigkeit		1 [ ]
15	Unbegrenzte Laufzeit		1 [ ]
16	Börsengang, IPO		1 [ ]
2	**Wissenstest: Welche Argumente sprechen für Stop-Loss?**	Kreuz	5 [ ]
2.1	Extreme Kursabstürze werden aufgefangen.		1 [ ]
2.2	Ausgestoppte Aktie erholt sich nach einem haltlosen Gerücht.		1 [ ]
2.3	In der Hausse sind Stop-Loss-Orders das richtige Instrument.		1 [ ]
2.4	Der Anleger muss sein Depot nicht ständig überwachen.		1 [ ]
2.5	Entscheidung wird nicht verzögert durch Unentschlossenheit.		1 [ ]
3	**Wissenstest: Was empfiehlt die Börsenpsychologie?**	Kreuz	9[ ]
3.1	Das Zielmotiv realistisch einschätzen.		1 [ ]
3.2	Bei Angst verkaufen, bei Hoffnung kaufen.		1 [ ]
3.3	Mit Träumen und Wünschen die Wirklichkeit aushebeln.		1 [ ]
3.4	Die mit runden Zahlen verbundenen großen Chancen nutzen.		1 [ ]
3.5	Trotz Stimmungsmache seinen eigenen Weg gehen.		1 [ ]
3.6	Den Herdentrieb nutzen; denn der Trend ist ein guter Freund.		1 [ ]
3.7	Sich bewusst sein, nicht der Erste zu sein, der etwas weiß.		1 [ ]
3.8	In hektischen Börsenzeiten auf sein „Bauchgefühl" vertrauen.		1 [ ]
3.9	Informationen suchen, die der eigenen Sichtweise entsprechen.		1 [ ]
	Auswertung: 29 – 30 Punkte: sehr gut, 26 – 28 Punkte: gut, 23 – 25 Punkte: befriedigend, 20 – 22 Punkte: ausreichend (Lösung: S. 213)		30[ ]

11 Erfolg mit der Hoch/Tief-Mutstrategie

Quelle: Erich Florek, Neue Trading Dimensionen, FinanzBuch Verlag, aus: „Der große Börsenführerschein", Seite 118

Die starke Korrektur an den Börsen rund um den Globus von Freitag, 12. Mai, bis Donnerstag, 18. Mai 2006, hatte es in sich, obwohl es nur die Vorhut für viel Schlimmeres war. Erinnert sei an den Herbst 2008 und das Frühjahr 2009. Der DAX stürzte bis auf 3.600 Punkte ab, und der TecDAX halbierte sich. Damals, im ohnehin schlechten Börsenmonat Mai 2006, verloren die meisten Indizes in diesen acht Tagen lediglich vier bis zehn Prozent, einige allerdings viel mehr. Bei einzelnen Aktien – so aus den Sektoren Rohstoffe, erneuerbare Energien und Immobilien – betrugen die Kursabstürze teilweise sogar 30 bis 40 Prozent. Im Nachhinein ergab sich hier eine Gelegenheit, die richtige Strategie in schwierigen Börsenphasen einzuüben, um sie als Zauberformel für 2008/2009 zu nutzen.

Was tun in solch unsicheren, von Angst, Panik und Herdentrieb geprägten Börsenzeiten? Seit dem dreijährigen Crash von 2000 bis 2003 war dies vor dem neuerlichen Absturzszenario 2008/2009 wegen der sich zum globalen Finanzdesaster ausweitenden Subprimekrise mit der Pleite von Lehman Brothers zunächst die heftigste Reaktion. Viele Anleger hatten es – sofern sie nicht in einer Art Schreckstarre passiv an der Seitenlinie des Börsenspielfelds verharrten – verlernt, vernünftig zu reagieren. Ich berichte über mein eigenes Anlageverhalten, um den Lesern Mut zu machen.

Die Dokumentation ist anhand der verfügbaren Kauf- und Verkaufsorders exakt überprüfbar. Es handelt sich nicht um fiktive, sondern tatsächlich vorgenommene Transaktionen. Die damals erprobte Strategie erwies sich wenige Jahre später als Zauberformel für den Börsenerfolg. Der intensive Zukauf im letzten Vierteljahr 2008 zum Aufbau eines steuerfreien Altbestands und der intensive Zukauf im Frühjahr 2009 mit Schwerpunkt Maschinenbau, Autoindustrie, Edel- und Industriemetalle sowie Bergbau waren die Basis für hohe Buch- und Realgewinne bei zahlreichen Titeln.

Kein Aktienkauf auf Pump auch nicht bei großen Chancen. Was tun, wenn das Guthaben fast aufgebraucht ist, aber ein Aktienkauf auf Kredit überhaupt nicht in Frage kommt? Dann ist nur über gleichzeitiges Veräußern ein lukrativer Zukauf möglich. Aber wie sollte dies gehen? Also kam ich auf die Idee des „Hoch/Tief-Tradings". Ich nahm zumindest einen Teilverkauf solcher Aktien vor, deren Kursgewinn zwischen 50 % und 200 % lag, die bereits steuerfrei waren und nur wenig verloren hatten. Grundbedingung beim Zukauf der abgestürzten Titel war, dass die Fundamentaldaten stimmten. Es bringt nichts, eine Aktie mit einem aktuellen Abschlag von 10 bis 30 % im Zuge von starker Korrektur oder Crash zu verkaufen, um eine andere mit vergleichbarer Entwicklung ins Depot zu nehmen. Dies schränkt die Wahl auch im breit gestreuten Depot ein.

Ich wollte die Chance nutzen, aus Korrektur und Crash große Vorteile zu ziehen und in einer Marktlage zu gewinnen, wo viele ängstliche Anleger panikartig alles verkaufen. So hoffe ich, dass diese Dokumentation dazu beiträgt, bei Kursabschlägen nicht gleich die Nerven zu verlieren, sondern im Rahmen des verfügbaren Kapitals solche Marktlagen bestmöglich nutzbar zu machen. Es gilt, die Chancen in einer Krise beherzt wahrzunehmen. Beste Chancen gab es im Herbst 2008 und Frühjahr 2009.

Im Nachhinein ist es freilich ganz einfach, aber eben auch unehrlich und unfair, die besten Aktien für eine solche Strategie auszuwählen und sich mit seiner Cleverness zu brüsten. Eine fiktive „Hätte"-Strategie – gern für die Werbung von Börsenbriefen genutzt – ist nicht dazu angetan, das Selbstwertgefühl zu stärken. Entscheidend ist die Gesamtperformance im Depot – vergleichbar mit der Fußball-Bundesliga-Saison. Es kommt weniger darauf an, dass jeder Spieler stets seine Höchstleistung bringt. Die Mannschaftsleistung muss stimmen, damit mit Spielabpfiff die drei Siegpunkte eingefahren werden und der erhoffte Tabellenplatz zum Abschluss der Saison erreicht wird – sei es Meisterschaft und europäischer Wettbewerb oder Nichtabstieg.

Hoch/Tief-Mutstrategie: Ja oder Nein? Wann und wann nicht?		
Wann funktioniert es?	**Börsenklima**	**Wann klappt es nicht?**
➢ Tägliche Marktbeobachtung ➢ Sehr gute Marktkenntnisse ➢ Guter Depotüberblick ➢ Kenntnis der Kursentwicklung kaufenswerter Aktien ➢ Breit gestreutes Depot ➢ Risikobewusstsein, Mut, Disziplin, Entschlossenheit ➢ Zugang zum Online-Banking oder Telefonhandel ➢ Zugriff auf Aktien im Depot mit hohem Buchgewinn ➢ Einsatz pro Titel möglichst nicht unter 1.000 Euro	➢ Scharfe Korrektur oder Crash ➢ Hohe Volatilität im Markt ➢ Große Nervosität im Markt ➢ Kursabsturz fundamental unbegründet ➢ Auswirkungen auf einzelne Branchen unterschiedlich	➢ Zu kleines Depot ➢ „Heimatliebe"-DAX-Depot ➢ Mangel an Aktien mit hohem Kursgewinn für Cash-Beschaffung ➢ Geringe Marktkenntnisse ➢ Keine ständige Marktbeobachtung ➢ Stark ausgeprägtes Sicherheitsbewusstsein ➢ Kein Zugang zum Internet oder Telefonhandel ➢ Mangel an Mut und Entschlossenheit ➢ Bauchgefühl, Herdentrieb und Verdrängung

Wie sieht die Hoch/Tief-Mutstrategie seit 2008 aus?

Wie das Deutsche Aktieninstitut (DAI) meldet, flohen Privatanleger ab 2003 weiter aus Aktien und kehrten zum Sparbuch und Festgeldkonto zurück. 2001 gab es 12,9 Millionen, 2007 nur noch 10,1 Millionen Bundesbürger mit Einzelaktien- und Aktienfondsbesitz. Diese Zahl sank danach bis zur Jahresmitte 2010 auf 8,6 Millionen Anleger, wobei sich seit 2009 jedoch die Lage stabilisiert. Gegenwärtig sind 13,3 % der Bevölkerung Aktionäre. Je geringer die Ausbildung, die berufliche Position und das Einkommen, umso weniger Interesse besteht an Aktien.

Dabei lässt sich in allen Börsenphasen Geld verdienen. Dies gilt nicht nur mit einem Engagement in Managed Futures-Fonds, Short-ETFs, Short-Zertifikate und Put-Optionsscheine, mit denen in fallenden Märkten Gewinne möglich sind. Bei Ausnutzung unterschiedlicher Kursentwicklungen lässt sich auch im Bärenmarkt mit Einzelaktien auf Basis der Hoch/Tief-Mutstrategie ordentlich Geld verdienen, Geduld, Disziplin und gute Marktbeobachtung vorausgesetzt. Die Orientierung allein am DAX-Punktestand bringt wenig. Es geht um die Umsetzung von *„Kaufen bei Angst, Verkaufen bei Hoffnung"* – das krasse Gegenteil eines von Euphorie und Gier bzw. Angst und Panik geprägten Herdentriebverhaltens.

Die beiden Übersichten zeigen die eigene Umsetzung der Hoch/Tief-Mutstrategie im Jahr 2008. Die erste Tabelle bringt steuerfreie Verkäufe. Die große zweite Übersicht zeigt zahlreiche Käufe zum Aufbau eines steuerfreien Altbestands. Stets wurde nur so viel verkauft wie nötig war, um die geplanten Zukäufe zu finanzieren und mit dem Gesamtbestand nicht mehr in die Verlustzone zu geraten. Diese Teilverkaufsstrategie stabilisiert das Nervenkostüm und sorgt für Gelassenheit bezüglich künftiger Kursentwicklung. Ob Rallye oder Absturz, der Frust hält sich in Grenzen.

Meine Hoch/Tief-Mutstrategie habe ich auch auf Exchange Traded Funds (ETF) ausgedehnt, hier vor allem auf Schwellenländer, Rohstoffe und Edelmetalle. Auch diese Investments haben sich überdurchschnittlich positiv entwickelt, ist doch der Rohstoffhunger nicht zuletzt durch das Wirtschaftswachstum in den Entwicklungsländern Asiens, Afrikas und Südamerikas sowie Osteuropa groß.

Wie sieht die Zukunft für diese Mutstrategie aus? Zwar lässt sich kein steuerfreier Altbestand mehr aufbauen. Aber jeder neuerliche Crash bietet die ideale Grundlage für ein solches Handeln getreu dem Motto: „Ein Crash ist gut – für Leute mit Mut!" Ein Crash ist auch künftig unvermeidbar. Es fragt sich nur: Wann? Wie heftig? Wie lange?

Hoch/Tief-Mutstrategie mit steuerfreien Aktienverkäufen 2008 – Ausnutzen relativer Stärke trotz weltweiten Kursabsturzes				
Hohe Gewinnmitnahmen zur Finanzierung von Käufen zu Tiefkursen				
Aktien Euroland	Index	Datum Kaufpreis	Datum Verkaufspreis Jahr 2008	2010: Jahres-Hoch/Tief €
E.ON	DAX	10.03.05: 21,75 €	09.01.08: 50,50 €	29,75/20,85
ErSol	Übernahme	06.12.05: 45,90 €	15.08.08: 101,00 €	Kein Handel
Gazprom	RTS	17.06.02: 7,40 €	15.01.08: 40,25 €	20,20/14,75
K+S	MDAX	26.11.04: 6,30 €	10.01.08: 44,00 €	56,45/35,55
KWS Saat	SDAX	25.09.05: 68,90 €	22.01.08: 140,00 €	152,0/113,50
Nokia	Euro Stoxx	17.04.04: 12,60 €	28.02.08: 25,30 €	11,80/6,55
Siemens	DAX	25.07.01: 57,50 €	04.01.08: 109,30 €	94,95/60,90
Telefónica	Euro Stoxx	30.11.98: 12,50 €	21.01.08: 21,10 €	19,85/14,75
Vossloh	MDAX	16.04.03: 28,80 €	04.02.08: 85,50 €	92,45/65,75
Wacker Ch.	MDAX	18.05.06: 86,00 €	02.01.08: 197,20 €	150,75/84,80

Hoch/Tief-Mutstrategie 2008 für steuerfreien Altbestand

Deutsche Aktien	WKN	Kaufpreis Gesamtjahr 2008	Hoch/Tief Ende 2010	Kurs am 01.03.11	Div. 2010 Rendite
BASF	515 100	13.10.08/27,10 €	61,90/39,10	60,90 €	2,30 €/3,8 %
Bertrandt	523 280	12.12.08/16,95 €	56,75/20,50	55,60 €	1,20 €/2,2 %
Bilfinger B.	590 900	11.12.08/36,55 €	63,50/40,75	61,55 €	2,50 €/4,1 %
Delticom	514 680	03.01.08/16,60 €	69,00/24,60	65,30 €	1,40 €/2,1 %
Euromicron	566 000	29.11.08/9,55 €	23,95/14,40	20,90 €	1,00 €/4,8 %
INIT	575 980	28.08.08/7,75 €	15,60/9,25	16,10 €	0,36 €/2,2 %
Jungheinrich	621 993	15.07.08/18,20 €	30,60/12,70	29,85 €	0,50 €/1,7 %
LEONI	540 888	10.11.08/9,35 €	35,00/13,25	30,50 €	0,80 €/2,6 %
MAN ST	593 700	30.12.08/38,85 €	97,85/47,80	90,85 €	1,50 €/1,7%
MTU Aero	80D 9PT	15.07.08/18,30 €	50,50/34,90	49,40 €	1,10 €/2,2 %
Nabaltec	A0K PPR	13.09.08/3,85 €	7,80/3,55	6,80 €	0,00 €/%
Norilsk Nick.	676 683	14.11.08/6,40 €	18,65/10,40	17,65 €	hoch
PSI	A0Z 1JH	29.12.08/3,85 €	18,65/8,40	17,70 €	0,23 €/1,3 %
Salzgitter	620 200	11.11.08/48,80 €	74,30/45,75	61,05 €	1,50 €/2,5 %
SMA Solar	A0D J6J	05.09.08/56,00 €	106,7/64,50	76,50 €	1,50 €/2,0 %
SMT Scharf	575 198	17.09.08/8,65 €	18,45/8,85	20,25 €	0,85 €/4,2 %
VIB Vermög.	245 751	29.12.08/3,70 €	8,60/5,85	8,05 €	0,25 €/3,1 %

Auswertung: Großteils haben sich gegenüber dem Kaufdatum 2008 die Kurse verdoppelt bis vervierfacht. Imposant ist das jährliche Kursplus im Schnitt von über **50 %**. Vergleichen Sie meinen Kaufpreis mit dem Kurs zum Jahresende 2010 oder bei der Buchlektüre. Diese Buchgewinne sind bei Gewinnmitnahmen alle steuerfrei.

Tipp: Hilfreich für Kaufentscheidungen bei der Hoch/Tief-Mutstrategie sind das von mir entwickelte **Punktesystem für die eigene Aktienauswahl** (S. 96 – 97) und die Datenbanken von **BÖRSE ONLINE**. Die Mutstrategie dient dem Vermögensaufbau und der Altersvorsorge. Sie ist zugeschnitten für risikobewusste, geduldige und beherzt zugreifende Langzeitanleger, dagegen nicht für Angsthasen und für Kurzzeittrader geeignet.

Quelle: Illustration Dirk Meissner, aus: „Der Börsenführerschein", S. 90

Was sind Anleihen? Die Rendite ist eher bescheiden, aber bei hoher Bonität (Kreditwürdigkeit) meist sicher

Mitte Juni 2010 bot die Börse Stuttgart knapp 22.000 Aktienanleihen an. Ein halbes Jahr später, Anfang 2011, waren es bereits knapp 27.800 Aktienanleihen. Dies zeigt, dass sich in den Zeiten niedriger Leitzinspolitik sowohl Großkonzerne als auch Mittelständler gern am Anleihenmarkt frisches Geld beschaffen.

Einerseits wird diese Geldquelle genutzt, um unabhängiger von den Kreditlinien der Banken zu sein, zumal diese nicht immer bewilligt werden. Andererseits geht es darum, bei anziehender Konjunktur zu investieren, die Marktstellung zu festigen, neue Produktlinien aufzubauen, weitere Geschäftsfelder und Märkte zu erobern. Insgesamt haben nach Berechnung der DZ Bank europäische Unternehmen 2010 Anleihen unterschiedlicher Art im Umfang von 170 Milliarden Euro in den Markt gebracht. Das ist zwar weniger als im Rekordjahr 2009 mit Firmenbonds über 300 Milliarden Euro, aber dennoch eine hohe Quote. Firmenanleihen mit guter Bonität erzielen aktuell rund 3,4 % Rendite. Mit schlechtem Rating werfen Anleihen wegen des hohen Risikos aktuell sogar 9,3 % Zinsen ab. Im Zehn-Jahresdurchschnitt beträgt die Rendite hier sogar 11 %.

Sicherlich sind Sie schon öfters auf die Begriffe Aktienanleihen, Wandelanleihen, Hochzinsanleihen, Unternehmensanleihen und Staatsanleihen gestoßen, vielleicht darüber auch gestolpert. Vielleicht wissen Sie nicht so genau, was sich hinter diesen Fachausdrücken verbirgt, was sie voneinander unterscheidet, was sich je nach Marktlage und Risikoprofil im Einzelfall anbietet. Immer handelt es sich um **Schuldverschreibungen,** nicht um Sachwerte wie Aktien, Immobilien und Gold, Silber, Platin, die bei Währungsturbulenzen und steigender Inflation sicherer sind. Der Zinssatz hängt vorrangig von der Strategie der Notenbanken ab. Je nach Art der Ausstattung werden Unternehmens- und Staatsanleihen auch als Schuldverschreibungen, Obligationen, Bonds, verzinsliche Wertpapiere, Pfandbriefe oder Rentenpapiere bezeichnet. Bei den mit festem Zinssatz ausgestatteten Aktienanleihen darf der Emittent, also die ausgebende Großbank, statt des Nennwerts auch eine bestimmte Anzahl von Aktien liefern.

Die Notenbanken heben den Leitzinssatz an, wenn die boomende Konjunktur die Inflationsrate aufwärts treibt. Sie senken den Zinssatz auf historische Tiefststände wie gegenwärtig, wenn eine Rezession droht oder es zu Verwerfungen im Finanzsystem kommt. Ausgelöst durch die Subprimekrise in Amerika kam es zur schwersten Finanz- und Wirtschaftskrise rund um den Globus seit 80 Jahren bzw. seit Bestehen der Bundesrepublik. Der Anleihenmarkt ist ein solch komplexer Bereich, dass sich allein darüber ein dicker Wälzer schreiben ließe. Hier muss ein kurzer Überblick genügen.

Die von Großbanken ausgegebenen Aktienanleihen: Der Emittent bestimmt die Auszahlungsform

Die von den Emittenten, meist Großbanken, ausgegebenen Aktienanleihen sind an die Kursentwicklung einer Aktie gekoppelt. Sie besitzen wie andere Schuldverschreibungen einen Kupon mit garantierter Zinszahlung. Der Emittent hat zum Laufzeitende die Wahl, den Nominalbetrag plus Zinsen oder eine zuvor festgelegte Anzahl von Aktien plus Zinsen auszuzahlen. Bei einem Kursabsturz liefert die Bank immer die Aktien. Da ist für den Anleger der Zinskupon nur ein kleines Trostpflaster.

Aktienanleihen bieten in stagnierenden Märkten eine attraktive Verzinsung. Der hohe Zinskupon rechnet sich umso mehr, wenn der Pauschalbetrag (801 Euro für Singles) als Abschlag bei der Besteuerung von Zinserträgen sonst nicht voll ausgeschöpft wird. Im Bullenmarkt kommen Sie mit Aktienanleihen schlechter weg als beim Direktinvestment in Einzelaktien, zumal neben dem Kursgewinn oft eine ansehnliche Dividende winkt. Außerdem können Sie unabhängig von Laufzeiten reagieren. Bis zum Jahresende 2008 hatten Sie die Chance, sich noch einen steuerfreien Altbestand aufzubauen.

➤ Ganz schlecht sind Aktienanleihen bei einem Crash. Dann ist die Bank der strahlende Sieger, und Sie als Aktionär sind der Verlierer der Wette. Denn Sie müssen – wie vereinbart – die abgestürzten Aktien ins Depot nehmen. Verkaufen Sie Ihre Aktienanleihen vorzeitig, entfällt der attraktive Zinskupon.

➤ **Als Anreiz wirkt bei Aktienanleihen der hohe Zinskupon.** Das Verlustrisiko wird gern verdrängt. Solche Aktienanleihen, bei denen der Emittent die Auszahlungsform bestimmt, eignen sich nur für risikobewusste Anleger mit guter Marktkenntnis.

Aktienanleihen: einerseits hohe Verzinsung, andererseits Risiko einer Aktienandienung bei fallenden Kursen	
Der Anleger als Sieger	**Der Anleger als Verlierer**
Der Aktienkurs notiert am Fälligkeitstag nur wenig über oder knapp unter dem Basispreis. Der hohe Zins zahlt sich aus.	Die angedienten Aktien sind im Kurs stark gefallen. Der hohe Zinskupon vermag den großen Verlust nicht auszugleichen.
Der Kurs der angedienten Aktien liegt knapp unter dem Basispreis; aber der Titel erholt sich rasch und steigt danach.	Bei starkem Kursanstieg wäre ein direktes Investment in Aktien günstiger, umso mehr bei üppiger Dividendenzahlung.

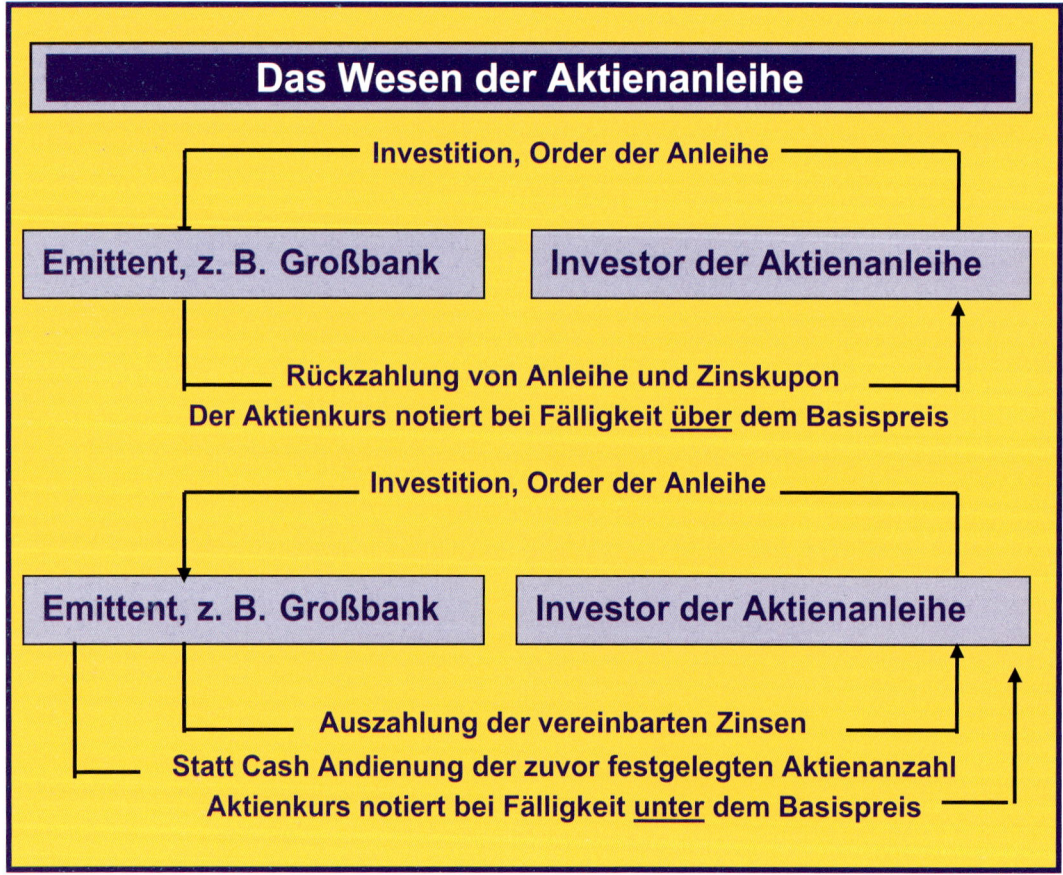

Das Wesen der Aktienanleihe

Investition, Order der Anleihe

Emittent, z. B. Großbank   Investor der Aktienanleihe

Rückzahlung von Anleihe und Zinskupon
Der Aktienkurs notiert bei Fälligkeit <u>über</u> dem Basispreis

Investition, Order der Anleihe

Emittent, z. B. Großbank   Investor der Aktienanleihe

Auszahlung der vereinbarten Zinsen
Statt Cash Andienung der zuvor festgelegten Aktienanzahl
Aktienkurs notiert bei Fälligkeit <u>unter</u> dem Basispreis

Die von Aktiengesellschaften ausgegebenen Wandelanleihen: Sie bestimmen als Anleger die Rückzahlungsform: Geld oder Aktien

Neben Aktienanleihen mit Hochzinskupon gibt es die von den Unternehmen begebenen klassischen Wandelanleihen mit einem niedrigeren Zinskupon. Hier bestimmen Sie als Anleger innerhalb einer vorgegebenen Frist, ob Sie die Wandelschuldverschreibung bar ausgezahlt wünschen oder die zuvor vereinbarte Aktienanzahl vorziehen. Wegen dieser Wahl ist der Zinssatz geringer. Das Anlagerisiko ist niedrig, sofern die Rating-Einstufung im A-Bereich liegt. Da am Aktienmarkt bei einem Crash hohe Verluste drohen, schneiden Wandelanleihen oft besser ab als Dividendenpapiere.

Die von Firmen ausgegebenen Unternehmensanleihen: Je höher der Zinssatz, umso niedriger sind Bonität und Rating

Unternehmensanleihen sind in der Regel nicht durch zusätzliche Sicherheiten wie bei Pfandbriefen unterlegt. Die Bonität ist durch das Rating einschätzbar. Verschlechtert sich die Rating-Einstufung während der Laufzeit, führt dies zu fallenden Kursen. Umgekehrt ist bei einer Höherstufung ein Kursgewinn denkbar. Ein Bond mit erstklassigem Rating im A-Bereich bringt eine niedrigere Rendite als eine Schuldverschreibung mit schlechtem Rating bis hin zum „Ramsch-Status" C. Die Laufzeit beträgt mehrere Jahre.

Staatsanleihen: Zinssatz hängt von Rating und Laufzeit ab

Die Frankfurter Börse hat ein eigenes Segment für ihre rund 14.000 dort gelisteten Zinstitel eingerichtet. Anders als bei Aktien wird bei Anleihen der Kurs in Prozent angegeben. Kostet eine Anleihe mit einem Nennwert von 1.000 Euro momentan 1.030 Euro, entspricht dies einem Kaufkurs von 103 %. Sind jetzt lediglich 975 Euro zu bezahlen, so lautet die Kursangabe 97,5 %. Der Börsenhandel mit Anleihen fristet eher ein Nischendasein. Tagesgeldsätze steigen bei Lockvogel-Angeboten. Grundsätzlich können Sie zwischen in- und ausländischen Staatsanleihen wählen, die eine kurze, mittlere oder lange Laufzeit haben. Sie sollten nur Staatsanleihen mit guter Bonität im A-Bereich auswählen. Je niedriger das Rating, desto höher ist zwar der Zinskupon, aber eben auch das Risiko, dass die Rück- und Zinszahlung nicht oder mit Abstrichen erfolgen wie einst bei den argentinischen und möglicherweise bei den jetzigen griechischen Staatsanleihen. Deutsche Bundesanleihen haben die höchste Ratingstufe von AAA und gelten als sicher. Das Risiko eines Totalverlustes erscheint hier ausgeschlossen.

➢ Obgleich sich die Staatsschulden auf über 1,64 Billionen Euro angehäuft haben, bezahlt die Bundesrepublik stets pünktlich. Die Verschuldungsquote beläuft sich pro Kopf vom Säugling bis zum Greis auf rund 20.000 Euro. Auch der Bundeshaushalt 2010 mit einer neuen Verschuldung (ohne Griechenlandhilfe) von mindestens 86 Milliarden Euro auf Rekordniveau wirft Sorgen auf. Jetzt ist nicht mehr von Steuersenkungen die Rede, sondern von Subventionsabbau.

Einige Fachausdrücke zum Thema Anleihen

Bundesanleihen. Die von der Bundesrepublik Deutschland ausgegebenen Bundesanleihen mit einem Rating von AAA sind Schuldverschreibungen mit einer Laufzeit von zehn und 30 Jahren. Der Nominalzins ist fest, der Ausgabepreis variabel. Die Bundesanleihen zählen zu den mündelsicheren Wertpapieren, sodass Wertverluste praktisch ausgeschlossen sind. Jedoch ist die Rendite bei dem nicht gerade üppigen Zinssatz begrenzt. Ist der Pauschalbetrag von 801 Euro für Alleinstehende und 1.602 Euro für Ehepaare ausgeschöpft, fällt die Abgeltungsteuer von 25 % plus Solidarzuschlag und Kirchensteuer an. Für die Altersvorsorge sind Bundesanleihen auch wegen der Inflation nicht so sehr geeignet.

Der Bundesschatzbrief – ein sanftes Ruhekissen!

Illustration: Dirk Meister, aus: „Der Börsenführerschein", S. 47

Genussscheine. Je nach Ausgestaltung überwiegen bei diesen „zwitterähnlichen" Papieren die aktien- oder rentenähnlichen Merkmale. Genussscheine gewähren keine Mitgliedschaftsrechte am Unternehmen und berechtigen nicht zur Teilnahme an der HV. Dagegen verbriefen sie Rechte am Reingewinn einer AG. Es gibt Genussscheine mit fester oder ergebnisabhängiger Ausschüttung, mit Wandelrecht in Aktien und Optionsrecht. Es werden Genussscheine mit festem Rückzahlungstermin und unbegrenzter Laufzeit angeboten, die erst nach Kündigung zurückgezahlt werden. Bei Insolvenz werden Genussscheine nachrangig behandelt. Die Forderungen anderer Gläubiger haben Vorrang.

Pfandbrief. Es handelt sich um ein festverzinsliches Wertpapier, eine Schuldverschreibung bzw. Anleihe seitens einer Pfandbrief- bzw. Hypothekenbank oder eines öffentlich-rechtlichen Kreditinstitutes. Mit Ausgabe des an der Deutschen Börse im Amtlichen Handel notierten Pfandbriefes beschafft sich der Emittent Kapital, das zur Refinanzierung von Hypothekarkrediten dient. Die Pfandbriefemission muss staatlich genehmigt sein. Die Besicherung erfolgt durch erstrangige Hypotheken, wobei das Emissionsvolumen durch Hypotheken mit mindestens gleichem Zinsertrag gedeckt wird.

13 Fit für den riesigen Zertifikatmarkt

Wichtige Anlageziele bei Zertifikaten

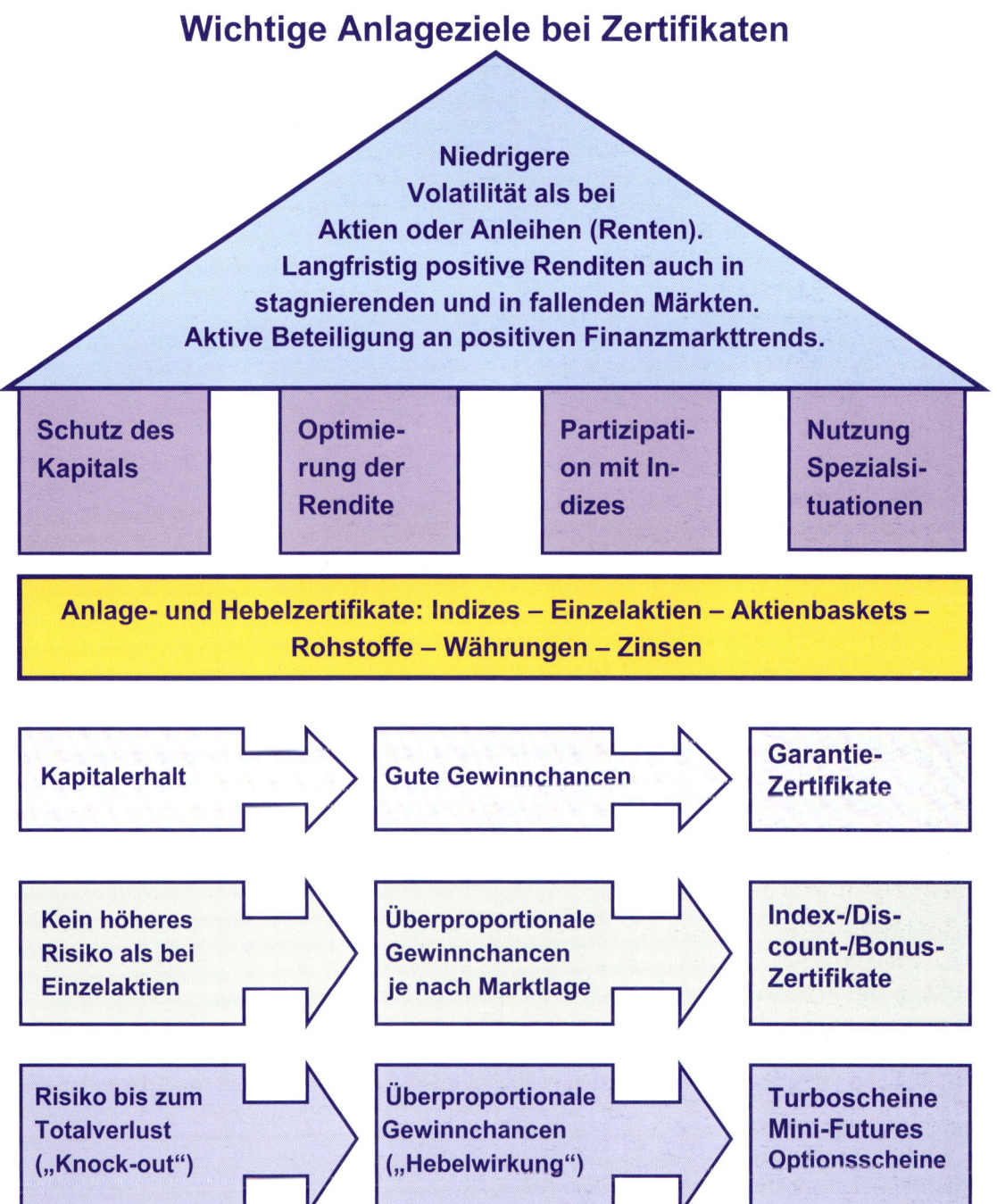

Niedrigere
Volatilität als bei
Aktien oder Anleihen (Renten).
Langfristig positive Renditen auch in
stagnierenden und in fallenden Märkten.
Aktive Beteiligung an positiven Finanzmarkttrends.

| Schutz des Kapitals | Optimie-rung der Rendite | Partizipati-on mit In-dizes | Nutzung Spezialsi-tuationen |

Anlage- und Hebelzertifikate: Indizes – Einzelaktien – Aktienbaskets – Rohstoffe – Währungen – Zinsen

Kapitalerhalt → Gute Gewinnchancen → **Garantie-Zertifikate**

Kein höheres Risiko als bei Einzelaktien → Überproportionale Gewinnchancen je nach Marktlage → **Index-/Dis-count-/Bonus-Zertifikate**

Risiko bis zum Totalverlust („Knock-out") → Überproportionale Gewinnchancen („Hebelwirkung") → **Turboscheine Mini-Futures Optionsscheine**

Quelle: Walter Gunkel, Zertifikate-Akademie, Zertifikate Journal, vom 21. Februar 2006

Quelle: Illustration Dirk Meissner, aus: „Der Börsenführerschein", S. 97

Kein Ruhmesblatt! Schon über 500.000 börsengelistete Anlage- und Hebelzertifikate in Deutschland und jede Minute ein neues Konstrukt

Der Derivatemarkt teilt sich in Anlagezertifikate und Hebelprodukte. Rund die Hälfte der in Deutschland gelisteten Derivate entfällt auf Hebelkonstrukte, für die sich spekulativ eingestellte Kurzzeittrader interessieren. Allein die Stuttgarter Derivatebörse EUWAX handelt (Stand: Januar 2011) mit 190.800 Optionsscheinen, knapp 93.500 Knock-out-Zertifikaten mit unterschiedlicher Hebelwirkung sowie über 6.200 exotischen Produkten – rund 290.500 spekulative Finanzinstrumente. Die andere Hälfte decken die für Privatanleger zugeschnittenen Anlageprodukte ab. Der Löwenanteil fällt auf Discount-, Bonus-, Index- und weitere Anlage-Zertifikate, von denen fast 213.000 notiert sind – Tendenz steigend.

Die Anlagezertifikate schlüsseln sich zum Jahresbeginn 2011 folgendermaßen auf: rund 120.500 Discount-Zertifikate, über 81.900 Bonus-Zertifikate, etwa 3.800 Index-Zertifikate und annähernd 10.000 weitere Anlage-Zertifikate. Hinzu kommen knapp 27.800 Aktienanleihen. Die Menge schnellt ungebremst nach oben: auf eine halbe Million. Das ist ein Drittel mehr als Anfang 2009. Wer kennt sich da noch aus und findet einprägsame Namen? Das Begriffswirrwarr mit Anleihen aus der Tier- und Pflanzenwelt, aus Musik, Sport und Fantasie ist beängstigend. Für mich war das Erreichen der 500.000er-Marke kein Freuden-, sondern ein Trauertag mit Grund zum Nachdenken.

➢ Derivate sind von Aktien, Anleihen, Währungen und Rohstoffen abgeleitete künstliche Finanzprodukte, die sich auf diese Basiswerte beziehen. Dadurch, dass die Investoren bei Hebel-Derivaten nur einen Bruchteil der darauf bezogenen Vermögenswerte einsetzen, sind die Chancen wie die Risiken hoch. Seit 2009 sind Aktien, Anleihen und Zertifikate steuerrechtlich gleichgestellt. Im Minutentakt gibt es neue Produkte – Die Anleger drohen unter dieser Flutwelle zu ertrinken.

Zertifikate eroberten bis 2008 die Depots und sind erneut gefragt

Anfang 2008 war die Zertifikatewelt noch in Ordnung. Mit der Lehman Brothers-Pleite verloren jedoch viele Anleger ihr Erspartes; denn selbst Garantiezertifikate bieten bei Insolvenz keinen Schutz. Der verbriefte Kapitalerhalt bezieht sich nur auf das Produkt. Der Deutsche Derivate Verband DDV und die Deutsche Schutzvereinigung für Wertpapierbesitz DSW entwickelten eine Checkkarte mit 18 Punkten, um Anleger besser zu schützen.

Privatanleger bevorzugen defensive Produkte	
Strukturierte Anleihen:	41,4 %
Kapitalschutz-Zertifikate:	22,8 %
Express-Zertifikate:	9,8 %
Sonstige Produkte:	8,0 %
Discount-Zertifikate:	6,8 %
Index-Zertifikate:	6,1 %
Bonus-Zertifikate:	5,1 %
Quelle: Handelsblatt, 31.01 2010; Deutscher Derivate Verband	

Bei der Frage nach dem Anlegerprofil und der Altersklasse sind jüngere Leute und Männer gegenüber Frauen leicht in der Überzahl. Bei Discountzertifikaten sind kürzere, bei Bonuszertifikaten mittlere und bei Garantieprodukten längere Laufzeiten ratsam. Während Anlagezertifikate bei verringertem Emittentenrisiko „Anlegers Liebling" sind, scheiden sich bei Hebelprodukten die Geister. Die US-Investmentlegende Warren Buffett sah in diesen synthetischen Finanzprodukten zumindest zeitweilig regelrechte „Massenvernichtungswaffen". Vertreter der Gegenrichtung, darunter Ex-Fed-Chef Alan Greenspan, hoben den Nutzen hervor. Zum Imageverlust trugen Kreditderivate und strukturierte Finanzierungsprodukte des US-Immobilienmarktes auf ungeregelten OTC-Märkten (Over th Counter) bei. Sie bewirkten einen Riesenschaden und brachten das Weltfinanzsystem mit zum Wanken.

13.1 Mit Anlagezertifikaten auf die Marklage reagieren

Was sind überhaupt Zertifikate? Rechtlich sind es Schuldverschreibungen mit einem verbrieften Zahlungsanspruch. Anders ausgedrückt: Es sind die von Finanzinstituten ausgegebenen zinslosen Anleihen mit variablem Rückzahlungsbetrag. Der Emittent übernimmt die Kursfeststellung, sorgt für liquiden Handel und profitiert vom Spread, der Differenz zwischen An- und Verkaufspreis. Der Wert des Zertifikates hängt ab von der Entwicklung des jeweiligen Basiswertes, z. B. dem Kurs einer Aktie oder von einem Index wie dem DAX.

Mit Indexzertifikaten den einfachen Einstieg in den Aktienmarkt wagen

Zertifikate-Merkmale

Zinslose Schuldverschreibung mit Emittentenrisiko

Laufzeit häufig unbegrenzt („Open End" oder „endlos")

Transparent, preiswert und börsentäglich handelbar

Mit Indexzertifikaten komplette Marktabdeckung möglich

Seit 2009 steuerrechtlich gleichgestellt mit Aktien, Anleihen, Geldmarkt

Es gibt Indexzertifikate für alle gängigen Börsenbarometer. Schließlich ist es kein Geheimnis, dass bei den Standardaktien nur etwa ein Fünftel aller Fondsmanager besser als der abgebildete Index abschneidet, also die Benchmark schlägt. Grund genug, sich nach interessanten Alternativen umzusehen.

Das Indexzertifikat bildet naturgetreu den Index wie DAX, Dow Jones, Euro Stoxx 50, MDAX, TecDAX, SDAX usw. ab. Da kein aktives Management erforderlich ist, sind die Kosten niedrig. Es fällt nur ein Spread an, der geringe Unterschied zwischen An- und Verkaufspreis. Ein Indexzertifikat schneidet weder besser noch schlechter als der Index ab. Ein Vorteil liegt darin, dass sich auch unübersichtliche Märkte abdecken lassen, wie z. B. Schwellenländer (Emerging Markets), Rohstoffe, erneuerbare Energie, Bio- und Nanotechnologie. So streuen Sie Ihr Depot und verringern das Risiko gegenüber einem Einzelinvestment. Den Indexzertifikaten erwächst jedoch mit Indexfonds starke Konkurrenz.

Finanztermingeschäftsfähigkeit

Bevor Sie in den Zertifikatehandel einsteigen, erhöhen Sie Ihre Risikostufe vorsorglich auf V, und beantragen Sie bei Ihrer Bank die Finanztermingeschäftsfähigkeit. Ohne diese Voraussetzung dürfen Sie keine riskanteren Finanzderivate ordern.

➢ Ein Indexfonds oder ETF ist als Sondervermögen auch bei Insolvenz geschützt, ein Indexzertifikat als Schuldverschreibung nicht. Die vor 2009 gekauften Indexfonds zählen wie Aktien zum steuerfreien Altbestand. Diesen Vorteil haben Indexzertifikate nicht. Erst seit 2009 werden alle Produkte steuerlich gleich behandelt.

Klassische Bonuszertifikate sind interessant in steigenden Märkten

Ein attraktiver Sicherheitspuffer nach unten und eine ungebremste volle Gewinnchance nach oben: Eine an die „Eier legende Wollmilchsau" erinnernde Kombination bieten klassische Bonuszertifikate, vorausgesetzt, der Aktienmarkt tendiert aufwärts. Derzeit buhlen fast 82.000 Bonus-Zertifikate der Börse Stuttgart um die Anlegergunst.

Bonuszertifikate sind im Bullenmarkt begehrt. Profis schichten dann häufig in ihren Kundendepots von Discount- in Bonuszertifikate um. Verschenkt wird aber nichts. Sie bezahlen für Bonus und höhere Sicherheit meist mit dem Verzicht auf die Dividende. Sie verdienen bei frühzeitigem Einstieg in der Hausse. Auch im Seitwärtsmarkt und bei nur mäßiger Korrektur ohne hohe Volatilität erwirtschaften Sie eine ordentliche Rendite.

Illustration: Dirk Meister, aus: „Der Börsenführerschein", S. 81

Wie funktioniert das Bonuszertifikat? Der Emittent stattet es mit einem Bonusbetrag sowie einer oberen und unteren Kursschwelle aus. Sofern der Basiswertkurs innerhalb beider Schwellen liegt und diese auch nie berührt hat, bekommen Sie den vereinbarten Bonusbetrag zum Laufzeitende ausgezahlt. Liegt der Basiswert (Underlying), z. B. eine Aktie, irgendwann auf oder unter der Risikoschwelle, verfällt der Bonus. Steigt der Basiswert über die obere Schwelle, nehmen Sie jedoch an der Kursentwicklung voll teil.

Dazu ein Beispiel: Gehen wir von einem Bonuszertifikat auf die Allianz-Aktie aus. Am Tag der Emission liegt der Aktienkurs bei 100 Euro. Soviel kostet auch das Bonuszertifikat bei einem Bezugsverhältnis von Eins zu Eins. Das Papier wird fällig im Dezember 2013. Die Dividende von rund 5 Euro pro Jahr kassiert während der dreijährigen Laufzeit der Emittent. Am Laufzeitende zahlt die Bank einen Bonus von 12 Euro zusätzlich zum Nominalbetrag von 100 Euro aus, insgesamt 112 Euro. Das Bonuszertifikat auf die Allianz-Aktie hat eine obere Bonusschwelle von 112 Euro und eine Risikorendite von 12 %. Die untere Bonusschwelle beträgt 80 Euro. Dies bedeutet einen Risikopuffer von 20 %. Solange die Allianz-Aktie weniger als ein Fünftel verliert, erhalten Sie zum Laufzeitende einen zwölfprozentigen Gewinn. Durchbricht die Aktie die untere Bonusschwelle von 80 Euro, was beim Crash leicht geschieht, verwandelt sich das Bonuszertifikat in ein gewöhnliches Aktienzertifikat. Schutz und Bonus gehen verloren. Erholt sich die Aktie, macht das Zertifikat die Aufwärtsbewegung voll mit. Sollte die Allianz-Aktie zum Laufzeitende 140 Euro kosten, nehmen Sie teil am Kursgewinn von 40 %.

Kaum eine Derivategattung entwickelte sich rückblickend besser als das Bonus-zertifikat. Dies liegt nicht daran, dass ständig neue Versionen den Markt überfluten. Der Siegeszug ist den leicht verständlichen klassischen Produkten zu verdanken. Sie bieten Sicherheit durch den Teilschutz und gute Renditechancen ohne Deckel.

➢ **Die meisten Bonuszertifikate sind durch zwei Kursschwellen gekennzeichnet: das Absicherungsniveau, auch Barriere genannt, und das Bonusniveau, das aktuell über der bei der Emission festgesetzten oberen Kursschwelle liegt.**

Beide Grenzen sind entscheidend für das Chance-Risiko-Profil. Je näher die Sicherheitsschwelle am aktuellen Kurs des Basiswertes liegt, desto üppiger fällt der Bonus aus und umgekehrt. Steigt der Basiswert über das Bonusniveau, nehmen Sie voll am Kursgewinn teil. Sie können den gestrichenen Bonus und die einbehaltene Ausschüttung verschmerzen. In der Hausse kämen Sie bei einer Direktanlage in dividendenstarke Aktien mit 4 bis 6 % Rendite jedoch besser weg. Der Teilschutz hat seinen Preis.

Die klassischen Bonuszertifikate stehen heute im Wettbewerb mit flexiblen Produkten. Als Variante gibt es Bonuszertifikate mit Cap. Dieser ist höher als bei Discountzertifikaten, verhindert aber unbegrenzte Kursgewinne. Es gibt auch auf fallende Kurse setzende Reverse-Bonus-Zertfikate – vergleichbar mit Put-Optionsscheinen.

➢ **Mit klassischen Bonus-Zertifikaten erwirtschaften Sie hohe Renditen, solange sich die Kurse im vorgegebenen Korridor bewegen und nicht abstürzen.** Als Anleger erwarten Sie leicht steigende oder stabile Kurse. Rechnen Sie mit einem Seitwärtstrend oder einer stärkeren Korrektur, so ist das Discountzertifikat bei richtiger Markteinschätzung die bessere Alternative.

Mit Discountzertifikaten im Sägezahnmarkt auf der richtigen Seite

Seit dem Crash ab der Jahrtausendwende und den Kurseinbrüchen im Herbst 2008 und Frühjahr 2009 im Zuge der weltweiten Wirtschaftskrise sind Discountzertifikate begehrt. Auch in volatilen Märkten spielen Discountzertifikate ihre Vorteile aus. Sie vermindern das Verlustrisiko, ohne beim Aufwärtstrend ganz außen vor zu bleiben. Die Börse Stuttgart bietet über 120.000 Discount-Zertifikate an.

Wie ist ein Discountzertifikat aufgebaut?

Der Verkauf einer Call-Option bildet die Basis beim Discountzertifikat. Der Emittent erwirbt nicht nur den Basiswert, z. B. die BASF-Aktie, sondern verkauft gleichzeitig eine Call-Option auf diesen Basiswert. Der Preisnachlass setzt sich neben der einbehaltenen Dividende aus dem Erlös der Call-Option zusammen. In richtungslosen und unsicheren Märkten spielen Discountzertifikate ihre Stärke aus. Als Ausgleich für den Rabatt verzichten Sie auf die Wertentwicklung oberhalb einer bestimmten Kursmarke, Cap genannt. Je höher der Discount beim Kauf ist, umso tiefer wird der Cap gesetzt bzw. umso früher wird der Kursgewinn begrenzt.

Vorsichtige Anleger bevorzugen Discountzertifikate; denn sie bieten einen ansehnlichen Risikopuffer und schneiden im fallenden Markt und Seitwärtstrend besser als Aktien ab. Nur im Bullenmarkt sind Aktien überlegen, weil der Cap den Kursgewinn deckelt. Mehr Sicherheit hat ihren Preis. Die Gewinnausschüttung entfällt.

Dazu ein Beispiel: Liegt beispielsweise der Kurs der Brenntag-Aktie (Spezialchemie) aus dem MDAX bei 75,50 Euro, wird das Discountzertifikat mit einem Rabatt von 10 bis 20 % angeboten. Je nach Ausgestaltung können Sie das Papier für etwa 60 bis 68 Euro erwerben. Bei einem Nachlass von 10 bis 15 % beträgt die Gewinnchance vielleicht 30 %, bei einem Rabatt von 20 bis 30 % deutlich weniger.

Der Kapitalerhalt bei Garantiezertifikaten hat seinen Preis

Als Crash-Nebenwirkung ist das Sicherheitsstreben noch so stark ausgeprägt, dass viele Anleger wegen der Verlustangst weiter auf attraktive Renditen verzichten, wie sie gute Fonds, Einzelaktien, Bonus- und Discountzertifikate bieten.

Ein sicheres Netz hat seinen Preis

Quelle: BÖRSE ONLINE, aus: „Der Neue Börsenführerschein", S. 114

Sie müssen als Anleger für den garantierten Kapitalerhalt bezahlen – sei es mit dem Verlust der Dividende, hohen Gebühren oder einer mageren Rendite. Geht der Emittent Pleite wie damals Lehman Brothers, wird Ihr Garantie-Zertifikat wertlos. Die Rendite kann so gering sein, dass die Inflationsrate, die anfallenden Kosten und die Abgeltungsteuer nicht hereingeholt werden. Dann wandelt sich der erhoffte Kapitalerhalt in eine Art Kapitalvernichtungssparen.

Das klassische Garantiezertifikat ist leicht zu verstehen. Sie erhalten zum Ende der Laufzeit auch im Bärenmarkt Ihr eingesetztes Kapital zurück. Entwickelt sich der Basiswert positiv, auf den sich das Papier bezieht, z. B. ein Aktienkorb oder Index wie DAX oder EURO STOXX 50, bekommen Sie noch eine Verzinsung. Gegenüber den meisten Discount- und Bonuszertifikaten schneidet das Garantiezertifikat allerdings nur dann besser ab, wenn die Aktienindizes extreme Kursverluste erleiden. Bei allen übrigen Marktbewegungen hat ein Discount- oder Bonuszertifikat die Nase deutlich vorn. Etwas mehr Mut ist also angezeigt bezüglich Vermögensaufbau und Altersvorsorge!

> ➤ **Es bietet sich folgender Vergleich an:** Viele Autofahrer begnügen sich mit einer Teilkaskoversicherung für das eigene Fahrzeug, weil die Beiträge für eine Vollkaskoversicherung hoch sind und sie ihrer eigenen Fahrweise vertrauen. Ähnlich verhält es sich mit Garantiezertifikaten. Die Teilgarantie sichert das eingesetzte Kapital nur zu 75 bis 90 % ab. Dafür ist die Chance auf eine attraktive Rendite größer.

Strategie- und Basketzertifikate: interessant für Individualisten

Während des Dot.com-Fiebers dicht vor der Jahrtausendwende schossen Internet-Baskets wie Pilze aus dem Boden. Von dieser Online-Euphorie – ausgenommen der Wahnsinn um Facebook – ist bezüglich Aktienkursentwicklung so viel nicht übrig geblieben. Mag das Geschäft selbst auch gut laufen und mit immer neuen Innovationen und Inspirationen überraschen.

Wer sich heute ein Basketzertifikat ins Depot legen will, hält eher Ausschau nach attraktiven Aktienkörben aus den Bereichen Rohstoffe, Edelmetall, Software, Maschinen- und Autobau, Wasserwirtschaft, Medizintechnik, seltene Erden usw. Wer bestimmte Vorlieben und Markterwartungen hat, z. B. deutsche, europäische oder internationale Aktien mit der höchsten Dividendenrendite bevorzugt, für den sind Strategiezertifikate bzw. die aus einem Aktienkorb gebildeten Basketzertifikate interessant. So gibt es Aktienkörbe, die von sportlichen Großereignissen wie Fußballweltmeisterschaften oder Olympiaden profitieren wollen. Der wesentliche Unterschied gegenüber Indexzertifikaten und ETFs besteht darin, dass diese Produkte aktiv gemanagt werden. Selbst bei einem kleineren Portfolio lassen sich mit Basketzertifikaten wichtige Märkte und Branchen abdecken. Die Zusammensetzung ändert sich gewöhnlich auch dann nicht, wenn sich eine Branche überdurchschnittlich gut oder schlecht entwickelt. Strategiepapiere verfügen gewöhnlich über eine begrenzte Laufzeit. Meist handelt es sich um Produkte, deren Aktienkorbauswahl nicht den subjektiven Einschätzungen der Experten obliegt, sondern durch Computerprogramme, also mathematische Parameter, bestimmt wird.

Quanto-Zertifikate bieten Schutz vor Währungsrisiken

Trägt ein Zertifikat den Begriff „Quanto" im Namen, wissen Sie sogleich, dass der Titel währungsgesichert ist. Schwankungen der Wechselkurse, wie das Verhältnis Euro/Dollar, beeinflussen die Kursentwicklung dann nicht. Diese Absicherung ist wichtig bei den in Dollar gehandelten Rohstoffkontrakten, beispielsweise den Edelmetallen Gold, Silber, Platin. Ist die Laufzeit begrenzt, werden die Kosten für die Währungsabsicherung beim Aufgeld verrechnet. Als Anleger entrichten Sie die Versicherungsprämie gleich beim Kauf. Bei einem Open-End-Zertifikat zieht die ausgebende Bank die Kosten für die Währungsabsicherung fortlaufend vom Wert des Zertifikats ab. Es gibt also kein Absicherungsmodell, für das Sie nicht zur Kasse gebeten werden, sei es über höhere Gebühren und Aufschläge, sei es über den Einbehalt der Dividende oder beides.

Vom Express- zum Schmetterlings- und Maulwurfszertifikat

Vor einiger Zeit fragte ich einen Zertifikatexperten: *„Kennen Sie das Maulwurfs-Zertifikat für alle Marktbewegungen, das ähnlich einem Hügel aufwerfenden Maulwurf bei steigenden Kursen durch Call-Optionsunterlegung für kräftige Kursgewinne sorgt? Umgekehrt, bei scharfer Korrektur und Crash, wenn der Maulwurf Reißaus nimmt und sich tiefe Gräben schaufelt, kann das Konstrukt mittels Put-Optionen auch in fallenden Märkten Geld verdienen." – „Ja, ein tolles, innovatives Produkt für jede Marktlage"*, lautete die Antwort. – Dieses Zertifikat entspringt meiner Fantasie, zeigt aber die ganze Problematik des unglaublichen Begriffswirrwarrs bei der Namensgebung auf.

Bei einer Zertifikatwahl im Jahr 2001 hätte ein einfaches Indexzertifikat die Nase vorn gehabt. Ein Jahr später wäre das Discountzertifikat siegreich gewesen. 2003 stände ein Bonuszertifikat ganz oben auf dem Treppchen, 2005 vielleicht abgelöst vom Sprint- und Expresszertifikat. 2006 befand sich das Schmetterlings- oder Chamäleonzertifikat im Blickpunkt, 2010 waren das Discount- und Bonuszertifikat erneut gefragt. Es scheint so, dass die Emittenten fortlaufend neue Strukturen mit dazu passenden Prognosen erfinden, um den Anlegern ihre Produkte schmackhaft zu machen und im Wettbewerb zu bestehen. Ob diese Produktüberflutung aber hilfreich ist, sei kritisch hinterfragt.

Dazu ein Beispiel: Ob der Ölpreis steigt oder fällt, ein Öl-Schmetterlings-Zertifikat verspricht in beiden Marktrichtungen Gewinne, vorausgesetzt, der Ölpreis durchbricht bis zum Laufzeitende in ungefähr fünf Jahren nicht eine tiefgesetzte Marke nach unten (etwa 60 US-Dollar pro Fass) bzw. steigt nicht über eine hochgezogene obere Begrenzung (beispielsweise 140 US-Dollar pro Barrel).

Zertifikat-Sparpläne: kleine Raten – langer Zeitraum

Ob es sich um die eigene Immobilie, die Unterstützung der Kinder und Enkel oder die eigene Altersvorsorge dreht: Mit einem Indexzertifikat-, ETF- oder Aktienfonds-Sparplan lässt sich langfristig ein ansehnliches Vermögen aufbauen.

Statt wie früher nur in Einzelaktien und Aktienfonds zu investieren, entscheiden sich viele Anleger wegen der Transparenz und der niedrigen Kosten immer öfter für ein Indexzertifikat oder einen Indexfonds (ETF) in Form eines Sparplans. Vor 2009 war eine Einmalanlage in einen Aktienfonds oder ETF besonders günstig, um steuerfreie Kursgewinne auch noch nach Jahrzehnten einzuheimsen. Oft aber fehlte es an Geld, solche Pläne umzusetzen. Eltern und Großeltern denken auch an ihre Kinder und Enkel.

➢ Junge Leute handeln klug und weitsichtig, ab Beginn der Berufstätigkeit regelmäßig neben Riester- und Betriebsrente zumindest einen kleineren Betrag in einen ETF- oder Indexzertifikat-Sparplan zu investieren. Die Sparrate ist flexibel, und Sie dürfen bei finanziellem Engpass die Einzahlung vorübergehend aussetzen. Dennoch ist Disziplin geboten, um das Sparziel auch wirklich zu erreichen.

Nicht nur für Aktien, auch für Zertifikate gilt ein Picking mit System

Nicht jedes Zertifikat ist auf jede Marktlage, jedes Anlegerprofil und jeden Anlagezeitraum zugeschnitten. Wer mit Zertifikaten erfolgreich handeln will, sollte – wie beim Aktieninvestment – einige Grundsätze beachten:

Grundpfeiler Ihrer Zertifikate-Auswahl: Ein Crash-Test	
❶ Klarheit über Ihre Bedürfnisse	Verschaffen Sie sich Klarheit über Ihre Beweggründe, und bauen Sie Ihr Depot entsprechend auf.
❷ Ungeschönte Selbsteinschätzung	Erkennen Sie Ihr Risikoprofil. Hebelprodukte sind mit ausgeprägtem Sicherheitsstreben unvereinbar.
❸ Analyse des Marktes und der Indizes	Verfolgen Sie die Marktentwicklung einschließlich der für Sie interessanten Basiswerte.
❹ Breite Portfoliostreuung	Streuen Sie Ihr Kapital über verschiedene Assetklassen, die nicht im Gleichschritt laufen.
❺ Sorgfältige Auswahl	Wählen Sie gezielt aus nach Anlageschwerpunkt, Anlagehorizont, Währungssicherheit, Rendite usw.
❻ Ständige Überprüfung der Performance	Kontrollieren Sie; aber seien Sie geduldig. Oft kommen erst später die Stärken zum Tragen.
❼ Mehr Chancen durch steuerliche Gleichstellung	Bis 2008 war es ratsam, sich einen steuerfreien Aktienaltbestand an Qualitätstiteln aufzubauen, den es zu pflegen gilt. Seit 2009 sind Zertifikate wieder interessant, da die Abgeltungsteuer bei Kursgewinnen und Dividendenerträgen nicht mehr zu umgehen ist.

➢ **Bei Zertifikaten gibt es einen Wermutstropfen:** Im Falle einer Insolvenz des Emittenten ist das Sparvermögen nicht geschützt. Folglich sollte Ihre Wahl auf eine renommierte Großbank fallen, die sich nicht durch riskante Geschäfte mit verbrieften Kreditderivaten finanziell ruiniert hat und staatliche Rettungsschirme benötigt.

Beim Sparplan verhalten Sie sich antizyklisch und nutzen den Cost-Average-Effekt. Da die monatliche Sparrate in der Regel gleich bleibt, erwerben Sie bei einem hohen Kurs Ihres Sparobjekts nur wenige, bei einem niedrigen Kurs verhältnismäßig viele Anteile. So erzielen Sie einen günstigen Durchschnittspreis. Etliche Direktbanken berechnen für Zertifikat-Sparpläne keine Depotgebühren. Dazu gehören die DAB Bank, Cortal Consors sowie comdirect. Als Sparbetrag setzen einige Banken monatlich mindestens 50 Euro, etliche Geldinstitute auch 100 Euro voraus.

13.2 Hebelzertifikate: Große Chancen – hohes Risiko

Das Bankhaus Trinkaus & Burkhardt leitete im Jahr 1989 die Ära der Hebelprodukte mit der Emission des ersten verbrieften Optionsscheines (OS) ein. Danach setzte eine stürmische Weiterentwicklung der Optionsscheine wie auch der Hebelzertifikate ein. Zum Jahresbeginn 2011 bot die Börse Stuttgart bzw. ihre börsennotierte Unternehmenstochter EUWAX nahezu 190.800 Optionsscheine, rund 93.5000 Knock-Out-Hebelzertifikate und 6.200 Exotische Produkte an.

OS-, Anlage- und Hebel-Zertifikate-Strategie

Szenario I Basiswert stark abwärts	Szenario II Basiswert leicht abwärts	Szenario III Basiswert Seitwärtstrend	Szenario IV Basiswert etwas aufwärts	Szenario V Basiswert stark aufwärts
Positive Performance	**Positive Performance**	**Positive Performance**	**Positive Performance**	**Positive Performance**
Garantie-zertifikate	Discount-, Bonus-, Garantie-, Schmetterlings-zertifikate	Discount-, Bonus-, Express-, Schmetterlings-zertifikate	Index-, Bonus-, Discount-, Express-, Sprint-zertifikate	Index-, Bonus-, Basket-, Outperformance-, Sprintzertifikate
Put-OS	**Put-OS**		**Call-OS**	**Call-OS**
Short-/Bear-Hebelzertifikate	Short-/Bear-Hebelzertifikate		Long-, Bull-Hebelzertifikate	Long-, Bull-Hebelzertifikate
Negative Performance	**Negative Performance**	**Negative Performance**	**Negative Performance**	**Negative Performance**
Index-, Discount-, Sprint-, Themen-, Bonuszertifikate	Index-Zertifikate	Voll-Garantie-, Sprint- und Outperformance-Zertifikate	Garantie-Zertifikate	Garantie-, Discount- und evtl. Schmetterlings-Zertifikate
Call-OS	**Call-OS**		**Put-OS**	**Put-OS**
Long-, Bull-Hebelzertifikate	Long-, Bull-Hebelzertifikate		Short-/Bear-Hebelzertifikate	Short-/Bear-Hebelzertifikate

Hier bietet sich der Vergleich mit einem Autofahrer an, der viel Geld für den schnellsten Sportwagen ausgibt, die Maximalgeschwindigkeit und sein Fahrgefühl auf den verstopften Autobahnen aber nur selten erreichen und ausleben kann. Einen teuren Sportwagen unfallfrei zu fahren, verlangt viel Übung, Können und Erfahrung. Dies gilt ebenso für den Umgang mit Hebelzertifikaten. Fazit: Nichts für Anfänger!

14 Auf dem Weg zum Fondsprofi

Wann, warum und für welchen Anlegertyp eignen sich Fonds?

Wer nicht täglich sein Depot im Auge behalten will, weder Zeit noch Lust hat, ständig das Marktgeschehen zu beobachten, sich unsicher fühlt, wenig Risikobereitschaft mitbringt, breit streuen will, aber die Kapitaldecke zu schmal für mehrere in- und ausländische Einzelaktien ist, für den bieten sich Investmentfonds an. Die Auswahl ist riesig und liegt bei mehr als 8.500 Produkten. Aktiv gemanagte Aktienfonds erfassen neben den

Illustration: Dirk Meister, aus: „Der Börsenführerschein", S. 106

weltweiten Indizes unterschiedliche Branchen, Sektoren und Themen, so auch aufstrebende Märkte und Edelmetalle.

Einige zertifizierte Aktienfonds sind für die staatlich geförderte Riester-Rente zugelassen. Als Sparplan lässt sich der Cost-Average-Effekt ideal nutzen. Der Zusatz „thesaurierend" besagt, dass das Fondsmanagement die Dividenden wieder anlegt – günstig beim steuerfreien Altbestand. Wie eine kürzlich veröffentlichte Studie zeigt, sind Investmentfonds die beliebteste Wertpapieranlage der Deutschen. Insgesamt beträgt das Wertpapiervermögen der Bundesbürger 1,1 Billionen Euro. Auf der Favoritenseite befinden sich gehäuft Fonds mit dem Schwerpunkt „Dividendenspitzenreiter".

Investmentfonds seit Anfang 2010 wieder im Aufwind

Im Oktober 2010 sammelte die Investmentfondsbranche rund 17 Mrd. Euro neue Anlagemittel ein – das beste Ergebnis seit April 2006. Fast 11 Mrd. Euro investierten die Anleger in Publikumsfonds. Verlierer waren wegen der niedrigen Verzinsung Geldmarktfonds. Wer Aktienfonds erwirbt, macht sich das Wissen der Profis zunutze. Da jedoch die meisten Standardwertefonds den Vergleichsindex nicht schlagen, sind Sie mit den preiswerten, passiv gemanagten Indexfonds (Exchange Traded Fonds = ETF) oft besser dran. Bislang greifen institutionelle Anleger verstärkt auf ETFs zu, und diese Profis wissen, was sie tun. Ist das Fondsmanagement gut – einen Hinweis liefert die Rating-Einstufung – sind Sie mit Themenfonds oft auf der richtigen Seite. Geht es um Blue Chips oder Standardwerte, empfiehlt sich ein passiv gemanagter ETF.

Der Aktienfonds übernimmt die Funktion eines Spartopfes. Von dem eingesammelten Geld investieren die Fondsmanager je nach Ausrichtung in europäische oder deutsche Blue Chips, in Nebenwerte, internationale Rohstoff- oder Hightechaktien usw. So streuen Sie Ihr Risiko und können die gewünschten Märkte abdecken, ohne Millionär zu sein.

Sie werden mit dem Kauf von Investmentanteilen Miteigentümer am Fondsvermögen der betreffenden Kapitalanlagegesellschaft. Sie nehmen mit dem geschützten Sondervermögen und den dynamischen Sachwerten am Wirtschaftswachstum und über Kursgewinne und Dividenden an der Wertschöpfung teil. Sie können aktuelle Trends wahrnehmen und in Schwellenländer investieren. Informationen über kleinere ausländische Einzeltitel sind dünn gesät. Grundsätzlich lässt sich mit den richtigen Fonds das gebührenpflichtige Umschichten vermeiden – ein Ausgleich für die relativ hohe jährlich erhobene Managementgebühr.

➢ Passiv gemanagte Indexfonds (ETF) und aktiv gemanagte Spitzenfonds, national, europäisch und global ausgerichtet, bringen langfristig beste Renditechancen.

Wichtig für den Erfolg ist ein ausgewogenes Verhältnis von Risiko und Rendite. Bezüglich Kosten sind ETFs im Vorteil, die statt eines Ausgabeaufschlags nur einen geringen Spread (Unterschied zwischen Geld- und Briefkurs) kennen. So bleiben für aktiv gemanagte Aktienfonds, bei denen die jährliche Managementgebühr meist 1,5 bis 2,5 % gegenüber nur 0,15 bis 0,65 % bei ETFs beträgt, zwei Erfolgsfaktoren übrig:

➢ Ein gutes Fondsmanagement schichtet bei Bedarf im Rahmen seiner Vorgaben um, und für Sie als Anleger bleiben diese Aktivitäten steuerfrei.

➢ Ein fähiges Fondsmanagement bringt im Rahmen der Vorgaben bezüglich Zusammensetzung, Auswahl und Gewichtung eigene Innovationen erfolgreich ein.

Urvater der Investmentfonds

Philip Carret legte 1928 sein Kapital mit dem seiner Verwandten und Freunde zusammen und gründete den **Pioneer Fund.** Er managte den ältesten in Deutschland registrierten Investmentfonds bis 1983. Sein Leitspruch lautete: *„Mit Geduld sind außergewöhnliche Gewinne erzielbar."*

ADIG Fondak: Geburtstag mit 37.000 % Wertzuwachs

Der älteste deutsche Aktienfonds ADIG Fondak feierte 2005 seinen 55. Geburtstag. Jeder, der seit 1950 dabei ist, wurde für seine Treue mit einem Wertzuwachs von 37.000 % belohnt. Allerdings berücksichtigt dieser Wertzuwachs nicht die stattliche Inflationsrate und die Gebühren über einen Zeitraum von 55 Jahren.

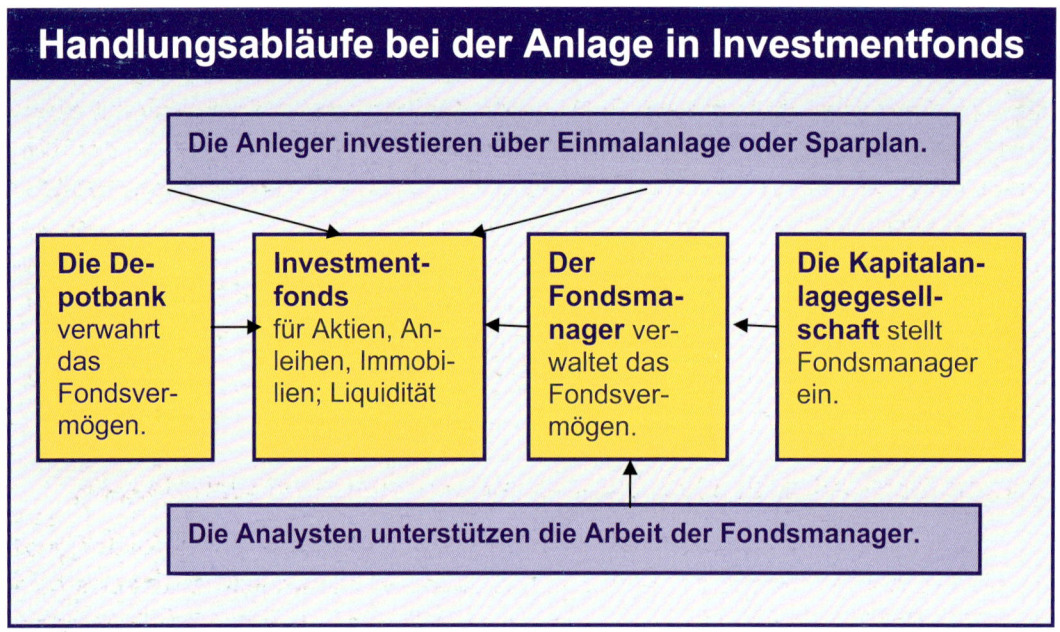

Handlungsabläufe bei der Anlage in Investmentfonds

Die Anleger investieren über Einmalanlage oder Sparplan.

Die De-potbank verwahrt das Fondsvermögen.	**Investmentfonds** für Aktien, Anleihen, Immobilien; Liquidität	**Der Fondsmanager** verwaltet das Fondsvermögen.	**Die Kapitalanlagegesellschaft** stellt Fondsmanager ein.

Die Analysten unterstützen die Arbeit der Fondsmanager.

Bei der Fondsauswahl helfen Rating-Agenturen wie S&P, Moody's, Fitch Ratings und Morning Stars, die besten Produkte aufzuspüren. Das Ranking beschränkt sich auf *quantitative* Beurteilungsfakoren wie Rendite, Volatilität und Risikoprofil. Das Rating bewertet die *qualitativen* Faktoren, vor allem die Leistungsfähigkeit der Fondsmanager. Interessant ist beim Ranking die Anzahl der Sterne – vergleichbar mit Hotels.

Fondsbewertungen von Standard & Poor's (S&P)

Ranking (Rendite und Risiko, auf 3 Jahre bezogen)	★★★★★	Zählt zu den Top-Zehn-Prozent der Gruppe
	★★★★	Gutes Rendite- und Risikoprofil
	★★★	Mittleres Rendite- und Risikoprofil
	★★	Schwaches Rendite- und Risikoprofil
	★	Gehört zu den schlechtesten 25 % der Gruppe
Rating (auf Basis einer S&P-Analyse über das Management)	AAA	Außergewöhnlich hohe Managementqualität
	AA	Sehr gute Qualität des Fondsmanagements
	A	Gute Qualität des Fondsmanagements
	NR	Das Rating wurde entzogen
	UR	Steht unter Beobachtung (Managerwechsel o. ä.)

Alljährlich überprüft S&P pro Jahr europaweit ungefähr 1.500 Investmentfonds.

Bezüglich der Bonitätseinstufung von Ländern wie Griechenland, Irland, Portugal und Spanien im Zuge der Turbulenzen um einen drohenden Staatsbankrott werden die Rating-Agenturen jetzt öfters kritisiert Bei vier oder fünf Sternen – vergleichbar mit einem Hotel oberer Preisklasse – schnitt dieser Fonds in den letzten drei Jahren bei der Rendite gut bzw. sehr gut ab. Die Rating-Buchstaben, selbst AAA, sind aber kein Freibrief für die künftige Entwicklung. Wer gestern gut war, muss es morgen nicht sein. Bei Managerwechsel, Trendumkehr, Branchenrotation oder unterschiedlicher Indexentwicklung können die bisherigen Favoriten die künftigen Verlierer sein. Rating und Ranking erleichtern die Orientierung und die Grobauswahl. Eine Garantie für die künftige Kursentwicklung sind sie nicht. Am leichtesten verstecken sich schlechte Fonds im Bullenmarkt. Große Fonds schneiden nicht besser ab als kleine, aber sorgen für Stabilität.

Investmentfonds: für viele Deutsche ein Buch mit sieben Siegeln

➤ Laut einer AXA-Studie von 2008 glaubt jeder zweite Deutsche, dass Rentenfonds die gesetzlichen Renten absichern und die Manager offener Immobilienfonds baufällige Gebäude renovieren, um sie zu höheren Preisen zu verkaufen. Die knappe Hälfte hält eine Fondsanlage für sehr kompliziert und genauso riskant wie Einzelaktien. Nur drei Prozent können sich unter einem ETF etwas vorstellen.

Die zehn größten internationalen Aktienfonds
Rangfolge nach 12-Monats-Wertentwicklung zum 31.12.2010

Nr.	Fonds (Performance pro Jahr)	ISIN	1 Jahr	3 Jahre
❶	M&G Global Basics A Euro Acc	GB0 030 932 676	+30,8 %	+0,6 %
❷	Robecco	NL0 000 289 783	+22,2 %	-3,8 %
❸	UniGlobal	DE000 849 105 1	+21,7 %	-1,2 %
❹	iShares MSCI World USD	IE0 0B0 M62 Q58	+20,7 %	-3,1 %
❺	DWS Top Dividende	DE000 984 811 9	+19,0 %	-1,6 %
❻	Templeton Growth Fund A	US8 801 991 048	+18,7 %	-6,8 %
❼	Carmignac Investissement A	FR0 010 148 981	+18,2 %	+4,5 %
❽	Templeton Growth (Euro) A (acc)	LU0 114 760 746	+16,7 %	-7,3 %
❾	DWS Vermögensbildungsfonds I	DE000 847 652 4	+9,9 %	-4,4 %
❿	DWS Akkumula	DE000 847 402 4	+6,5 %	-4,4 %
	Fonds-Durchschnitt		**+19,4 %**	**-5,0 %**
	Vergleichsindex MSCI World		**+23,1 %**	**-2,9 %**

Die besten Fonds mit europäischen Substanzaktien
Rangfolge nach 12-Monats-Wertentwicklung zum 31.12.2010

Nr.	Fonds (Performance pro Jahr)	ISIN	1 Jahr	3 Jahre
01	J0HCM Europ. Select Values Ret.	IE0 032 904 009	+25,4 %	-1,6 %
02	4Q-European Value Fund Univers.	DE000 978 198 9	+23,2 %	-2,1 %
03	Nordea 1 – European Value Fund	LU0 064 319 337	+20,5 %	-4,2 %
04	Sparinvest-European Value EUR R	LU0 264 920 413	+19,7 %	-8,4 %
05	UBAM Europe Equity A	LU0 045 842 449	+18,0 %	-9,2 %
06	Vontobel Fund European Value Eq	LU0 153 585 137	+16,6 %	-6,9 %
07	MFS Meridian Funds Europ. Value	LU0 125 951 151	+16,3 %	-3,3 %
08	Metropole Selection	FR0 007 078 811	+14,3 %	-5,1 %
09	Tocqueville Value Europe P	FR0 010 547 067	+13,5 %	-5,3 %
10	Allianz RCM Europ. Equ. Divid. AT	LU0 414 045 822	+13,1 %	-
11	Credit Suisse MACS Europ. Divid.	DE000 847 652 4	+12,8 %	-
12	H&A Lux Equities – Value Invest B	LU0 100 177 426	+12,7 %	-8,9 %
13	Franklin Mutual European A (acc)	LU0 109 981 661	+12,6 %	-6,9 %
	Durchschnitt aller 53 Fonds dieser Kategorie		+11,8 %	-9,1 %
	Vergleichsindex MSCI Europe Standard-Index (US-$)		+13,1 %	-7,4 %

Fazit: Ein preiswerter ETF brachte mehr Rendite als ein Durchschnitts-Fonds.

Kurzinformation: Was sind Dachfonds?

Diese Produkte legen nicht in einzelne Werte, sondern in andere Fonds an, also auch in aussichtsreiche Produkte fremder Emittenten. Als Vergleich bietet sich ein Mietshaus mit mehreren Wohnungen an.

Es sind zusätzliche Gebühren zu entrichten, und das Risikoprofil des Dachfonds entspricht nicht immer der Vorstellung des Investors. Grundsätzlich sind Dachfonds wegen des geringeren Risikos insbesondere im Hedge-Fonds-Sektor beliebt, wenngleich sie bei der Rendite gegenüber Hedge-Fonds-Zertifikaten oft gehörig hinterherhinken.

Was sind Mischfonds?

Das Anlageziel sind Aktien und Anleihen, eventuell auch Hedge-Fonds. Die Rendite hängt von der Mischung sowie der Entwicklung der Aktien- und Rentenmärkte ab.

Was sind AS-Fonds?

Die Altersvorsorge-Sondervermögen-Fonds investieren in Aktien, Anleihen und Immobilien. Die AS-Fonds werden jedoch im Gegensatz zu den Riester-Produkten staatlich nicht gefördert.

Was sind Geldmarkt-Fonds?

Das Geld wird in verzinsliche Wertpapiere mit einer Laufzeit bis zu einem Jahr angelegt. Geldmarktfonds eignen sich zum „Parken" des Vermögens, bis sich andere attraktive Investments abzeichnen.

Was sind offene und geschlossene Immobilienfonds?

Die Tabelle mit wichtigen Merkmalen sorgt für Klarheit. Offene Immobilienfonds, eine bislang bewährte Anlageform für die Altersvorsorge, gerieten in Misskredit, weil viele Anleger wegen des Mittelabflusses noch nicht an ihr Geld herankommen. Bis Mai 2010 wurden acht von 45 offenen Immobilienfonds geschlossen. Damit liegt Investitionskapital von rund 20 Milliarden Euro auf Eis. Damals wurden 500 Millionen Euro abgezogen. Im Frühjahr 2010 waren hierzulande noch 89 Milliarden Euro investiert. Ein Fondsmanager meinte: *„Faktisch sind diese Fonds tot."* Sobald sich die Immobilienbranche erholt – heutige Anzeichen sprechen dafür – wird dieses harte Urteil nicht mehr gelten. Immerhin betrug die Rendite bei offenen Immobilienfonds in den letzten 20 Jahren im Schnitt jährlich 4,8 %, was sicherheitsbewusste Anleger zu schätzen wussten.

Offene Immobilienfonds	Geschlossene Immobilienfonds
Normalerweise jederzeitige Rückgabemöglichkeit zum Tagespreis. In Krisenzeiten können Fonds die Rückzahlung bis zu zwei Jahren aussetzen, um bei Mittelabfluss eigene Immobilien nicht zu Schleuderpreisen verkaufen zu müssen.	Eine Rücknahmeverpflichtung besteht nicht. Es gibt keine verbindlichen Rücknahmepreise. In der Regel sind Verkäufe nur möglich, wenn ein Ersatzkäufer einspringt. Nachschussverpflichtungen sind nicht ausgeschlossen.
Mittel- und längerfristig erfolgt im Allgemeinen ein Wertzuwachs.	Risiko des Veräußerungsverlustes durch hohe Einstandspreise
Viele Objekte, breite Standortstreuung	Ein Objekt bzw. wenig Objekte
Einkünfte aus Kapitalvermögen	Einkünfte aus Vermietung/Verpachtung
Gesetzlich geschützt und kontrolliert (Rating)	Kein gesetzlicher Schutz, eventuell ein Produkt des Grauen Kapitalmarktes

Das Duell: Merkmale von Fonds und Zertifikaten (I)

Stichwort	Aktienfonds	Anlagezertifikate
Wesensmerkmale	Der Anleger ist Miteigentümer am Fondsvermögen der Kapitalanlagegesellschaft.	Der Anleger erwirbt eine zinslose Schuldverschreibung von der ausgebenden Bank.
Kauforder	Ein Ausgabeaufschlag bis zu fünf Prozent ist üblich. Der Handel erfolgt börsentäglich. Ein Rabatt ist verhandelbar oder wird vom Discountbroker bis zum kompletten Verzicht grndsätzlich gewährt.	Beim Kauf über die Börse fallen nur verhältnismäßig niedrige Transaktionskosten an. Der Handel erfolgt börsentäglich.
Verkaufsorder	Der Verkauf erfolgt gebührenfrei zum niedrigeren Rücknahmepreis.	Der Verkauf ist jederzeit über die Börse möglich. Transaktionskosten entstehen wie bei Aktien auch beim Verkauf.
Transparenz, Überblick	Üblich sind Monats- und Halbjahres- sowie Rechenschaftsberichte.	Die verwirrende Produkt- und Namensvielfalt sowie die unterschiedliche Ausgestaltung erschweren den Überblick.
Entscheidungshilfen	Rating- und Rankingtabellen erleichtern die Groborientierung und Entscheidung.	Die im Internet abrufbaren Stammdaten über jedes einzelne Produkt (ISIN/WKN) bieten eine gute Orientierungsgrundlage.
Sicherheit	Aktien- und Indexfonds sind als Sondervermögen bei Insolvenz der Fondsgesellschaft geschützt.	Das Emittentenrisiko ist durch sich häufende Bankpleiten im Zuge der weltweiten Finanzkrise gestiegen.
Risiko	Ein Totalverlust ist im Gegensatz zur Direktanlage in Aktien und geschlossenen Film-, Schiffs- und Immobilienfonds wegen der breiten Streuung bei Aktienfonds unwahrscheinlich.	Bei Garantiezertifikaten wird Kapitalerhalt außer bei Emittentenpleite gewährleistet. Im Gegensatz zu Anlagezertifikaten ist bei derivativen Hebelzertifikaten ein Totalverlust (Erreichen der Knock-Out-Schwelle) möglich.

Das Duell: Merkmale von Fonds und Zertifikaten (II)

Stichwort	Aktienfonds	Anlagezertifikate
Strategie	Aktienfonds entziehen sich kaum dem vorherrschenden Markttrend.	Fast jede Marktprognose lässt sich rasch umsetzen; die Auswahl an Zertifikaten ist riesig.
Kursentwicklung (Performance)	Aktienfonds können besser oder schlechter als der Vergleichsindex, Benchmark genannt, abschneiden.	Die Wertentwicklung beim klassischen Indexzertifikat entspricht exakt dem zugrunde liegenden Börsenbarometer wie DAX, Dow Jones oder Euro Stoxx 50.
Gebühren	Aktienfonds werden aktiv gemanagt. Neben dem Ausgabeaufschlag fällt oft eine Verwaltungsgebühr von jährlich 1,5 bis 2,5 % an. Evtl. kommt eine Erfolgsgebühr hinzu.	Bei passiv gemanagten Indexzertifikaten fällt nur ein geringfügiger Spread (Unterschied zwischen Geld- und Briefkurs) an.
Größte Vorteile	Der Anleger überträgt seine Investment-Entscheidung auf kompetente Fondsprofis.	Fundierte Börsenkenntnisse und genaue Marktbeobachtung sind entscheidend für den Erfolg.
Nachteile und Gefahren	Die Gebühren sind hoch, und längst nicht alle Aktienfonds schlagen die Benchmark.	Bei einfachen Produkten wie dem Indexzertifikat ist die Kostenstruktur günstig.
Dividende	Die Dividende wird meist fortlaufend wieder angelegt. Der Name „Thesaurierungsfonds" zeigt an, dass die Gewinnausschüttung in weitere Fondsanteile investiert wird.	Bei Voll- und Teilschutzprodukten sowie Discount- und Bonuszertifikaten wird die Dividende meist einbehalten. Die Rendite ist niedrig, dafür das Risiko begrenzt.
Anlage vor 2009	Es war klug, massiv in Aktien, Index- und Aktienfonds zum Aufbau steuerfreier Altbestände zu investieren	Wer clever war, hat bis Ende 2008 Zertifikat-Investments zu Gunsten von Aktienanlagen zurückgestellt.
Anlage seit 2009	Es macht wenig Sinn, Aktienfonds einseitig überzugewichten.	Für marktkundige Investoren gibt es große Gewinnchancen mit Anlage- und Hebelzertifikaten.

Testbogen ❼ zur Prüfungsvorbereitung

Nr.	Aufgabenstellung	Ja/Nein/Punkte
1	Börsenrätsel: Setzen Sie die fehlenden Buchstaben ein. Das aus 15 Anfangsbuchstaben zu bildende Lösungswort gehört zur Börse.	15 [ ]
1.1	Anderer Name für ETF	1 [ ]
1.2	Aktienart	1 [ ]
1.3	Kursschwankungen	1 [ ]
1.4	Erneuerbare Energie	1 [ ]
1.5	Differenz Geld-/Briefkurs	1 [ ]
1.6	Durchschaubarkeit, Öffnung	1 [ ]
1.7	Fonds mit Aktien/Anleihen	1 [ ]
1.8	Gibt z. B. Zertifikate heraus	1 [ ]
1.9	Begriff für Small Caps	1 [ ]
1.10	Kauf- und Verkaufsorder	1 [ ]
1.11	Streubesitz	1 [ ]
1.12	Windkraft auf dem Land	1 [ ]
1.13	Name bei Börsengang	1 [ ]
1.14	Legt in andere Fonds an	1 [ ]
1.15	Dient der Verlustbegrenzung	1 [ ]
2	Wissenstest: Welche Aussagen zu Fonds stimmen?	Kreuz	6 [ ]
2.1	Aktienfonds legen immer Geld in Aktien und in Anleihen an.		1 [ ]
2.2	Geldmarktfonds investieren in verzinsliche Wertpapiere.		1 [ ]
2.3	Offene Immobilienfonds sind riskanter als geschlossene.		1 [ ]
2.4	Mischfonds investieren in Aktien, Anleihen und Rohstoffe.		1 [ ]
2.5	Hedge-Fonds investieren in Währungen, Rohstoffe, Aktien usw.		1 [ ]
2.6	Dachfonds legen auch in Fonds u. Zertifikate anderer Banken an.		1 [ ]
3	Wissenstest: Welche Aussagen zu Zertifikaten stimmen?	Kreuz	9 [ ]
3.1	Beim Kauf über die Börse fallen keine Transaktionskosten an.		1 [ ]
3.2	Discountzertifikat gut in der Hausse, Bonuszertifikat in der Baisse		1 [ ]
3.3	Bei Insolvenz des Emittenten droht der totale Kapitalverlust.		1 [ ]
3.4	Turbo-Zertifikate zählen zu den derivativen Hebelprodukten.		1 [ ]
3.5	Index-Zertifikate eignen sich vor allem für Kurzzeitanleger.		1 [ ]
3.6	Für jede Markteinschätzung gibt es die passenden Produkte.		1 [ ]
3.7	Bonus-Zertifikate wenden sich an sehr spekulative Anleger.		1 [ ]
3.8	Hebel-Zertifikate sind nur günstig in stark steigenden Märkten.		1 [ ]
3.9	Bei Garantiezertifikaten steht der Kapitalerhalt im Vordergrund		1 [ ]

Zwischenstand: 29 – 30 Punkte: sehr gut, 27 – 28 Punkte: gut, 24 – 26 Punkte: befriedigend, 21 – 23 Punkte: ausreichend (Lösung S. 214/215) — 30 [   ]

Nr.	Testbogen ❼ (Fortsetzung)	Übertrag	30[ ]
4	**Zuordnungstest: Ordnen Sie Aktienanleihen, Zertifikate und Fonds zu. (Mehrfachnennung möglich)**	**Nummern eintragen**	33[ ]
4.1	1) Schuldverschreibung. 2) Anleger ist Miteigentümer. 3) Anleger ist Gläubiger. 4) Ausgabeaufschlag üblich. 5) Managementgebühr üblich. 6) Bei Kauf nur niedrige Gebühr (Spread). 7) Stets aktiv gemanagt. 8) Auch Hebelprodukte. 9) Vor allem für Langzeitstrategie gut. 10) Richtige Markteinschätzung wichtig. 11) Evtl. Deckel bei Kursgewinn. 12) Laufzeit immer unbegrenzt. 13) Mit festem Zinssatz ausgestattet. 14) Anlageziel: Besser als Benchmark. 15) Höchste Renditen im Bullenmarkt. 16) Mit Aktienandienungsrecht ausgestattet. 17) Gibt über 500.000 Produkte. 18) Dividende wird u. U. einbehalten. 19) Stagnierender Markt: Vorteil hoher Zinskupon. 20) Anleger delegiert Portfoliostruktur an Profis. 21) Oft schlechter als Benchmark. 22) Relativ hohe Gebühr. 23) Mit „Teil- und Vollkasko". 24) Auch mit Sicherheitspuffer und Cap. 25) Emittent bestimmt Auszahlungsart. 26) Starke Konkurrenz mit Indexfonds. 27) Bei Emittenten-Pleite droht Totalverlust. 28) Rücknahmepreis beim Verkauf. 29) Große Namensvielfalt. 30) Sondervermögen.	**Anleihe, Aktienanleihe**	7 [ ]
4.2		**Zertifikate**	13[ ]
4.3		**Aktienfonds**	13[ ]
5	**A sucht B: Bilden Sie passende Wortpaare.**		18[ ]

Nr.		A	B	Pkt.
5.1	1) Exchange Traded Funds. 2) Spread. 3) Sicherheitspuffer und Cap. 4) Gilt für Aktienanleihen. 5) Währungsabsicherung. 6) DAXplus Family Index. 7) Finanz-/Ertragskraft. 8) Benchmark. 9) Bonität. 10) Sondervermögen. 11) Zertifikate-Emittent. 12) Free Float. 13) Garantiezertifikate. 14) Legt in andere Fonds an. 15) Hedge-Fonds. 16) Bonuszertifikat. 17) Anlage in Aktien/Anleihen. 18) Put/Short/Bär-Produkt.	A1 A2 A3 A4 A5 A6 A7 A8 A9	B/ B/ B/ B/ B/ B/ B/ B/ B/	1 [ ] 1 [ ] 1 [ ] 1 [ ] 1 [ ] 1 [ ] 1 [ ] 1 [ ] 1 [ ]
5.2	1) Kreditwürdigkeit. 2) Kein Cap, der den Gewinn begrenzt. 3) Dachfonds. 4) Aktien/Aktienfonds. 5) Mischfonds. 6) Großbank. 7) ETF. 8) Differenz Geld- und Briefkurs. 9) Mit „Teil- und Vollkasko-Variante". 10) Familienfirmen. 11) Cashflow. 12) Vergleichsindex. 13) Großes Anlagespektrum, Depotabsicherung. 14) Streubesitz, 15) Quanto. 16) Aktien-Andienungsrecht. 17) Setzt auf fallende Märkte. 18) Discount-Zertifikat.	A10 A11 A12 A13 A14 A15 A16 A17 A18	B/ B/ B/ B/ B/ B/ B/ B/ B/	1 [ ] 1 [ ] 1 [ ] 1 [ ] 1 [ ] 1 [ ] 1 [ ] 1 [ ] 1 [ ]

Auswertung: 78 – 81 Punkte: sehr gut, 73 – 77 Punkte: gut, 68 – 72 Punkte: befriedigend, 62 – 67 P. = ausreichend (Lösung S. 214/215) | 81 [   ]

15 Hedge-Fonds als Depotbeimischung

Am 08. März 2011 meldete der Nachrichtensender n-tv, dass das Anlagevolumen bei Hedge-Fonds auf Rekordniveau bei 2,5 Billionen US-Dollar liegt. Die 9.000 Hedge-Fonds können wie Managed Futures-Fonds auch in fallenden Märkten Geld verdienen.

George Soros, der König der Hedge-Fonds, 1992 zu Weltruhm gelangt mit seiner milliardenschweren Wette gegen das britische Pfund, meint: *„Ich verdiene einfach sehr viel Geld, wenn ich richtig liege."* Seine Fonds *„Quantum" und „Quota" wuchsen von 12 Mio. Dollar auf 23 Mrd. Dollar.*

Handelsblatt-Illustration, Nr. 186, 26. Sept. 2001, Seite B9

Solche alternativen Investments gelten als Depotbeimischung und Risikominimierung vor allem bei angespannter Marktlage, wie in den Zeiten der Weltwirtschaftskrise. Das Überschuldungsdesaster von Griechenland und Irland sowie Spanien, Portugal und Amerika im Schlepptau schmälert die Sorgen nicht. In solchen Phasen befinden sich Hedge-Fonds mit ihren Spekulationen und Wetten auch gegen Währungen wie den Euro, fossile Energie, Buntmetall, Getreide und andere Rohstoffe im Härtetest. Zwar heißt „to hedge" absichern, aber in Wirklichkeit wird riskant investiert. Seit Oktober 2010 hat die EU die Regeln für Hedge-Fonds verschärft. Neben mehr Transparenz zählen dazu auch Vorschriften gegen das Ausplündern übernommener Firmen in typischer Heuschreckenmanier.

Die Ergebnisse der globalen Hedge-Funds-Studie von Ernst & Young 2010 **„Wiederherstellung des Gleichgewichts"** zeigen, dass sich die Branche trotz höherer Transparenzanforderungen erholt. Der Studie liegt eine Umfrage von 104 Hedge-Funds und 53 institutionellen Anlegern zugrunde, durchgeführt im Spätsommer 2010. Das Ergebnis lautet: *„Hedge-Funds haben sich seit dem starken Abschwung von 2008 deutlich erholt. Die Erholung im Jahr 2009 war bemerkenswert. Obwohl die Zugewinne 2010 weniger spektakulär ausfallen, befinden sich Hedge-Funds nicht mehr am Rande des Abgrunds. Die künftige Herausforderung besteht darin, den Ansprüchen der Anleger zu genügen, Talente zu rekrutieren und sich weiterzuentwickeln."* 2008 verdüsterte sich das Börsenklima. Es wurden fast 1.500 Hedge-Fonds aufgelöst. Das verwaltete Vermögen sank gegenüber 2006 von 1,5 auf 1,2 Billionen Dollar 2008. Die Deutsche Bank meldete im März 2011 deutliche Zuwächse bei institutionellen Investoren.

Ab 2011 scheinen für Hedge-Fonds wieder bessere Zeiten anzubrechen. Frank Dornseifer vom Bundesverband Alternative Investments meint: *„Der Hedge-Fonds-Markt in Deutschland wird sich positiv entwickeln, weil gerade die Krise gezeigt hat, dass Hedge-Fonds-Produkte im Gegensatz zur öffentlichen Wahrnehmung nicht so ein starkes Risiko wie etwa Aktien aufweisen."* 37 % der Hedge-Fonds-Manager halten den Ruf ihres Fonds für entscheidend, 35 % die aktuelle Performance als vorrangig.

Welche Ziele und Erwartungen haben Fonds-Manager und Anleger?

➤ Anleger ordnen als wichtigsten Faktor die Performance mit 38 % Zustimmungsanteil ein, danach das Risiko mit 25 % und die Transparenz ebenfalls mit 25 %.

➤ Im Hinblick auf die Risikobeurteilung erachten Anleger die Hebelwirkung (Leverage) mit 66 % als besonders wichtig. Als wesentliche Informationen wurden aber auch größte Positionen mit 55 % und Anlageklassen mit 53 % Anteil genannt.

➤ Die Manager kommen zu etwas anderen Einschätzungen. Hier zählen die Anlageklassen zu 81 %, die Branchen zu 75 % und die Regionen zu 75 % zu den entscheidenden Risikoinformationen. Dabei waren Mehrfachnennungen möglich.

Was Hedge-Fonds leisten und bieten sollten	
Dachfonds	**Einzelfonds**
➤ Stabile Ergebnisse ➤ Breit gestreute Investments ➤ Zugriff auf unterschiedliche Hedge-Fonds-Strategien ➤ Geringe Zusatzkosten ➤ Mehr Transparenz	➤ Hohe Erträge ➤ Klar ausgerichtete Strategie ➤ Mehr Transparenz ➤ Niedrige Gebühren bei hohen Investmentbeträgen ➤ Zugriff auf Expertenwissen ➤ Schwerpunkt Risikomanagement

Als im Januar 2004 das Anlagespektrum für Privatanleger in Deutschland um die Assetklasse der Hedge-Fonds erweitert wurde, rechneten die Hedge-Fonds-Gesellschaften und die Banken mit einem boomenden Handel. Schließlich erzielten in den Jahren zuvor diese alternativen Investments eine außergewöhnlich hohe Rendite. Diese von Euphorie geprägten überzogenen Erwartungen erfüllten sich nur zeitweilig. Gegenüber Hedge-Dachfonds war mit Geldmarktfonds nach Gebührenabzug eine vergleichbare Rendite zu erwirtschaften und mit den richtigen Aktien bis Ende 2007 noch wesentlich mehr. Die Anzahl der aufgelegten und zugelassenen Fonds war geringer als eingeplant. Schon damals war es unseriös, Hedge-Fonds als Rendite-Turbos hinzustellen, aber durchaus zutreffend, sie wegen ihrer Diversifikationswirkung als risikosenkend einzustufen.

Hedge-Fonds sind wenig transparente Anlageprodukte, die in vielen Anlageklassen mitmischen und auf steigende wie fallende Notierungen wetten. Zu Schieflagen kommt es vor allem dann, wenn im großen Stil spekuliert wird wie 2010 wohl mit den Wetten gegen den Euro. Erinnert sei auch an die Turbulenzen um den Autobauer General Motors und die Spekulationen mit Kreditderivaten, deren komplizierte Struktur und Hebelwirkung kaum jemand mehr verstand und die Mitauslöser der Krise waren.

Eine Kettenreaktion droht durch die Hebelwirkung von Derivaten, aber auch bei einem Rückzug großer Investoren. Fast die Hälfte der 135 befragten institutionellen Anleger beurteilen Hedge-Fonds als ein marktbewegendes Thema und Schieflagen für wahrscheinlich. Wie turbulent es zugehen kann, erfuhren Anleger nicht erst seit Ausbruch der Subprimekrise, sondern schon ein Jahrzehnt zuvor. 1998 organisierte die US-Notenbank FED aus Furcht vor einem Zusammenbruch des Finanzmarktes eine Rettungsaktion. Die Investmentbanken mussten 3,65 Milliarden Dollar aufbringen, um den Fonds LTCM aus der Patsche zu helfen. Und wie sieht es heute aus? Ständig pumpen die großen Notenbanken weltweit Milliardensummen an Liquidität in den Finanzmarkt, um den Zusammenbruch des Bankensystems abzuwenden. Erinnert sei an das Anwerfen der immer noch emsig arbeitenden Gelddruckmaschinen ab der Pleite der Großbank Lehman Brothers, um Konjunktur stützende Rettungsschirme zu finanzieren oder um aktuell den Staatsbankrott von Griechenland und Irland abzuwenden.

Fallstricke bei Hedge-Fonds: drei Verhaltenstipps

➤ Betrachten Sie Hedge-Fonds zwar als eigene Anlageklasse, aber dennoch nur als Beimischung und Risikominimierung für Ihr Portfolio.

➤ Schrauben Sie Ihre Erwartungen nicht zu hoch. Das angestrebte Renditeziel zwischen 10 und 20 % wird oft ein Wunschtraum bleiben.

➤ Setzen Sie nicht auf die Neulinge in der noch jungen Branche. Investieren Sie in einen bewährten Hedge-Fonds mit Erfolgsgeschichte.

Als Vorfahren der Hedge-Fonds sind die ersten Termingeschäfte zu nennen, die bereits im 17. Jahrhundert entstanden. Erinnert sei an das legendäre hochspekulative Geschäft mit holländischen Tulpenzwiebeln. Auf dem Hochpunkt der Manie kosteten sie 1637 zeitweilig so viel wie eine Pferdekutsche oder Immobilie in Amsterdam.

Zu den typischen Merkmalen der Hedge-Fonds zählt der Leerverkauf, Short-Selling genannt. Hier werden schärfere Regeln gefordert. Kommt es zu Turbulenzen an der Börse rund um den Globus, müssen Leerverkäufe als Sündenböcke herhalten. Den Madoff-Betrugsskandal noch frisch in Erinnerung, schießt sich die Politik gern auf dieses Finanzinstrument ein, das seit einigen Jahren auch für Privatanleger offen ist.

Die Long/Short-Equity-Strategie
Ein besonders beliebtes Finanzinstrument bei Hedge-Fonds

❶ Er leiht sich Aktien von der **Bank** gegen Gebühr

Spekulant

❷ Er verkauft diese Aktien teuer an der **Börse**

Der Aktienkurs fällt wie erwartet

❹ Er gibt der **Bank** die geliehenen Aktien zurück

Spekulant

❸ Er kauft die Aktien an der **Börse** billiger zurück

Anmerkung: Der Gewinn liegt in der Differenz zwischen dem hohen Verkaufs- und dem niedrigeren Rückkaufpreis. Sinkt der Aktienkurs nicht wie erwartet, sondern steigt er weiter an, macht der Spekulant Verluste. Er wird auf dem falschen Fuß erwischt und muss die geliehenen Aktien teurer an der Börse zurückkaufen.

Im Zuge der schwersten Finanzkrise seit 80 Jahren bzw. seit Bestehen der Bundesrepublik kam es zu großen Verwerfungen und auch zu Hedge-Fonds-Pleiten als Folge eines übertriebenen Investments in derivative Kreditkonstrukte. Stellvertretend für weitere Turbulenzen ist die drohende Zahlungsunfähigkeit des 1,4 Mrd. Dollar verwaltenden Londoner Hedge-Fonds Plexus Partners zu nennen. Dermot Keane hat nach Fehlspekulationen am Kreditmarkt mehr als ein Drittel seines Wertes eingebüßt.

Hedge-Fonds als eine Art alternative Allwetteranlage

Stellen Sie sich als Anleger zwei riskante Finanzinstrumente vor: Eines gewinnt bei strahlendem Sonnenschein, das andere bei Regen, Sturm und Wolkenbruch. Sobald Sie beide Assets in Ihr Portfolio aufnehmen, verringern Sie das Risiko spürbar, vergleichbar mit einer Anlage in Öl- und Autoaktien. Erhöht sich der Ölpreis dramatisch, steigen die Energieaktien und fallen die Autotitel. Sinkt der Ölpreis nachhaltig, erholen sich die Autoaktien, und die Ölwerte reagieren mit Abschlägen. Um auf das Hedge-Fonds-Portfolio zurückzukommen: Scheint die Sonne, vergleichbar mit anspringenden Börsenkursen im Bullenmarkt, gewinnt die eine Richtung. Regnet und stürmt es, vergleichbar mit sinkenden Aktienkursen im Bärenmarkt, behauptet sich die andere Investmentform. Ist es bewölkt analog zum Seitwärtsmarkt, spielt sich wenig ab.

In der modernen Portfoliotheorie ist das Risiko der Einzelanlagen nicht wichtig. Entscheidend ist, wie sich das Risiko des Einzelinvestments gegenüber dem gesamten Wertpapierdepot verhält. Vergleichen Sie Ihr Portfolio mit einer Fußballelf. Der einzelne Spieler kann   miserabel bis ausgezeichnet spielen. Entscheidend sind die eingefahrenen drei Punkte bei Spielabpfiff.

Mögliche Hedgefonds-Struktur

18 %	Währungen
5 %	Fleisch
10 %	Agrarmärkte
10 %	Metalle
12 %	Zinsmärkte
13 %	Energie
18 %	Aktienindizes
14 %	Getreide

Quelle: „Der Neue Börsenführerschein", S. 127

Für Hedge-Fonds gibt es trotz der EU-Regulierung bislang nur wenig Einschränkungen. Ähnlich wie ein Heuschreckenschwarm nicht danach fragt, welche Auswirkungen sein Kahlfraß hat, können Hedge-Fonds sämtliche Finanzinstrumente nutzen. Gewinnchancen bestimmen die aktuelle Auswahl.

Der beliebte Leerverkauf ist vergleichbar mit der Inanspruchnahme eines Mietwagens. Gegen eine Leihgebühr mit Rückkaufverpflichtung an der Börse sieht die Spekulation so aus: in bester Kaufmannsmanier teuer verkaufen, danach billig zurückkaufen. Allerdings geht die Spekulation nicht immer auf. Insgesamt beruht die Hedge-Fonds-Strategie auf gesellschaftlichen und wirtschaftspolitischen Veränderungen, auf Marktbeobachtung, Spekulation an den internationalen Terminmärkten mit Rohstoffkontrakten und Finanz-Futures sowie auf Leerverkäufen.

Die wichtigsten Hedge-Fonds-Strategien im Überblick

Hochliquide	Mittelfristige Liquidität	Langfristige Liquidität
Anlagehorizont unter einem Jahr	Anlagehorizont ab einem Jahr	Anlagehorizont ab drei Jahren
➤ Managed Futures ➤ Long/Short Equity ➤ Global Makro	➤ Event Driven ➤ Multi-Strategy ➤ Kreditarbitrage	➤ Distressed ➤ Neue Alternativstrategien

Quelle: Handelsblattgrafik, 08. April 2010, Nr. 68/2010, Quelle: Man-Datenbank

Hedge-Fonds-Strategien: Ein Buch mit sieben Siegeln?

Es lohnt sich, etwas mehr über wichtige Hedge-Fonds-Strategien zu erfahren. Denn ohne Verständnis gibt's keine Erkenntnis.

Managed Futures: Diese Strategie ist auf Terminbörsen fokussiert und zielt darauf ab, die Hebelkraft der Derivate bestmöglich zu nutzen. Üblich ist der auf Hochleistungs-Handelssysteme gestützte mathematische „Quant"-Ansatz. Managed Futures orientieren sich an Trendfolge-Modellen und am Money Management. Vor einigen Jahren, und darin lag ihre Stärke, standen Managed Futures mit anderen Anlageformen kaum in enger Wechselwirkung (Korrelation). Dies trifft bei dem heutigen sekundenschnellen Datenfluss rund um den Globus nicht mehr immer zu. Der Managed-Fonds-Manager investiert je nach Marktlage in Einzelaktien, Aktienindizes, Staats- und Firmenanleihen, Währungen, Industrie- und Edelmetalle, fossile Energieträger, Rohstoffe, Agrarprodukte usw. Er setzt an den weltweiten Terminbörsen auf fallende wie auf steigende Kurse und Preise. Zum besseren Verständnis ein Zitat von John Lintner von der Harvard University: *„Portfolios, die umsichtige und kluge Investments in Managed Futures beinhalten, weisen ein deutlich geringeres Risiko auf als Portfolios, die allein auf Aktien und Anleihen basieren."* Ein Anteil von 5 bis 10 % stabilisiert das Depot.

Global Macro: Diese Strategie versucht, globale Trendveränderungen zu erkennen und gewinnbringend zu nutzen. Es gilt, die Erkenntnisse schnell und unkompliziert umzusetzen. Bei der Wahl der Märkte und Finanzinstrumente gibt es keine Beschränkung.

Event Driven: Hier wird vor allem in Aktien von Unternehmen investiert, die wegen einer Fusion, Übernahme oder Insolvenzgefahr neu ausgerichtet werden. „Distressed Securities" sucht ihre Chancen bei finanziell angeschlagenen Gesellschaften.

Hinter einem Hedge-Fonds steht also die Philosophie, unbedingt Gewinne zu erzielen, egal, ob die Börsenkurse steigen oder fallen. Da diese „Allwetterinvestments" keinen strengen rechtlichen Einschränkungen unterliegen, dürfen die Hedge-Fonds-Manager alle Finanzinstrumente einsetzen. Dach-Hedge-Fonds bieten Privatanlegern interessante Anlageformen. Was stört, sind die hohen Gebühren. Unter dem Oberbegriff „Alternative Investments" werden verschiedenartige Anlagemöglichkeiten in unterschiedlichen Märkten zusammengefasst. Bei vielen Modellen steht der Kapitalerhalt vor der Gewinnmaximierung. Typische Merkmale sind:

➢ Geringe Korrelation (Wechselbeziehung) der Erträge zu den klassischen Anlageformen Aktien und Renten;

➢ Möglichkeit, die Ertrags-Risiko-Struktur des Portfolios zu verbessern;

➢ geringere Liquidität als bei börsennotierten Wertpapieren;

➢ ein zwar verbesserter, aber begrenzter aufsichtsrechtlicher Regulierungsgrad;

➢ ein großer Entscheidungsspielraum des Portfolio-Managements;

➢ eine geringere Transparenz (Durchlässigkeit, Überschaubarkeit, Offenheit) als bei klassischen Investments.

16 Die ETF-Rallye geht ungebremst weiter

Bis Ende 2012 dürfte das in ETF investierte Kapital auf zwei Billionen US-Dollar bzw. rund 1,5 Billionen Euro wachsen. So lauten die Schätzungen des marktführenden US-Vermögensverwalters BLACKROCK. Das entspräche einer jährlichen Steigerung von 20 bis 30 %. Ende 2010 belief sich das globale ETF-Vermögen auf 1,3 Billionen Dollar. Der Spielraum nach oben erscheint noch groß.

Ein Beispiel: Ein Porsche rast auf der linken Spur mit 300 Sachen über die Autobahn. Der Fahrer will es dem Audi rechts von ihm zeigen und als erster am Ziel sein. Geht alles gut, schafft er es. Aber vielleicht landet er mit Motorenschaden im Graben, stößt gegen die Leitplanke oder wird von der Polizei wegen zu hohen Tempos angehalten. Der Audilenker erreicht mit ruhiger Fahrweise in erlaubter Geschwindigkeit sein Ziel, möglicherweise sogar vor dem Porsche.

Es bietet sich der Vergleich zwischen Aktienfonds und Indexfonds mit dem Kürzel ETF (Exchange Traded Funds) an. Nur wenig Aktienfonds sind längerfristig besser als der Vergleichsindex, die Benchmark. Ist es da nicht vernünftig, die preiswerte sichere Variante, den börsengehandelten Indexfonds zu wählen, für den kein Ausgabeaufschlag anfällt und die jährliche Verwaltungsgebühr mit im Schnitt 0,4 % gegenüber rund 2 % bei traditionellen Produkten gering ist?

Die drei Buchstaben ETF zogen anfangs nur Profis magisch an. Jetzt erkennen auch Privatanleger die Vorteile der passiv gemanagten börsengehandelten Indexfonds. Dies geschieht zum Leidwesen der Banken, die an aktiv gemanagten Aktienfonds mehr verdienen. Vielleicht erinnern Sie sich: Vor elf Jahren, im April 2000, startete der ETF-Handel an der Deutschen Börse in Frankfurt mit nur zwei Produkten. Ende 2000 gab es europaweit erst

ETF Top 5: Herbst 2010	
Blackrock:	35,8 %
Lyxor:	18,2 %
Deutsche Bank:	17,2 %
Credit Suisse:	5,2 %
ZKB:	3,9 %

sechs Indexfonds. In Deutschland hat sich das verwaltete ETF-Vermögen von 0,4 Milliarden Euro um die Jahrtausendwende auf 196,5 Milliarden Euro Ende 2010 erhöht. Die Anzahl ist mittlerweile auf rund 1.000 börsennotierte Indexfonds angewachsen. Der bislang klar und einfach strukturierte ETF-Markt mutiert – wie zuvor der Zertifikatsektor – allmählich zum unübersichtlichen, komplizierten, mit Begriffswirrwarr verbundenen Multiproduktmarkt – wie schade! Der ETF-Handel an der Börse erfolgt im Minutentakt. Das monatliche Handelsvolumen legt deutlich zu. Es ist zu erwarten, dass immer mehr Privatanleger ETFs auch für die Altersvorsorge kaufen. So hat die DAB-Bank einen kostenlosen ETF-Sparplan gestartet. Bei den unabhängigen Honorarberatern stieg der ETF-Anteil auf 50 %. Künftig wird ein Zuwachs von 60 bis 70 % erwartet.

Alljährlich fällt nur eine geringe Verwaltungsgebühr zwischen 0,15 % und maximal 0,65 % (Schnitt: 4,0 %) an. Insbesondere bei einem Langzeitinvestment wirkt sich die günstige Kostenstruktur sehr positiv auf die Rendite aus. ETFs verstehen sich als preiswerte Alternative zum Kauf von Einzelaktien und Aktienfonds. Sie folgen der Wertentwicklung eines Index bzw. Börsenbarometers.

Da ETFs als Sondervermögen geführt werden, entfällt das Emittentenrisiko. Mit einer einzigen Transaktion können Sie alle im Index gelisteten Werte erwerben. So lassen sich mit wenigen ETFs die wichtigsten Märkte preiswert abdecken. Dies ist besonders interessant, wenn es Ihnen an Zeit und Geld mangelt, mit Einzelaktien breit zu streuen. Die folgende Übersicht bringt meinen eigenen ETF-Vorschlag als Orientierungsmuster für eine langfristige Ausrichtung. Nach den hohen Kursgewinnen im Jahr 2009 fiel die Performance ein Jahr später zwar bescheidener, aber erneut positiv aus.

ETFs erleichtern den Zugang zu neuen Märkten, und innovative Anlagekonzepte sind gefragt. Der ETF-Experte Claus Hecher meint: *„Der Markt ist seinen Kinderschuhen entwachsen, aber das Spektrum wird noch deutlich größer werden. Das Angebot an Produkten auf kleinere Satellitenmärkte wird zunehmen. Es wird mehr ETFs auf Spezialstrategien wie auf Aktien mit hohen Dividenden geben. ETFs auf Indexkonzepte, die Aktien nach Fundamentalkriterien gewichten, werden an Bedeutung gewinnen."*

➢ Lassen Sie sich von Ihrer Bank nicht zu einem anderen Produkt, wie einem Index- oder Basket-Zertifikat, überreden, sondern bestehen Sie auf Ihrem ETF-Vorhaben. Die meisten Bankberater wollen Geld verdienen. Bei ETFs und Bundesschatzbriefen ist für sie wegen der geringen Provision nur wenig zu erben.

Mein ETF-Vorschlag für globale Marktabdeckung (I)

Index/ Märkte	Name Emittent	WKN	Kurs € 25.02.11	52-Wochen Hoch/Tief €	Kurse 1 Jahr
Brasilien	Lyxor ETF Brazil	LYX 0BE	28,30	31,85/23,60	+7 %
BRIC	Market Access DAXglobal BRIC	A0M U3U	48,70	52,90/41,45	+17 %
DAX	iShares DAX	593 393	66,60	68,80/51,70	+26 %
DivDAX	iShares DivDAX	263 527	12,15	25,95/10,20	+15 %
DivEuro Euroland	iShares DJ Euro Stoxx Select	263 528	18,25	18,80/15,85	+8 %
DivEuro Europa	iShares DJ Stoxx Select	263 529	15,90	16,35/13,60	+10 %

Mein ETF-Vorschlag für globale Marktabdeckung (II)

Index/ Märkte	Name Emittent	WKN	Kurs € 25.02.11	52-Wochen Hoch/Tief €	Kurse 1 Jahr
Emerging Markets	dbx MSCI Emerging Markets	DBX1EM	29,70	33,30/25,15	+14 %
Minen Glob.	ETFX Russell Glob.	A0Q 8NC	36,70	41,95/25,00	+31 %
Edelmetall	ETFS Physical PM	A0N 62**H**	93,15	95,35/63,80	+46 %
Platin	ETFS Metal Platin	A0N 62**D**	128,00	136,9/110,8	+16 %
Gold	ETFS Metal Gold	A0N 62**G**	101,00	105,8/76,50	+27 %
Silber	ETFS Metal Silber	A0N 62**F**	23,60	24,40/11,65	+105 %
Palladium	ETFS Metal Pallad.	A0N 62**E**	55,00	61,90/30,95	+80 %
Neue Energie	Lyxor ETF New Energy	LYX 0CB	19,20	21,60/17,70	0,0 %
Grund- stoffe	iSh. DJ Stoxx 600 Bas.	634 472	64,30	66,00/44,10	+24 %
Indien	Lyxor ETF MSCI In- dia Actions	LYX 0BA	11,30	13,80/10,75	+5 %
Latein- amerika	Lyxor ETF MSCI EM Lat.America	LYX 0B0	32,20	35,95/27,55	+13 %
MSC World	dbx-track.MSCI WLD TRN IN.	DBX1MW	23,70	24,35/19,80	+17 %
Nasdaq	iShares Nasdaq-100	A0F 5UF	17,10	17,85/13,30	+26 %
Öl & Gas	iShares DJ Stoxx 600 Oil & Gas	634 476 A0H 08M	36,10	36,40/27,45	+11 %
Rohstoff CRB	Lyxor ETF Com- modities CRB	A0J C8F	24,70	24,80/19,10	+26 %
Rohstoff J. Rogers	Market ACC.- A.A.J.Rog.Int.	A0J K68	28,30	29,05/21,80	+27 %
Russland	db-x MSCI Russia	DBX1RC	26,10	27,55/19,15	+27 %
S&P 500	iShares S&P 500	264 388	9,55	9,90/8,05	+17 %
Wasser	Lyxor ETF World W.	LYX 0CA	17,00	18,15/14,65	+12 %

Worin unterscheiden sich aktiv und passiv gemanagte ETFs?

Bei den aktiv gemanagten ETFs entscheidet ein Team von Experten nach gründlicher Analyse über die Abweichungen bei der Zusammensetzung des Exchange Traded Fonds. Bei den passiv gemanagten Indexfonds gibt es keinen Auswahlprozess. Hier wird das Börsenbarometer exakt im Verhältnis Eins zu Eins nachgebildet.

Ein passiv gemanagter Indexfonds schneidet deshalb nie besser, aber auch nicht schlechter als die Benchmark ab. Bei aktiv gemanagten ETFs lässt sich durch einige strategische Veränderungen die Rendite steigern. Aber auch das Risiko nimmt zu. Dazu gewichtet der Fondsmanager einzelne Titel gegenüber dem Vergleichsindex höher oder tiefer bzw. berücksichtigt nur die besten Aktien des Index. Allerdings verwischen sich dadurch die Grenzen gegenüber Aktienfonds und Indexzertifikaten. Muss dies sein? Warum bleiben nicht ETFs immer passiv und Aktienfonds aktiv gemanagt?

Indexfonds im Vergleich zu anderen Anlageformen

Beurteilungs-faktor	ETF/ETC	Indexzer-tifikate	Einzel-aktien	Aktien-fonds	Anlei-hen
Risikostreuung	Hoch	Hoch	Nein	Hoch	Nein
Abweichung Vergleichs-index	Gering	Gering	Hoch	Positiv/ negativ	Hoch
Dividende	Ja	Meist nein	Ja	Ja	Zinsen
Kosten bei Kauf/Verkauf	Order-gebühren	Order-gebühren	Order-gebühren	Ausgabe-aufschlag	Order-gebühren
Management-Gebühr	Minimal, ca. 0,4 %	Ja/Nein	Nein	Ja, ca. 1,5 bis 2,5 %	Nein
Preis/Kursfest-stellung	Fortlaufend	Börsentäg-lich	Fortlau-fend	Tägliche Rückgabe	Unter-schiedl.
Emittenten-risiko	Nein, da Sonderver-mögen	Ja, da Schuldver-schreibung	Ja, bei Pleite der AG	Nein, da Sonder-vermögen	Ja, bei Pleite der Firma
Abgeltungs-teuer	Altbestand steuerfrei	Ja	Altbestand steuerfrei	Altbestand steuerfrei	Ja

17 Das Abenteuer Optionsscheine

Optionsscheine sind bei vielen deutschen Börsianern beliebt und lassen wohl jedes „Zockerherz" ein bisschen höher schlagen. Denn sie befriedigen Spekulationstrieb und Nervenkitzel, wecken Träume von raschem Reichtum und üppigem Gewinn bei kleinem Einsatz. Öfters geht dies ja auch gut. Aber das beträchtliche Risiko, notfalls einen Totalverlust zu erleiden, wird dabei gern verdrängt.

Die Börse Stuttgart mit Tochter EUWAX AG hat im Optionshandel die Nase vorn.

Optionsscheine, die Rechte und Pflichten an anderen Werten verbriefen, dienen der Spekulation, Risikostreuung und Depotabsicherung. Mit Put-Optionsscheinen lässt sich – ebenso wie mit Managed Futures-Fonds, Hedge-Fonds und Hebelzertifikaten – auch im fallenden Markt Geld verdienen. Erproben Sie mit einem kleinen Einsatz, ob dies für Sie das richtige Investment ist. Können Sie größere Verluste nicht verkraften, lassen Sie es sein. Begnügen Sie sich mit prozentual kleinem Einsatz. Optionsscheine sind die Appetit anregende Vorspeise, nicht das Hauptgericht!

Damit Sie eine gute Vorstellung gewinnen, was hier abgeht, ein paar Zeilen von der Stuttgarter Börse, spontan herausgegriffen am 10. Januar 2011: Die Anzahl der Optionsscheine betrug damals 197.154 Produkte, darunter 3.179 Neuemissionen innerhalb einer Woche. Gehandelt wurden am 10. Januar 197.040 Scheine. In 68.755 Fällen stiegen, in 93.128 Fällen fielen die Kurse. Ansonsten veränderte sich nichts. Imposanten Gewinnen im vierstelligen Prozentbereich standen Totalverluste gegenüber. Das Marktgeschehen war von Optimismus geprägt. Call dominierte gegenüber Put.

Was Sie über Optionen wissen sollten

Optionen sind bedingte, einseitig verpflichtende Termingeschäfte. Als Anleger sind Sie berechtigt, aber nicht verpflichtet, innerhalb einer Zeitvorgabe oder zum genau festgelegten Zeitpunkt eine bestimmte Menge vom Basiswert, beispielsweise Aktien oder Rohstoffe, zum vereinbarten Basispreis zu kaufen (Call-Option) oder zu verkaufen (Put-Option). Für dieses Recht ohne gleichzeitige Verpflichtung zahlen Sie dem Verkäufer, Stillhalter genannt, eine Prämie, den Optionspreis. Bei einer Call-Kauf-Option sind Sie Nutznießer von steigenden, bei einer Put-Verkaufs-Option von sinkenden Preisen bzw. Kursen. Geht die Spekulation daneben, sind hohe Einbußen möglich bis hin zum Totalverlust.

Beispiel: Eine Art Option ist der Frühzeichnerrabatt bei einem neu aufgelegten Fonds oder der Preisnachlass beim Einkauf eines Fernsehgerätes innerhalb einer Woche. Sie können, aber müssen dieses Angebot nicht wahrnehmen. Der Anbieter muss Ihnen dagegen den Discount einräumen, sofern Sie die Zeitvorgabe einhalten.

Der FinanzBuch-Autor Dirk Kirschbaum schreibt in seinem Buch „Erfolg mit Optionsscheinen": *„Wir sind alle Spekulanten. Wäre das nicht so, würden wir Erreichtes nicht aufs Spiel setzen, wären zufrieden – und in der Steinzeit. – Wären nämlich unsere Vorfahren mit dem, was sie hatten, zufrieden gewesen, dann wäre niemand auf die Idee gekommen, etwas Neues zu erfinden. Immer gab es Menschen, die Erreichtes investierten und aufs Spiel setzten. Waren sie auf der richtigen Seite, brachten diese Spekulationen großen Nutzen für alle. Hatten sie etwas versucht, was scheiterte, war das investierte Vermögen verbrannt. – Egal wie das Schicksal verläuft: Der Wechsel der Bälle von der einen Hand in die andere birgt die Gefahr, dass der Ball nach unten fällt und für immer verschwindet.“* Der Autor verdeutlicht, dass Optionsscheine nichts für Angsthasen sind, sondern Mut und Marktkenntnis voraussetzen. Deshalb werden die Finanztermingeschäftsfähigkeit und Einstufung in die höchste Risikoklasse V verlangt, um damit handeln zu dürfen. Die Hebelwirkung macht die Papiere attraktiv.

Zum besseren Verständnis ein Fallbeispiel mit Heizöl

Die meisten Verbraucher bestellen ihr Öl vor Beginn der neuen Heizperiode, wenn der Tank ziemlich leer ist bzw. füllen auf, wenn sie den momentanen Preis als günstig erachten. Das Heizöl wird etwas später angeliefert und bezahlt. Denkbar wäre ebenso der folgende Fall: Ihr Tank ist noch halbvoll. Der Preis ist von seinem Höchststand zurückgekommen. Aber Sie brauchen Ihr Geld für den Urlaub. Sie wollen erst im Spätherbst eine bestimmte Menge Öl haben, wenn sich der Tank weiter geleert und Ihre Geldbörse gefüllt hat. Sie vereinbaren mit Ihrem Händler die Lieferung zum aktuell akzeptablen Preis erst für Oktober und bezahlen für dieses Recht auf Preisgarantie einen gewissen Aufschlag. Steigt der Ölpreis danach an, profitieren Sie von diesem Geschäft. Sinkt er entgegen Ihrer Erwartung, ist Ihr Händler Nutznießer dieser Spekulation. Auf diesem Grundprinzip beruhen letztlich sämtliche Termingeschäfte. Im vorliegenden Fall, einem festen Handel auf Termin, Forward genannt, ist das Recht, eine bestimmte Menge Heizöl zum vorher vereinbarten Preis an einem festgelegten Termin zu erhalten verknüpft mit der Verpflichtung, das Öl abzunehmen und zu bezahlen. Was aber, wenn der nach oben getriebene Ölpreis stark schwankt und Sie sich gegen das Risiko absichern wollen, später einen zu hohen Preis für das Öl bezahlen zu müssen? Vielleicht können Sie von Ihrem Händler zwecks Absicherung eine Option kaufen, um zum festgelegten Zeitpunkt eine bestimmte Ölmenge zum vereinbarten Preis zu erhalten. Sie sind berechtigt, aber nicht verpflichtet, das Geschäft zu tätigen, sondern können die Lieferungsvereinbarung verfallen lassen. Mit einer Option spekulieren Sie auf steigende Preise oder sichern sich umgekehrt gegen einen Konjunktureinbruch ab.

Als Vergleich sei die Öltankversicherung angeführt. Sie hoffen, dass der Schadensfall nie eintrifft. Sie wollen nicht, dass Ihr Öltank ausläuft und das Grundwasser verunreinigt. Kommt es zu einem Schadensfall, werden Ihre finanziellen Einbußen durch den Leistungsanspruch aus der Ölversicherung gedeckt. Geschieht nichts, zahlen Sie alljährlich ohne Gegenleistung den Versicherungsbeitrag. Ohne Absicherung würde Sie der tatsächliche Schadensfall in sechsstelliger Höhe vermutlich finanziell ruinieren.

Was sollten Sie über die Hebelwirkung (Leverage) wissen?

Der Hebel ist der Faktor, um den das Produkt stärker fällt oder steigt als das Basisinstrument, beispielsweise die DAX-Aktie BAYER. Ein Hebel von Fünf bedeutet, dass sich ein Optionsscheinkurs um fünf Prozentpunkte verändern muss, wenn der Kurs der Aktie um einen Prozentpunkt zulegt oder sinkt. Bei einem fünffachen Hebel ist also nur ein Fünftel der Summe zu investieren, die in diesem Falle die BAYER-Aktie kostet. Steigt sie um drei Prozentpunkte, ist dies bei einem Hebel von Fünf eben fünfmal so viel, also 15 %, bei einem Hebel von Zehn sogar zehnmal so viel, also 30 %. Freilich gilt dies ebenso, wenn Sie in die Verlustzone geraten. Der Hebeleffekt bietet also die Chance, mit geringem Kapitaleinsatz hohe Renditen einzufahren. Je höher der Hebel, umso größer ist aber auch die Gefahr bis hin zum Totalverlust. Eine Nachschusspflicht wie bei geschlossenen Immobilien-, Schiffs- und Film-Fonds besteht bei Optionsscheinen jedoch nicht.

> *„Ich kann Ihnen nicht sagen, wie Sie schnell reich werden. Ich kann Ihnen aber sagen, wie Sie schnell arm werden. Sie werden schnell arm, wenn Sie schnell reich werden wollen."*
>
> André Kostolany
> sinngemäß

Der Zeitwert ist der Preis, den Sie für diese Hebelwirkung bezahlen müssen. Dieser Zeitwert entspricht dem Aufgeld, auch Prämie genannt. Das Aufgeld ist tendenziell umso höher, je länger die Restlaufzeit des Scheins, je größer die Volatilität (Schwankungsbreite) des Basiswertes und je höher das allgemeine Zinsniveau ist. Die Kennzahl Delta zeigt an, wie stark sich der Optionskurs verändert, wenn der zugrunde liegende Aktienkurs um einen Prozentpunkt schwankt. Zieht der Kurs der Aktie bei einem Call-Optionsschein an, verdienen Sie wegen der Hebelwirkung überproportional viel. Der Marktpreis hängt von verschiedenen Faktoren ab, vom Verfallstermin bzw. der Restlaufzeit, der Höhe des Aktienkurses gegenüber dem Basispreis und der impliziten Volatilität, also der Schwankungsbreite des Aktienkurses.

„Am Geld" heißt, wenn der Aktienkurs und der darauf bezogene Basispreis etwa gleich hoch sind. Liegt der aktuelle Kurs darüber, ist der Call „im Geld", und Sie bewegen sich in der Gewinnzone. Notiert der Kurs darunter, ist der Optionsschein „aus dem Geld", und es droht ein Verlust. Beim Put-Verkaufs-Optionsschein, der auf sinkende Kurse wettet, verhält es sich umgekehrt.

Das ABC der Optionsscheine – ein Mini-Lexikon

Am/im/aus dem Geld: Es geht um das Verhältnis des aktuellen Basiswertkurses zum Basispreis. *Am Geld:* Aktienkurs und Basispreis (Strike) liegen auf gleichem Niveau. *Im Geld:* Beim Call ist der Aktienkurs höher als der Basispreis; beim Put liegt er darunter. *Aus dem Geld:* Der OS verliert seinen inneren Wert. Der Aktienkurs liegt beim Call unter dem Basispreis, beim Put darüber.

Aufgeld: Das Aufgeld beschreibt, um wie viel Prozent der Aktienkurs beim Call-OS steigen und umgekehrt beim Put-OS fallen muss, bis der Bezug der Aktie über das mit dem OS verbriefte Recht genauso teuer ist wie der direkte Kauf oder Verkauf der betreffenden Aktie an der Börse.

Basiswert (Underlying) und Basispreis (Strike): Der Basiswert, z. B. Aktie, Rohstoff oder Index, ist das der Option zugrunde liegende Basisobjekt. Der vorab vom Emittenten festgelegte Preis, zu dem der Basiswert bei Ausübung gekauft oder verkauft werden kann, heißt Basispreis.

Bezugsverhältnis: Es gibt an, wie viele Einheiten für die Ausübung einer Option erforderlich sind. Bei Aktien beträgt das Verhältnis meist 1:1 oder 10:1. Für das Recht, eine VW-Aktie zu erwerben, werden beispielsweise zehn OS benötigt.

Call-Kaufoption: Der Anleger erwirbt das Recht, einen bestimmten Basiswert innerhalb der festgelegten Zeitspanne zum vereinbarten Preis zu kaufen. Call-OS profitieren nur von steigenden Kursen.

Delta: Diese Kennzahl gibt an, wie stark der OS auf Kursveränderungen reagiert, wenn der Basiswert um eine Einheit steigt oder fällt. Beim Call liegt das Delta zwischen Null und Eins, beim Put zwischen minus Eins und Null. Liegt das Delta nahe Null, so reagiert der OS kaum noch auf Veränderungen des Basiswertes.

Hebel: Der Hebel errechnet sich, indem der aktuelle Preis des Basiswertes dividiert wird durch das Produkt aus OS-Prämie und Bezugsverhältnis. Der Hebel gibt an, um wieviel mal stärker die prozentuale Änderung des Optionspreises ausfällt, wenn sich der Kurs des Basiswertes um ein Prozent verändert. Der mit abnehmender Laufzeit sinkende Zeitwert bleibt jedoch unberücksichtigt.

Implizite (erwartete) Volatilität: Sie drückt die Schätzgröße der Banken zu künftigen Kursschwankungen des Basiswertes aus. Eine Volatilität von 25 % besagt, dass die Aktie binnen zwölf Monaten +/-25 % um ihr aktuelles Niveau schwanken dürfte.

Innerer Wert: Er zeigt an, um wieviel Prozent der OS gegenüber dem zugrunde liegenden Wert über- oder unterbewertet erscheint. Beim Call müsste der Aktienkurs über dem Basispreis, beim Put darunter liegen.

Laufzeit/Restlaufzeit: Damit ist die Zeitspanne zwischen der Ausgabe des OS und dem Verfallstag gemeint, an dem das Optionsrecht erlischt. Der Zeitwert nimmt ab, je näher das Laufzeitende rückt. Die Option muss spätestens zum Verfalltermin ausgeübt werden. Danach verfällt sie wertlos.

Put-Verkaufsoption: Der Käufer ist berechtigt, einen bestimmten Basiswert (Underlying) in der festgesetzten Zeitspanne zum vereinbarten Preis zu veräußern. Der Trader wettet auf fallende Kurse. Irrt er sich, führt dies zum hohen Verlust.

Spread: Dies ist die Spanne zwischen Brief- und Geldkurs, also die Differenz zwischen dem aus Anlegersicht etwas höheren An- und dem niedrigeren Verkaufspreis.

Theta: Diese Kennzahl misst die Reaktion des OS auf den erwarteten Zeitwertverfall.

Volatilität: Die von vielen Anlegern unterschätzte und für Verwirrung sorgende Volatilität gibt das Ausmaß der Schwankungsbreite von Kursen, Preisen und Renditen an. Die implizite (erwartete) Volatilität beeinflusst die Preisbildung des Optionsscheins, wobei eine höhere implizite Volatilität den OS verteuert.

Die Markteinschätzung muss stimmen: Call-OS bei Spekulation auf steigende Kurse, Put-OS auf fallende Kurse

Sie sollten unbedingt auf die Restlaufzeit schauen. Ein häufiger Anfängerfehler ist es, Optionsscheine mit einer geringen Laufzeit von gerade noch zwei oder drei Monaten zu wählen, weil sie billig sind. Gegen Ende der Laufzeit nimmt der Zeitwert rapide ab. Da muss der „innere Wert" schon enorm steigen, um diesen Verlust auszugleichen. Je kürzer die Restlaufzeit ist, umso geringer ist auch der Zeitwert. Am Verfalltag ist der Zeitwert gleich Null. Der Warrant wird wertlos – vergleichbar mit einem längst überschrittenen Haltbarkeitsdatum bei Medikamenten oder Babynahrung.

Gewöhnlich liegt der Abstand zwischen Laufzeitende und letztem Handelstag bei maximal vier Handelstagen. Die Kennzahl Theta misst die Reaktion auf die Restlaufzeit, das heißt wie viel der Optionsschein zum Kaufzeitpunkt an Zeitwert einbüßt. Wichtig für die Auswahl ist auch der Spread. Damit ist die Differenz zwischen An- und Verkaufskurs bzw. der Unterschied zwischen dem höheren Briefkurs, zu dem Sie den Schein kaufen, und dem niedrigeren Geldkurs gemeint, zu dem Sie ihn wieder veräußern.

Wo gibt es aktuelle Infos zu Derivaten?

Beim Klick auf die Webseite von www.euwax.de bzw. der Stuttgarter Börse und Eingabe der ISIN/WKN können Sie bei sämtlichen Anlagezertifikaten und derivativen Hebelprodukten jeweils ganzseitig die Stammdaten und alle sonstigen Details abrufen – ergänzt durch zahlreiche Charts, Ausstattungsmerkmale und Zusatzinformationen.

18 Streifzug durch das Aktiensteuerrecht

Wie mit den Anlagen vor 2009 umgehen? Den steuerfreien Qualitätsaktien-Altbestand langfristig im Depot belassen und seit 2009 alle Neukäufe im Zweitdepot bündeln!

Wegen der seit 2009 greifenden Abgeltungsteuer sollten Sie Ihren steuerfreien Altbestand an guten Aktien, Aktienfonds und ETFs nicht voreilig verkaufen. Und lassen Sie sich nicht unüberlegt ausstoppen! Mit Soli und Kirchensteuer beträgt die Abgeltungsteuer rund 28 %. Hüten Sie Ihren Altbestand wie einen Schatz!

Illustration: Henning Löhlein, entnommen aus: „Der kleine Börsenführerschein", S. 82

➢ Beim Verkauf gilt die Regel: *„First in – first out!"* Stets wird der Altbestand zuerst veräußert. Es ist höchste Zeit, sich ein Zweitdepot bei Ihrer Depotbank zuzulegen.

Was tun seit dem Jahr 2009/2010? Tipps für die Zukunft

Seit 2009 wurden die Karten neu gemischt. Außer der Kapitallebensversicherung, auf deren Erträge der Fiskus nur mit halbem Steuersatz zugreift, sofern sie der Altersvorsorge dient, erst ab zwölfjähriger Laufzeit und dem vollendeten 60. Lebensjahr ausgezahlt wird, hat das steuerrechtlich motivierte Taktieren ein Ende. Egal, womit Sie Veräußerungsgewinne erzielen. Das Finanzamt ist dabei. Sie haben jetzt den Blick frei für alle Anlageformen, die zu Ihnen passen und eine vernünftige Portfoliostruktur erlauben. Während es bei Neuinvestments sinnvoll ist, Verluste frühzeitig zu begrenzen, sollten Sie gegenüber Ihrem Altbestand duldsamer sein und insbesondere bei schwankungsfreudigen Werten Stoppkurse nur maßvoll setzen oder ganz darauf verzichten.

Die wichtigste strategische Neuerung: das Zweitdepot

Mit dem bei Ihrer Hausbank oder Ihrem Discountbroker einzurichtenden Zweitdepot grenzen Sie Alt- und Neubestand voneinander ab und können sich strategisch neu orientieren. Die Übersicht zeigt Ihnen, wie Sie vorgehen sollten und worauf es ankommt.

Die strategische Neuausrichtung Ihrer Depots seit 2009		
Stichwort/ Erläuterung	**Depot I: steuerfreie Altbestände vor 2009**	**Depot II: steuerpflichtige Neubestände seit 2009**
Hauptvorteil: rasche Orientierung	Guter Überblick durch Abgrenzung. Ein besonderer Ordner für Depot I	Guter Überblick durch Abgrenzung. Ein zweiter Ordner für alle Neuinvestments
Depotbank/ Discountbroker	Belassen Sie den Altbestand bei Ihrer bisherigen Depotbank.	Vergleichen Sie die Transaktionsgebühren. Ein Discountbroker kann sich lohnen.
Aktien, ETF/ETC, Aktienfonds	Das Depot I enthält nur den bis 2008 gekauften steuerfreien Altbestand.	Sie wickeln alle Neukäufe über das Depot II ab (gleiches oder anderes Bankhaus).
Käufe und Verkäufe seit 2009	Sie nehmen nur Gewinne vom Altbestand mit, wenn es keinen steuerpflichtigen Neukauf im Depot II gibt.	Das Zweitdepot erspart Ihnen das Ärgernis, dass Ihre steuerfreien Altbestände laut „first in – first out" zuerst verkauft werden.
Lang- und Kurzzeitstrategie	Das Depot I dient dem Vermögensaufbau und der Altersvorsorge, ist also langfristig ausgerichtet.	Das Depot II erlaubt ein schnelles Rein und Raus und risikoreichere Investments. Die Abgeltungsteuer ist nicht zu umgehen.
Stoppkurse	Um Ihren steuerfreien Altbestand nicht durch ungewollt ausgelöste Stop-Loss-Orders zu gefährden, ist eine dynamische bzw. „mentale" Verlustbegrenzung angezeigt.	Für das Depot II sind Stop-Loss-Orders vertretbar. Sie büßen bei Ihren ausgestoppten Titeln allenfalls die Dividende ein, werden mit Transaktionskosten belastet, aber begrenzen Ihren Verlust frühzeitig.
Derivate bzw. Anlage- und Hebelzertifikate	Strategisch macht hier ein Depot I und II keinen Sinn, nachdem es steuerrechtlich unwichtig ist, ob Sie schon vor 2009 oder erst seit 2009 Anlage- und Hebelzertifikate geordert haben.	

Wie dem harten Zugriff des Fiskus legal teilweise entgehen?

Die anlegerfreundliche Besteuerung von Wertpapieren fand ab dem 1. Januar 2009 bedauerlicherweise ihr Ende. Als Langzeitanleger brauchen Sie zwar für Ihre Aktien-Altbestände auch künftig keine Steuern zu zahlen, wenn Sie bis zum Jahresende 2008 hier investierten. Für alle Neuinvestments seit Januar 2009 schnappt erbarmungslos die Steuerfalle zu.

Illustration: Henning Löhlein, aus: „Der kleine Börsenführerschein", S. 52

Zwar geht es jetzt in Sachen Kapitalertragssteuer gerechter zu. Doch ist es ein billiger Trost, dass mit dem Zugriff des Fiskus auf alle Kursgewinne, Dividenden sowie Zinsen an der Quelle durch die Einführung der 25-prozentigen Abgeltungsteuer nun das Kontenabrufverfahren ausgespielt hat. Befürchtet wird die Einführung einer Transaktionssteuer. Die Abgeltungsteuer wird automatisch erhoben, wenn der Pauschalbetrag von 801 Euro für Ledige und 1.602 Euro für Verheiratete aufgebraucht ist. Das Halbeinkünfteverfahren hat ausgedient. Mit dem Pauschbetrag sind alle Kosten der Kapitalanlage abgegolten, so auch HV-Besuche, Seminarteilnahmen, Literatur usw.

Steuerhinterziehung – kein Kavaliersdelikt

Wer in seiner Steuererklärung unwahre Angaben macht oder Einkünfte nicht einträgt, macht sich der Steuerhinterziehung schuldig. Je nach Schwere der Tat drohen eine Geldstrafe oder/und eine Freiheitsstrafe Die Steuern und Schuldzinsen sind nachzuzahlen.

Als Rettungsanker für wenig betuchte Anleger mit einem persönlichen Steuersatz von unter 25 % bleibt die **Steuererklärung** bzw. der Antrag auf eine **Nichtveranlagungsbescheinigung.** Der Preis für mehr Steuerehrlichkeit und der Verzicht auf das Kontenabrufverfahren bedeuten jedoch einen empfindlichen Rückschritt auf dem Weg zum Ziel Vermögensaufbau und Altersvorsorge.

Fazit: Kleinverdiener kommen schlechter und Großverdiener besser weg. Dazu meint der ehemalige Bundesfinanzminister Peer Steinbrück von der SPD, dem früheren Koalitionspartner:

„Vielen Unkenrufen zum Trotz ist der Koalition inhaltlich ein großer Wurf gelungen. Es ist zwar nicht einzusehen, dass Kapitaleinkünfte – die nicht durch Leistung erzielt werden – einheitlich mit 25 Prozent besteuert werden, während diejenigen Leute, die mit dem Kopf und den Händen arbeiten, es mit Grenzsteuersätzen und mit einer durchschnittlichen steuerlichen Belastung zu tun haben, die weit darüber liegt." Doch sonst sei der Kapitalabfluss in Milliardenhöhe nicht zu stoppen.

> „Die Kunst der Besteuerung liegt darin, die Gans so zu rupfen, dass sie unter möglichst wenig Geschrei so viele Federn wie möglich lässt!"
>
> Jean Baptiste Colbert, französischer Staatsmann

Abgeltungsteuer vor und ab 2009 im Überblick

Kapital-anlagen	Steuerrecht vor 2009	Steuerrecht seit 2009	Auswirkungen auf Anlage
Aktien und Aktien-fonds, Indexfonds bzw. Exchange Traded Fonds (ETF)	Steuerfreier Kursgewinn ab einjähriger Haltedauer („Spekulationsfrist"); für inländische Aktien außerdem Halbeinkünfteverfahren	Steuerfreiheit für vor 2009 gekaufte Altbestände (Vertrauensschutz); ansonsten Besteuerung des Kursgewinns mit 25-prozentiger Abgeltungsteuer und Solidaritätszuschlag; Anrechnung der ausländischen Quellensteuer	Schlechterstellung: Wegfall des Halbeinkünfteverfahrens und keine Steuerfreiheit bei allen Anlagen seit 2009; begrenzte Verlustverrechnung; Tipp: Altbestand hüten, zwei Depots für Neu- und steuerfreien Altbestand
Dividenden	Halbeinkünfteverfahren; Versteuerung nach persönlichem Steuersatz	Gleichstellung mit Zinsen; einheitliche Abgeltungsteuer von 25 % und Solidarzuschlag	Verschlechterung für die meisten Steuerzahler; aber mehr Steuergerechtigkeit
Festverzinsliche Wertpapiere	Zinsen steuerpflichtig (persönlicher Steuersatz); Halbeinkünfteverfahren gilt nicht mehr	Für Kursgewinne (Rentenfonds, Genussscheine) und Zinsen einheitlich Abgeltungsteuer von 25 %	Verbesserung: Für die meisten Steuerzahler künftig eine niedrigere Steuerlast
Immobilien	Vor und nach 2009: ab zweijähriger Eigennutzung steuerfreier Verkauf; bei Vermietung nach zehn Jahren steuerfreier Verkauf		Keine Veränderung des bisherigen Steuerrechts

Abgeltungsteuer vor und ab 2009 im Überblick

Kapital-anlagen	Steuerrecht vor 2009	Steuerrecht seit 2009	Auswirkungen auf Anlage
Immobilienfonds geschlossen	Steuerfreier Verkauf nach zehn Jahren; bei Auslandsfonds Steuervorteile; bei Schiffsfonds Tonagesteuer		Keine Veränderung des bisherigen Steuerrechts
Immobilienfonds offen	Wertsteigerungen bei offenen Immobilien-Fonds nach 10 Jahren steuerfrei realisierbar		Gleiche Rechtslage
Lebens- und Rentenversicherungen	**Kapital-LV vor 2005:** steuerfrei nach zwölfjähriger Laufzeit; **Kapital-LV ab 2005:** Halbeinkünfteverfahren bei zwölfjähriger Laufzeit und Auszahlung nach dem 60. Lebensjahr **Riester-/Rürup-Verträge:** keine Steuer in der Ansparphase; volle Steuer bei Auszahlung		Gleiche Rechtslage
Termingeschäfte: Calls, Puts, Futures	Kein Halbeinkünfteverfahren, aber steuerfreier Kursgewinn nach einjähriger Haltedauer	Bei verbrieften Derivaten gilt Altfallfristenregelung wie bei Anlagezertifikaten, Abgeltungsteuer auf Gewinn	Günstiger wegen erweiterter Verlustverrechnung
Zertifikate: Garantie	Als sogenannte Finanzinnovation nach persönlichem Steuersatz voll steuerpflichtig		Verbesserung: evtl. niedrigere Steuerlast
Anlagezertifikate: Bonus, Index, Discount, Express usw.	Steuerfreie Veräußerung nach einem Jahr	Die 25-prozentige Abgeltungsteuer griff bereits, wenn die Papiere ab 14. März 2007 gekauft und nach dem 30. Juni 2009 veräußert wurden.	Verschlechterung, da die Altfallregelung eingegrenzt wurde und es seit 01. Juli 2009 keinen steuerfreien Kursgewinn mehr gibt.
Quelle	BÖRSE ONLINE, Nr. 29/2007, S. 25		

Testbogen ⑧ zur Prüfungsvorbereitung

Nr.	Aufgabenstellung	Richtig	Falsch	Punkte
1	**Notieren Sie die Nummern. Mehrfachnennung möglich:** 1) Derivate, 2) Schuldverschreibung, 3) Rating, 4) Ranking, 5) Hedge-Fonds, 6) Long/Short Equity, 7) Korrelation, 8) ETF, 9) Optionsschein			**24** [ ]
1.1	Hebelzertifikate und Optionsscheine zählen zu:	Nr.		1 [ ]
1.2	Wechselwirkung z. B. bei Anleihen- und Aktienmärkten:	Nr.		1 [ ]
1.3	Qualitätsbeurteilung von Fonds, vor allem Management:	Nr.		1 [ ]
1.4	Quantitative Beurteilung der Wertentwicklung von Fonds:	Nr.		1 [ ]
1.5	Zur Depotabsicherung und Risikominimierung geeignet:	Nr.		1 [ ]
1.6	Sie zählen zur Gruppe der „alternativen Investments":	Nr.		1 [ ]
1.7	Der Handel setzt Finanztermingeschäftsfähigkeit voraus:	Nr.		2 [ ]
1.8	Zertifikate sind keine Anteilscheine, sondern:	Nr.		1 [ ]
1.9	Bei dieser Strategie werden geliehene Aktien verkauft:	Nr.		1 [ ]
1.10	Discount-, Bonuszertifikat usw.: kein Anteilschein, sondern:	Nr.		1 [ ]
1.11	Oberbegriff für Futures und Optionen:	Nr.		1 [ ]
1.12	Geliehene Aktien werden an der Börse zurückgekauft:	Nr.		2 [ ]
1.13	Zum Laufzeitende wird das Papier wertlos:	Nr.		1 [ ]
1.14	Hier sind die Begriffe „am", „im", „aus dem Geld" üblich:	Nr.		1 [ ]
1.15	Sie werden auch als Indexaktien bzw. Indexfonds benannt:	Nr.		1 [ ]
1.16	Delta, Vega, implizierte Volatilität sind wichtige Kennziffern:	Nr.		1 [ ]
1.17	Keine Beschränkungen bei der Wahl der Finanzinstrumente:	Nr.		1 [ ]
1.18	Die hohen Gebühren schmälern die Rendite der Anleger:	Nr.		1 [ ]
1.19	Buchstaben sind üblich bei Einschätzung des Managements:	Nr.		1 [ ]
1.20	Sterne sind üblich bei der Einschätzung der Rendite:	Nr.		1 [ ]
1.21	Für welches Investmentprodukt trifft „Sondervermögen" zu?	Nr.		1 [ ]
1.22	Die meisten Produkte wie Indizes werden passiv gemanagt:	Nr.		1 [ ]
2	**Setzen Sie die richtigen Begriffe (Fachwörter) ein.**			**10** [ ]
2.1	Aktionärsfreundliche Firmenpolitik			1 [ ]
2.2	Schwankungsfreudigkeit			1 [ ]
2.3	Leerverkauf			1 [ ]
2.4	Spanne zwischen Brief- und Geldkurs			1 [ ]
2.5	Basiswert			1 [ ]
2.6	Schwellenländer			1 [ ]
2.7	Frei handelbare Aktien, Streubesitz			1 [ ]
2.8	Wertpapierentwicklung			1 [ ]
2.9	Wertpapierzusammensetzung			1 [ ]
2.10	Herausdrängen Minderheitsaktionäre			1 [ ]
Auswertung: 32 – 34 Punkte: sehr gut, 29 – 31 Punkte: gut, 26 – 28 Punkte: befriedigend, 22 – 25 Punkte: ausreichend (Lösung S. 216)				**34** [ ]

19 Anlagebetrug am Grauen Kapitalmarkt

Das deutsche Bundeskriminalamt schätzt, dass hierzulande dubiose Finanzberater alljährlich 20 bis 25 Milliarden Euro Anlegerkapital einheimsen. Der Vermögensschaden liegt im Schnitt bei 33.000 Euro. Erste Kontakte laufen oft über „Cold Calls" und Bekannte. 2008 löste das raffinierte, milliardenschwere Schneeballsystem der Wall-Street-Ikone Bernard Madoff den größten Schock aus. Geschädigte waren Banken, Fonds, Stiftungen und Prominente in aller Welt.

Ein Beispiel: Wie das US-Justizministerium im Dezember 2010 mitteilte, haben in Amerika die Betrüger im Untersuchungszeitraum von dreieinhalb Monaten mehr als 120.000 Menschen um über zehn Milliarden US-Dollar geprellt. Die Fahnder leiteten 340 strafrechtliche Verfahren ein. Der Betrug durch bekannte Firmen oder Manager sorgt für die meisten Schlagzeilen. Aber andere Gaunereien sind nicht minder verheerend. Viele Kriminelle finanzieren mit dem Geld der Investoren einen großzügigen Lebensstil. So brachte in Florida ein Betrüger seine Anleger um 880 Mio. Dollar, um damit seine Privatjacht, ein Strandhaus und seinen Mercedes zu bezahlen. Für den bislang größten Finanzbetrug war Bernard Madoff verantwortlich. Der Ex-Broker schädigte mit seinem 65 Milliarden Dollar schweren Schneeballsystem weltweit unzählige Anleger.

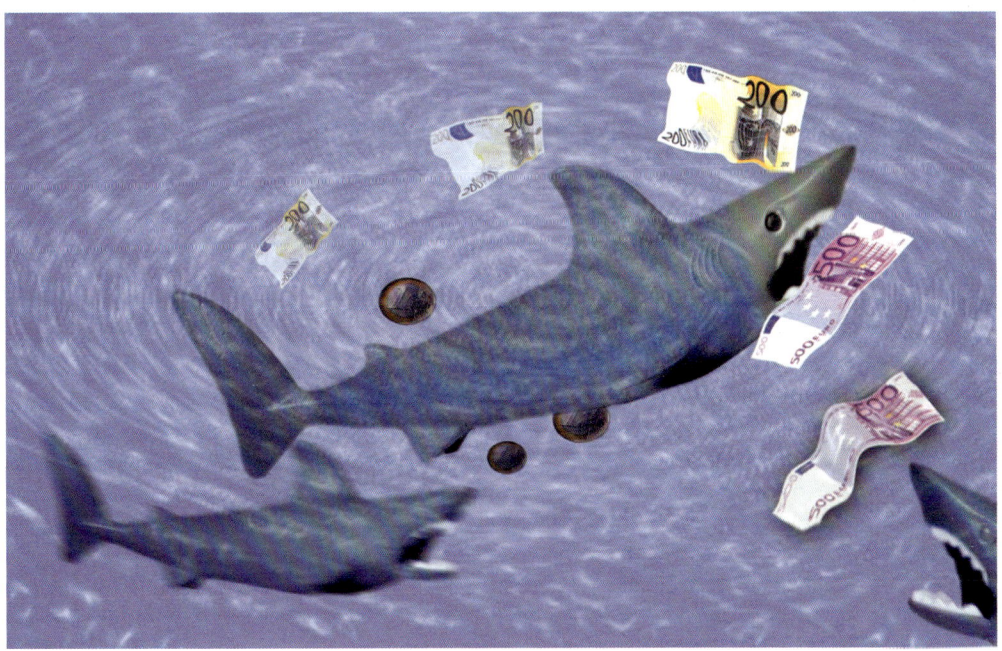

Quelle: Volk Verlag München, aus: „Der Börsenführerschein", S. 140

Zum „Grauen Kapitalmarkt" zählen alle Anlageformen, die nicht von der Bundesanstalt für Finanzdienstleistungsaufsicht BaFin kontrolliert werden. Erinnert sei an den Fall des Frankfurter Unternehmens PHOENIX KAPITALDIENST GmbH – einer der größten Anlagebetrügereien der letzten Jahrzehnte. In Schneeballsystem-Manier sammelte die Firma trotz Warnung der Verbraucherschützer von 1992 bis 2002 Kundengelder in Millionenhöhe ein, um auf Aktienindizes, Edelmetall, Diamanten, Öl und andere Rohstoffe zu spekulieren. Schneeballsystem-Betrüger werben meist solange aggressiv für ihre Produkte, bis mangels nachrückender Anlegergruppen ihr Finanzsystem zusammenbricht. Solche Produkte werden als steuerbegünstigte Formen der Altersvorsorge, als Beteiligungen an Immobilien- und Schiffsfonds, als Termingeschäfte usw. angeboten. Die hohen „Lockvogel"-Renditen für die ersten Anlegerrunden werden aus dem frischen Kapitalzufluss bezahlt. Als Hauptgefahr gilt die Selbstüberschätzung.

Die Geprellten, die ihren Misserfolg lieber verdrängen, glauben, nicht nochmals hereinfallen zu können. Dazu meint Psychologieprofessor Hermann Liebel: *„Der Anleger ist das einzige Lebewesen, dem man das Fell mehrfach über die Ohren ziehen kann."* Oft geraten die Opfer durch „heiße Tipps" aus dem eigenen Freundes- und Bekanntenkreis an dubiose Geschäftemacher. Oder der erste Kontakt erfolgt über einen ungebetenen Anruf. Mein Rat: *„Brechen Sie das Telefonat sofort ab. Das ist der sicherste Schutz".*

Wie Sie sich vor Anlagebetrug schützen können!

1. **Ruft Sie jemand unangemeldet an?** Legen Sie sofort auf, wenn man Ihnen telefonisch Kapitalanlagen anpreist. Im Übrigen sind „Cold Calls" verboten.

2. **Verspricht Ihnen der Finanzberater Traumrenditen?** Garantierte kurzfristige Erträge im zweistelligen Bereich gibt es nicht – auch nicht in Hochzinsperioden.

3. **Setzt Sie der Anbieter unter Zeitdruck?** Will er Sie zum schnellen „Exklusivgeschäft" und Vertragsabschluss überreden? Betrüger haben es immer eilig.

4. **Verzichtet der Anbieter auf eine Vermögensanalyse?** Vorsicht, wenn er auf eine individuelle Analyse verzichtet und kein Abschlussprotokoll erstellt.

5. **Weicht der Finanzberater aus,** wenn er sein dubioses Produkt genau erklären oder Referenzen nennen soll? Eine seriöse Empfehlung sind namhafte Banken.

6. **Wird versucht, Sie mit einem Testgeschäft zu ködern?** Vorsicht! Kleine Gewinne sollen Vertrauen aufbauen, um Sie mit großen Summen zu betrügen.

7. **Liegt der Firmensitz in einem exotischen Land?** Werden Überweisungen ins Ausland verlangt? Es ist sehr schwierig, sein Recht im Ausland einzuklagen.

8. **Gibt es im Vertrag leere Seiten?** Mitunter wird nachträglich aufs Original kopiert. Streichen Sie alle leeren Seiten durch, um Manipulationen auszuschließen.

20 Cool bleiben bei Korrektur und Crash

Quelle: Volk Verlag, München, aus: „Der kleine Börsenführerschein", S. 83

- ➤ **Cool bleiben und Fehler vermeiden**
- ➤ **Keineswegs in Angst und Panik all seine Aktien auf den Markt werfen**
- ➤ **Geschickt balancieren und Risiken mindern**
- ➤ **Überlegt handeln und sich vom Herdentrieb abkoppeln**
- ➤ **Beherzt seine Chancen nutzen getreu dem Motto:**
  „Ein Crash ist gut – für Leute mit Mut!"

Aktiencrashs sind unvermeidbar und wiederholen sich. Auch künftig bilden sich Spekulationsblasen, die irgendwann platzen. Aber niemand weiß, wie lange die Erholungsphase bis zum nächsten Crashszenario dauert. Den jüngsten Crash gab es im Herbst 2008 und im Frühjahr 2009 begleitet von brüllen und toben, bangen und hoffen, verkaufen und kaufen, in Hektik verfallen und resignieren oder Chancen wittern und mutig investieren. Bei einem Zusammenbruch der Märkte bietet das Zitat von Arthur Schopenhauer kaum Trost: „Kein Geld ist vorteilhafter angewandt als das, um welches wir uns haben prellen lassen. Denn wir haben dafür unmittelbar Klugheit eingehandelt."

Für mich erwiesen sich der beherzte Zukauf im Oktober 2008 zur Erhöhung meines steuerfreien Altbestands und der Zukauf zu Tiefstkursen im Frühjahr 2009 als eine Art „Börsen-Zauberformel". Seitdem hat sich mein Depotwert mehr als lediglich verdoppelt.

Während eines weltweiten Finanzbebens wird das Börsengeschehen allerdings weniger durch Klugheit geprägt, sondern eher von panischen Aktienverkäufen und Panik bestimmt. Gut, wer da die Ruhe bewahrt und vernünftig reagiert. Ich sage mir dann: *„Ein Crash ist gut – für Leute mit Mut!"* Auch die Wissenschaft kann Blasenbildung und Crash nicht aus der Welt schaffen; denn die Börse ist ein Spiegelbild menschlicher Verhaltensweisen, wozu emotionales Handeln zählt. Als Anleger sind Sie den Börsenturbulenzen aber nicht hilflos ausgeliefert. Koppeln Sie sich vom Herdentrieb ab, und handeln Sie unabhängig. Schlimm ist es, sich erst ganz spät von seinen Aktien zu trennen. Viel besser ist, in der Bodenbildungsphase und zu Tiefstkursen nachzukaufen.

Börsenmonopoly

Ereigniskarte: Börsencrash

Sie haben Mitte März 2009 in Panik alle Aktien verlustreich verkauft. Sie stecken bei der Bank in der Kreide. Treten Sie Vermögenswerte über 20.000 € ab. Gehen Sie nicht über „Los" zum Besuch ins Gefängnis. Setzen Sie dreimal mit dem Würfeln aus, und denken Sie über Ihr Verhalten nach.

Illustration: Thomas DiPaolo, aus: „Der kleine Börsenführerschein", S. 56

Ereigniskarte: Börsencrash

Sie haben im Herbst 2008 und Frühjahr 2009 zu Schnäppchenpreisen Maschinenbau- und Autozulieferer-Aktien nachgekauft. Nach Kursverdopplung machen Sie einen Teilverkauf. Ihre Bank schreibt Ihnen 15.000 € gut. Rücken Sie vor auf „Los". Ziehen Sie 2.000 Euro ein.

Ein Blick zurück auf den größten Crash vor 80 Jahren

Welch ein bedrückendes Bild verbindet sich mit der Erinnerung an den großen Börsencrash, der 1929, vor über 80 Jahren, eine Weltwirtschaftskrise auslöste und wegen der zeitlichen Verschiebung gleich einem Dominoeffekt von Amerika nach Europa überschwappte! So kam es zum Schwarzen Freitag, der in den USA noch ein Schwarzer Donnerstag war. Nachhaltig gelernt haben aus diesem Schreckensszenario die wenigsten Börsianer. Auch 1987 wurde die Welt von einem schweren Crash heimgesucht, und so richtig hart zur Sache ging es zwischen Frühjahr 2000 und März 2003 – eine quälend lange Zeit vergeblichen Hoffens und Bangens. Von Herbst 2008 bis Frühjahr 2009 gab es rund um den Globus neue Börsenturbulenzen, ausgelöst durch die Finanz- und Weltwirtschaftskrise mit all ihren Verwerfungen und Riesenschulden.

Zwar zeichnet sich eine Erholung im industriellen Bereich ab. Andererseits gelangen immer mehr Länder an den Rand des Staatsbankrotts wie Griechenland und Irland, gefährdet auch Spanien und Portugal. Die Steuereinnahmen decken die Ausgaben nicht. Viele Kommunen setzen bei den Leistungen für ihre Bürger den Rotstift an. Es ist unmöglich, einen Crash verlässlich vorherzusagen. Nicht einmal eine ungefähre Oktober-Prognose erscheint für diesen crashempfindlichen Herbstmonat gesichert zu sein.

Die schweren Börsenunwetter zeigen neben speziellen Ursachen gewisse Gemeinsamkeiten, geprägt von sich wiederholenden Verhaltensfehlern. Lässt sich durch Wissen, Erfahrung und Lernprozesse künftig ein extremer Kursverlust an den Börsen vermeiden? Die Antwort lautet: Nein! Ist die den Crash aufarbeitende Fachliteratur dennoch für den Anleger nützlich? Ja! Das eigene Verhalten ist zwar anfällig für Wiederholungen, erfreulicherweise aber auch veränderbar. Sie können es schaffen, weniger als andere Investoren unter einem Crash zu leiden und die damit verbundenen Chancen zu nutzen. Der frühzeitige Zukauf belohnt Sie mit kräftigen Kursgewinnen.

Bulle & Bär, Handelsblattzitat 16/2008: „Das Gute am bösen Crash"

„Hätte der DAX seinen im März 2003 begonnenen Kursanstieg im Börsenjahr 2008 unverändert fortgesetzt, wäre der 31. Dezember 2008 als großer Stichtag der Abgeltungsteuer an den meisten Aktienanlegern vorbeigerauscht. Keine noch so plausible Berechnung von Vor- und Nachsteuerrenditen oder noch so glaubhafte Beteuerung, langfristig spiele der Einstiegszeitpunkt keine Rolle, hätte die mehrheitlich noch immer skeptischen deutschen Anleger davon überzeugen können, zu einem DAX von 8.500 oder gar 9.000 Punkten ein Engagement in Aktien zu wagen ... Die erdrutschartigen Verluste geben nun auch den Skeptikern an den Seitenlinien die Gelegenheit, Pläne für einen sehr langfristig orientierten Einstieg in den Aktienmarkt zu schmieden."

Dass viele Börsianer auch in jüngster Zeit auf dem falschen Fuß erwischt wurden, zeigt das Crashszenario 2008/09. Das von Amerika ausgehende Subprimedesaster (Hypotheken auch bei schlechter Bonität) weitete sich – vergleichbar mit neu etikettiertem Gammelfleisch oder Obstkisten mit einigen faulen Äpfeln – zur globalen Finanzkrise aus. Anfangs erfasste sie Hypotheken- und Investmentbanken, danach Immobilien- und Hedge-Fonds. Es kam zum Kursverfall nicht nur der verbrieften und neu verpackten komplizierten Kreditderivate. Was nur entfernt mit Immobilien zu tun hatte, wurde gnadenlos abgestraft. Im Fahrwasser rückläufiger Aufträge und Gewinnwarnungen stürzten die Kurse weltweit in die Tiefe. Ab Frühsommer 2009 begann die starke, selbst für Experten unerwartete Rallye. Sie setzte sich 2010 weiter fort. Waren Sie dabei?

Ein Rückblick auf die Situation von 2000 bis 2003

Befeuert von der New Economy stieg der DAX im Winter 1999/2000 in vier Monaten um 60 % auf 8.150 Punkte. Manche Aktien waren doppelt so hoch bewertet wie heute.

Die Überbewertung in Verbindung mit Kauf auf Pump war eine der Hauptursachen für die Trendumkehr. Umsatz- und Gewinneinbruch, eine sich abschwächende Konjunktur und der übertriebene Kursanstieg nicht nur am Neuen Markt mussten früher oder später zu einer heftigen Abwärtsspirale führen. Hinzu kamen die Terroranschläge vom 11. September 2001, die Argentinienkrise und der Irak-Krieg. Kurz vor dem Kriegsausbruch markierte der DAX im März 2003 mit 2.200 Punkten seinen Tiefpunkt – ein Minus von 73 % in drei Jahren. Danach aber marschierte der Deutsche Leitindex fünf Jahre lang bergauf und griff seine alte Bestmarke von 8.150 Punkten an. Danach folgte die Einmündung in ein erneutes Crashszenario, ausgelöst durch die sich ausweitende Finanzkrise – vergleichbar mit einem bösartigen Tumor. Im März 2009 notierte der DAX nur noch bei 3.600 Punkten. Zwei Jahre später, im März 2011, schaffte er mit über 7.300 Punkten mehr als eine Verdoppelung gegenüber dem Frühjahrstief 2009.

Das Platzen der Spekulationsblase – ein Tal der Tränen

Illustration: Bensch, Handelsblatt, aus: „Der Börsenführerschein", S. 124

Ein Fallbeispiel: Émile Zola „Das Geld" (1891)

„Das war die unausbleibliche, periodisch wiederkehrende verheerende Seuche, die alle zehn bis fünfzehn Jahre an den so genannten schwarzen Freitagen den Markt rein fegt und den Boden mit Schutt bedeckt. Jahre müssen vergehen, ehe das Vertrauen von neuem erwacht und die großen Bankhäuser wieder aufgebaut werden, bis dann die allmählich angefachte Spielleidenschaft wieder hell auflodert, die Geschichte von vorne anfängt und eine neue Krisis herbeiführt, die in einem neuen Krach alles vernichtet."

Aus der Börsencrash-Geschichte

Am 7. Februar 1637 kommt es zum ersten überlieferten Crash. In Erwartung weiterer exzessiver Preissteigerungen kaufen holländische Spekulanten seltene Tulpenzwiebeln zu extrem hohen Preisen. Bei der jährlichen Versteigerung in Alkmaar bleiben plötzlich die Käufer aus. Die Spekulationsblase platzt. Die Preise stürzen um 95 % ab.

1720: Mit der Südseeblase Englands und der Mississippi-Blase Frankreichs von 1917 bis 1929 entwickeln sich bedrohliche Krisen, die bis zum Ausbruch der amerikanischen und französischen Revolution noch nicht überwunden sind.

Am 9. Mai 1873 fallen die Aktienkurse wegen des Gründerkrachs an der Wiener Börse ins Bodenlose. Auch in Deutschland und in Amerika brechen die Aktienkurse ein.

Am 5. Mai 1893 löst eine Wirtschaftskrise in den USA hohe Kursverluste an der New York Stock Exchange aus. Besonders die Eisenbahnaktien sind davon betroffen.

Der 24./25. Oktober 1929 gehen in die Geschichte ein als *Schwarzer Donnerstag* (Auslöser in den USA) bzw. *Schwarzer Freitag* (der nächste Börsentag in Europa). Dieser bislang heftigste Börsencrash löst eine Weltwirtschaftskrise aus und lässt den Dow Jones binnen drei Jahren um 86 Prozent abstürzen.

Am 19. Oktober 1987 rauscht der Dow Jones erneut in den Keller. Wieder kommt es zum weltweiten Crash. Seitdem entstehen im Oktober vermehrt Crashängste.

1998: Die Russlandkrise zieht den Aktienmarkt Russland und Osteuropa in die Tiefe.

2000: Die maßlos überhitzten Kurse führen 2001 zum Platzen der Dotcom-Blase. Der TecDAX löst 2003 den Neuen Markt ab. Die Jahrtausendwende ist die Geburtsstunde für den tückischen, sich über 3 Jahre scheibchenweise hinziehenden „Salami-Crash".

Zum Crashgeschehen 2008/2009

Die den weltweiten Crash auslösenden Probleme beginnen am amerikanischen Immobilienmarkt. Nachdem der Wert der Häuser jahrelang stieg, erhöhen viele Hausbesitzer ihre Hypothekenkredite – darunter zahlreiche einkommensschwache Schuldner. So wandern zwischen 2004 und 2006 jährlich rund 850 Milliarden Dollar in den Konsum. Mit steigendem Zinssatz können viele Hausbesitzer ihre Zahlungsverpflichtungen nicht mehr erfüllen. Privatinsolvenzen und Zwangsverkäufe häufen sich. Die Wohnimmobilienpreise purzeln in den Keller. Die komplizierten verbrieften Kreditderivate werden unverkäuflich und treiben Banken und Versicherungen an oder in den Abgrund. Bei diesem Crash sehen die Notenbanken nicht untätig zu. Die amerikanische Notenbank FED senkt den Leitzinssatz in mehreren Schritten auf nahe null Prozent und flutet in Absprache mit anderen Notenbanken viele Milliarden Dollar in den Markt, um die Liquidität im Finanzsektor zu erhöhen und den Banken zu helfen, ihre Finanzprobleme zu lösen. In konzertierten Aktionen werden riesige staatliche Rettungspakete geschnürt.

Was tun in solch schwierigen Börsenzeiten? Dazu ein Kurzkommentar von Frank Wiebe, Handelsblatt Nr. 17/2008

„Wir hatten vorher insgesamt fünf gute Börsenjahre. Allein in den vergangenen drei Jahren ist der Index DAX um rund 89 Prozent gestiegen ... Es war längst einmal Zeit für ein schwaches Börsenjahr nach dem dramatischen Aufschwung ... Wer nach Kostolany seine Aktien kauft und bis zum Eintritt des Rentenalters liegen lässt (oder darüber hinaus), muss jetzt aber nicht den Weltuntergang fürchten und hektisch umschichten. Falsch wären nur zwei Strategien: jetzt noch aussteigen und dann zu spät wieder einsteigen. Das passiert leicht. Denn der ideale Einstiegszeitpunkt kommt oft schon dann, wenn alle noch ihre Wunden lecken und die Nase voll haben von der Börse. Die zweite falsche Strategie: Jetzt ganz cool drin bleiben – und dann nahe den Tiefstkursen die Nerven verlieren und doch noch aussteigen. Die Erfahrung zeigt übrigens, dass es schwierig ist, mit häufigem Ein- und Aussteigen das Ergebnis zu verbessern. Denn oft reichen wenige Tage Verspätung, und schon stimmt die Rechnung nicht mehr – und Kosten fallen auch noch an."

Ein Fallbeispiel: Der Schuhputzjunge von der Wall Street

„Eines Morgens erzählt ein Schuhputzjunge an der Wall Street dem legendären John D. Rockefeller, man müsse an der Börse investieren, um reich zu werden. Rockefeller wusste sofort, was zu tun war. Wenn sogar schon auf der Straße Börsenempfehlungen ausgesprochen werden, dann war die Wall Street hoffnungslos überhitzt. Eine Korrektur musste folgen. Rockefeller verkaufte seine Aktien und hielt sein Vermögen in Cash. Auf diese Weise rettete der Ölmagnat sein Vermögen vor dem Börsencrash am berüchtigten Schwarzen Donnerstag bzw. Schwarzen Freitag im Oktober 1929. Etwa 80 Jahre später ist Rockefellers Schlussfolgerung aktueller denn je. Ende der 1990er-Jahre stand der US-Aktienmarkt am Ende des längsten Anstiegs, den die Wall Street je gesehen hatte ... 2001 waren beinahe 60 Prozent der Amerikaner, aber auch sehr viele Europäer in Aktien investiert. Unglücklicherweise investierten sie erst am Ende des gigantischen Bullenmarktes. Als die Börsen – allen voran der Neue Markt in Frankfurt – im März 2000 zu fallen begannen, verloren sie mehr als nur ihren ruhigen Schlaf."

Quelle: „The Future of Investing" SUPERFUND-Broschüre, S. 9

Auf welche Signale im Vorfeld achten?

Wenn Börsenkurse in die abendliche Stammtischdiskussion einfließen, das Gesprächsthema nach dem Tennismatch bilden, Börsentipps in großen Lettern auf der Titelseite der Boulevardpresse erscheinen, Taxifahrer mit ihren Gästen über das Börsengeschehen debattieren, sind Vorsicht, Misstrauen und Disziplin angebracht. Alles deutet auf Kursüberhitzung, das Platzen von Spekulationsblasen hin. Springen Sie nicht mehr auf den rasant fahrenden Börsenzug auf! Verluste sind vorprogrammiert.

Während 2004 noch etliche Experten ein Zurückkommen des Ölpreises auf ungefähr 30 US-Dollar pro Barrel (159 Liter) für wahrscheinlich erachteten, verkündeten einige der längerfristigen Einschätzungen einen Anstieg bis auf 200 US-Dollar, nachdem der Preis von 150 Dollar im Frühjahr 2008 bereits überschritten wurde. Steigende Rohstoffpreise heizen die Inflation an und lähmen schließlich die Konjunktur. Zum Jahresschluss 2008 notierte der Ölpreis nur noch bei knapp 40 US-Dollar je Barrel – zwei Jahre später bei 90 US-Dollar und im März 2011 wegen des Flächenbrands in Afrika bereits bei knapp 110 US-Dollar. So liegt die Ungewissheit für einen Crash nie im Ob, sondern nur im Wann. Schließlich machen die Anleger stets die gleichen Fehler: emotionaler Überschwang, irrationale Übertreibungen und Massenphänomen Herdentrieb. Beim Aufschwung sind es Gier und Euphorie, beim Abschwung Angst und Panik.

Ein Widerspruch? Mutig bei Bodenbildung kaufen – aber nicht in ein fallendes Messer greifen!

Der Börsenjournalist Friedhelm Busch warnt in seinem Buch mit dem gleichnamigen Titel: *„Greife nie in ein fallendes Messer!"* Umgekehrt heißt es: *„Bei Angst kaufen – bei Hoffnung verkaufen – die Bodenbildung nutzen!"* Tut sich da nicht ein Widerspruch auf? Bei oberflächlicher Betrachtung: Ja! Bei gründlichem Hinterfragen: Nein! Friedhelm Busch warnt vor dem zu frühen Aufstocken des Aktiendepots, solange der Crash nicht bewältigt ist. Das Messer steckt noch nicht im Boden. Es befindet sich in der Luft und verletzt im Fallen denjenigen, der danach greift. Das Problem ist nur, dass man erst hinterher weiß, wann das Messer im Boden steckt. Auch die Charttechnik vermag nur Signale, aber keine schlüssigen Beweise für die Zukunft zu liefern.

Gefallene Börsenstars

Bis zum Platzen der Spekulationsblase statteten die großen Börsenstars viele Hightech-Aktien mit grandiosen Kurszielen aus, die unerfüllbar blieben. Abby Cohen prophezeite der Wall Street eine jahrelange Hausse. „Mister Bullmarket" Ralph Acampora speiste seinen Optimismus aus Kurven, Wimpeln und Fahnen. Er sagte dem Dow Jones für die nächsten Jahre 20.000 Punkte voraus. Und auch Heiko Thieme versprühte diesseits und jenseits des Atlantiks viel Optimismus.

Statt nur den Kapitalerhalt im Auge zu behalten, ist es besser, geduldig den Markt zu beobachten und Aktien schrittweise zuzukaufen, vielleicht in zwei oder drei Tranchen, um auch den Cost-Average-Effekt (Kauf zum günstigen Durchschnittskurs) zu nutzen.

➢ **Fazit:** Seit dem 17. Jahrhundert haben die Historiker über 40 Finanz- und Börsenkrisen registriert. All diesen Kursstürzen ging eine Phase voraus, in der Anleger die Börsenregeln außer Kraft setzten, dem Massentrieb folgten und sich an typischen irrationalen Gesetzmäßigkeiten orientierten. Je teurer die Aktien wurden, desto mehr wurden sie gekauft. Nach dem Absturz dominierte die umgekehrte Variante: Je billiger die Aktien zu haben waren, desto mehr verschmähten die Investoren sie.

Testbogen ❾ zur Prüfungsvorbereitung

Nr.	Aufgabenstellung	Ja	Nein	Punkte
1	Börsenrätsel: Setzen Sie die fehlenden Buchstaben ein. Das aus 16 Anfangsbuchstaben zu bildende Lösungswort gehört zum Thema.			16 [ ]
1.1	Kapitalerhöhung: neue Aktien			1 [ ]
1.2	Gefahr: Grauer Kapitalmarkt			1 [ ]
1.3	Optionsschein: Renditechance			1 [ ]
1.4	Altersvorsorge-Modell			1 [ ]
1.5	Bezeichnung: Kursrakete			1 [ ]
1.6	Negatives Anlegerverhalten			1 [ ]
1.7	Vorgänger TecDAX			1 [ ]
1.8	Fondsart			1 [ ]
1.9	Erneuerbare Energie			1 [ ]
1.10	Kapitalherabsetzung			1 [ ]
1.11	Bodenbildung steht bevor			1 [ ]
1.12	Ertragskraft der AG			1 [ ]
1.13	Aktueller Börsenkurs			1 [ ]
1.14	Optionsschein-Begriff			1 [ ]
1.15	Leerverkäufer			1 [ ]
1.16	TecDAX-Branche			1 [ ]
2	Wissenstest: Welche Aussagen passen zum Crash?		Kreuz	5 [ ]
2.1	Ein Börsencrash ist nur im Monat Oktober zu befürchten.			1 [ ]
2.2	Ein Crash wird durch ausgelöste Stoppkurse abgeschwächt.			1 [ ]
2.3	Zittrige Hände werfen alle Aktien auf den Markt (Sell-out).			1 [ ]
2.4	Antizykliker steigen bei Bodenbildung bereits wieder ein.			1 [ ]
2.5	Am Schwarzen Montag war der Höhepunkt vom Crash 1929.			1 [ ]
3	Logik: Welche Angaben passen nicht zur Beispielreihe?		Nr.	4 [ ]
	Crashszenario: 1) Zinssenkung. 2) Währungsturbulenzen. 3) Terrorakte. 4) Ölpreisexplosion. 5) Konjunkturerholung. 6) Platzende Spekulationsblase. 7) Finanzkrise. 8) Großbankenpleite. 9) Unterbewertete Börse. 10) Börsenpsychologie. 11) Herdentrieb. 12) Vogelgrippe-Pandemie. 13) Investitionen.		Nr. _____ Nr. _____ Nr. _____ Nr. _____	1 [ ] 1 [ ] 1 [ ] 1 [ ]
4	Logik: Welche Angaben passen nicht zur Beispielreihe?		Nr.	5 [ ]
	Aktienfonds: 1) Ausgabeaufschlag. 2) Schuldverschreibung. 3) Miteigentümer. 4) Sondervermögen. 5) Wandelanleihen. 6) Aktiv gemanagt. 7) Zinskupon. 8) Laufzeit unbegrenzt. 9) Rating/Ranking. 10) Derivate. 11) Orientierung an Benchmark. 12) Bonus-Zertifikat. 13) Verwaltungsgebühr.		Nr. _____ Nr. _____ Nr. _____ Nr. _____ Nr. _____	1 [ ] 1 [ ] 1 [ ] 1 [ ] 1 [ ]
	Bewertung: 29 – 30 Punkte: sehr gut, 26 – 28 Punkte: gut, 23 – 25 Punkte: befriedigend, 20 – 22 P.: ausreichend (Lösung S. 217)			30 [ ]

21 Qual der Wahl: Die richtige Depotbank

Erste Schritte zum aktiven Handeln: Depoteröffnung bei der Haus- oder einer Direktbank.

Schnell und preiswert ordern im Internet.

Illustration: Henning Löhlein: „Der kleine Börsenführerschein" S. 53

Vorteile Online- und Telefon-Banking

Niedrige Ordergebühren

Unabhängig von den Banköffnungszeiten

Bequem und schnell

Rasches Reagieren auf aktuelle Trends

Transaktionen auch im abendlichen Handel

Der erste Schritt, um an der Börse erfolgreich zu sein, ist die Depoteröffnung bei der Haus- oder Direktbank. Schnell und preiswert sind das Online- und Telefon-Banking. Sie sollten jedoch keinesfalls ohne **Virenschutzprogramm** im Internet surfen und eine **Firewall** einsctzen. Unsichere PCs gefährden die gesamte IT-Infrastruktur. Trojaner, Würmer und Viren können einen Datengau auslösen mit verheerenden Folgen. Bei der Geldanlage steht – wie eine kürzliche Umfrage des Marktforschungsinstituts GfK zeigt – eine qualifizierte Beratung ganz oben auf der Wunschliste. Bei der Depoteröffnung sind Formalitäten zu beachten, wie die Einstufung der Risikoneigung, die Sie auf **V** festlegen sollten, um den Weg frei zu machen für risikoreichere Anlagen. Wollen Sie mit Hebelzertifikaten und Optionsscheinen handeln, müssen Sie die **Finanztermingeschäftsfähigkeit** beantragen. Sobald Ihr Konto für Online-Banking frei geschaltet ist, können Sie Ihre üblichen Bankgeschäfte bequem von zu Hause aus erledigen. Telefon-Banking ist sehr praktisch, wenn Sie unterwegs sind oder das Internet streikt.

Die beste Direktbank gibt es nicht!

Etliche große Online-Broker, aber auch die Hausbanken buhlen um die Gunst der kompetenten Privatanleger. Jede Depotbank hat ihre Stärken und Schwächen. Die beste Bank für jedermann gibt es nicht. Bevor Sie sich endgültig entscheiden, sollten Sie mehr als nur die Gebührenstruktur genau miteinander vergleichen. Bei einem Vieltrader sieht die Wahl anders aus als beim Sparplanfan

Ein paar Entscheidungshilfen

Zählen Sie zu den Vieltradern, so sind niedrige Ordergebühren bzw. eine Rabattstaffel wichtig. Es sollten keine zusätzlichen Limitgebühren anfallen.

Handeln Sie nur einige Male im Monat, so achten Sie auf die Fixkosten. Eine kostenlose Konto- und Depotführung dürfte dann für Sie erste Wahl sein.

Ist Ihr Ordervolumen überdurchschnittlich hoch, so profitieren Sie von einheitlichen Gebührensätzen.

Greifen Sie gern auf Neuemissionen zu, bietet sich ein zweites Depot bei einer Großbank an, die häufig bei IPOs die Konsortialführung übernimmt.

Kriterien für die Wahl Ihres Discount-Brokers

❶ Erreichbarkeit

❷ Orderabwicklung (Schnelligkeit, Korrektheit)

❸ Kundenorientierung

❹ Benutzerfreundlichkeit

❺ Produktangebot

❻ Gebührenstruktur

❼ Sonderleistungen (Service)

Tipp für die Auswahl

Vor Ihrer Entscheidung klicken Sie die Homepage der führenden Online-Broker an (comdirect, Cortal Consors, DAB Bank, flatex, ING DiBa, OnVista, Vitrade). Sie drucken die Seiten aus, markieren jeweils die für Sie wichtigen Angaben und vergeben Punkte.

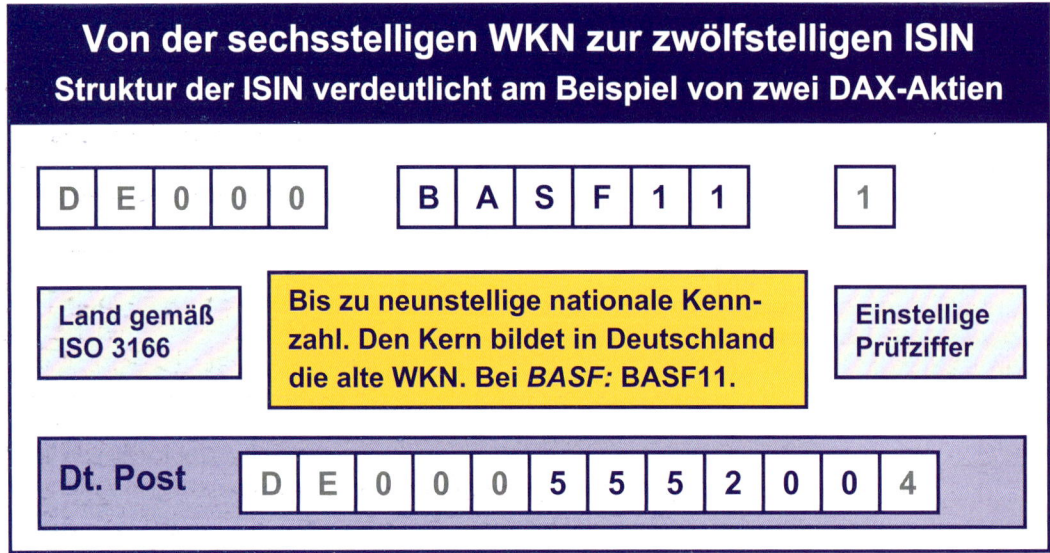

Von der sechsstelligen WKN zur zwölfstelligen ISIN
Struktur der ISIN verdeutlicht am Beispiel von zwei DAX-Aktien

| D | E | 0 | 0 | 0 | | B | A | S | F | 1 | 1 | | 1 |

Land gemäß ISO 3166

Bis zu neunstellige nationale Kennzahl. Den Kern bildet in Deutschland die alte WKN. Bei *BASF:* BASF11.

Einstellige Prüfziffer

| Dt. Post | | D | E | 0 | 0 | 0 | 5 | 5 | 5 | 2 | 0 | 0 | 4 |

Bei der alljährlichen Leserumfrage des Wochen-Magazins BÖRSE ONLINE „Onlinebroker 2007/08/09/10" lag ING-DiBa in der Gunst der rund 43.000 Teilnehmer nach dem Schulnotensystem mit 1,71 erneut ganz vorn.

ING-DiBa gewann als Seriensieger den begehrten Titel 2010 vor Vitrade (1,78) und der OnVista Bank (1,83). Letztlich liegt im Einkauf der Gewinn. Werden eine niedrige Ordergebühr und eine kostenlose Depotführung angeboten, erhöht dies sofort die spätere Rendite.

Privatanleger: Infos zu Order und Depot 2010

Orderanzahl/Quartal:	4
Online-Aufträge:	80 %
Telefonorders:	20 %
Ordervolumen/Schnitt:	3.000 €
Orders mit Limit:	60 %
Änderung/Löschung:	20 %
Depotvolumen/Schnitt:	40.000 €

> Viele Bundesbürger gehen mit dem Thema Internetsicherheit noch zu sorglos um, wie eine Studie des Bundesamtes für Sicherheit in der Informationstechnik (BSI) zeigt. Von je 100 Internetnutzern wurden schon einmal Opfer von Trojanern (35 %), gefälschten E-Mails (25 %), Dialern (25 %), Phishing (8 %), gefälschten Webseiten (6 %). Gerade beim Online-Banking versuchen Kriminelle, die Daten auszuspähen.

Die folgende Tabelle mit den erläuternden Angaben sorgt für mehr Klarheit in dem Gestrüpp von Kurszusätzen und Kurshinweisen.

Kurszusatz	Bezeichnung	Kurze Erläuterung
G	**Geld** (aus Anlegersicht der niedrigere Verkaufspreis)	Zu diesem Preis bestand **nur Nachfrage.**
B	**Brief** (aus Anlegersicht der höhere Kaufpreis)	Zu diesem Preis bestanden **nur Angebote.**
exD	**ohne Dividende**	Erste Notiz unter **Abschlag der Dividende**
exBR	**ohne Bezugsrecht**	Erste Notiz unter **Abschlag des Bezugsrechts**
exBA	**ohne Berichtigungsaktien**	Erste Notierung nach Umstellung des Kurses auf das **berichtigte (neue) Aktienkapital**
ausg	**ausgesetzt**	Die Kursnotierung ist ausgesetzt worden.

Anmerkung: Bei Kurszusätzen mit **b** müssen alle <u>über</u> dem festgelegten Kurs limitierten Kaufaufträge und alle <u>unter</u> dem festgestellten Kurs limitierten Verkaufsaufträge ausgeführt worden sein. **Plus- und Minusankündigungen** erfolgen, wenn ein Skontroführer feststellt, dass der Kurs stark von der letzten Notierung abweichen wird.

Orderblatt zur Vorbereitung und für Telefon-Banking einsetzbar

☎ **Direktbank** ·
(vor Kopie einsetzen)

FAX Direktbank
(vor Kopie einsetzen)

☎ **Eigene Telefon-Nr.**
(evtl. auch Name, Anschrift)

Eigene Depot-Nr.
(vor Kopie einsetzen)

PIN (verschlüsselt aufheben, auswendig lernen)

1. Wertpapierorder
(nach Kopie einsetzen)

| K | V | Zahl | Limit | Stopp |

Aktienname	WKN		Gültig bis:
Börsenplatz			
Auftrags-Nr.	ISIN		

2. Wertpapierorder
(nach Kopie einsetzen)

| K | V | Zahl | Limit | Stopp |

Aktienname	WKN		Gültig bis:
Börsenplatz			
Auftrags-Nr.	ISIN		

3. Wertpapierorder
(nach Kopie einsetzen)

| K | V | Zahl | Limit | Stopp |

Aktienname	WKN		Gültig bis:
Börsenplatz			
Auftrags-Nr.	ISIN		

Bemerkungen

....

....

22 Sprachvielfalt Kaufen/Verkaufen/Halten

Welch ein Sprachgewirr von Anlageempfehlungen! Von Downgrades bis Upgrades, von Underperformer bis Strong Buy!

Warum gibt es mehr als 30 Begriffe, wenn drei bis sechs Zuordnungen ausreichen müssten, um diese drei Handlungsanweisungen „Kaufen – Halten – Verkaufen" voneinander abzugrenzen?

Illustration: Paul Michl, aus: Sander/Kujawa, „Börseneinstieg mit Spaß und Spannung", S. 55

Vermutlich gibt es so viele Formulierungen, um wie bei Schulnoten mit den Zusätzen 3+, 3, 3-, 3–4 usw. besser zu differenzieren. Die größten Fehler, die Sie hier machen können: Sie stützen sich auf eine einzige Empfehlung oder verdrängen gegenteilige Informationen. Kauftipps überwiegen. Abhängigkeiten gegenüber Auftraggebern und Großkunden mögen hier mitspielen. Es gilt, mehrere Informationsquellen zu nutzen und sich ein eigenes Urteil zu bilden. Haben Analysen überhaupt einen Sinn, wenn sie sich oft widersprechen? Durchaus! Wird ein Titel gehäuft auf Kaufen gestellt, ist dies ebenso aussagekräftig wie umgekehrt eine überwiegend negative Einschätzung.

Kaufen (Überzahl)	**„Kaufen" (absteigende Tendenz):** Strong Buy – Aggressiver Kauf – Starker Kauf – Upgrade – Buy – Langfristiger Kauf – Trading Buy – Outperformer (besser als der Markt) – Akkumulieren – Accumulate – Übergewichten – Overweight
Halten (Unterzahl)	**„Halten" (zum Teil eine versteckte Verkaufsempfehlung):** Gleichgewichten – Marketperformer (dem Marktverlauf entsprechend) – Sector Perform – Peer Perform – In-Line – Hold – Neutral – Marktneutral – Untergewichten
Verkaufen	**„Verkaufen" (absteigende Tendenz):** Downgrade – Underperformer (schlechter als der Markt) – Reduzieren – Reduce – Trading Sell – Aktie meiden – „Unwert" (bei Pleite, Betrug)

Testbogen ⑩ zur Prüfungsvorbereitung

Nr.	Aufgabenstellung	Ja	Nein	Punkte
1	**Börsenrätsel:** Setzen Sie die fehlenden Buchstaben ein. Das 17 Anfangs-buchstaben umfassende Lösungswort nennt eine negative Börsensituation.			17 [ ]
1.1	Kaufempfehlung			1 [ ]
1.2	Edel- und Industriemetall			1 [ ]
1.3	Ausgabe neuer Wertpapiere			1 [ ]
1.4	Stärkerer Kursabsturz			1 [ ]
1.5	Verkaufsempfehlung			1 [ ]
1.6	Flüssigkeit: Finanzbereich			1 [ ]
1.7	Industriemetall			1 [ ]
1.8	Fachbegriff: Charttechnik			1 [ ]
1.9	Geldanlageform (ETF)			1 [ ]
10	Kaufempfehlung			1 [ ]
11	Industriemetall			1 [ ]
12	Regenerative Energie			1 [ ]
13	Gewinnschwelle erreicht			1 [ ]
14	Hedge-Fonds-Strategie			1 [ ]
15	Fachbegriff: Optionsschein			1 [ ]
16	Differenz Geld-/Briefkurs			1 [ ]
17	Aktienindex			1 [ ]
2	**Wissenstest:** Welche Aussagen zu Kurszusatz/Handel passen?	Kreuz		8 [ ]
2.1	**Brief:** Aus Anlegersicht ist dies der etwas höhere Aktienkaufpreis.			1 [ ]
2.2	Mitunter rufen Banken auch per E-Mail persönliche Kundendaten ab.			1 [ ]
2.3	**exD:** Erste Notiz unter Dividendenabschlag am HV-Tag.			1 [ ]
2.4	**exBR:** Erste Notiz unter Abschlag des Bezugsrechts.			1 [ ]
2.5	Telefon-Banking ist bei fast allen Brokern billiger als Online-Orders.			1 [ ]
2.6	In fallenden Märkten gibt es fast nur Verkaufsempfehlungen.			1 [ ]
2.7	Bei marktengen Werten kann auf ein Limit verzichtet werden.			1 [ ]
2.8	Der Kern der ISIN entspricht international der sechsstelligen WKN.			1 [ ]
3	**Wissenstest:** Was stimmt zu Rohstoffen/Energie und Spekulation?	Kreuz		6 [ ]
3.1	Das meiste Erdöl wird aus den ganz neuen Quellen gewonnen.			1 [ ]
3.2	Silber wird mit steigendem Anteil in der Photoindustrie gebraucht.			1 [ ]
3.3	Silizium ist teuer, weil China hier den Export stark drosselt.			1 [ ]
3.4	Zucker wird zunehmend für Biokraftstoff (Ethanol) benötigt.			1 [ ]
3.5	Seltene Erden sind metallische Grundstoffe. China ist Marktführer.			1 [ ]
3.6	Wegen Eurospekulation sollten Einsteiger Hebelprodukte kaufen.			1 [ ]
	Zwischenstand: 30 – 31 Punkte: sehr gut, 27 – 29 Punkte: gut, 24 – 26 Punkte: befriedigend, 21 – 23 Punkte: ausreichend (Lösung S. 218)			31 [ ]

Nr.	Testbogen ⑩ (Fortsetzung)	Übertrag	31 [ ]
4	**Zuordnungstest:** Ordnen Sie die Stichpunkte den Rubriken „Kaufen", „Halten" oder „Verkaufen" zu.	**Nummern eintragen**	**Punkte** 31 [ ]

Nr.		Kaufen / Halten / Verkaufen	Punkte
4.1	1) Turnaround-Kandidat – 2) Break-even steht bevor – 3) Geschönte Bilanz – 4) Gewinnwarnung – 5) Analystenerwartung erfüllt – 6) Verhaltener Ausblick – 7) Niedriges KGV – 8) Verliert Marktanteile – 9) Baut Marktführerschaft aus – 10) Marktposition unverän-	**Kaufen**	12 [ ]
4.2	dert – 11) Übernahmekandidat – 12) Verliert Patentstreit – 13) Außergerichtliche Einigung – 14) IPO vielversprechend – 15) Downgrade – 16) Upgrade – 17) Marketperform – 18) Peer Perform – 19) Outperform – 20) In-Line – 21) Underperform – 22) Sector Per-	**Halten**	10 [ ]
4.3	form – 23) Zukauf rentable Sparte – 24 Reversesplit gemeldet – 25) Fair bewertet – 26) Staatsanwalt ermittelt – 27) Großauftrag in Schwebe – 28) Gewährt hohe Rabatte – 29) Erhöht Dividende – 30) Shareholder-Politik – 31) Aktienrückkaufprogramm	**Verkaufen**	9 [ ]

5	**A sucht B: Bilden Sie die passenden Wortpaare.**			25 [ ]
5.1	A1) Ersetzt sechsstellige WKN – A2) Preisbegrenzung bei Order – A3) Mäßiger Abwärtstrend – A4) Extrem heftiger Kursabsturz – A5) Stärkerer Kursabsturz – A6) Prime Standard – A7) Börsenwert – A8) Short Seller – A9) Performance – A10) Nebenwerte – A11) Sell-Out – A12) Free Float – A13) Diversifikation – A14 Cashflow – A15) Bestandteil Online-Banking – A16) Sondervermögen – A17) NYSE – A18) Pauschbetrag – A19) Baisse – A20) XETRA – A21) Portfolio – A22) Mildere Auflagen – A23 Reversesplit – A24) Kurszusatz: „Ohne Dividende" – A25 Solarstrom	A1 — B A2 — B A3 — B A4 — B A5 — B A6 — B A7 — B A8 — B A9 — B A10 — B A11 — B A12 — B		1 [ ] 1 [ ] 1 [ ] 1 [ ] 1 [ ] 1 [ ] 1 [ ] 1 [ ] 1 [ ] 1 [ ] 1 [ ] 1 [ ]
5.2	B1) Streubesitz – B2) New York Stock Exchange – B3) Photovoltaik – B4) 801 Euro – B5) ISIN – B6) Marktkapitalisierung – B7) Limit/Limitierung – B8) Kapitalschnitt – B9) Streuung – B10) Konsolidierung – B11) Aktien/Aktienfonds – B12) Wertentwicklung – B13) Elektronisches Handelssystem – B14) Internet-Brokerage – B15) General Standard – B16) Korrektur – B17) Small Caps – B18) Depotstand – B19) Finanzkraft – B20) exD – B21) Strenge Auflagen – B22) Panikartiger Ausverkauf – B23) Crash – B24) Längerer Kursrückgang – B25) Leerverkäufer	A13 — B A14 — B A15 — B A16 — B A17 — B A18 — B A19 — B A20 — B A21 — B A22 — B A23 — B A24 — B A25 — B		1 [ ] 1 [ ] 1 [ ] 1 [ ] 1 [ ] 1 [ ] 1 [ ] 1 [ ] 1 [ ] 1 [ ] 1 [ ] 1 [ ] 1 [ ]

Auswertung: 83 – 87 Punkte: sehr gut, 78 – 82 Punkte: gut, 72 – 77 Punkte: befriedigend, 66 – 71 Punkte: ausreichend (**Lösung: S. 219**)   87 [   ]

23 Gold, Silber, Platin als sicherer Hafen

Im Zuge der weltweiten Finanzkrise führen die Überschuldung europäischer Länder, angeführt von Griechenland und Irland, dahinter Portugal und Spanien, die hohen Rohstoff- und Ölpreise sowie die steigende Inflationsrate zu wachsender Besorgnis und Verunsicherung. Obwohl die führenden Notenbanken ständig Milliardensummen in den Markt pumpen und die Europäische Union unter Mithilfe wohlhabender Länder wie der Bundesrepublik großzügige Rettungspakete schnürt, ist die Lage brenzlig und von Geldentwertungsängsten geprägt.

Edelmetall-Anlagemünzen zum Träumen und als Geldanlage

Quelle: www.bullionweb.de, silbermuenze/china-panda, silbermuenze/silber-philharmoniker, aus: Beate Sander: „Neue Börsenstrategien für Privatanleger"

Viele Bürger befürchten einen Papiergeldverfall, steigende Preise, vielleicht sogar eine Währungsreform. Da ist die Flucht in den sicheren Hafen Gold unvermindert groß. Alles spricht jetzt für Sachwerte, wozu Edelmetall, Aktien und Immobilien zählen. Das Ziel, die 1.400-Marke bei Gold pro Feinunze (31 Gramm) in US-Dollar und in 1.000 Euro Ende 2010 zu erreichen, wurde locker geschafft. Vor allem für Silber als Industriemetall geht es durch den konjunkturellen Aufschwung steil aufwärts. Zwei Fragen lauten: Ist es für einen Einstieg schon zu spät? Und wie hoch sollte der Depotanteil sein?

Der Goethe-Ausspruch feiert sein Comeback: *„Zum Golde drängt – am Golde hängt!"* Die Händler von Edelmetallbarren und Anlagemünzen feiern Hochkonjunktur. Die Prägestätten kommen kaum nach, um den Bedarf zu decken. In der physischen Edelmetallanlage in Form von Barren und Anlagemünzen sehen viele Investoren einen sicheren Hafen. Zwar schwanken auch der Gold-, Silber- und Platinpreis mitunter heftig. Aber es droht hier niemals ein Totalverlust durch Zahlungsunfähigkeit (Insolvenz), wie bei Anleihen und Zertifikaten zu befürchten ist, wenn der Emittent Pleite geht. So sind die Weichen bei Edelmetall auf Grün geschaltet, sobald sich in Krisenzeiten die Ängste mehren. Die Bundesbank verfügt über einen Goldbestand von 3.400 Tonnen.

Umgekehrt boomt bei anspringendem Wirtschaftswachstum die Schmuckindustrie, und Silber und Platin sind als Industriemetalle begehrt. Es empfiehlt sich eine physische Anlage in Edelmetall mit einem Vermögensanteil von mindestens 5 % bis 15 %. Dies kann geschehen mit Barren, Anlagemünzen, Minenaktien und physisch unterlegten ETC (Exchange Traded Commodity). Den Rohstoffen und knapper werdenden Edelmetallen gehört die Zukunft. Denken Sie an China, Indien, Dubai, Katar, an aufstrebende Märkte in Ostasien, Osteuropa, Südafrika und Lateinamerika. Hier steigen mit dem Lebensstandard die Ansprüche und parallel dazu die industriellen Anwendungen.

Die Gruppe der Edelmetalle im Überblick

➤ **Gold:** Berggold und Seifen- bzw. Waschgold; Vorkommen in reiner Form oder in Verbindung mit anderen Substanzen; Nachfrage: Schmuck, Kapitalanlage, Zahnindustrie. **Goldbarren und Anlagemünzen sind mehrwertsteuerfrei.**

➤ **Silber:** Das am stärksten gebrauchte, aus dem Erdboden (Silbererz-Minen) geholte Edelmetall; Vorkommen zusammen mit anderen Substanzen; Nachfrage: Schmuck, Medizin, Elektro- und Solarindustrie, Geldanlage. **Für Silbermünzen gilt der ermäßigte Steuersatz von 7 %, für Silberbarren 19 %.**

➤ **Platingruppe:** Iridium, Osmium, Palladium, Platin, Rhodium, Ruthenium; Nachfrage: hauptsächlich Industriesektor, z. B. Platin und Palladium in Autokatalysatoren, aber auch als Kapitalanlage und Schmuck. **Für Platin und Palladium wird der volle Steuersatz von 19 %erhoben.**

„Sicherer Hafen": Edelmetallbarren ins Depot

Das erste im Umlauf befindliche Metallgeld in Barrenform gab es vor 2.000 Jahren. Als Vorläufer von Metallmünzen wurden Barren schon damals als Zahlungsmittel eingesetzt. Die heutige praktische Barrenform – bei über einem Kilogramm Gewicht als „Handelsbarren" bezeichnet – erlaubt die Lagerung in großen Mengen. Die Feinheit muss hoch sein, bei Gold und Platin mindestens 995 und Silber 999. Tipp: Es ist nicht ratsam, sich wegen des Preisvorteils den größtmöglichen Goldbarren zuzulegen. Mehrere kleinere Barren erlauben bei Bedarf Teilverkäufe und damit ein flexibles Agieren.

Anlagemünzen aus Edelmetall als Alternative zu Barren

Kennen Sie Sachwerte, die länger und enger mit der Geschichte der Menschheit verbunden sind als Münzen? Die ersten als Zahlungsmittel dienenden Münzen wurden bereits vor mehr als 2.000 Jahren geprägt. Es gibt noch alte römische Münzen, die möglicherweise sogar Kaiser Cäsar angefasst hat. Kann eine Geldanlage spannender sein als über Münzen aus Gold, Silber und Platin? Die Nachfrage übersteigt das Angebot.

Tipps für die Aktienauswahl mit Auswertung getätigter Käufe

Interessant ist auch eine Anlage in ausgewählte Goldminen- und Bergbauaktien im „Seniorbereich". Das sind die größeren Werte. Alle Aktien erzielten seit 2008 ein zweistelliges bis dreistelliges Plus. Alternativ bieten sich auch gute Aktienfonds und die preiswerten physisch unterlegten ETC (Exchange Traded Commodity) an.

Bekannte Bergbau- und Edelmetallminen-Aktien			
Aktie	WKN	Kurs 25.02.2011 Entwicklg. 1 Jahr	Hoch/Tief 52 Wochen
Agnico-Eagle Min.	860 325	51,00 €/+27 %	65,25/40,60 €
Anglo American	A0M UKL	39,05 €/+41 %	41,40/25,80 €
Anglogold Ashanti	164 180	35,15 €/+37 %	37,80/26,20 €
Anglo Platinum	856 547	69,40 €/+9 %	87,15/64,65 €
Barrick Gold	870 450	37,50 €/+375 %	41,70/27,60 €
BHP Billiton	908 101	28,35 €/+23 %	30,95/20,10 €
Eldorado Gold	892 560	11,95 €/+36 %	15,60/8,80 €
Goldcorp	890 493	34,05 €/+22 %	37,55/27,50 €
Gold Fields	862 484	12,70 €/+54 %	13,70/8,30 €
Harmony Gold	864 439	8,40 €/+28 %	10,65/7,35 €
IAM Gold	899 657	15,20 €/+39 %	16,30/9,65 €
Impala Platinum	A0K FSB	20,75 €/+20 %	27,20/17,40 €
Newcrest Mining	873 365	28,60 €/+32 %	32,25/20,00 €
Newmont Mining	853 823	40,55 €/+23 %	50,60/35,80 €
Norilsk Nickel	676 683	17,00 €/+50 %	19,30/10,80 €
NovaGold	905 542	9,80 €/+133 %	12,10/4,15 €
Polyus Zoloto	A0J 4HH	23,80 €/+22 %	28,70/16,65 €
Rio Tinto	855 018	62,85 €/+34 %	67,10/39,30 €
Silver Wheaton	A0D PA9	29,15 €/+168 %	31,40/11,05 €
Vale	A0R N7M	25,40 €/+22 %	27,80/18,55 €
XStrata	552 834	16,60 €/+35 %	18,80/10,00 €
Yamana Gold	357 818	9,15 €/+18 %	9,85/7,00 €
Quelle: Kursliste aus dem Buch Beate Sander: „Gold – Silber – Platin". 2009 betrug der Kursgewinn aus diesen Titeln ohne Umschichtung über 75 %.			

24.1 Läuft der Rohstoff- boom weiter?

Am 11. Januar 2011 schreckten die folgenden Handelsblatt-Schlagzeilen die Anlegergemeinde auf: *„Alarmstimmung. Die weltweiten Rohstoffmärkte spielen verrückt. Experten warnen vor einer weiteren Explosion der Preise und den erheblichen Inflationsgefahren, die von den Schwellen- auf die Industrienationen überzugreifen drohen. Weizen plus 40 %, Kupfer plus 26 %, Öl plus 20 %: An den Märkten ist der Teufel los. Das billige Geld der Notenbanken treibt die Preise hoch."* In besonderem Maße gilt dies für seltene Erden.

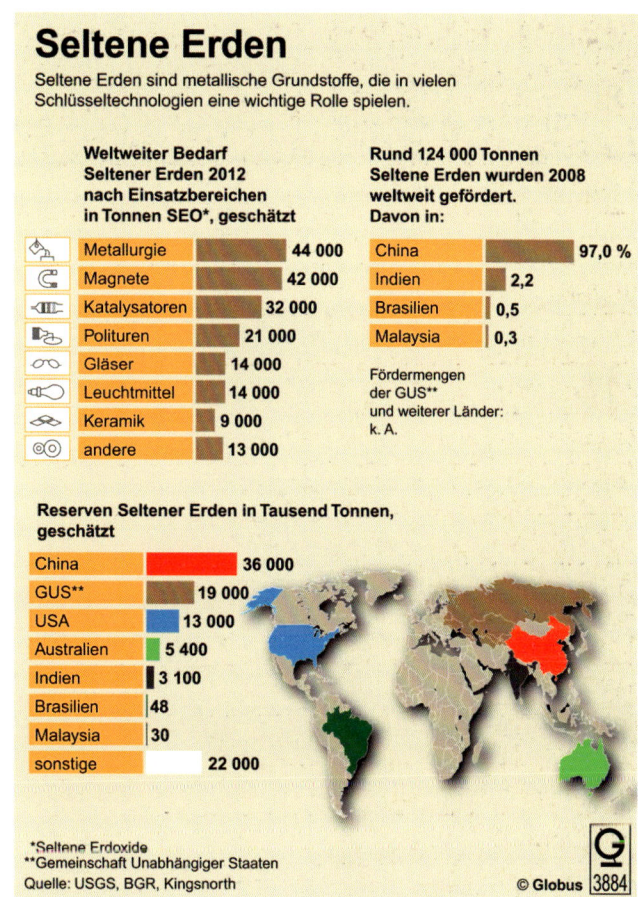

Seltene Erden

Seltene Erden sind metallische Grundstoffe, die in vielen Schlüsseltechnologien eine wichtige Rolle spielen.

Weltweiter Bedarf Seltener Erden 2012 nach Einsatzbereichen in Tonnen SEO*, geschätzt

Einsatzbereich	Tonnen
Metallurgie	44 000
Magnete	42 000
Katalysatoren	32 000
Polituren	21 000
Gläser	14 000
Leuchtmittel	14 000
Keramik	9 000
andere	13 000

Rund 124 000 Tonnen Seltene Erden wurden 2008 weltweit gefördert. Davon in:

China	97,0 %
Indien	2,2
Brasilien	0,5
Malaysia	0,3

Fördermengen der GUS** und weiterer Länder: k. A.

Reserven Seltener Erden in Tausend Tonnen, geschätzt

China	36 000
GUS**	19 000
USA	13 000
Australien	5 400
Indien	3 100
Brasilien	48
Malaysia	30
sonstige	22 000

*Seltene Erdoxide
**Gemeinschaft Unabhängiger Staaten
Quelle: USGS, BGR, Kingsnorth

© Globus 3884

Ein Fallbeispiel: Rohstoffe begleiten Ihr Leben jeden Tag

Es vergeht kein Tag, ohne dass Sie mit Rohstoffen zu tun haben. Sie stehen morgens auf, verlassen Ihr Bett, das wohl aus einem hölzernen Gestell besteht, schlagen Ihre Bettdecke zurück, vielleicht mit Gänsedaunen gefüllt. Sie duschen, trocknen sich mit einem baumwollenen Badetuch ab, ziehen Ihren Bademantel aus Naturfasern an und bereiten das Frühstück. Je nach Vorliebe gibt es Kaffee, Kakao oder Tee mit Zucker, Milch oder Kaffeesahne, Orangensaft, Getreidemüsli oder Joghurt, Brötchen oder Brot mit Butter, Konfitüre, Honig, wahlweise Schinken, Wurst, Käse und Bio-Ei. Sie frühstücken an einem hölzernen Tisch; auf dem Boden liegt ein wollener Teppich. Sie fahren mit dem Rad, öffentlichen Verkehrsmitteln oder Ihrem Auto zur Arbeit, ärgern sich über einen Spritpreis von bis zu 1,50 € pro Liter.

Sie kommen am Arbeitsplatz an. Überall begegnen Sie Rohstoffen, sei es verarbeitet oder naturbelassen. Denken Sie an die Industriemetalle allein im Fahrstuhltrakt! Werfen Sie im Büro einen Blick auf den Fußboden aus Naturholz oder Holzwerkstoffen, die Tapeten, Möbel und Beleuchtungskörper, Computeranlage, Bildschirm, Tastatur, Drucker, Kopierer und sonstige Geräte. Nach der Arbeit sind Sie auf der Suche nach einem passenden Schmuckstück für einen geliebten Menschen – aus Silber, Gold oder Platin – vielleicht mit einem kleinen Edelstein besetzt. Eventuell spielen Sie abends noch Tennis, auf einem Sandplatz mit einem Belag aus Ziegelmehl. Danach schmeckt Ihnen ein kühles Bier. Möglicherweise betätigen Sie sich selbst als Hobbykoch. Was Sie auch kochen, anrichten und garnieren – ohne Agrarprodukte geht gar nichts.

Rohstoffe werden in vier große Gruppen aufgeteilt:

➢ **Energie:** Fossile Energieträger wie Erdöl, Erdgas, Kohle und nachwachsende Agrargüter und erneuerbare Energien, insbesondere Wind- und Sonnenenergie, Wasserkraft, Biomasse und Erdwärme.

➢ **Industriemetalle:** Aluminium, Chrom, Gallium, Indium, Kobalt, Kupfer, Lithium, Nickel, Palladium, Stahl, Zinn usw.

➢ **Edelmetalle:** Gold, Silber, Platin, Palladium.

➢ **Land- und viehwirtschaftliche Produkte:** Baum- und Schurwolle, Getreide, Zucker, Kaffee, Kakao, Mais, Raps, Rinder, Schweinebäuche usw., wobei Weichwaren wie Mais, Zucker, Weizen, Raps auch zu Ethanol und Biodiesel verarbeitet werden. *„In den Tank statt auf den Teller"* verschärft die Ernährungssorgen.

Wie sollten Sie als Anleger auf den Rohstofftrend reagieren?

Institutionelle Anleger investieren Milliardensummen in Rohstoffe. Sie sollten nicht untätig zuschauen. Bei Einzelaktien können Sie europäische Öltitel wie Total, Royal Dutch oder ENI ordern, sich nach Goldminenaktien in den USA, Kanada, Südafrika und in Australien umsehen, Ihr Augenmerk auch auf Rohstofftitel in Russland, Südafrika, Südamerika und Asien richten. Vielleicht mögen Sie in die großen australischen Bergwerkaktien von Rio Tinto und BHP Billiton, in Xstrata (Schweiz) oder Vale (Brasilien) investieren. Eventuell interessieren Sie aussichtsreiche Stahltitel wie Arcelor Mittal (EURO STOXX 50), ThyssenKrupp (DAX) oder Salzgitter (MDAX). Oder Sie finden Gefallen an den deutschen MDAX-Titeln Aurubis (Kupfer) und Südzucker. Sie verringern Ihr Risiko, wenn Sie auf Aktien-Themenfonds zurückzugreifen. Zu empfehlen ist ein preisgünstiger ETF, mit dem Sie den gesamten Rohstoffsektor abdecken können.

➢ **Was Sie nicht tun sollten:** Rohstoffe physisch zu ordern ist mit Ausnahme von Gold, Platin, Silber-Anlagemünzen und eingeschränkt Diamanten wegen der Lagerung, der Gefahr des Verderbs, Diebstahls und fehlenden Marktzugangs zu riskant. Solche Spekulationen gehen ohne gehörige Finanzkenntnisse meist daneben.

24.2 Zukunft mit erneuerbarer Energie: 5 Minuten vor 12

Der technologische Fortschritt bei den Solarmodulen ist gewaltig – erkennbar auch am steigenden Wirkungsgrad

Quelle: Phoenix Solar AG, Sulzemoos bei München. Sander/Fath/Leiner: „Nachhaltig investieren in Sonne – Wind – Erdwärme und Desertec", S. 325

Für Solarstrom, Windkraft, Erdwärme und Biomasse unter Verwertung schnell wachsender Nutzpflanzen, mit Stroh, Holzresten und Nahrungsmittelabfällen entsteht ein langfristiger Megatrend. Er schafft neue Arbeitsplätze und zieht die Aktienkurse bei gutem Börsenklima nach oben. Jedoch steht den börsennotierten deutschen Unternehmen starke Konkurrenz aus China, Indien und Amerika ins Haus. Der Preisdruck wird schärfer. Die rigoros heruntergefahrenen Einspeisevergütungen bei Photovoltaik nach dem Erneuerbare Energien Gesetz (EEG) gefährden jedoch die Existenz zahlreicher Unternehmen, die auf Solarzellen und Module ausgerichtet sind.

Erneuerbare Energien helfen mit, den drohenden Klimawandel zu bekämpfen. Bis 2020 sollen die alternativen Energien den Strombedarf in Deutschland zu 50 % gegenüber derzeit 16 % decken und den Ausstoß von Kohlendioxid bis 2050 um die Hälfte verringern. Es gilt, die externen Kosten durch Umweltschäden bis 2020 um 6,3 Milliarden Euro und die Einfuhrkosten für fossile Energieträger Öl, Gas und Kohle um 2,6 Milliarden Euro zu senken.

Die Kraft der Sonne nutzen mit dem Ziel der Netzparität

➤ Die Energiemenge, die jährlich von der Sonne auf die Erde strahlt, entspricht dem Zehntausendfachen des Welt-Energiebedarfs. Die Sonne schickt in sechs Stunden mehr Energie zur Erde, als die Menschheit in einem Jahr verbraucht.

➤ Netzparität heißt, dass der Solarstrom nicht teurer ist als der Strom aus der Steckdose. Der technologische Fortschritt, Standardisierung, Serienfertigung, Massenproduktion und knallharter Wettbewerb dürften weiter für fallende Preise sorgen. Deutschland ist kein sonnenreiches Land, was die Zielerfüllung erschwert.

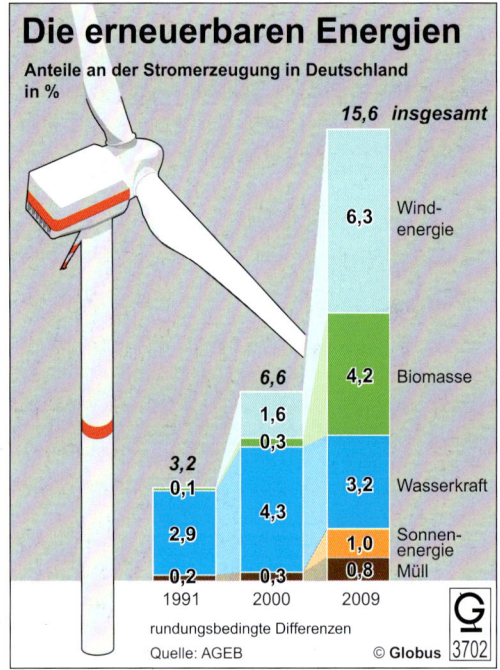

Die erneuerbaren Energien
Anteile an der Stromerzeugung in Deutschland in %

DESERTEC: das 400 Mrd.-Projekt Solarstrom aus der Wüste Sahara

DESERTEC will 400 Milliarden Euro investieren, um riesige solarthermische Kraftwerke in Afrika für die Stromversorgung in Europa zu bauen, aber auch das Meerwasser zu entsalzen und Wüstenregionen als Lebensraum zu erschließen. Der derzeitige Flächenbrand in Afrika macht aber auch die Risiken infolge politischer Instabilität deutlich.

Einige DESERTEC-Aktien aus Deutschland und Europa				
Firma/Aktie	WKN	25.02.2011	52 Wochen	Börs.-Wert
ABB	919 730	17,40 €/+19 %	17,75/13,05 €	40,1 Mrd. €
ABENGOA	904 239	19,70 €/-1 %	21,90/13,60 €	1,8 Mrd. €
Deutsche Bank	514 000	46,75 €/+8 %	55,10/36,05 €	43,2 Mrd. €
Enel	928 624	3,90 €/-6 %	4,25/3,45 €	36,5 Mrd. €
E.ON	ENA G99	23,75 €/-10 %	28,90/20,90 €	47,4 Mrd. €
Munich Re	843 002	120,7 €/+6 %	125,9/98,40 €	22,8 Mrd. €
RWE	703 712	49,45 €/-22 %	68,30/47,75 €	25,8 Mrd. €
Saint Gobain	872 087	43,25 €/+23 %	43,50/27,95 €	22,8 Mrd. €
Siemens	723 610	94,25 €/+46 %	98,70/62,40 €	86,0 Mrd. €

Die große Herausforderung: Windenergie auf dem Meer

Zwei Windkraft-Anlagen von NORDEX aus dem TecDAX. Quelle: NORDEX AG: „We've got the power". Aus: Sander/Fath/Leiner: „Nachhaltig investieren in Sonne – Wind – Erdwärme und Desertec", S. 320

Die einst verhöhnten und erbittert bekämpften Windräder befinden sich aktuell im Aufwind, mag die Börse dies auch noch nicht widerspiegeln. Den Offshore-Projekten auf dem Meer gehört die Zukunft! Die großen Energiekonzerne treiben ihre Planungen entschlossen voran, ebenso die Spezialisten wie Weltmarktführer Vestas aus Dänemark, Gamesa aus Spanien, Suzlon aus Indien, der Rostocker Konzern Nordex, das dem S-Box Global Wind Index angehörende Hamburger Unternehmen Repower und PNE Wind. Die Fantasie wird genährt von den Offshore-Projekten an der Nordsee, wo der Wind verlässlich bläst und die besten Plätze nicht schon alle vergeben sind. Die Gesamtkapazität der rund um den Globus installierten Windkraftanlagen dürfte bis zum Jahr 2014 um 160 % zulegen und bis 2030 weltweit rund zwanzigmal mehr Windenergie erzeugen als augenblicklich. So hat der DAX-Konzern RWE Projekte für Windparks auf hoher See von über einer Milliarde Euro angekündigt und beteiligt sich zur Hälfte an einem Projekt vor der englischen Küste. Auch die beiden DAX-Unternehmen Siemens und der Versorger E.ON treiben ihre Offshore-Aktivitäten voran. Die Anforderungen sind riesig, um den Unbillen in der Meerestiefe an den 30 bis 50 Kilometer von der Küste entfernten Standorten zu trotzen.

24.3 Biotechaktien – Warten auf den Durchbruch

Gut ein Jahrzehnt nach dem Biotech-Boom fällt die Bilanz bei den deutschen Biotechunternehmen eher nüchtern aus. Nur ein neuer Wirkstoff wurde inzwischen marktreif. Erfolgsstorys in jüngster Zeit liefern erfreulicherweise jedoch Qiagen, MorphoSys und Evotec aus dem TecDAX.

Zu den Hoffnungsträgern zählen auch Mologen, Wilex, Agennix und 4SC. Es macht Mut, dass der Schweizer Pharmakonzern Novartis einen Deal mit MorphoSys abschloss und seit März 2009 der Schweizer Pharmariese Roche mit Evotec bei der Weiterentwicklung eines Medikaments gegen Depressionen kooperiert. Vielleicht ist das Schattendasein, das der Biotechsektor erlitt, bald beendet. Die Genom-Entschlüsselung verleiht der Biotechforschung sicherlich einen neuen Schub.

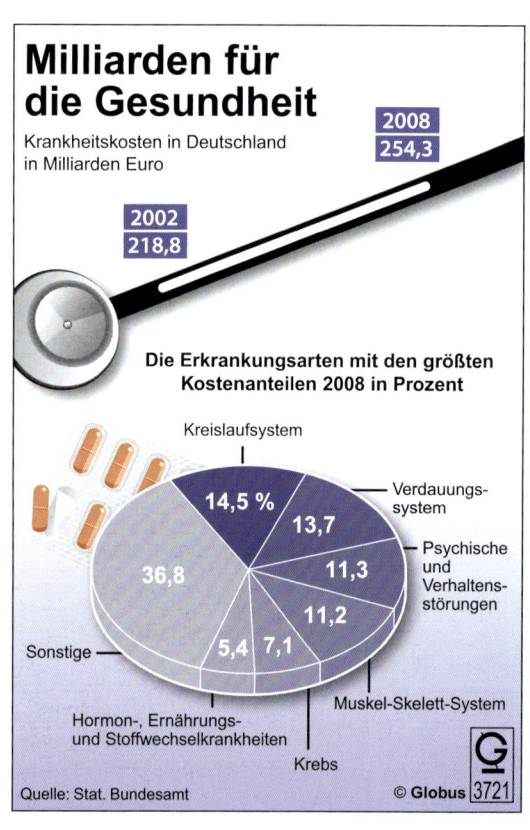

Milliarden für die Gesundheit

Krankheitskosten in Deutschland in Milliarden Euro

2008 254,3

2002 218,8

Die Erkrankungsarten mit den größten Kostenanteilen 2008 in Prozent

Kreislaufsystem 14,5 %

Verdauungssystem 13,7

Psychische und Verhaltensstörungen 11,3

Muskel-Skelett-System 11,2

Krebs 7,1

Hormon-, Ernährungs- und Stoffwechselkrankheiten 5,4

Sonstige 36,8

Quelle: Stat. Bundesamt © Globus 3721

Von der Forschung bis zur Markteinführung

(insgesamt 15 – 20 Jahre)

Vorklinische Tests (5.000 bis 10.000; Labor-/Tierversuche)

Klinische Phase I (20 – 80 Freiwillige)

Klinische Phase II (100 bis 300 Freiwillige)

Klinische Phase III (1.000 bis 5.000 Freiwillige)

Zulassung und Phase IV: weitere Tests

In der Medizin wächst die Zuversicht, neue Wirkstoffe gegen die Geißeln der Menschheit wie Krebs, Aids, Multiple Sklerose und Alzheimer zu entwickeln. So schnell wie früher erhofft, geht dies allerdings nicht. Allein im Onkologiemarkt (Krebs) betragen die Umsätze über 52 Milliarden Euro. Derzeit kämpfen 800 Produktkandidaten um die begehrte Arzneimittelzulassung, das Füllhorn für Umsatz und Ertrag. Gerade einmal 20 neue, großteils GEN-basierte Krebspräparate haben dies seit 2005 geschafft. Vorreiter ist Genentech mit dem gentechnologisch erzeugten Humaninsulin. Bleibt der Erfolg in der klinischen Phase III aus, ist der Kurssturz gewaltig, 90 % und mehr bei nur einem Produkt in der Pipeline.

Zahlreiche Übernahmen, Kooperationen und Fusionen bekräftigen das hohe Potenzial ebenso wie die Tatsache, dass rund die Hälfte aller neuen Arzneimittel von Biotechfirmen stammt. Die steigende Lebenserwartung verbunden mit den Folgen, dass ab dem 65. Lebensjahr die Gesundheitsausgaben in die Höhe schnellen, eröffnet neues Kurspotenzial. Die Bewertung vieler Aktien erscheint angesichts ihrer Gewinnchancen fair. Gelingt es, mit einem Präparat schwer heilbare bzw. bislang tödlich verlaufende Krankheiten erfolgreich zu behandeln, dürfte das Medikament ein Blockbuster mit Milliardenumsätzen werden. In diesem Fall winken riesige Kurssprünge.

In Deutschland gelistete chancenreiche Biotechaktien

Aktie: Börsenwert ab 30 Mio.	WKN	Kurs 18.01.11 Entwick. 1 Jahr	52-Wochen-Hoch/Tief €	KGV 2011 Div.-Rend.
4SC	575 381	4,65 €/+40 %	4,75/2,60 €	k. A./0,0 %
BB Biotech	A0N FN3	49,20 €/-3 %	51,85/39,70 €	17,8/3,1 %
Biolitec	521 340	4,10 €/+11 %	5,00/3,30 €	12,6/0,0 %
Biotest VZ	522 723	45,50 €/+21 %	48,25/27,10 €	21,3/0,7 %
Eurofins Scienc.	910 251	55,10 €/+47 %	57,50/26,90 €	26,0/0,2 %
Evotec	566 480	3,45 €/+55 %	3,45/1,80 €	80,6/0,0 %
Geneart	A0J J4L	15,90 €/+128 %	18,60/6,60 €	k. A./0,0 %
Mologen	663 720	8,75 €/-4 %	9,80/7,55 €	28,0/0,0 %
MorphoSys	663 200	22,0 €/+30 %	22,00/13,40 €	45,8/0,0 %
Qiagen	901 626	14,30 €/-11 %	17,80/12,10 €	15,7/0,0 %
Wilex	661 472	4,25 €/+12 %	7,35/3,20 €	k. A./0,0 %

US-AMEX Biotechnology Index, WKN 610 670, Auswahl

Aktie	WKN	Kurs 18.01.11	52-Wochen	Börsenwert
Amylin Pharma	883 303	10,80 €/-3 %	17,75/3,30 €	1,6 Mrd. €
Amgen	867 900	42,30 €/+10 %	46,30/38,85 €	39,7 Mrd. €
Biogen Idec	789 617	49,65 €/+33 %	52,25/37,10 €	11,7 Mrd. €
Celgene Corp.	881 244	42,85 €/+7 %	48,25/38,75 €	20,0 Mrd. €
Genzyme Corp.	871 137	54,00 €/+47 %	57,20/37,10 €	13,8 Mrd. €
Gilead Sciences	885 823	28,55 €/-9 %	36,20/24,85 €	23,0 Mrd. €

Es gibt auf den US-AMEX-Biotech-Index Indexfonds (ETF) und Indexzertifikate.

25 Chancen in aufstrebenden Märkten

Von den Olympischen Spielen in Peking, dem sportlichen Großereignis, erhoffte sich China einen ganz gewaltigen Wachstumsschub. Die Goldmedaillenausbeute war sehr hoch. Das Riesenreich China behauptet sich weiter als Konjunkturlokomotive und baut seine Position als weltweite Wirtschafts- und Exportnation stetig aus. John Pollen, Pioneer Fondsmanager, meint: *„Die vergangenen Jahre haben gezeigt, welche Dynamik und welches Potenzial in Chinas Wirtschaft stecken, besonders auch in der Krise. Dieser Trend wird sich weiter verstärken."*

Dr. Bull setzt weiter auf BRIC und andere aufstrebende Märkte, Professor Bär bläst zum Ausstieg.

Illustration: Henning Löhlein, aus: Sander/Kujawa: „Börseneinstieg mit Spaß und Spannung", S. 46

Die aufstrebenden Märkte Lateinamerika, Afrika, Ostasien, Arabien und Osteuropa verfügen über viel Wachstumspotenzial. Dank fortschreitender Globalisierung erhöhen die Schwellenländer ihren Anteil am Welthandel. In den Depots der meisten Privatanleger sind die großteils mit Rohstoffen gesegneten Entwicklungsländer kaum vertreten. Seien Sie mit einem ETF-Investment dabei!

Der BlackRock-Manager Steven Bayly äußert sich zuversichtlich: *„Der Anteil der arbeitenden und konsumierenden Bevölkerung an der Gesamtbevölkerung ist hoch und steigt weiter. Das wird sich positiv auf das Wirtschaftswachstum der Emerging Markets auswirken. Zudem sind die öffentlichen und privaten Haushalte viel weniger verschuldet als die der entwickelten Länder."*

Auch deutsche Mittelständler und Großkonzerne sind in Asien aktiv. Es müssen also nicht nur die Aktien dort ansässiger Firmen sein. Dazu meint Firmenchef Lienhard vom Maschinenbauer Voith: *„In zehn Jahren wollen wir in diesen Märkten genauso verwurzelt sein wie wir es heute in Deutschland sind."* Die Weltbank schätzt, dass sich die Exporte der aufstrebenden Länder gegenüber den westlichen Industriestaaten von 32 % im Jahr 2005 um die Hälfte bis 2030 erhöhen dürften. Die Region trotzt vor Kraft. China, Indien und Japan vernetzen sich und drängen Europa vielleicht an den Rand.

➢ Emerging Markets bezeichnet jene Länder, deren Infrastruktur zwar noch unterentwickelt ist, die aber über viel Wachstumspotenzial verfügen. Die Abkürzung **BRIC** bezieht sich auf **B**rasilien, **R**ussland, **I**ndien und **C**hina.

> **Freilich ist ein Investment in Emerging Markets nicht risikolos.** Läuft es gut, sind jährlich überdurchschnittlich hohe Renditen zwischen 20 und 40 % möglich und im Boom noch mehr. Umgekehrt sind die Märkte extrem schwankungsfreudig.

Der schwarze Kontinent rückte nicht nur durch die Fußball-WM in den Blickpunkt. Die Region Sub-Sahara stürmt nach vorn, um das zweithöchste Wirtschaftswachstum weltweit zu erzielen. Nach den Fußballern sollten auch die Anleger eine Entdeckungsreise nach Südafrika wagen. Zwischen 2000 bis 2007 wuchs die afrikanische Wirtschaft im Schnitt um 5,6 %. Dabei bildet der Rohstoffreichtum einen chancenreichen Aspekt. Südafrika ist reich an wachstumsstarken Bergbau- und Minenaktien.

Auch Osteuropa ist auf Erholungskurs und aus Anlegersicht nicht zu vernachlässigen. Gelegentlich, wie 2009, kam es hier zu einer regelrechten Rallye. So legte der russische Leitindex RTS nach seiner Halbierung das Jahr zuvor um über 120 % zu.

Die wichtigsten Merkmale aufstrebender Länder im Überblick

Konjunkturlokomotive China	Brasilien: Olympia-Fantasie
Positiv:	**Positiv:**
> Kaufkräftige Mittelschicht	> Reich an Bodenschätzen
> Dynamische Investitionen	> Diversifizierte Wirtschaftsprozesse
> Leistungsfähige Industrie	> Großer Binnenmarkt
> Flexible Wirtschaftspolitik	> Stabilitätsorientierte Politik
Negativ:	**Negativ:**
Umwelt- und soziale Probleme	Fehlende Strukturreformen

Indien	Indonesien	Türkei
Positiv:	**Positiv:**	**Positiv:**
Wachsende Kaufkraft	Natürliche Ressourcen	Strenge Sparpolitik
Konkurrenzfähige Unternehmen	Niedrige Arbeitskosten	Ost-West-Drehscheibe
Moderate Auslandsverschuldung	Stabile Banken	Junge Bevölkerung
	Stabilisierte politische Phase	Aussicht auf EU-Aufnahme (Konvergenz)
Negativ:	**Negativ:**	**Negativ:**
Unzureichende Infrastruktur, politische Spannungen	Schwerfällige Bürokratie	Hohe Auslandsverschuldung
Quelle: BÖRSE ONLINE; Nr. 12/2010, vom 18. bis 25. März 2010		

Muster einer Börsenführerscheinprüfung

Nr.	Aufgabenstellung	große Druckbuchstaben, mit Umlauten	Punkte
1	**Börsenrätsel:** Setzen Sie die fehlenden Buchstaben ein. Das Lösungswort aus 18 Anfangsbuchstaben gehört zum Thema		18 [ ]
1.1	Spekulative Anlageform		1 [ ]
1.2	Anderer Name für ETF		1 [ ]
1.3	Wichtiges Metall		1 [ ]
1.4	Japanische Kerzencharts		1 [ ]
1.5	Aufstrebende Märkte		1 [ ]
1.6	Fachausdruck Basiswert		1 [ ]
1.7	Vorgänger vom TecDAX		1 [ ]
1.8	Charttechnik: Fachausdruck		1 [ ]
1.9	Einfluss auf Kursentwicklung		1 [ ]
1.10	Fahrzeug-Innovation		1 [ ]
1.11	Kapitalertrag		1 [ ]
1.12	AG schafft Bodenbildung		1 [ ]
1.13	Ursache für Zinserhöhung		1 [ ]
1.14	Frei handelbare Aktien		1 [ ]
1.15	Zahlungsunfähigkeit		1 [ ]
1.16	Stärkerer Kursrückgang		1 [ ]
1.17	Edelmetallinvestment		1 [ ]
1.18	Aktienindex		1 [ ]
2	**Wissenstest:** Wann nützt/stimmt Börsenpsychologie?	Kreuz	5 [ ]
2.1	Behavioral Finance: Brücke zur Ökologie/Psychologie.		1 [ ]
2.2	Herdentriebverhalten bestimmt Auf und Ab an der Börse.		1 [ ]
2.3	„Scheuklappensyndrom" schützt vor Informationsflut		1 [ ]
2.4	Sich in erster Linie auf sein „Bauchgefühl" verlassen.		1 [ ]
2.5	Blick frei durch Verdrängen gegenteiliger Aussagen.		1 [ ]
3	**Wissenstest:** Welche Aussagen zur Strategie sind **falsch?**	Kreuz	6 [ ]
3.1	Konzentration auf „Heimatliebedepot" DAX senkt Risiken.		1 [ ]
3.2	Am besten: Verluste mit riskanten Anlagen wettmachen.		1 [ ]
3.3	Antizyklisches Handeln bedeutet Querulantentum.		1 [ ]
3.4	Prozyklisches Handeln heißt: „Der Trend ist dein Freund."		1 [ ]
3.5	Ausspruch: „Ein Crash ist gut – für Leute mit Mut!"		1 [ ]
3.6	Ein sehr eng gesetzter Stopp, immer gut und nie ein Flop!		1 [ ]
	Zwischenstand (Lösung S. 220 bis 223)		29 [ ]

Nr.	Prüfungsaufgabe ❶ (Fortsetzung) – Blatt 2	Übertrag		29[ ]
4	**Zuordnungstest:** Ordnen Sie die Stichpunkte Aktien-anleihen, Anlagezertifikaten und Aktienfonds zu.	**Nummern eintragen**		**Punkte** 27[ ]
4.1	1) Verzinste Schuldverschreibung. 2) Zinslose Schuldverschreibung. 3) Anleger als Miteigentümer. 4) Managementgebühr üblich. 5) Ausgabeaufschlag üblich. 6) Gebühr gering: Spread. 7) Immer aktiv gemanagt. 8) Geeignet für marktkundige Anleger mittlerer Anlagehorizont. 9) Bei Langzeitstrategie geeignet. 10) Laufzeit beträgt im Allg. 12 Monate. 11) Emittent bietet Rückzahlung in Geld oder Aktien. 12) Anlageziel: Besser als Benchmark. 13) Laufzeit stets unbegrenzt. 14) Laufzeit oft unbegrenzt („Openend"). 15) Mit Aktienandienungsrecht. 16) Fester Zinssatz. 17) Anleger delegiert an Profis. 18) Oft schlechter als Benchmark. 19) Günstig bei Firmen mit hoher Bonität. 20) Laufzeitende: Rückzahlung voller Nennwert. 21) Gibt es auch mit Sicherheitspuffer und Cap. 22) Evtl. wird „Erfolgsgebühr" erhoben. 23) Profitabel im Bullenmarkt. 24) Bei starkem Zinsanstieg droht Baisse. 25) Rating/Ranking erleichtert Entscheidung. 26) Börse Stuttgart Marktführer. 27) Viele neue Produktarten	**Aktienan-leihen**		**7 [ ]**
4.2		**Zertifika-te**		**7 [ ]**
4.3		**Aktien-fonds**		**13[ ]**
5	**A sucht B: Bilden Sie die passenden Wortpaare.**			20 [ ]
5.1	A1) Entry Standard – A2) Preisbegrenzung bei Order – A3) Prime Standard – A4) ISIN – A5) Short Seller – A6) Performance – A7) Verdient auch in fallenden Märkten – A8) Sell-Out – A9) Free Float – A10) Diversifikation – A11) Cash Flow – A12) Setzt auf fallende Kurse – A13) Portfolio – A14) Teilweise mit Knock-out-Barriere – A15) Mildere Auflagen – A16) DAXplus Family Index – A17) Reversesplit – A18) m:access – A19) Ad-hoc-Meldung – A20) Marktkapitalisierung	A1 / A2 / A3 / A4 / A5 / A6 / A7 / A8 / A9 / A10	B / B / B / B / B / B / B / B / B / B	1 [ ] / 1 [ ] / 1 [ ] / 1 [ ] / 1 [ ] / 1 [ ] / 1 [ ] / 1 [ ] / 1 [ ] / 1 [ ]
5.2	B1) Streubesitz – B2) Put-0S – B3) Börsenwert – B4) Kursbeeinflussende Pflichtmitteilung – B5) Limit – B6) Kapitalschnitt – B7) Streuung – B8) Depotbestand – B9) Leerverkäufer – B10) Hebelzertifikat – B11) General Standard – B12) Hedge-Fonds – B13) Wertentwicklung – B14) Finanz- und Ertragskraft – B15) Marktsegment Börse München – B16) Strenge Börsenauflagen – B17) Panikartiger Ausverkauf – B18) Seit 2005: Index kleine Werte – B19) Ersetzt sechsstellige WKN – B20) Index für Familienfirmen	A11 / A12 / A13 / A14 / A15 / A16 / A17 / A18 / A19 / A20	B / B / B / B / B / B / B / B / B / B	1 [ ] / 1 [ ] / 1 [ ] / 1 [ ] / 1 [ ] / 1 [ ] / 1 [ ] / 1 [ ] / 1 [ ] / 1 [ ]
	Zwischenstand Blatt 2: 47 Punkte [ ] insgesamt	76		[ ]

Nr.	Prüfungsaufgabe ❶ (Fortsetzung) – Blatt 3	Übertrag	76[ ]
6	**Zuordnungstest:** Setzen Sie die Nummer ein: 1) Strategie: risikobewusst/spekulativ – 2) Strategie: konservativ/sicherheitsbewusst – 3) Zinssatz sinkt – 4) Zinssatz steigt	Nr.	**Punkte** 10[ ]
6.1	Reaktion: konjunktureller Abschwung Rezession/Deflation.		1 [ ]
6.2	Hedge-Fonds als Depotbeimischung und Risikoabsicherung.		1 [ ]
6.3	Eine solche Zinspolitik spricht eher für sinkende Aktienkurse.		1 [ ]
6.4	Mut zum antizyklischen Handeln bei der Aktienanlage.		1 [ ]
6.5	Reaktion: Konjunktureller Aufschwung mit Inflationsgefahr.		1 [ ]
6.6	Aktien kaufen, wenn andere verkaufen und umgekehrt.		1 [ ]
6.7	Aktienanlage auch in Schwellenländer und in Small-Caps.		1 [ ]
6.8	Bevorzugte Anlage in Blue-Chips-ETF und Indexzertifikate.		1 [ ]
6.9	Anlage in Garantiezertifikate und Anleihen mit hoher Bonität.		1 [ ]
6.10	Bei dieser Zinspolitik reagiert die Börse allgemein freundlich.		1 [ ]
7	**Welche Aussagen zum Aktiensteuerrecht stimmen?**	Kreuz	6 [ ]
7.1	Aktienkauf ab 2009: Abgeltungsteuer für jeden Kursgewinn.		1 [ ]
7.2	Für die Dividende gilt weiterhin das Halbeinkünfteverfahren.		1 [ ]
7.3	Bei gemeinsam veranlagten Eheleuten sind 1.800 € steuerfrei.		1 [ ]
7.4	Vor 2009 gekaufte Open-End-Zertifikate: Kursgewinn steuerfrei.		1 [ ]
7.5	Aktienkäufe vor 2008 (Altbestand) bleiben steuerfrei.		1 [ ]
7.6	Bis zum Ausschöpfen Pauschalbetrag keine Abgeltungsteuer.		1 [ ]
8	**Welche Aussagen zum Limit stimmen?**	Kreuz	4 [ ]
8.1	Das Kauflimit soll vor zu hohem Kaufpreis schützen.		1 [ ]
8.2	Bei marktengen Werten erscheint ein Limit überflüssig.		1 [ ]
8.3	Bei Abstauberlimit ist die Zeitdauer auf 1 Tag zu begrenzen.		1 [ ]
8.4	Wer die Aktie unbedingt haben will, ordert „billigst" statt Limit.		1 [ ]
9	**Welche Argumente sprechen für Stop-Loss-Orders?**	Kreuz	5 [ ]
9.1	Chance auf Kapitalerhalt, wenn der Bär seine Tatzen zeigt.		1 [ ]
9.2	Extreme Kursabstürze werden aufgefangen.		1 [ ]
9.3	Ausgestoppte Aktie erholt sich nach haltlosem Gerücht.		1 [ ]
9.4	Anlegervorteil: Boden wird bereitet für häufiges Umschichten.		1 [ ]
9.5	Anleger muss sein Depot nicht ständig überwachen.		1 [ ]
10	**Welche Begriffe gehören zur technischen Analyse?**	Kreuz	5 [ ]
10.1	280-Tage-Linie üblich mit mittelfristigen Charts		1 [ ]
10.2	Dreifacher Hexensabbat		1 [ ]
10.3	Doppel-Kopf		1 [ ]
10.4	N-Formation		1 [ ]
10.5	W-Formation		1 [ ]
	Zwischenstand Blatt 3: 30 Punkte [ ] insgesamt	106	[ ]

Nr.	Prüfungsaufgabe ❶ (Fortsetzung) – Blatt 4	Übertrag	106[ ]
11	**Allgemeinwissen: Setzen Sie die richtigen Nummern ein. Mehrfachnennungen sind möglich (eine Angabe: 1 P.)**	Nr.	Punkte 14 [ ]
1	**Wer sich gegen fallende Kurse absichern will, kann:** 1) Bullzertifikate ordern. 2) Call-OS kaufen. 3) Geldmarktkonto eröffnen. 4) Hedge-Fonds kaufen. 5) Put-OS kaufen.		1,5 [ ]
2	**Was ist ein Shareholder?** 1) Skontroführer. 2) Börsenmakler. 3) Anteilseigner. 4) Discountbroker. 5) Vermögensberater. 6) Aktienexperte		1 [ ]
3	**Welche Produkte zählen zu Anlage-Zertifikaten?** 1) Mini Long. 2) Knock-out-Put. 3) Discount-Zertifikat. 4) Bonus-Zertifikat. 5) Total-Return-Fonds. 6) ETF.		1,5 [ ]
4	**„Frage nicht nach dem Preis, den du für ein Unternehmen zahlst, sondern nach dem Wert, den du für dein Geld bekommst."** Ein Zitat von: 1) André Kostolany. 2) Kirch, Medienmogul. 3) Angelika Merkel. 4) Warren Buffett, US-Aktienexperte		1 [ ]
5	**Seit wann gibt es den DAX?** 1) Januar 1978 – 2) Januar 1988 – März 1995 – Januar 2000		1 [ ]
6	**Wer bestimmt die Zinssätze in Euroland?** 1) Die Deutsche Bundesbank. 2) Das Finanzministerium. 3) Die EZB. 4). Die Europäische Zentralbank. 5. Die nationalen Notenbanken. 6. Die EZB zusammen mit der US-FED.		1,5 [ ]
7	**Was sind Bonds?** 1) Verzinste Wertpapiere. 2) Unternehmensanteile. 3) Garantiezertifikate. 4) Hedge-Fonds-Strategie. 5. Schuldverschreibung		1,5 [ ]
8	**Was ist Streubesitz?** 1) Nicht im Paket gehaltene Aktien. 2) Belegschaftsaktien. 3) Aktienoptionsprogramm für Mitarbeiter. 4) Diversifikation		1 [ ]
9	**Was heißt prozyklisch?** 1) Dem Bauchgefühl vertrauen. 2) Dem Markttrend folgen. 3) Herdentriebverhalten. 4) Konjunkturabhängige Aktien kaufen.		1 [ ]
10	**Was ist ein Rating?** 1) Bonitätsbewertung. 2) Bestenliste. 3) Ranking. 4) Sterne		1 [ ]
11	**Wie heißt die Mehrzahl von Index?** 1) Indexe. 2) Indizien. 3) Indizes. 4) Indexa. 5) Segmente		1 [ ]
12	**Um wieviel Prozent muss eine Aktie steigen, um den Verlust von 50 % wieder wettzumachen?** 1) 50 % 2) 75 % 3) 100 % 4) 150 % 5) 200 %		1 [ ] **14 [ ]**
	Zwischenstand Blatt 4: 14 Punkte [ ] insgesamt	120	[ ]
	Auswertung: 117 – 120 P. = ausgezeichnet, 113 – 116 P. = 1, 104 – 112 P. = 2, 94 – 103 P. = 3, 82 – 93 P. = ausreichend (Lösung: S. 220 – 223)		

ANHANG

26 Lösungen: Test- und Prüfungsaufgaben

Illustration: Henning Löhlein, aus: „Der Kleine Börsenführerschein", S. 14

Was nützt der beste Leistungstest, wenn man sich helfen lässt oder die Lernzielüberprüfung ausbleibt? Die Musterlösungen haben den Zweck zu überprüfen, wie es um den eigenen Leistungsstand bestellt ist, was richtig und was falsch ist. Alle Testaufgaben bringen zum Kapitel gehörende neue Lerninhalte, aber auch Wiederholungsstoff. Wer die Börsenführerscheinprüfung ablegen will, macht sich schon mit der Prüfungsart vertraut. Das Testverfahren in den Aufgabenstellungen gilt in ähnlicher Form auch für die Prüfung, wie das vierseitige Prüfungsmuster mit Lösung zeigt. Sie bereiten sich bestmöglich vor und werden im Ernstfall nicht durch ungewohnte und nicht eingeübte Aufgabenstellungen verunsichert. Dies gilt z. B. für das Eingangs-Börsenrätsel, das Kombinationsvermögen und Sprachkompetenz erfordert. Alle Tests lassen sich in einigen Minuten lösen. – Viel Erfolg bei der Wissensüberprüfung! Fachkompetenz schafft Selbstvertrauen und ist eine Grundbedingung für den Börsenerfolg!

Lösungsbogen ❶ zur Prüfungsvorbereitung

Nr.	Aufgabenstellung	Lösung/Bewertung	Richtig/Falsch	
1	**Zuordnung: Welche Nr. passt zu welchem Begriff?** Auch Mehrfachnennung: 1) Prime Standard, 2) General Standard, 3) DAX, 4) MDAX, 5) TecDAX, 6) SDAX, 7) DivDAX	**Num-mern**	**12** [ ]	
1.1	Die 15 dividendenstärksten Titel aus dem DAX	7	1 [ ]	
1.2	Vierteljähriger Auf- und Abstieg	6	1 [ ]	
1.3	Die größten 30 börsennotierten Titel Deutschlands	3	1 [ ]	
1.4	Die 30 größten in- und ausländischen Hightech-Titel	5	1 [ ]	
1.5	50 in- und ausländische Titel aus klassischen Branchen	4, 6	2 [ ]	
1.6	Strengste Zulassungskriterien	1	1 [ ]	
1.7	Regelmäßiger halbjähriger Auf- und Abstieg	4, 5	2 [ ]	
1.8	Etwas mildere Zulassungskriterien	2	1 [ ]	
1.9	Nachfolger vom NEMAX 50	5	1 [ ]	
1.10	Der Index mit den kleinsten mittelständischen Firmen	6	1 [ ]	
1.11	Dominanz im Index: Erneuerbare Energien	5	1 [ ]	

Nr.	Aufgabenstellung	Ja	Nein	Richtig/Falsch
2	**Beurteilungstest: Welche Aussagen sind typisch für einen Bärenmarkt bzw. für schlechtes Börsenklima?**			**10** [ ]
2.1	Sinkender Leitzinssatz		X	1 [ ]
2.2	Nachlassendes Verbrauchervertrauen	X		1 [ ]
2.3	„Gewinnwarnungen" der Unternehmen	X		1 [ ]
2.4	Kaufzurückhaltung der Konsumenten	X		1 [ ]
2.5	Ansteigende Investitionsbereitschaft der Unternehmen		X	1 [ ]
2.6	Erfolgreich verlaufende Restrukturierungsprogramme		X	1 [ ]
2.7	Große Zurückhaltung bei neuen Börsengängen (IP0)	X		1 [ ]
2.8	Ungebremster konjunktureller Abschwung (Rezession)	X		1 [ ]
2.9	Sinkende Nachfrage, gefüllte Vorratslager	X		1 [ ]
2.10	Anziehende Immobilienpreise im Büro-/Gewerbesektor		X	1 [ ]

Nr.	Aufgabenstellung	Ja	Nein	Richtig/Falsch
3	**Multiple-Choice-Fragen: Welche Maßstäbe sind für den Prime Standard verpflichtend?**			**5** [ ]
3.1	Entry Standard und m:access erfordern Prime Standard		X	1 [ ]
3.2	Verpflichtung, Quartalsberichte abzugeben	X		1 [ ]
3.3	Internationale Bilanzierung (IFRS oder US-GAAP)	X		1 [ ]
3.4	Pro Quartal mindestens eine Analystenkonferenz		X	1 [ ]
3.5	Englisch als offizielle Geschäftssprache verpflichtend		X	1 [ ]

Auswertung: 27 – 28 Punkte: sehr gut, 24 – 26 Punkte: gut, 21 – 23 Punkte: befriedigend, 18 – 20 P.: ausreichend (Aufgabe S. 30)		**28** [ ]	

Lösungsbogen ❷ zur Prüfungsvorbereitung

Nr.	Aufgabenstellung			Punkte
1	**Welche Begriffe passen nicht, sind falsch oder ohne Bezug?**			**9 [ ]**
1.1	**Aktienarten:** 1) Vorzüge, 2) Stämme, 3) Dividendenrendite, 4) Aktiensplit, 5) Nennwertlose Stückaktien, 6) Namensaktien, 7) Inhaberaktien, 8) Börsenwert, 9) Penny Stock.	Nr. 3 Nr. 4 Nr. 8		**3 [ ]**
1.2	**Dividende:** 1) Kursabsicherung, 2) Auszahlung am HV-Tag, 3) Fester Zinssatz, 4) Gewinnausschüttung, 5) Abgeltungsteuer fällt an, 6) Dividenden-Rendite abhängig vom Einstiegskurs, 7) Höchste Dividenden gibt es im TecDAX.	Nr. 2 Nr. 3 Nr. 7		**3 [ ]**
1.3	**IPO-Bewertungskriterien:** 1) Börsenplatz, 2) Management, 3) Lockup-Frist, 4) Marktstellung, 5) Unternehmensziele, 6) DAX, 7) Volatilität, 8) Kerngeschäft, 9) Kennzahlen.	Nr. 1 Nr. 6 Nr. 7		**3 [ ]**
2	**Welche Aussagen stimmen, was ist falsch? (Kreuz)**	ja	nein	**5 [ ]**
2.1	Nur wer die Aktie über ein Jahr hält, bekommt Dividende.		X	**1 [ ]**
2.2	Ein Aktiensplit eröffnet oft weiteres Kurspotenzial.	X		**1 [ ]**
2.3	Kurze Lockup-Fristen sind beim IPO ein positives Kriterium.		X	**1 [ ]**
2.4	Fundamentalkennzahlen sind beim IPO nicht wichtig.		X	**1 [ ]**
2.5	Im Kerngeschäft müssen die Eintrittsbarrieren niedrig sein.		X	**1 [ ]**
3	**Welche Verhaltensweisen sollte man <u>nicht</u> übernehmen?**			**5 [ ]**
	1) Breite Streuung! 2) Eigenes Urteil bilden. 3) Bei tiefen Kursen Aktienkauf Kredit. 4) Herdentrieb folgen. 5) Infos aus vielen Quellen. 6) Gurutipps befolgen. 7) Nur DAX ins Depot. 8) Auf Dividende achten. 9) Gewinne laufen lassen. 10) Verlust begrenzen. 11) Order nach Bauchgefühl.	Nr. 3 Nr. 4 Nr. 6 Nr. 7 Nr. 11		**1 [ ]** **1 [ ]** **1 [ ]** **1 [ ]** **1 [ ]**
	Zuordnungstest: Ordnen Sie den Begriffen unter a) 4die richtigen Stichworte unter b) zu.	**Muster:** **A1/B7**		**11 [ ]**
4.1	A1) Hohes Risiko. A2) Prime Standard. A3) General Standard. A4) Bärenmarkt. A5 Bullenmarkt. A6) DAX. A7) TecDAX. A8 MDAX. A9) Indexanpassung DAX. A10) Schwankungsfreudigkeit. A11) Aktienzusammenlegung (Kapitalschnitt). A12) Aktienrückkauf mit Aktieneinzug.	A2 A3 A4 A5 A6 A7	B4 B6 B8 B9 B11 B1	1 [ ] 1 [ ] 1 [ ] 1 [ ] 1 [ ] 1 [ ]
4.2	B1) 30 Hightechtitel. B2) Volatilität. B3) Reversesplit. B4) Strenge Aufnahmebedingungen. B5) Jährlich. B6) Mildere Zulassungsauflagen. B7) Hohe Chancen. B8) Baisse. B9) Hausse. B10) Höherer Wert pro Aktie. B11) 30 Größte deutsche Werte. B12) 50 Klassische Werte.	A8 A9 A10 A11 A12	B12 B5 B2 B3 B10	1 [ ] 1 [ ] 1 [ ] 1 [ ] 1 [ ]
	Auswertung: 29 – 30 Punkte: sehr gut, 26 – 28 Punkte: gut, 23 – 25 Punkte: befriedigend, 20 – 22 Punkte: ausreichend (Aufgabe S. 44)			**30[ ]**

Lösungsbogen ❸ zur Prüfungsvorbereitung

Nr.	Aufgabenstellung		Punkte
1	**Welche 4 Begriffe passen überhaupt nicht bzw. sind falsch?**		8 [ ]
1.1	**Sicherheitsstrategie:** 1) DAX-Aktien, 2) Garantiezertifikate, 3) Value-Aktien, 4) Nebenwerte, 5) Indische Small-Caps, 6) Russische Ölaktien, 7) Rentenfonds, 8) Immobilienfonds, 9) Discountzertifikate, 10) Biotech-Aktien, 11) Bundesanleihen.	Nr. 4 Nr. 5 Nr. 6 Nr. 10	4 [ ]
1.2	**Altersvorsorge:** 1) Eigenverantwortlichkeit, 2) Höhere Rente wegen Alterspyramide, 3) Fondsgebundene Rentenversicherung, 4) Riester-Rente, 5) Private Haftpflichtversicherung, 6) Spekulativer Aktienkauf, 7) Zweitwohnsitz, 8) Rürup-Rente.	Nr. 2 Nr. 5 Nr. 6 Nr. 7	4 [ ]
2	**Was stimmt, was ist falsch? (Kreuz)**	Ja/Nein	6 [ ]
2.1	Der Cost-Average-Effekt wird beim Sparplan optimal genutzt.	X	1 [ ]
2.2	Langfristig bringen Immobilienfonds die höchste Rendite.	X	1 [ ]
2.3	Bei Riester- und Rürup-Rente wird bis Lebensende gezahlt.	X	1 [ ]
2.4	Value-Aktien gelten als weitgehend konjunkturabhängig.	X	1 [ ]
2.5	Die Orientierungsformel heißt: 100 ./. Alter = Rentenanteil.	X	1 [ ]
2.6	UNISEX-Tarife bedeuten bei Riester Vorteil für Männer.	X	1 [ ]
3	**Welches Verhalten passt zum Sicherheitsbewusstsein?**		5 [ ]
	1) Untergewichtung Aktien. 2) Übergewicht Bundesanleihen. 3) Vorliebe Nebenwerte. 4) Vorliebe Ostasien. 5) Antizyklisches Handeln. 6) Breite Streuung. 7) Discountzertifikate. 8) Dividendenstarke Blue Chips. 9) Biotech-Fonds. 10) Growth-Aktien. 11) Vorliebe Nasdaq-Aktien. 12) Hebelzertifikate.	Nr. 1 Nr. 2 Nr. 6 Nr. 7 Nr. 8	1 [ ] 1 [ ] 1 [ ] 1 [ ] 1 [ ]
4	**Wissenstest: Setzen Sie die richtigen Begriffe ein!**		5 [ ]
4.1	Hohe Kurse wenig, niedrige Kurse mehr Anteile	Cost Average (Effekt)	1 [ ]
4.2	Schwankungsfreudigkeit	Volatilität	1 [ ]
4.3	Streuung im Depot	Diversifikation	1 [ ]
4.4	Aktionärsfreundliche Unternehmenspolitik	Shareholder Value	1 [ ]
4.5	Wertpapierentwicklung	Performance	1 [ ]
5	**Bilden Sie aus a) und b) passende Wortpaare!**		10 [ ]
5.1	A1) Hohes Risikobewusstsein. A2) Hohes Sicherheitsbewusstsein. A3) Folge von Gier. A4) Bei Panik. A5) Bei Berufseinstieg. A6) Erntezeit. A7) Sparplan. A8) Depotbeimischung. A9) Konjunkturunabhängig. A10) Altersvorsorge.	A1/B3 A2/B10 A3/B2 A4/B1 A5/B6	1 [ ] 1 [ ] 1 [ ] 1 [ ] 1 [ ]
5.2	B1) Raus aus Aktien. B2) Kauf zum Höchstpreis. B3) Spekulative Anlagen. B4) Cost Average. B5) Value-Aktien. B6) Hoher Aktienanteil. B7) Hedge-Fonds. B8) Riester-Rente. B9) Vermögensverzehr. B10) Vorliebe Garantieprodukte.	A6/B9 A7/B4 A8/B7 A9/B5 A10/B8	1 [ ] 1 [ ] 1 [ ] 1 [ ] 1 [ ]
	Auswertung: 32 – 34 Punkte: sehr gut, 29 – 31 Punkte: gut, 26 – 28 Punkte: befriedigend, 23 – 25 Punkte: ausreichend (Aufgabe S. 59)		34 [ ]

Lösungsbogen ❹ zur Prüfungsvorbereitung

Nr.	Aufgabenstellung												Punkte
1	**Börsenrätsel: Setzen Sie die fehlenden Buchstaben ein. Das aus elf Anfangsbuchstaben zu bildende Lösungswort gehört zur Börse.**												11[ ]
1.1	Aktienart	S	T	A	M	M	A	K	T	I	E	N	1 [ ]
1.2	Wachstumsaktien	H	I	G	H	T	E	C	H				1 [ ]
1.3	Aktienexperten	A	N	A	L	Y	S	T	E	N			1 [ ]
1.4	Kapitalertrag	R	E	N	D	I	T	E					1 [ ]
1.5	Aktienindex	E	U	R	O		S	T	O	X	X		1 [ ]
1.6	Dauerhafter Kursanstieg	H	A	U	S	S	E						1 [ ]
1.7	Alte Industriewirtschaft	O	L	D		E	C	O	N	O	M	Y	1 [ ]
1.8	Flüssigkeit (finanziell)	L	I	Q	U	I	D	I	T	Ä	T		1 [ ]
1.9	Gewinnausschüttung	D	I	V	I	D	E	N	D	E			1 [ ]
1.10	Spezialfonds „gutes Gewissen"	E	T	H	I	K	F	O	N	D	S		1 [ ]
1.11	Qualitätsbeurteilung (Fonds)	R	A	T	I	N	G						1 [ ]

Nr.	Aufgabenstellung	Ja	Nein	Punkte
2	**Wissenstest: Was stimmt? Was ist falsch? Kreuz!**			13[ ]
2.1	„Aus dem Bauch", emotionell handeln ist gut.		X	1 [ ]
2.2	Sich an den Kauftipps der Börsengurus orientieren.		X	1 [ ]
2.3	Fundiertes Börsenwissen schützt vor Manipulation.	X		1 [ ]
2.4	Eine gute Informationsquelle reicht für Kaufentschluss.		X	1 [ ]
2.5	Wahres dran: Gier frisst Hirn und Panik tötet den Verstand.	X		1 [ ]
2.6	Ratsam: Gewinne laufen lassen, Verluste aussitzen.		X	1 [ ]
2.7	Index im General Standard: SDAX.		X	1 [ ]
2.8	Prime Standard: DAX, MDAX, TecDAX, Entry Standard.		X	1 [ ]
2.9	Defensiv-Strategie: Übergewichtung von Value-Aktien.	X		1 [ ]
2.10	Laufen bei Konjunktur schlechter: Growth-Aktien.		X	1 [ ]
2.11	Antizyklisches Handeln taugt nur für Spekulanten/Zocker.		X	1 [ ]
2.12	Penny Stocks: Spielwiese für Spekulanten und Zocker.	X		1 [ ]
2.13	Squeeze-Out: Herausdrängen der Mehrheitsaktionäre		X	1 [ ]

Nr.	Aufgabenstellung	Nr.	Punkte
3	**Zuordnungstest: Welche vier Aussagen passen?**		8 [ ]
3.1	**Risikofreudiger Anleger:** 1) Nur Value-Aktien. 2) „Heimatliebe"-Depot. 3) Antizyklisches Handeln. 4) Auch SDAX-Titel. 5) Biotech-Aktien. 6) Kein TecDAX. 7) Auch Auslandsaktien. 8) Nur Indexzertifikate wie DAX und Dow.	Nr. 3 Nr. 4 Nr. 5 Nr. 7	4 [ ]
3.2	**Kursrallye in Sicht:** 1) Ölpreis steigt. 2) Inflationsrate steigt. 3) Niedrige Bewertung. 4) Konjunkturüberhitzung droht. 5) Leitzinssenkung. 6) Umsatzwachstum ohne Gewinn. 7) Exportquote steigt. 8) Neue Rückkaufprogramme.	Nr. 3 Nr. 5 Nr. 7 Nr. 8	4 [ ]
	Zwischenstand (Aufgabe S. 90)		32[ ]

Nr.	Testbogen ❹ (Fortsetzung) Übertrag			32 [ ]
4	**Zuordnungstest: Suchen Sie hier 10 Aussagen, die für einen Aktienkauf sprechen.**	**Nr. eintragen**		**Punkte 10 [ ]**
	1) Analysten-Kursziel erreicht. 2) Unterbewertung. 3) Hohes KGV im Branchenvergleich. 4) Gewinnwarnung. 5) Noch keine Bodenbildung. 6) Turnaround-Story. 7) Marktführer. 8) Starke Marke. 9) Kurs sinkt seit einiger Zeit. 10) Hohe Dividende. 11) Index-Aufstieg nahe. 12) Aktiensplit. 13) Reversesplit. 14) Geschönte Bilanz. 15) Bieterfirma bei Übernahme. 16) Spitzenmanagement. 17) Hohes Fremdkapital. 18) Übernahmekandidat. 19) Tiefes Rating. 20) Erfolge klinische Phase III.	Nr. 2 Nr. 6 Nr. 7 Nr. 8 Nr. 10	Nr. 11 Nr. 12 Nr. 16 Nr. 18 Nr. 20	2 [ ] 2 [ ] 2 [ ] 2 [ ] 2 [ ]
5	**Zuordnungstest: 10 Aussagen, die zu einer vernünftigen Strategie passen bzw. stimmen.**	**Nr. eintragen**		**10 [ ]**
	1) Entscheidend ist die Risikoneigung. 2) Strategie ist der Marktlage anzupassen. 3) Kleine Gewinnmitnahmen und Aussitzen der Verluste. 4) Gewinn laufen lassen, Verlust begrenzen. 5) Cost-Average-Effekt nur beim Sparplan nutzbar. 6) Bei zu kleiner Order frisst Gebühr Gewinn auf. 7) Diversifikation senkt Risiko. 8) Prozyklisch: „The trend is your friend!" 9) Konjunktur: **U** markiert Double-Dip. 10) Deflation: gut für die Börse. 11) Chancenreich: antizyklisches Handeln. 12) Chancenreich: Bauchgefühl vertrauen. 13) Chancenreich: Herdentrieb folgen. 14) Value-Aktien: schlecht im Seitwärtstrend. 15) Bei Konjunkturaufschwung: Growth-Aktien. 16) „Sell in May and go away" stets richtig. 17) Verborgene Perlen in Small-Caps-Indizes. 18) Mit Penny Stocks nur Miniverluste möglich. 19) Bei Rückkaufprogramm Aktien verkaufen. 20) Mit Ethikaktien niedrige Rendite. 21) Dividende sichert Kurs nach unten ab.	Nr. 1 Nr. 2 Nr. 4 Nr. 6 Nr. 7 Nr. 8 Nr. 11 Nr. 15 Nr. 17 Nr. 21		1 [ ] 1 [ ] 1 [ ] 1 [ ] 1 [ ] 1 [ ] 1 [ ] 1 [ ] 1 [ ] 1 [ ]
6	**A sucht B: Bilden Sie die passenden Wortpaare.**			**15 [ ]**
6.1	A1) Defensiv-Strategie. A2) Offensiv-Strategie. A3) Antizyklisch handeln. A4) Diversifikation. A5) Bodenbildung. A6) Small-Cap-Index. A7) Mid-Cap-Index. A8) Kurs-Gewinn-Verhältnis. A9) Deflation. A10) Kapitalschnitt. A11) Cost-Average-Effekt. A12) Gier. A13) Umwelt-, Sozial- und Kulturverträglichkeit. A14) Nicht so strenge Auflagen. A15) Squeeze-out.	A1 A2 A3 A4 A5 A6 A7 A8	B/5 B/8 B/14 B/4 B/9 B/3 B/15 B/10	1 [ ] 1 [ ] 1 [ ] 1 [ ] 1 [ ] 1 [ ] 1 [ ] 1 [ ]
6.2	B1) Reversesplit. B2) Konjunktur: Buchstabensymbol **L**. B3) SDAX. B4) Streuung. B5) Value-Aktien. B6) Ethikfonds. B7) „... frisst Hirn." B8) Growth-Aktien. B9) Turnaround. B10) KGV. B11) General Standard. B12) Herausdrängen. B13) Größter Nutzungseffekt beim Sparplan. B14) Gegen den Strom. B15) MDAX.	A9 A10 A11 A12 A13 A14 A15	B/2 B/1 B/13 B/7 B/6 B/11 B/12	1 [ ] 1 [ ] 1 [ ] 1 [ ] 1 [ ] 1 [ ] 1 [ ]
Auswertung: 63 – 67 Punkte: sehr gut, 58 – 62 Punkte: gut, 53 – 57 Punkte: befriedigend, 47 – 52 Punkte: ausreichend (Aufgabe S. 91)				**67 [ ]**

Lösungsbogen ❺ zur Prüfungsvorbereitung

Nr.	Aufgabenstellung	Ja/Nein	Punkte

1 — Börsenrätsel: Setzen Sie die fehlenden Buchstaben ein. Das aus elf Anfangsbuchstaben bestehende Lösungswort gehört zur Börse. — **11 [   ]**

Nr.	Aufgabenstellung	Lösung	Punkte
1.1	Gibt Kauf-/Verkaufssignale	C H A R T T E C H N I K	1 [ ]
1.2	Rohstoffreicher Markt	A F R I K A	1 [ ]
1.3	Aktienart	N A M E N S A K T I E N	1 [ ]
1.4	Bevölkerungsentwicklung	D E M O G R A F I E	1 [ ]
1.5	Beeinflusst Kursentwicklung	L E I T Z I N S S A T Z	1 [ ]
1.6	Biokraftstoff aus Zucker	E T H A N O L	1 [ ]
1.7	Methode zur Geldanlage	S T R A T E G I E	1 [ ]
1.8	Aktienorder	T R A N S A K T I O N	1 [ ]
1.9	Preissteigerungsrate	I N F L A T I O N	1 [ ]
1.10	Finanz- und Ertragskraft	C A S H F L O W	1 [ ]
1.11	Börsenaltmeister	K O S T O L A N Y	1 [ ]

2 — Wissenstest: Was stimmt? Was ist falsch? Ankreuzen! — **Ja Nein 11 [   ]**

Nr.	Aufgabenstellung	Ja	Nein	Punkte
2.1	Die Orientierung am Trendkanal zeugt von Herdentrieb.		X	1 [ ]
2.2	Ein fortdauernder Abwärtstrend liefert Kaufsignale.		X	1 [ ]
2.3	Kursabprall bei Widerstandslinie heißt: Halten, Verkaufen.	X		1 [ ]
2.4	Die M-Formation liefert ein Kaufsignal.		X	1 [ ]
2.5	Zur Globalanalyse zählt der Branchenvergleich.		X	1 [ ]
2.6	Die Einzelanalyse untersucht die Unternehmenskennziffern.	X		1 [ ]
2.7	Das Kurs-Buchwert-Verhältnis (KBV) soll möglichst hoch sein.		X	1 [ ]
2.8	Der Cashflow misst die Finanzlage und Finanzkraft.	X		1 [ ]
2.9	Unterbewertung: KGV ist im Branchenvergleich niedrig.	X		1 [ ]
2.10	Fundamentaldaten u. Charttechnik schließen einander aus.		X	1 [ ]
2.11	Charttechnik basiert auf sich abzeichnenden neuen Trends.		X	1 [ ]

3 — Wissenstest: Setzen Sie die richtigen Fachbegriffe ein. — **8 [   ]**

Nr.	Aufgabenstellung	Lösung	Punkte
3.1	Zeichnungsspanne Neuemission:	Bookbuilding(-Verfahren)	1 [ ]
3.2	3 Bestandteile Fundamentalanalyse:	Einzel-, Branchen-, Global-A.	1 [ ]
3.3	Bodenbildung, Wende zum Guten:	Turnaround	1 [ ]
3.4	Gewinn vor Steuern und Zinsen:	EBIT	1 [ ]
3.5	Erreichen der Gewinnschwelle:	Break-even	1 [ ]
3.6	Aktionärsfreundliche Firmenpolitik:	Shareholder Value	1 [ ]
3.7	Börsenwert eines Unternehmens:	Marktkapitalisierung	1 [ ]
3.8	Kerzencharts:	Candlesticks	1 [ ]

	Auswertung: 29 – 30 Punkte: sehr gut, 26 – 28 Punkte: gut, 23 – 25 Punkte: befriedigend, 20 – 22 P.: ausreichend (Aufgabe S. 107)	30 [ ]

Lösungsbogen ❻ zur Prüfungsvorbereitung

Nr.	Aufgabenstellung													Ja/Nein	Punkte
1	**Börsenrätsel: Setzen Sie die fehlenden Buchstaben ein. Das aus 16 Anfangsbuchstaben zu bildende Lösungswort gehört zur Börse**														16[ ]
1.1	Preisspanne Neuemission	**B**	O	O	K	B	U	I	L	D	I	N	G		1[ ]
1.2	Chancenreicher Markt	**R**	O	H	S	T	O	F	F	E					1[ ]
1.3	Gefahr grauer Kapitalmarkt	**A**	N	L	A	G	E	B	E	T	R	U	G		1[ ]
1.4	Aktienart	**N**	A	M	E	N	S	A	K	T	I	E	N		1[ ]
1.5	Technische Analyse	**C**	H	A	R	T	T	E	C	H	N	I	K		1[ ]
1.6	Negatives Anlegerverhalten	**H**	E	R	D	E	N	T	R	I	E	B			1[ ]
1.7	Bei mancher AG zu gering	**E**	I	G	E	N	K	A	P	I	T	A	L		1[ ]
1.8	Name Small Caps	**N**	E	B	E	N	W	E	R	T	E				1[ ]
1.9	Kapitelherabsetzung	**R**	E	S	E	R	V	E	S	P	L	I	T		1[ ]
10	Windkraft im Meer	**O**	F	F	S	H	O	R	E						1[ ]
11	Mit Stoppkurs vermeidbar	**T**	O	T	A	L	V	E	R	L	U	S	T		1[ ]
12	Kontrollorgan einer AG	**A**	U	F	S	I	C	H	T	S	R	A	T		1[ ]
13	Begriff technische Analyse	**T**	R	E	N	D	K	A	N	A	L				1[ ]
14	Zahlungsunfähigkeit	**I**	N	S	O	L	V	E	N	Z					1[ ]
15	Unbegrenzte Laufzeit	**O**	P	E	N		E	N	D						1[ ]
16	Börsengang, IPO	**N**	E	U	E	M	I	S	S	I	O	N			1[ ]
2	**Wissenstest: Welche Argumente sprechen für Stop-Loss?**													Kreuz	5[ ]
2.1	Extreme Kursabstürze werden aufgefangen.													X	1[ ]
2.2	Ausgestoppte Aktie erholt sich nach einem haltlosen Gerücht.														1[ ]
2.3	In der Hausse sind Stop-Loss-Orders das richtige Instrument.														1[ ]
2.4	Der Anleger muss sein Depot nicht ständig überwachen.													X	1[ ]
2.5	Entscheidung wird nicht verzögert durch Unentschlossenheit.													X	1[ ]
3	**Wissenstest: Was empfiehlt die Börsenpsychologie?**													Kreuz	9[ ]
3.1	Das Zielmotiv realistisch einschätzen.													X	1[ ]
3.2	Bei Angst verkaufen, bei Hoffnung kaufen.														1[ ]
3.3	Mit Träumen und Wünschen die Wirklichkeit aushebeln.														1[ ]
3.4	Die mit runden Zahlen verbundenen großen Chancen nutzen.														1[ ]
3.5	Trotz Stimmungsmache seinen eigenen Weg gehen.													X	1[ ]
3.6	Den Herdentrieb nutzen; denn der Trend ist ein guter Freund.														1[ ]
3.7	Sich bewusst sein, nicht der Erste zu sein, der etwas weiß.													X	1[ ]
3.8	In hektischen Börsenzeiten auf sein „Bauchgefühl" vertrauen.														1[ ]
3.9	Informationen suchen, die der eigenen Sichtweise entsprechen.														1[ ]
	Auswertung: 29 – 30 Punkte: sehr gut, 26 – 28 Punkte: gut, 23 – 25 Punkte: befriedigend, 20 – 22 Punkte: ausreichend. (Aufgabe S. 120)														30[ ]

Lösungsbogen ❼ zur Prüfungsvorbereitung

Nr.	Aufgabenstellung											Ja/Nein/Punkte
1	Börsenrätsel: Setzen Sie die fehlenden Buchstaben ein. Das aus 15 Anfangsbuchstaben zu bildende Lösungswort gehört zur Börse.											15 [ ]
1.1	Anderer Name für ETF	I N D E X F O N D S										1 [ ]
1.2	Aktienart	N A M E N S A K T I E N										1 [ ]
1.3	Kursschwankungen	V O L A T I L I T Ä T										1 [ ]
1.4	Erneuerbare Energie	E R D W Ä R M E										1 [ ]
1.5	Differenz Geld-/Briefkurs	S P R E A D										1 [ ]
1.6	Durchschaubarkeit, Öffnung	T R A N S P A R E N Z										1 [ ]
1.7	Fonds mit Aktien/Anleihen	M I S C H F O N D S										1 [ ]
1.8	Gibt z. B. Zertifikate heraus	E M I T T E N T										1 [ ]
1.9	Begriff für Small Caps	N E B E N W E R T E										1 [ ]
1.10	Kauf- und Verkaufsorder	T R A N S A K T I O N										1 [ ]
1.11	Streubesitz	F R E E F L O A T										1 [ ]
1.12	Windkraft auf dem Land	O N S H O R E										1 [ ]
1.13	Name bei Börsengang	N E U E M I S S I O N										1 [ ]
1.14	Legt in andere Fonds an	D A C H F O N D S										1 [ ]
1.15	Dient der Verlustbegrenzung	S T O P P K U R S										1 [ ]
2	**Wissenstest: Welche Aussagen zu Fonds stimmen?**	Kreuz	6 [ ]
2.1	Aktienfonds legen immer Geld in Aktien und in Anleihen an.		1 [ ]
2.2	Geldmarktfonds investieren in verzinsliche Wertpapiere.	X	1 [ ]
2.3	Offene Immobilienfonds sind riskanter als geschlossene.		1 [ ]
2.4	Mischfonds investieren in Aktien, Anleihen und Rohstoffe.		1 [ ]
2.5	Hedge-Fonds investieren in Währungen, Rohstoffe, Aktien usw.	X	1 [ ]
2.6	Dachfonds legen auch in Fonds u. Zertifikate anderer Banken an.		1 [ ]
3	**Wissenstest: Welche Aussagen zu Zertifikaten stimmen?**	Kreuz	9 [ ]
3.1	Beim Kauf über die Börse fallen keine Transaktionskosten an.		1 [ ]
3.2	Discountzertifikat gut in der Hausse, Bonuszertifikat in der Baisse		1 [ ]
3.3	Bei Insolvenz des Emittenten droht der totale Kapitalverlust.	X	1 [ ]
3.4	Turbo-Zertifikate zählen zu den derivativen Hebelprodukten.	X	1 [ ]
3.5	Index-Zertifikate eignen sich vor allem für Kurzzeitanleger.		1 [ ]
3.6	Für jede Markteinschätzung gibt es die passenden Produkte.	X	1 [ ]
3.7	Bonus-Zertifikate wenden sich an sehr spekulative Anleger.		1 [ ]
3.8	Hebel-Zertifikate sind nur günstig in stark steigenden Märkten.		1 [ ]
3.9	Bei Garantiezertifikaten steht der Kapitalerhalt im Vordergrund	X	1 [ ]

Zwischenstand: 29 – 30 Punkte: sehr gut, 27 – 28 Punkte: gut, 24 – 26 Punkte: befriedigend, 21 – 23 Punkte: ausreichend (Aufgabe S. 150/151) — 30 [   ]

Nr.	Testbogen ❼ (Fortsetzung)	Übertrag	30[ ]
4	**Zuordnungstest: Ordnen Sie Aktienanleihen, Zertifikate und Fonds zu. (Mehrfachnennung möglich)**	**Nummern eintragen**	**33[ ]**
4.1	1) Schuldverschreibung. 2) Anleger ist Miteigentümer. 3) Anleger ist Gläubiger. 4) Ausgabeaufschlag üblich. 5) Managementgebühr üblich. 6) Bei Kauf nur niedrige Gebühr (Spread). 7) Stets aktiv gemanagt. 8) Auch Hebelprodukte. 9) Vor allem für Langzeitstrategie gut. 10) Richtige Markteinschätzung wichtig. 11) Evtl. Deckel bei Kursgewinn. 12) Laufzeit immer unbegrenzt. 13) Mit festem Zinssatz ausgestattet. 14) Anlageziel: Besser als Benchmark. 15) Höchste Renditen im Bullenmarkt. 16) Mit Aktienandienungsrecht ausgestattet. 17) Gibt über 500.000 Produkte. 18) Dividende wird u. U. einbehalten. 19) Stagnierender Markt: Vorteil hoher Zinskupon. 20) Anleger delegiert Portfoliostruktur an Profis. 21) Oft schlechter als Benchmark. 22) Relativ hohe Gebühr. 23) Mit „Teil- und Vollkasko". 24) Auch mit Sicherheitspuffer und Cap. 25) Emittent bestimmt Auszahlungsart. 26) Starke Konkurrenz mit Indexfonds. 27) Bei Emittenten-Pleite droht Totalverlust. 28) Rücknahmepreis beim Verkauf. 29) Große Namensvielfalt. 30) Sondervermögen.	**Anleihe, Aktienanleihe** 1, 3,13,16, 19, 25, 27	**7 [ ]**
4.2		**Zertifikate** 1, 3, 6, 8, 10, 11, 17, 18, 23, 24, 26, 27, 29	**13[ ]**
4.3		**Aktienfonds** 2, 4, 5, 7, 9, 12, 14, 15, 20, 21, 22, 28, 30	**13[ ]**

5	**A sucht B: Bilden Sie passende Wortpaare.**			**18[ ]**
5.1	1) Exchange Traded Funds. 2) Spread. 3) Sicherheitspuffer und Cap. 4) Gilt für Aktienanleihen. 5) Währungsabsicherung. 6) DAXplus Family Index. 7) Finanz-/Ertragskraft. 8) Benchmark. 9) Bonität. 10) Sondervermögen. 11) Zertifikate-Emittent. 12) Free Float. 13) Garantiezertifikate. 14) Legt in andere Fonds an. 15) Hedge-Fonds. 16) Bonuszertifikat. 17) Anlage in Aktien/Anleihen. 18) Put/Short/Bär-Produkt.	A1 A2 A3 A4 A5 A6 A7 A8 A9	B/7 B/8 B/18 B/16 B/15 B/10 B/11 B/12 B/1	1 [ ] 1 [ ] 1 [ ] 1 [ ] 1 [ ] 1 [ ] 1 [ ] 1 [ ] 1 [ ]
5.2	1) Kreditwürdigkeit. 2) Kein Cap, der den Gewinn begrenzt. 3) Dachfonds. 4) Aktien/Aktienfonds. 5) Mischfonds. 6) Großbank. 7) ETF. 8) Differenz Geld- und Briefkurs. 9) Mit „Teil- und Vollkasko-Variante". 10) Familienfirmen. 11) Cashflow. 12) Vergleichsindex. 13) Großes Anlagespektrum, Depotabsicherung. 14) Streubesitz, 15) Quanto. 16) Aktien-Andienungsrecht. 17) Setzt auf fallende Märkte. 18) Discount-Zertifikat.	A10 A11 A12 A13 A14 A15 A16 A17 A18	B/4 B/6 B/14 B/9 B/3 B/13 B/2 B/5 B/17	1 [ ] 1 [ ] 1 [ ] 1 [ ] 1 [ ] 1 [ ] 1 [ ] 1 [ ] 1 [ ]
Auswertung: 78 – 81 Punkte: sehr gut, 73 – 77 Punkte: gut, 68 – 72 Punkte: befriedigend, 62 – 67 P.: ausreichend (Aufgabe S. 150/151)				**81** **[ ]**

Lösungsbogen ⑧ zur Prüfungsvorbereitung

Nr.	Aufgabenstellung	Richtig	Falsch	Punkte
1	**Notieren Sie die Nummern. Mehrfachnennung möglich:** 1) Derivate, 2) Schuldverschreibung, 3) Rating, 4) Ranking, 5) Hedge-Fonds, 6) Long/Short Equity, 7) Korrelation, 8) ETF, 9) Optionsschein			**24** [ ]
1.1	Hebelzertifikate und Optionsscheine zählen zu:	Nr. 1		1 [ ]
1.2	Wechselwirkung zu anderen Finanzinstrumenten:	Nr. 7		1 [ ]
1.3	Qualitätsbeurteilung von Fonds, vor allem Management:	Nr. 3		1 [ ]
1.4	Quantitative Beurteilung der Wertentwicklung von Fonds:	Nr. 4		1 [ ]
1.5	Zur Depotabsicherung und Risikominimierung geeignet:	Nr. 5		1 [ ]
1.6	Sie zählen zur Gruppe der „alternativen Investments":	Nr. 5		1 [ ]
1.7	Der Handel setzt Finanztermingeschäftsfähigkeit voraus:	1, 5, 9		2 [ ]
1.8	Zertifikate sind keine Anteilscheine, sondern:	Nr. 2		1 [ ]
1.9	Bei dieser Strategie werden geliehene Aktien verkauft:	Nr. 6		1 [ ]
1.10	Discount-, Bonuszertifikat usw. kein Anteilschein, sondern:	Nr. 2		1 [ ]
1.11	Oberbegriff für Futures und Optionen:	Nr. 1		1 [ ]
1.12	Geliehene Aktien werden an der Börse zurückgekauft:	Nr. 5, 6		2 [ ]
1.13	Zum Laufzeitende wird das Papier wertlos:	Nr. 9		1 [ ]
1.14	Hier sind die Begriffe „am", „im", „aus dem Geld" üblich:	Nr. 9		1 [ ]
1.15	Sie werden auch als Indexaktien bzw. Indexfonds benannt:	Nr. 8		1 [ ]
1.16	Delta, Vega, implizierte Volatilität sind wichtige Kennziffern:	Nr. 9		1 [ ]
1.17	Keine Beschränkungen bei der Wahl der Finanzinstrumente:	Nr. 5		1 [ ]
1.18	Die hohen Gebühren schmälern die Rendite der Anleger:	Nr. 5		1 [ ]
1.19	Buchstaben sind üblich bei Einschätzung des Managements:	Nr. 3		1 [ ]
1.20	Sterne sind üblich bei der Einschätzung der Rendite:	Nr. 4		1 [ ]
1.21	Für welches Investmentprodukt trifft „Sondervermögen" zu?	Nr. 8		1 [ ]
1.22	Die meisten Produkte wie Indizes werden passiv gemanagt:	Nr. 8		1 [ ]
2	**Setzen Sie die richtigen Begriffe (Fachwörter) ein.**			**10** [ ]
2.1	Aktionärsfreundliche Firmenpolitik	Shareholder Value		1 [ ]
2.2	Schwankungsfreudigkeit	Volatilität		1 [ ]
2.3	Leerverkäufer	Short Seller		1 [ ]
2.4	Spanne zwischen Brief- und Geldkurs	Spread		1 [ ]
2.5	Basiswert	Underlying		1 [ ]
2.6	Schwellenländer	Emerging Markets		1 [ ]
2.7	Frei handelbare Aktien, Streubesitz	Free Float		1 [ ]
2.8	Wertpapierentwicklung	Performance		1 [ ]
2.9	Wertpapierzusammensetzung	Portfolio		1 [ ]
2.10	Herausdrängen Minderheitsaktionäre	Squeeze-out		1 [ ]
Auswertung: 32 – 34 Punkte: sehr gut, 29 – 31 Punkte: gut, 26 – 28 Punkte: befriedigend, 22 – 25 Punkte: ausreichend (Aufgabe S. 172)				**34** [ ]

Lösungsbogen ❾ zur Prüfungsvorbereitung

Nr.	Aufgabenstellung	Ja										Nein			Punkte	
1	**Börsenrätsel: Setzen Sie die fehlenden Buchstaben ein. Das aus 16 Anfangsbuchstaben zu bildende Lösungswort gehört zum Thema.**														16 [ ]	
1.1	Kapitalerhöhung: neue Aktien	**J**	U	N	G	E		A	K	T	I	E	N		1 [ ]	
1.2	Gefahr: Grauer Kapitalmarkt	**A**	N	L	A	G	E	B	E	T	R	U	G		1 [ ]	
1.3	Optionsschein: Renditechance	**H**	E	B	E	L	W	I	R	K	U	N	G		1 [ ]	
1.4	Altersvorsorge-Modell	**R**	I	E	S	T	E	R	R	E	N	T	E		1 [ ]	
1.5	Bezeichnung: Kursrakete	**H**	Y	G	H	F	L	Y	E	R					1 [ ]	
1.6	Negatives Anlegerverhalten	**U**	N	G	E	D	U	L	D						1 [ ]	
1.7	Vorgänger TecDAX	**N**	E	U	E	R		M	A	R	K	T			1 [ ]	
1.8	Fondsart	**D**	A	C	H	F	O	N	D	S					1 [ ]	
1.9	Erneuerbare Energie	**E**	R	D	W	Ä	R	M	E						1 [ ]	
1.10	Kapitalherabsetzung	**R**	E	S	E	R	V	E	S	P	L	I	T		1 [ ]	
1.11	Bodenbildung steht bevor	**T**	U	R	N	A	R	O	U	N	D				1 [ ]	
1.12	Ertragskraft der AG	**C**	A	S	H	F	L	O	W						1 [ ]	
1.13	Aktueller Börsenkurs	**R**	E	A	L	T	I	M	E	K	U	R	S		1 [ ]	
1.14	Optionsschein-Begriff	**A**	U	S		D	E	M		G	E	L	D		1 [ ]	
1.15	Leerverkäufer	**S**	H	O	R	T		S	E	L	L	E	R		1 [ ]	
1.16	TecDax-Branche	**H**	I	G	H	T	E	C	H						1 [ ]	

Nr.	Aufgabenstellung	Kreuz	Punkte
2	**Wissenstest: Welche Aussagen passen zum Crash?**	Kreuz	5 [ ]
2.1	Ein Börsencrash ist nur im Monat Oktober zu befürchten.		1 [ ]
2.2	Ein Crash wird durch ausgelöste Stoppkurse abgeschwächt.		1 [ ]
2.3	Zittrige Hände werfen alle Aktien auf den Markt (Sell-out).	X	1 [ ]
2.4	Antizykliker steigen bei Bodenbildung bereits wieder ein.	X	1 [ ]
2.5	Am Schwarzen Montag war der Höhepunkt vom Crash 1929.		1 [ ]

Nr.	Aufgabenstellung	Nr.	Punkte
3	**Logik:** Welche Angaben passen <u>nicht</u> zur Beispielreihe?	**Nr.**	4 [ ]
	Crashszenario: 1) Zinssenkung. 2) Währungsturbulenzen. 3) Terrorakte. 4) Ölpreisexplosion. 5) Konjunkturerholung. 6) Platzende Spekulationsblase. 7) Finanzkrise. 8) Großbanken-pleite. 9) Unterbewertete Börse. 10) Börsenpsychologie. 11) Herdentrieb. 12) Vogelgrippe-Pandemie. 13) Investitionen.	Nr. 1 Nr. 5 Nr. 9 Nr. 13	1 [ ] 1 [ ] 1 [ ] 1 [ ]
4	**Logik:** Welche Angaben passen <u>nicht</u> zur Beispielreihe?	**Nr.**	5 [ ]
	Aktienfonds: 1) Ausgabeaufschlag. 2) Schuldverschreibung. 3) Miteigentümer. 4) Sondervermögen. 5) Wandelanleihen. 6) Aktiv gemanagt. 7) Zinskupon. 8) Laufzeit unbegrenzt. 9) Rating/Ranking. 10) Derivate. 11) Orientierung an Benchmark. 12) Bonus-Zertifikat. 13) Verwaltungsgebühr.	Nr. 2 Nr. 5 Nr. 7 Nr. 10 Nr. 12	1 [ ] 1 [ ] 1 [ ] 1 [ ] 1 [ ]
	Bewertung: 29 – 30 Punkte: sehr gut, 26 – 28 Punkte: gut, 23 – 25 Punkte: befriedigend, 20 – 22 P.: ausreichend (Aufgabe: S. 182)		30 [ ]

Lösungsbogen ⑩ zur Prüfungsvorbereitung

Nr.	Aufgabenstellung	Ja	Nein	Punkte
1	**Börsenrätsel:** Setzen Sie die fehlenden Buchstaben ein. Das 17 Anfangsbuchstaben umfassende Lösungswort nennt eine negative Börsensituation.			17 [ ]
1.1	Kaufempfehlung — S T R O N G B O Y			1 [ ]
1.2	Edel- und Industriemetall — P A L L A D I U M			1 [ ]
1.3	Ausgabe neuer Wertpapiere — E M I S S I O N			1 [ ]
1.4	Stärkerer Kursabsturz — K O R R E K T U R			1 [ ]
1.5	Verkaufsempfehlung — U N D E R P E R F O R M			1 [ ]
1.6	Flüssigkeit: Finanzbereich — L I Q U I D I T Ä T			1 [ ]
1.7	Industriemetall — A L U M I N I U M			1 [ ]
1.8	Fachbegriff: Charttechnik — T R E N D K A N A L			1 [ ]
1.9	Geldanlageform (ETF) — I N D E X F O N D S			1 [ ]
1.10	Kaufempfehlung — O U T P E R F O R M E R			1 [ ]
1.11	Industriemetall — N I C K E L			1 [ ]
1.12	Regenerative Energie — S O L A R S T R O M			1 [ ]
1.13	Gewinnschwelle erreicht — B R E A K E V E N			1 [ ]
1.14	Hedge-Fonds-Strategie — L E E R V E R K A U F			1 [ ]
1.15	Fachbegriff: Optionsschein — A U S D E M G E L D			1 [ ]
1.16	Differenz Geld-/Briefkurs — S P R E A D			1 [ ]
1.17	Aktienindex — E U R O S T O X X			1 [ ]
2	**Wissenstest: Welche Aussagen zu Kurszusatz/Handel passen?**	Kreuz		8 [ ]
2.1	**Brief:** Aus Anlegersicht ist dies der etwas höhere Aktienkaufpreis.	X		1 [ ]
2.2	Mitunter rufen Banken auch per E-Mail persönliche Kundendaten ab.			1 [ ]
2.3	**exD:** Erste Notiz unter Dividendenabschlag am HV-Tag.			1 [ ]
2.4	**exBR:** Erste Notiz unter Abschlag des Bezugsrechts.	X		1 [ ]
2.5	Telefon-Banking ist bei fast allen Brokern billiger als Online-Orders.			1 [ ]
2.6	In fallenden Märkten gibt es fast nur Verkaufsempfehlungen.			1 [ ]
2.7	Bei marktengen Werten kann auf ein Limit verzichtet werden.			1 [ ]
2.8	Der Kern der ISIN entspricht international der sechsstelligen WKN.			1 [ ]
3	**Wissenstest:** Was stimmt zu Rohstoffen/Energie und Spekulation?	Kreuz		6 [ ]
3.1	Das meiste Erdöl wird aus den ganz neuen Quellen gewonnen.			1 [ ]
3.2	Silber wird mit steigendem Anteil in der Photoindustrie gebraucht.			1 [ ]
3.3	Silizium ist teuer, weil China hier den Export stark drosselt.			1 [ ]
3.4	Zucker wird zunehmend für Biokraftstoff (Ethanol) benötigt.	X		1 [ ]
3.5	Seltene Erden sind metallische Grundstoffe. China ist Marktführer.	X		1 [ ]
3.6	Wegen Eurospekulation sollten Einsteiger Hebelprodukte kaufen.			1 [ ]
	Zwischenstand: 30 – 31 Punkte: sehr gut, 27 – 29 Punkte: gut, 24 – 26 Punkte: befriedigend, 21 – 23 Punkte: ausreichend (Aufgabe S. 188)			31 [ ]

Nr.	Lösung Testbogen ⑩ (Fortsetzung)	Übertrag	31 [ ]
4	**Zuordnungstest:** Ordnen Sie die Stichpunkte den Rubriken „Kaufen", „Halten" oder „Verkaufen" zu.	**Nummern eintragen**	**Punkte** 31 [ ]
4.1	1) Turnaround-Kandidat – 2) Break-even steht bevor – 3) Geschönte Bilanz – 4) Gewinnwarnung – 5) Analystenerwartung erfüllt – 6) Verhaltener Ausblick – 7) Niedriges KGV – 8) Verliert Marktanteile – 9) Baut Marktführerschaft aus – 10) Marktposition unverän-	**Kaufen** 1, 2, 7, 9, 11, 14, 16, 19, 23, 29, 30, 31	**12 [ ]**
4.2	dert – 11) Übernahmekandidat – 12) Verliert Patentstreit – 13) Außergerichtliche Einigung – 14) IPO vielversprechend – 15) Downgrade – 16) Upgrade – 17) Marketperform – 18) Peer Perform – 19) Outperform – 20) In-Line – 21) Underperform – 22) Sector Per-	**Halten** 5, 6, 10, 13, 17, 18, 20, 22, 25, 27	**10 [ ]**
4.3	form – 23) Zukauf rentable Sparte – 24 Reversesplit gemeldet – 25) Fair bewertet – 26) Staatsanwalt ermittelt – 27) Großauftrag in Schwebe – 28) Gewährt hohe Rabatte – 29) Erhöht Dividende – 30) Shareholder-Politik – 31) Aktienrückkaufprogramm	**Verkaufen** 3, 4, 8, 12, 15, 21, 24, 26, 28	**9 [ ]**

5	**A sucht B: Bilden Sie die passenden Wortpaare.**			**25 [ ]**
5.1	A1) Ersetzt sechsstellige WKN – A2) Preisbegrenzung bei Order – A3) Mäßiger Abwärtstrend – A4) Extrem heftiger Kursabsturz – A5) Stärkerer Kursabsturz – A6) Prime Standard – A7) Börsenwert – A8) Short Seller – A9) Performance – A10) Nebenwerte – A11) Sell-Out – A12) Free Float – A13) Diversifikation – A14 Cashflow – A15) Bestandteil Online-Banking – A16) Sondervermögen – A17) NYSE – A18) Pauschbetrag – A19) Baisse – A20) XETRA – A21) Portfolio – A22) Mildere Auflagen – A23 Reversesplit – A24) Kurszusatz: „Ohne Dividende" – A25 Solarstrom	A1 A2 A3 A4 A5 A6 A7 A8 A9 A10 A11 A12	B5 B7 B10 B23 B16 B21 B6 B25 B12 B17 B22 B1	1 [ ] 1 [ ] 1 [ ] 1 [ ] 1 [ ] 1 [ ] 1 [ ] 1 [ ] 1 [ ] 1 [ ] 1 [ ] 1 [ ]
5.2	B1) Streubesitz – B2) New York Stock Exchange – B3) Photovoltaik – B4) 801 Euro – B5) ISIN – B6) Marktkapitalisierung – B7) Limit/Limitierung – B8) Kapitalschnitt – B9) Streuung – B10) Konsolidierung – B11) Aktien/Aktienfonds – B12) Wertentwicklung – B13) Elektronisches Handelssystem – B14) Internet-Brokerage – B15) General Standard – B16) Korrektur – B17) Small Caps – B18) Depotstand – B19) Finanzkraft – B20) exD – B21) Strenge Auflagen – B22) Panikartiger Ausverkauf – B23) Crash – B24) Längerer Kursrückgang – B25) Leerverkäufer	A13 A14 A15 A16 A17 A18 A19 A20 A21 A22 A23 A24 A25	B9 B19 B14 B11 B2 B4 B24 B13 B18 B15 B8 B20 B3	1 [ ] 1 [ ] 1 [ ] 1 [ ] 1 [ ] 1 [ ] 1 [ ] 1 [ ] 1 [ ] 1 [ ] 1 [ ] 1 [ ] 1 [ ]
	**Auswertung:** 83 – 87 Punkte: sehr gut, 78 – 82 Punkte: gut, 72 – 77 Punkte: befriedigend, 66 – 71 Punkte: ausreichend. (**Aufgabe: S. 189**)			87 [ ]

Lösungsmuster Börsenführerscheinprüfung

Nr.	Aufgabenstellung	große Druckbuchstaben, mit Umlauten										Punkte
1	**Börsenrätsel:** Setzen Sie die fehlenden Buchstaben ein. Das Lösungswort aus 18 Anfangsbuchstaben gehört zum Thema											18 [　]
1.1	Spekulative Anlageform	**D**	A	Y	T	R	A	D	I	N	G	1 [　]
1.2	Anderer Name für ETF	**I**	N	D	E	X	F	O	N	D	S	1 [　]
1.3	Wichtiges Metall	**S**	I	L	B	E	R					1 [　]
1.4	Japanische Kerzencharts	**C**	A	N	D	L	E	S	T	I	C K	1 [　]
1.5	Aufstrebende Märkte	**O**	S	T	A	S	I	E	N			1 [　]
1.6	Fachausdruck Basiswert	**U**	N	D	E	R	L	Y	I	N	G	1 [　]
1.7	Vorgänger vom TecDAX	**N**	E	U	E	R		M	A	R	K T	1 [　]
1.8	Charttechnik: Fachausdruck	**T**	R	E	N	D	K	A	N	A	L	1 [　]
1.9	Einfluss auf Kursentwicklung	**Z**	I	N	S	S	A	T	Z			1 [　]
1.10	Fahrzeug-Innovation	**E**	L	E	K	T	R	O	A	U	T O	1 [　]
1.11	Kapitalertrag	**R**	E	N	D	I	T	E				1 [　]
1.12	AG schafft Bodenbildung	**T**	U	R	N	A	R	O	U	N	D	1 [　]
1.13	Ursache für Zinserhöhung	**I**	N	F	L	A	T	I	O	N		1 [　]
1.14	Frei handelbare Aktien	**F**	R	E	E		F	L	O	A	T	1 [　]
1.15	Zahlungsunfähigkeit	**I**	N	S	O	L	V	E	N	Z		1 [　]
1.16	Stärkerer Kursrückgang	**K**	O	R	R	E	K	T	U	R		1 [　]
1.17	Edelmetallinvestment	**A**	N	L	A	G	E	M	Ü	N	Z E	1 [　]
1.18	Aktienindex	**T**	E	C	D	A	X					1 [　]

Nr.	Aufgabenstellung	Kreuz	Punkte
2	**Wissenstest:** Wann nützt/stimmt Börsenpsychologie?	**Kreuz**	**5 [　]**
2.1	Behavioral Finance: Brücke zur Ökologie/Psychologie.		1 [　]
2.2	Herdentriebverhalten bestimmt Auf und Ab an der Börse.	X	1 [　]
2.3	„Scheuklappensyndrom" schützt vor Informationsflut		1 [　]
2.4	Sich in erster Linie auf sein „Bauchgefühl" verlassen.		1 [　]
2.5	Blick frei durch Verdrängen gegenteiliger Aussagen.		1 [　]
3	**Wissenstest:** Welche Aussagen zur Strategie sind **falsch?**	**Kreuz**	**6 [　]**
3.1	Konzentration auf „Heimatliebedepot" DAX senkt Risiken.	X	1 [　]
3.2	Am besten: Verluste mit riskanten Anlagen wettmachen.	X	1 [　]
3.3	Antizyklisches Handeln bedeutet Querulantentum.	X	1 [　]
3.4	Prozyklisches Handeln heißt: „Der Trend ist dein Freund."		1 [　]
3.5	Ausspruch: „Ein Crash ist gut – für Leute mit Mut!"		1 [　]
3.6	Ein sehr eng gesetzter Stopp, immer gut und nie ein Flop!	X	1 [　]
	Zwischenstand Blatt 1 (Aufgabe S. 202 bis 205)		**29 [　]**

Nr.	Lösung Prüfungsaufgabe ❶ (Forts.) – Blatt 2	Übertrag	29[ ]
4	**Zuordnungstest:** Ordnen Sie die Stichpunkte Aktienanleihen, Anlagezertifikaten und Aktienfonds zu.	**Nummern eintragen**	**Punkte** 27[ ]
4.1	1) Verzinste Schuldverschreibung. 2) Zinslose Schuldverschreibung. 3) Anleger als Miteigentümer. 4) Managementgebühr üblich. 5) Ausgabeaufschlag üblich. 6) Gebühr gering: Spread. 7) Immer aktiv gemanagt. 8) Geeignet für marktkundige Anleger mittlerer Anlagehorizont. 9) Bei Langzeitstrategie geeignet. 10)	**Aktienanleihen**	7 [ ]
		1, 10, 11, 15, 16, 19, 20	
4.2	Laufzeit beträgt im Allg. 12 Monate. 11) Emittent bietet Rückzahlung in Geld oder Aktien. 12) Anlageziel: Besser als Benchmark. 13) Laufzeit stets unbegrenzt. 14) Laufzeit oft unbegrenzt („Openend"). 15) Mit Aktienandienungsrecht. 16) Fester Zinssatz. 17) Anleger delegiert an Profis. 18) Oft schlechter als Benchmark.	**Zertifikate**	7 [ ]
		2, 6, 8, 14, 21, 26, 27	
4.3	19) Günstig bei Firmen mit hoher Bonität. 20) Laufzeitende: Rückzahlung voller Nennwert. 21) Gibt es auch mit Sicherheitspuffer und Cap. 22) Evtl. wird „Erfolgsgebühr" erhoben. 23) Profitabel im Bullenmarkt. 24) Bei starkem Zinsanstieg droht Baisse. 25) Rating/Ranking erleichtert Entscheidung. 26) Börse Stuttgart Marktführer. 27) Viele neue Produktarten	**Aktienfonds**	13[ ]
		3, 4, 5, 7, 9, 12, 13, 17, 18, 22, 23, 24, 25	

5	**A sucht B: Bilden Sie die passenden Wortpaare.**			20 [ ]
5.1	A1) Entry Standard – A2) Preisbegrenzung bei Order – A3) Prime Standard – A4) ISIN – A5) Short Seller – A6) Performance – A7) Verdient auch in fallenden Märkten – A8) Sell-Out – A9) Free Float – A10) Diversifikation – A11) Cash Flow – A12) Setzt auf fallende Kurse – A13) Portfolio – A14) Teilweise mit Knock-out-Barriere – A15) Mildere Auflagen – A16) DAXplus Family Index – A17) Reversesplit – A18) m:access – A19) Ad-hoc-Meldung – A20) Marktkapitalisierung	A1	B18	1 [ ]
		A2	B5	1 [ ]
		A3	B16	1 [ ]
		A4	B19	1 [ ]
		A5	B9	1 [ ]
		A6	B13	1 [ ]
		A7	B12	1 [ ]
		A8	B17	1 [ ]
		A9	B1	1 [ ]
		A10	B7	1 [ ]
5.2	B1) Streubesitz – B2) Put-OS – B3) Börsenwert – B4) Kursbeeinflussende Pflichtmitteilung – B5) Limit – B6) Kapitalschnitt – B7) Streuung – B8) Depotbestand – B9) Leerverkäufer – B10) Hebelzertifikat – B11) General Standard – B12) Hedge-Fonds – B13) Wertentwicklung – B14) Finanz- und Ertragskraft – B15) Marktsegment Börse München – B16) Strenge Börsenauflagen – B17) Panikartiger Ausverkauf – B18) Seit 2005: Index kleine Werte – B19) Ersetzt sechsstellige WKN – B20) Index für Familienfirmen	A11	B14	1 [ ]
		A12	B2	1 [ ]
		A13	B8	1 [ ]
		A14	B10	1 [ ]
		A15	B11	1 [ ]
		A16	B20	1 [ ]
		A17	B6	1 [ ]
		A18	B15	1 [ ]
		A19	B4	1 [ ]
		A20	B3	1 [ ]

Zwischenstand Blatt 2: 47 Punkte [ ] insgesamt	**76**	**[ ]**

Nr.	Lösung Prüfungsaufgabe ❶ (Fortsetzung) – Blatt 3 Übertrag		76[ ]
6	Zuordnungstest: Setzen Sie die Nummer ein: 1) Strategie: risikobewusst/spekulativ – 2) Strategie: konservativ/sicherheitsbewusst – 3) Zinssatz sinkt – 4) Zinssatz steigt	Nr.	Punkte 10[ ]
6.1	Reaktion: konjunktureller Abschwung Rezession/Deflation.	3	1 [ ]
6.2	Hedge-Fonds als Depotbeimischung und Risikoabsicherung.	1	1 [ ]
6.3	Eine solche Zinspolitik spricht eher für sinkende Aktienkurse.	4	1 [ ]
6.4	Mut zum antizyklischen Handeln bei der Aktienanlage.	1	1 [ ]
6.5	Reaktion: Konjunktureller Aufschwung mit Inflationsgefahr.	4	1 [ ]
6.6	Aktien kaufen, wenn andere verkaufen und umgekehrt.	1	1 [ ]
6.7	Aktienanlage auch in Schwellenländer und in Small-Caps.	1	1 [ ]
6.8	Bevorzugte Anlage in Blue-Chips-ETF und Indexzertifikate.	2	1 [ ]
6.9	Anlage in Garantiezertifikate und Anleihen mit hoher Bonität.	2	1 [ ]
6.10	Bei dieser Zinspolitik reagiert die Börse allgemein freundlich.	3	1 [ ]
7	Welche Aussagen zum Aktiensteuerrecht stimmen?	Kreuz	6 [ ]
7.1	Aktienkauf ab 2009: Abgeltungsteuer für jeden Kursgewinn.	X	1 [ ]
7.2	Für die Dividende gilt weiterhin das Halbeinkünfteverfahren.		1 [ ]
7.3	Bei gemeinsam veranlagten Eheleuten sind 1.800 € steuerfrei.		1 [ ]
7.4	Vor 2009 gekaufte Open-End-Zertifikate: Kursgewinn steuerfrei.		1 [ ]
7.5	Aktienkäufe vor 2008 (Altbestand) bleiben steuerfrei.	X	1 [ ]
7.6	Bis zum Ausschöpfen Pauschalbetrag keine Abgeltungsteuer.	X	1 [ ]
8	Welche Aussagen zum Limit stimmen?	Kreuz	4 [ ]
8.1	Das Kauflimit soll vor zu hohem Kaufpreis schützen.	X	1 [ ]
8.2	Bei marktengen Werten erscheint ein Limit überflüssig.		1 [ ]
8.3	Bei Abstauberlimit ist die Zeitdauer auf 1 Tag zu begrenzen.		1 [ ]
8.4	Wer die Aktie unbedingt haben will, ordert „billigst" statt Limit.	X	1 [ ]
9	Welche Argumente sprechen für Stop-Loss-Orders?	Kreuz	5 [ ]
9.1	Chance auf Kapitalerhalt, wenn der Bär seine Tatzen zeigt.	X	1 [ ]
9.2	Extreme Kursabstürze werden aufgefangen.	X	1 [ ]
9.3	Ausgestoppte Aktie erholt sich nach haltlosem Gerücht.		1 [ ]
9.4	Anlegervorteil: Boden wird bereitet für häufiges Umschichten.		1 [ ]
9.5	Anleger muss sein Depot nicht ständig überwachen.	X	1 [ ]
10	Welche Begriffe gehören zur technischen Analyse?	Kreuz	5 [ ]
10.1	280-Tage-Linie üblich mit mittelfristigen Charts		1 [ ]
10.2	Dreifacher Hexensabbat		1 [ ]
10.3	Doppel-Kopf		1 [ ]
10.4	N-Formation		1 [ ]
10.5	W-Formation	X	1 [ ]
	Zwischenstand Blatt 3: 30 Punkte [ ] insgesamt	106	[ ]

Nr.	Lösung Prüfungsaufgabe ❶ (Forts.) – Blatt 4	Übertrag	106[ ]
11	**Allgemeinwissen: Setzen Sie die richtigen Nummern ein. Mehrfachnennungen sind möglich (eine Angabe: 1 P.).**	Nr.	Punkte 14 [ ]
1	**Wer sich gegen fallende Kurse absichern will, kann:** 1) Bullzertifikate ordern. 2) Call-OS kaufen. 3) Geldmarktkonto eröffnen. 4) Hedge-Fonds kaufen. 5) Put-OS kaufen.	4, 5	1,5 [ ]
2	**Was ist ein Shareholder?** 1) Skontroführer. 2) Börsenmakler. 3) Anteilseigner. 4) Discountbroker. 5) Vermögensberater. 6) Aktienexperte	3	1 [ ]
3	**Welche Produkte zählen zu Anlage-Zertifikaten?** 1) Mini Long. 2) Knock-out-Put. 3) Discount-Zertifikat. 4) Bonus-Zertifikat. 5) Total-Return-Fonds. 6) ETF.	3, 4	1,5 [ ]
4	**„Frage nicht nach dem Preis, den du für ein Unternehmen zahlst, sondern nach dem Wert, den du für dein Geld bekommst."** Ein Zitat von: 1) André Kostolany. 2) Kirch, Medienmogul. 3) Angelika Merkel. 4) Warren Buffett, US-Aktienexperte	4	1 [ ]
5	**Seit wann gibt es den DAX?** 1) Januar 1978 – 2) Januar 1988 – März 1995 – Januar 2000	2	1 [ ]
6	**Wer bestimmt die Zinssätze in Euroland?** 1) Die Deutsche Bundesbank. 2) Das Finanzministerium. 3) Die EZB. 4). Die Europäische Zentralbank. 5. Die nationalen Notenbanken. 6. Die EZB zusammen mit der US-FED.	3, 4	1,5 [ ]
7	**Was sind Bonds?** 1) Verzinste Wertpapiere. 2) Unternehmensanteile. 3) Garantiezertifikate. 4) Hedge-Fonds-Strategie. 5. Schuldverschreibung	1, 5	1,5 [ ]
8	**Was ist Streubesitz?** 1) Nicht im Paket gehaltene Aktien. 2) Belegschaftsaktien. 3) Aktienoptionsprogramm für Mitarbeiter. 4) Diversifikation	1	1 [ ]
9	**Was heißt prozyklisch?** 1) Dem Bauchgefühl vertrauen. 2) Dem Markttrend folgen. 3) Herdentriebverhalten. 4) Konjunkturabhängige Aktien kaufen.	2	1 [ ]
10	**Was ist ein Rating?** 1) Bonitätsbewertung. 2) Bestenliste. 3) Ranking. 4) Sterne	1	1 [ ]
11	**Wie heißt die Mehrzahl von Index?** 1) Indexe. 2) Indizien. 3) Indizes. 4) Indexa. 5) Segmente	3	1 [ ]
12	**Um wieviel Prozent muss eine Aktie steigen, um den Verlust von 50 % wieder wettzumachen?** 1) 50 % 2) 75 % 3) 100 % 4) 150 % 5) 200 %	3	1 [ ] 14 [ ]
	Zwischenstand Blatt 4 : 14 Punkte [ ] insgesamt	120	[ ]
	Auswertung: 117 – 120 P. = ausgezeichnet, 113 – 116 P. = 1, 104 – 112 P. = 2, 94 – 103 P. = 3, 82 – 93 P. = ausreichend (Aufgabe S. 202 – 205)		

A

Absolute-Return-Fonds. Bei diesem Mischfonds-Konzept ist Sicherheit Trumpf. Der Kapitalerhalt ist vorrangig. Aktien, Renten- und Geldmarktpapiere werden ständig an die jeweilige Marktlage angepasst. Die Managementgebühr ist höher als bei Indexfonds.

Ad-hoc-Publizität. Das Wertpapierhandelsgesetz verpflichtet die Emittenten, wichtige kursbeeinflussende Tatsachen *unverzüglich* zu veröffentlichen wie Vorstandswechsel, Umsatz- und Gewinnrückgang, Übernahmen, Fusionen, Großaufträge und eine veränderte Aktionärsstruktur.

Aktien. Die Aktie verbrieft einen Anteil am Grundkapital. Der Anteilseigner ist Miteigentümer der AG. Es gibt folgende Rechte: **a) Verwaltungsrechte** (Teilnahme an der HV, Auskunfts- und Rederecht, Stimmrecht) und **b) Vermögensrechte** (Anspruch auf Dividende, wenn Gewinn ausgeschüttet wird; Bezugsrecht bei Kapitalerhöhung gegen Bareinzahlung; Berichtigungs- bzw. Gratisaktien bei Kapitalerhöhung aus Gesellschaftsmitteln). Nach **Art der Übertragbarkeit** sind zu unterscheiden: Inhaber-, Namens- und vinkulierte Namensaktien (die AG entscheidet, ob jemand Aktionär wird). Bezüglich der **Gewährung von Rechten** gibt es Stammaktien (ST = Stimmrecht auf der HV) und Vorzugsaktien (VZ = keine oder begrenzte Stimmrechte bei der HV, dafür oft höhere Dividende).

Aktienanalyse, Analysten. Der Analyst bewertet Aktien und zieht aus früheren und jetzigen Daten sowie anhand der Prognose Rückschlüsse auf die künftige Entwicklung. Aus Rücksicht gegenüber Arbeitgeber und guten Kunden überwiegen die Kaufempfehlungen. Darum sollte nie eine einzige Analyse als Entscheidungshilfe dienen. Niedrig kapitalisierte Werte unterhalb vom SDAX werden von Analysten eher selten beachtet.

Aktienanleihen. Das sind Anleihen mit einjähriger Laufzeit, festem Zinssatz und Aktienandienungsrecht. Bei Aktienanleihen mit hohem Zinskupon entscheidet am Stichtag die emittierende Bank, ob sie das Geld bar oder in Aktien zurückgibt. Dies wird schon bei Auflage der Anleihe festgelegt. Der hohe Zinskupon ist der große Anreiz. Die Risiken werden oft verdrängt. Mit Aktienanleihen lässt sich im Seitwärtstrend am besten Geld verdienen. Bei steigenden Kursen profitiert die Bank. Fällt der Aktienkurs stark, ist der attraktive Zinssatz nur ein kleines Trostpflaster für erlittene Verluste. Aktienanleihen eignen sich für risikobewusste Investoren mit guter Marktkenntnis. Die Aktiengesellschaften begeben selbst Wandelanleihen mit Niedrigzinskupon. Hier bestimmt der Anleger innerhalb der festgelegten Frist, ob er die Anleihe bar ausgezahlt haben will oder die vereinbarte Aktienanzahl vorzieht. Bei Wandelanleihen ist das Risiko gering, sofern die Bonität des Unternehmens hoch ist und das Rating im A-Bereich liegt.

Aktienfonds, Investmentfonds. Die in- und ausländischen Fondsgesellschaften bieten unterschiedliche Finanzprodukte an, nämlich Aktien, Anleihen, Misch- und Dachfonds. Es gibt Produkte mit Garantie auf Kapitalerhalt, alternative Investments in Hedge- und Managed Futures-Fonds. Die unterschiedlich ausgerichteten Aktienfonds decken bestimmte Märkte, Länder, Branchen, Themen, Indizes und Schwerpunkte ab. Oft wird ein Ausgabeaufschlag von 5 % erhoben, der allerdings verhandelbar ist. Üblich ist zudem eine Verwaltungs- bzw. eine Erfolgsgebühr, die sich an der Benchmark orientiert.

Aktiengesellschaft (AG). Dies ist die Rechtsform von Unternehmen, deren Grundkapital in Form von Aktien verbrieft wird. Längst nicht alle AGs sind börsennotiert. In einer Aktiengesellschaft treffen der Aufsichtsrat, der Vorstand und das auf der Hauptversammlung (HV) durch die Aktionäre vertretene Aktienkapital alle wichtigen Entscheidungen (pro Aktie: 1 Stimme).

Aktienrückkauf. Der auf der HV zu genehmigende Aktienrückkauf dient vor allem dazu, Aktien einzuziehen oder als Akquisitionswährung eine Übernahme zu finanzieren. Der Rückkauf wird begrüßt, führt er doch meist zur Kurssteigerung; denn die einzelne Aktie gewinnt an Wert. Im Gegensatz zur Dividende bleiben Kursgewinne durch Rückkauf beim Altbestand steuerfrei.

Aktionär. Für den Aktieninhaber sind die Bezeichnungen Anteilseigner, Aktionär oder Shareholder üblich. Die Aktionäre stellen dem Unternehmen das benötigte Eigenkapital bereit. Als Anreiz dienen mögliche Kursgewinne und zum Teil üppige Dividenden. Allerdings ging die Zahl der Aktionäre im zweiten Halbjahr 2010 um knapp eine halbe Million auf 8,2 Millionen zurück.

Aktionärsschützer. Die Aktionärsschützer der Deutschen Schutzvereinigung für Wertpapierbesitz (DSW) und der Schutzgemeinschaft der Kapitalanleger (SdK) sehen sich als Anwalt der Privatanleger. Sie üben auf der HV Kritik und stellen Forderungen im Interesse ihrer Klientel.

All-Time-High. Das Allzeithoch zeigt den historisch höchsten Kurs einer Aktie. Wird es erreicht, so gibt es keine Widerstandslinie mehr, die nach oben zu durchstoßen ist und den Aufwärtstrend abbremsen könnte. Es bestehen nur noch Unterstützungslinien. Neben diesem charttechnischen Kaufsignal winken bei guten Unternehmensnachrichten weitere Kursgewinne.

Altersvorsorge. Das Ungleichgewicht ständig steigender Lebenserwartung bei niedriger Geburtenrate stellt die Finanzierung der Renten und den ausgedünnten Arbeitsmarkt an qualifizierten Fachkräften vor große Probleme. Die stufenweise Erhöhung des Renteneintrittsalters auf 67 Jahre schwächt lediglich die negativen Folgen etwas ab. Eine eigenverantwortliche, langfristig geplante Altersvorsorge wird unverzichtbar. Die Betriebsrente gewinnt an Zuspruch. Auch die staatlich geförderte Riesterrente sowie Sparpläne auf Basis von Aktienfonds und ETF sind interessant. Jeder Erwachsene sollte seine persönliche Lage realistisch einschätzen und sich über seine Beweggründe klar sein, um klug und weitsichtig entscheiden zu können.

Anlagebetrug. Alljährlich verschwinden zweistellige Milliardenbeträge in den Kassen der Anlagebetrüger. Alle Warnlampen sollten aufleuchten, wenn der Anlageberater ungebeten anruft, hohe steuerfreie Traumrenditen verspricht, ein „exklusives Supergeschäft" vorgaukelt, einer genauen Erklärung seines dubiosen Produktes aber ausweicht. Er nennt als Geschäftssitz meist ein exotisches Land bzw. eine ausländische Steueroase, setzt den Anleger unter Zeitdruck, billigt ihm kein Nachdenken und „Überschlafen" zu, verzichtet auf ein beidseitig zu unterzeichnendes Gesprächsprotokoll und legt statt dessen ein umfangreiches, schwer verständliches, auch leere Seiten aufweisendes Vertragswerk vor, in das nachträglich leicht kopiert werden kann.

Anlagestrategie. Das A und O für den Börsenerfolg ist eine maßgeschneiderte, auf die Risikoneigung des Anlegers zugeschnittene Anlagestrategie. Nur wenn die Strategie zur Persönlichkeit passt, fühlt sich der Aktionär an der Börse wohl, übersteht Krisenzeiten besser und hält seine gewählte Marschroute leichter ein. Als Grobeinordnung ergeben sich: a) Vorsichtiger, sicherheitsbewusster, konservativer Anlegertyp, b) neutraler, chancenorientierter Anlegertyp mit mittlerer Risikoneigung, c) risikobewusster, spekulativer Typ, für dessen Handeln die Maxime gilt: *„Hohe Gewinnchancen, aber auch hohe Verlustrisiken"!* Eine erfolgreiche Anlagestrategie schließt folgende Kriterien ein: Einkommen, Vermögensdecke, Anlagehorizont, Beweggründe, Anlageziele, Familienverhältnisse, finanzielle Pflichten, Lebensalter und derzeitige Marktlage.

Anlagezertifikate. Mit Fachkompetenz und aktiver Teilnahme an aktuellen Finanzmarkttrends lassen sich gute Renditen erzielen. Mal geht es um Kapitalschutz, mal um höhere Rendite und Ausnutzen von Spezialsituationen. Allein beim Marktführer Stuttgarter Börse besteht die Wahl zwischen deutlich über zweihunderttausend Anlagezertifikaten. Zu den bekanntesten Produkten zählen das Index-, Garantie-, Discount-, Bonus- und Express-Zertifikat. Für die Ausgestaltung dieser an der Börse handelbaren zinslosen Schuldverschreibungen sind die Emittenten verantwortlich, meist renommierte Großbanken. Was stört, ist die verwirrende Begriffsvielfalt. Die Differenz zwischen dem etwas höheren Kaufspreis (Briefkurs) und dem niedrigeren Verkaufspreis (Geldkurs) heißt Spread. Die Stammdaten sind bei www.euwax.de abrufbar. Eine Verwaltungsgebühr wird nicht erhoben, aber als versteckte Kosten oft die Dividende einbehalten.

Anleihen. Unter diesem Sammelbegriff werden die mit einem festen oder variablen Zinssatz ausgestatteten Wertpapiere zusammengefasst. Diese Schuldverschreibungen, auch Rentenpapiere genannt, haben feste Rückzahlungstermine. Je nach Bonität bzw. Kreditwürdigkeit des Schuldners vergeben die Rating-Agenturen für die Staats-, Bundes- und Unternehmensanleihen ein Rating bzw. Ranking von AAA (höchste Bonität) bis DDD (Zahlungsunfähigkeit). Je schlechter das Rating, umso höher der Zinssatz und umso größer die Sorge, dass die Anleihe wegen Insolvenzgefahr nicht mehr bedient werden kann (siehe griechische Staatsanleihen).

Antizyklisches Handeln. Damit ist beherztes Handeln entgegen dem herrschenden Trend gemeint. Der mutige Anleger greift während der Bodenbildungsphase bei starker Korrektur oder Crash zu, während er auf dem vermeintlichen Gipfel der Hausse schrittweise verkauft.

Arbitrage. Damit sind Börsengeschäfte zum Ausnutzen von Preis- und Kursdifferenzen an verschiedenen Börsenplätzen gemeint. Die blitzschnelle elektronische Datenübertragung macht aber große Preis- und Kursdifferenzen immer unwahrscheinlicher.

AS-Fonds. Die Altersvorsorge-Sondervermögen-Fonds investieren in Aktien, Anleihen und Immobilien. Die AS-Fonds werden im Gegensatz zu Riester-Produkten staatlich nicht gefördert.

Aufsichtsrat. Er besteht aus mindestens drei Mitgliedern und wählt aus seinem Kreis den Aufsichtsratvorsitzenden und dessen Stellvertreter. Der Aufsichtsrat überwacht die Geschäftsführung und beruft die jährliche Hauptversammlung (HV) ein. Das Anforderungsniveau steigt. Im Rahmen der geplanten Frauenquote sollen künftig 40 % der Aufsichtsräte weiblich sein.

Ausgabeaufschlag. Bei vielen Investmentfonds besteht ein unterschiedlicher Ausgabe- und Rücknahmepreis. Der verhandelbare Ausgabeaufschlag beträgt bis zu 5 %, bei Hedge-Fonds auch darüber und fällt bei der Kauforder an. Allgemein wird bei Aktienfonds eine jährliche Managementgebühr von 1,5 % bis 2,5 % erhoben. Im Vergleich zu einer preisgünstigen ETF-Langfristanlage schmälern die hohen Gebühren die Rendite im Laufe der Jahre beträchtlich.

Außerbörslicher Handel. Er bezieht sich auf den außerhalb der Börsenzeiten ablaufenden Wertpapierhandel. Vor der Erstnotiz einer Neuemission gelten die hier erzielten Preise als Orientierungshilfe und als Bestätigung für die eigene Entscheidung, die Aktie zu zeichnen oder dies nicht zu tun. Mit OTC-Markt ist der außerbörsliche Handel mit Terminkontrakten gemeint.

Baisse. Damit ist an der Börse ein länger anhaltender Kursrückgang gemeint, verursacht durch eine konjunkturelle Abschwächung bis hin zu Rezession und Deflation. Hinweise für einen Umschwung liefern positiv ausfallende Frühindikatoren über wichtige Wirtschaftsdaten.

Basiswert (Underlying) und Basispreis (Strike). Ein Optionsschein oder Zertifikat bezieht sich auf einen bestimmten Vermögensgegenstand wie Aktien, Indizes, Rohstoffe, Anleihen, Devisen und wird Basiswert (Underlying), Basisobjekt oder Basisinstrument genannt. Der vorab festgelegte Preis, zu dem das Basisobjekt gehandelt wird, heißt Basispreis (Strike).

Bear-Zertifikat (Short). Solche Hebelzertifikate setzen – wie der Put-Verkaufs-Optionsschein – auf fallende Märkte. Ein Bear-Zertifikat steigt, wenn der Kurs beim Basiswert, z. B. Aktie, Index, Rohstoff, fällt. Somit eignet sich diese Spekulation nicht nur bei negativer Markteinschätzung, sondern dient als Ausgleichschance, bei sinkenden Kursen Geld zu verdienen.

Behavioral Finance. Diese moderne Richtung der Börsenpsychologie schlägt eine Brücke zwischen Ökonomie und Psychologie und untersucht den Einfluss irrationaler Verhaltensmuster auf Kauf- und Verkaufsentscheidungen. Eine begrenzte Sichtweise, die Angst vor Gesichtsverlust, Selbstwertprobleme, Verdrängung und Herdentriebverhalten begünstigen den schweren Fehler, Gewinne zu früh zu realisieren und auf verlustreichen Aktien zu lange sitzen zu bleiben.

Benchmark. Sie bezeichnet eine Ziel- und Vergleichsmarke. Als Messlatte für die Manager einer globalen Anlagestrategie dient der MSCI-Welt-Aktienindex. Bietet ein Fondsmanager einen DAX-Fonds an, so ist es sein Ziel, den DAX als Vergleichsindex zu schlagen.

„Bestens". Es handelt sich um eine unlimitierte Verkaufsorder. Die Bank soll das Wertpapier zum höchstmöglichen Kurs verkaufen. Unlimitierte Orders werden in aller Regel ausgeführt, haben aber den Nachteil, dass dies oftmals zu einem niedrigeren Kurs als mit Limit geschieht.

Bezugsverhältnis. Es geht um das Verhältnis zwischen der Anzahl alter und neu emittierter Aktien bei einer Kapitalerhöhung. Ein Bezugsverhältnis von 5:1 zeigt an, dass ein Altaktionär für je fünf Altaktien eine junge Aktie erwerben kann – meist mit deutlichem Preisabschlag.

„Billigst". Dieser Zusatz weist auf einen unlimitierten Kaufauftrag hin. Die Bank versucht, den Titel aus Anlegersicht preiswert zu erwerben. Unlimitierte Kaufaufträge werden meist sofort ausgeführt, haben aber den Nachteil, dass möglicherweise zu viel bezahlt wird.

Biotechaktien. Ein Investment als spekulative Depotbeimischung ist chancen- wie risikoreich. Üppige Kursgewinne winken, wenn ein Präparat zugelassen und ein „Blockbuster" wird. Mehr zu empfehlen als Einzelaktien sind wegen der breiten Risikostreuung Biotechfonds oder ETFs. Ein Kaufargument ist neben fairer Bewertung und profitablem Geschäftsmodell eine prall gefüllte Pipeline mit Arzneimitteln in den klinischen Phasen II und III. Auch Übernahmefantasien wirken preistreibend. Ein Abbruch der Forschungen, eine ausbleibende Arzneimittelzulassung und Nachrichten über schädliche Nebenwirkungen führen schnell zum zweistelligen Kursabsturz.

Blue Chips. Dieser Begriff ist für die großen Standardwerte, für bekannte Qualitätstitel mit hohem Ansehen beispielsweise aus dem DAX, Euro Stoxx 50, Dow Jones oder Nikkei reserviert.

Börse. Dies ist der Treffpunkt von Angebot und Nachfrage. Der Börsenhandel findet zu festgelegten Zeiten in Frankfurt (elektronisches Handelssystem XETRA) und an den Regionalbörsen Berlin-Bremen, Düsseldorf, Hamburg, Hannover, München und Stuttgart statt. Die Deutsche Börse AG ist im DAX notiert. Die Börse ist ein hoch organisierter Handelsplatz. Über Börsengang und Kapitalerhöhung stocken Unternehmen ihr Eigenkapital auf; und Anlegern eröffnen sich Chancen auf Kursgewinn und Dividende. Die Transparenz wird durch Presse, Börsenmagazine, Börsenbriefe, Fernsehen, Internet und Online-Banking erhöht. An den Präsenzbörsen sind Börsenhändler von Banken und Skontroführer (frühere Bezeichnung: Börsenmakler) tätig.

Bonuszertifikate. Sie sorgen mit eingebauter Kursschwelle für ein Sicherheitspolster im Seitwärtstrend und in leicht nachgebenden Märkten. Bei starkem Kursgewinn in der Hausse bleiben alle Chancen erhalten. Der Sicherheitspuffer kostet zwar einige Prozentpunkte Rendite. Dafür gibt es nicht wie beim Discount-Zertifikat einen Cap, der den Kursanstieg ausbremst.

Bookbuilding-Verfahren. Vor dem Börsengang (IPO) wird die Preisspanne festgelegt, zu der gezeichnet werden kann. In schlechten Börsenzeiten ist eher mit einer fairen Preisspanne zu rechnen als wenn die Börse boomt. Erfolgt die Neuemission nicht zum fairen Preis und bereichern sich die Altaktionäre unangemessen, wird nur zurückhaltend gezeichnet. Ein Blick auf die vorbörsliche Kursentwicklung dient als Orientierungshilfe und erleichtert die Entscheidung.

Branchenanalyse. Die Fundamentalanalysten untersuchen die Folgen anziehender oder sich abschwächender Konjunktur auf die Branche, der das zu überprüfende Unternehmen angehört.

Branchenrotation. Die Branchenrotation ist ein globales Erscheinungsbild. Je nach Konjunktur laufen zyklische oder nichtzyklische Aktien gut. Mal sind Auto- und Maschinenbauer, Finanzdienstleister, Chemie oder Pharma gefragt. Heute schwört vielleicht alles auf Rohstoffaktien. Morgen sind möglicherweise Hightechtitel (Growth) und übermorgen Value-Werte begehrt.

Branchenschlüssel. Er informiert über die Branchenzugehörigkeit einer AG und erleichtert auch den charttechnischen Vergleich mit anderen Unternehmen des entsprechenden Sektors.

Break-even, Gewinnschwelle. Es wird angezeigt, ob und wann ein problembehaftetes Unternehmen wieder profitabel arbeitet und schwarze Zahlen schreibt. So sieht es mit den Erlösen etlicher Biotechfirmen noch recht düster aus. Bis zur Jahrtausendwende reichte für eine positive Einschätzung ein hohes Umsatzwachstum. Heute erfolgt klare Rückbesinnung auf Substanz.

Briefkurs. Das „B" für Brief zeigt an, zu welchem Kurs man einen Titel kaufen kann. Aus Anlegersicht ist der Briefkurs der höhere Kaufpreis, der Geldkurs der niedrigere Verkaufspreis.

Broker. Diese Berufsbezeichnung gilt für Personen, die geschäftsmäßig mit Wertpapieren handeln. Die Broker bzw. Skontroführer (frühere Bezeichnung: Börsenmakler) führen im Auftrag von Kunden, also auf fremde Rechnung Börsengeschäfte durch.

Buch- bzw. Substanzwert. Mit dem Substanzwert sind Immobilien, Grundstücke, Fahrzeugpark, Anlagen, Maschinen usw. gemeint. Beim Kurs-Buchwert-Verhältnis interessiert der Buchwert, also die Summe der Vermögensgegenstände abzüglich immaterieller Vermögenswerte und Verbindlichkeiten. Sind Aktienkurs und Buchwert etwa gleich hoch, gilt die Bewertung als fair. Liegt der aktuelle Kurs unter dem Buchwert, spricht vieles für eine Unterbewertung.

Bulle und Bär. Dies sind die Leitfiguren der Börse, so auch das Wahrzeichen der Frankfurter Wertpapierbörse. Der mit seinen Hörnern nach oben stoßende Bulle steht für steigende Kurse, ist Sinnbild für den Aufwärtstrend. Der mit seinen Tatzen kräftig nach unten schlagende Bär symbolisiert eine miese Börsenstimmung mit sinkenden Kursen im Abwärtstrend.

Bullen- und Bärenfalle. Die Bullenfalle liefert charttechnisch falsche Kaufsignale. Der Aktionär erleidet nach dem Kauf Verluste. Umgekehrt signalisiert die Bärenfalle sinkende Kurse. Der Aktionär trennt sich von der Aktie; aber nach dieser falschen Verkaufsprognose steigt der Kurs.

Bundesschatzbrief Das vom Bund ausgegebene gebührenfreie festverzinsliche Wertpapier wird nicht an der Börse gehandelt, hat eine sechs- oder siebenjährige Laufzeit und kann frühestens ein Jahr nach dem Kauf zurückgegeben werden. Der Zinssatz steigt mit Haltedauer.

C

CAC-40-Index. Der französische Aktienindex der Pariser Börse ist in seiner Bedeutung mit dem DAX vergleichbar und umfasst die wichtigsten 40 französischen Aktien.

Call-Kaufoptionsschein. Der Anleger erwirbt das Recht, den Basiswert, z. B. Aktie, Index, Aktienkorb oder Rohstoff innerhalb des festgelegten Zeitraums zu einem bestimmten Preis zu kaufen. Call-Optionsscheine setzen auf steigende Kurse. Im Bärenmarkt droht ein Totalverlust.

Candlestick-Charts. Die aus Japan stammende Chart-Darstellungssform unter Verwendung weißer und schwarzer Kerzen mit konkreten Strichsymbolen zu Höchst- und Tiefstkursen findet wegen ihrer anschaulichen und unkomplizierten Charakteristik zahlreiche Anhänger.

Cashflow. Dies ist die wohl wichtigste Kennzahl zur Beurteilung der Finanz- und Ertragskraft eines Unternehmens. Der Cashflow umfasst Jahresüberschuss, Abschreibungen, Rückstellungen sowie Steuern auf Einkommen und Ertrag.

Chart, Charttechnik. Ein Chart ist die grafische Darstellung der Kursentwicklung von Wertpapieren über einen bestimmten Zeitpunkt wie Tages-, Wochen-, Jahres- und Mehrjahreschart mittels Linien, Balken, Kerzen usw. Aus der Kursentwicklung der Vergangenheit ziehen die Charttechniker Rückschlüsse auf die Zukunft, da menschliches Verhalten wiederkehrenden Regelabläufen unterliegt. Wichtig für die Orientierung am Trendkanal sind Unterstützungs- und Widerstandslinien. Die Technische Analyse sollte die Fundamentalanalyse unterstützen.

China. Das Riesenreich ist auf imposantem Wachstums- und Exportkurs, legte 2010 erneut um über 10 % zu und erwirbt im großen Umfang ausländische Währungen. Nutznießer der boomenden Wirtschaft sind vor allem der Rohstoffsektor (seltene Erden!) und die Solarindustrie. Hauptleidtragende sind die Produktpiraterie-Opfer. Viele deutsche Firmen sind in China aktiv.

Computerhandel. Damit ist der vollelektronische Aktienhandel gemeint, der nicht mehr an einen festen Ort gebunden ist und alle Kauf- und Verkaufsaufträge durch ein zentrales Computernetz vermittelt. An der Frankfurter Wertpapierbörse ist das Handelssystem XETRA installiert. Der Siegeszug elektronischer Handelssysteme bedeutet den Todesstoß für den Parketthandel.

Cost average, Cost averaging. Dieser Effekt kommt vor allem bei Sparplänen für Aktienfonds und ETF zum Tragen. Der Durchschnittspreis sinkt, indem mit gleich hohem Einsatz bei fallenden Preisen mehr und bei steigenden Kursen weniger Wertpapiere gekauft werden.

Courtage. Dies ist die Gebühr, die der Skontroführer (früher: Börsenmakler) für die Vermittlung von Börsengeschäften erhält. Sie beträgt in der Regel 0,8 Promille vom Orderwert.

Crash. Dies sind massive Kurseinbrüche auf breiter Front. Die größten Crashs fanden 1929 und 1987 im Oktober statt. Beim dreijährigen Crash von Frühjahr 2000 bis März 2003 stürzte der DAX von über 8.100 auf 2.200 Punkte ab. Der Neue Markt büßte über 95 % ein, und auch die US-Technologiebörse Nasdaq verlor gegenüber dem Allzeithoch rund zwei Drittel ihres Wertes. Im Herbst 2008 und im Frühjahr 2009 kam es infolge der weltweiten Finanz- und Wirtschaftskrise zu einem erneuten Crashszenario. Der DAX notierte nur noch bei 3.600 Punkten.

D

Dachfonds. Sie erinnern an ein Mietshaus, unter dessen Dach sich mehrere Wohnungen befinden, und investieren in Spitzenfonds anderer Emittenten, verbunden mit höheren Gebühren.

DAX. Dies ist die Abkürzung für **D**eutscher **A**ktieninde**X**. Im DAX werden die Kurse der 30 führenden deutschen Unternehmen notiert. Für die Gewichtung ist neben dem Börsenwert der Streubesitz, also der Anteil der frei handelbaren Aktien – Free Float genannt – entscheidend.

DAXplus Family Index. Der im Januar 2010 von der Deutschen Börse AG eingeführte Familienfirmen-Index dürfte den GEX verdrängen; denn es gibt nicht mehr die Sperrklausel einer längeren Mitgliedschaft als zehn Jahre. Dadurch werden auch große Traditionsunternehmen nicht mehr ausgebremst. Niemand muss hier den Index wegen längerer Börsennotiz verlassen.

Daytrading. Damit ist der taggleiche Kauf und Verkauf desselben Wertpapiers gemeint. Ziel ist das Ausnutzen kleiner, kurzfristiger Preisschwankungen. Das Bundesaufsichtsamt für den Wertpapierhandel (BAWe) verlangt genaue Aufklärung über die mit Daytrading verbundenen Risiken. Bevorzugt werden volatile, liquide Aktien. Daytrading ist nur etwas für disziplinierte, nervenstarke, spekulative Anleger. Laut Statistik erleiden die meisten Privat-Daytrader Verluste.

Demografie. Die Lebenserwartung nimmt bei niedriger Geburtenrate weiter zu. Gegenwärtig werden Frauen im Schnitt über 81 und Männer mehr als 76 Jahre alt – mit steigender Tendenz. Die Profiteure der Demografie und damit interessant für die Aktienauswahl sind der Pharma- und Biotechsektor, die Medizintechnik (Zahnprothetik, künstliche Hüftgelenke, Rollstühle usw.), der Sektor Gesundheit, Privatkliniken und Seniorenkeinrichtungen, Wellness und Touristik, Kleintierhaltung mit Zubehör, gediegene Kleidung, Körperpflege und Ernährung,. Zu den Verlierern dürften die Zigaretten- und Spielzeugindustrie, der Immobilienmarkt sowie die Möbel- und Elektrogeräthersteller sein, werden doch langlebige Güter jetzt nur noch selten neu angeschafft.

Depot, Depotgebühren. Vor dem Aktienkauf ist ein Wertpapierdepot einzurichten. Depotauszug heißt das von der Bank erstellte Verzeichnis über alle geführten Wertpapiere mit Stückzahl, Kurswert und Gesamtwert. Für die Verwaltung darf die Bank Depotgebühren berechnen. Eventuell ist auch das Setzen und Nachziehen von Stop-Loss-Aufträgen gebührenpflichtig.

Derivate. Sie beziehen sich auf Termingeschäfte. Der Preis hängt ab von der Entwicklung darauf bezogener Finanzinstrumente wie Aktien, Indizes, Rohstoffe, Währungen. Die Handelspartner vereinbaren, eine bestimmte Menge eines Finanzobjektes (Basiswert) zum vereinbarten Zeitpunkt auszutauschen. Derivate – dazu zählen Hebelzertifikate und Optionsscheine – dienen als Absicherungsgeschäfte im fallenden Markt oder werden spekulativ genutzt. Einsteiger sollten nicht mit Derivaten handeln. Zudem wird die Finanztermingeschäftsfähigkeit verlangt.

Deutsche Bundesbank. Sie setzt die geldpolitischen Beschlüsse der Europäischen Zentralbank (EZB) um. Die Geschäftsbanken können sich bei der Deutschen Bundesbank liquide Mittel besorgen bzw. dort anlegen. Die Deutsche Bundesbank ist gemeinsam mit der Bundesanstalt für Finanzdienstleistungsaufsicht (BaFin) für die Bankenaufsicht zuständig.

Deutsches Aktieninstitut (DAI). Das Deutsche Aktieninstitut e. V. ist der Verband börsennotierter Unternehmen. Zu den Hauptaufgaben zählt die Förderung der Aktie als Finanzierungsinstrument und Kapitalanlage. Das DAI versucht, die rechtlichen und wirtschaftlichen Rahmenbedingungen des deutschen Aktienmarktes und die Aktienkultur durch kompetente Beratung und Information zu verbessern. Neben Mitgliederservice und Öffentlichkeitsarbeit ist die Grundlagenforschung zu aktuellen Finanzmarktfragen ein weiterer Schwerpunkt.

Devisen. Dies sind Guthaben in ausländischer Währung, beispielsweise US-Dollar oder Schweizer Franken. Der Devisenhandel findet weltweit zwischen Kreditinstituten, Zentralbanken und Notenbanken statt. Devisenkurse werden von der EZB und großen Kreditinstituten erstellt.

-Discountzertifikat. Der Investor kauft den abgebildeten Aktien- oder Rohstoffindex bzw. Einzeltitel mit Rabatt ein. Dafür ist der Gewinn gedeckt. Discountzertifikate eignen sich für den chancenorientierten Anleger, der in nächster Zeit nur etwas steigende, stagnierende oder leicht fallende Kurse erwartet und nicht langfristig anlegen will. Der Kauf des Discountzertifikats – an der Börse Stuttgart gibt es 120.000 solche Produkte – ist weniger riskant als ein Aktien-Direktkauf. In der Hausse erzielen Einzelaktien mehr Rendite, da der Kursgewinn nicht durch den Cap ausgebremst wird und vielleicht auch noch eine üppige Gewinnausschüttung winkt.

DivDAX. Seit 2005 gibt es den DivDAX mit den 15 dividendenstärksten DAX-Werten. Alljährlich im Herbst aktualisiert die Deutsche Börse AG die Zusammensetzung. Im Gegensatz zu früher gewinnt bei heutigen Kaufentscheidungen eine hohe Dividende an Bedeutung. Im DivDAX liegt trotz des Kursniveaus von 7.000 Punkten die Dividende bei 4 % (Stand: 20. Januar 2011).

Diversifikation. Das A und O einer erfolgreichen Anlagestrategie ist eine breite Streuung nach Indizes, Branchen, Ländern und vom Zeitpunkt her. Wer zu wenig Kapital hat, um mit Einzelaktien breit zu streuen, sollte auf ETF oder Aktienfonds zurückgreifen. Zu den schlimmsten Fehlern zählt, alles auf eine Karte zu setzen und sich nur ein oder zwei Titel ins Depot zu legen.

Dividende. Wer den Titel am HV-Tag hält, bekommt die volle Gewinnausschüttung am nächsten Werktag ausgezahlt. Bei Vorzugsaktien ist die Dividende meist etwas höher als bei Stammaktien. Eine hohe, verlässlich steigende Ausschüttung gilt nach der Rückbesinnung auf Substanzkraft als wichtiges, aber nicht einziges Kaufargument. Für die Dividendenrendite gilt die Formel: Dividende multipliziert mit 100 dividiert durch den Kurs bzw. Kaufpreis. 2011 dürften die DAX-Konzerne knapp 30 Milliarden Euro ausschütten – ein Plus von 17 % gegenüber 2010.

Doppel-Top. Es handelt sich um eine Chartformation mit zwei Gipfelzonen, auch „Doppel-Gipfelzone" oder „M-Formation" genannt. Liegen die beiden Hochs mehr als einen Monat auseinander und erreicht der zweite Gipfel bei schwächeren Umsätzen nicht mehr die Höhe des ersten Gipfels, so ist ein Trendwechsel mit fallenden Kursen ziemlich wahrscheinlich.

Dow Jones. Der an der New Yorker Börse (NYSE) gehandelte Index „Dow Jones Industrial Average" erfasst als Leitindex die Kurse der 30 führenden US-Firmen und gibt weltweit die Marschroute vor. Der DAX vermag sich nicht abzukoppeln. Die institutionellen Anleger orientieren sich jedoch mehr an den aussagekräftigen Indizes S&P 100 bzw. S&P 500. Zum Jahresende 2010 notierte der Dow Jones nach einem Kursanstieg von gut 10 % bei 11.500 Punkten.

E

EBIT, EBITDA. Als EBIT wird der Gewinn eines Unternehmens vor Zinsen und Steuern bezeichnet. EBITDA ist der Gewinn vor Zinsen, Steuern und Abschreibungen.

Eigenkapital. Damit ist jener Teil des Gesamtkapitals gemeint, der von den Aktionären aufgebracht wird und in der AG verbleibt. Nicht ausgeschüttete Gewinne vergrößern, Verluste verringern das Eigenkapital. Je höher es ist, umso finanziell gesünder ist die AG. Kapitalerhöhungen stärken die Eigenkapitalbasis und schaffen Spielraum für Investitionen und Übernahmen.

Einzelanalyse. Bei der Fundamentalanalyse wird das Unternehmen bezüglich Umsatz- und Gewinnentwicklung und Marktstellung auf Herz und Nieren überprüft. Folgende Kennziffern sind wichtig: Kurs-Gewinn-Verhältnis (KGV), Kurs-Umsatz-Verhältnis (KUV), Buchwert und Kurs-Buchwert-Verhältnis (KBV), Kurs-Cashflow-Verhältnis (KCV), EBIT und EBITDA, Dividendenrendite, Eigenkapitalquote, Zukunftsaussichten, Geschäftstätigkeit (Management) und Marke.

Emerging Markets. Dies ist die Sammelbezeichnung für die Wertpapiermärkte junger, aufstrebender Volkswirtschaften Afrikas, Asiens und Lateinamerikas. Bei den Emerging Markets wird ein überdurchschnittlich starkes Wirtschaftswachstum als wahrscheinlich erachtet.

Emittent. Diese Bezeichnung trifft zu, wenn ein Unternehmen neue Aktien oder Anleihen herausgibt bzw. eine Großbank eine Aktienanleihe, ein Anlage- oder Hebelzertifikat auflegt.

Entry Standard. Seit Oktober 2005 gibt es den Entry Standard, das von der Deutschen Börse AG installierte Freiverkehrs-Segment (Open Market) – eine Art Nachfolge des gescheiterten NEMAX ALL SHARE für kleinere Mittelständler, sogenannte Start-ups. Der Entry Standard gilt als preiswertes Übungsbecken zum Freischwimmen vor dem Wechsel in den Prime Standard und bietet einen Anreiz für mutige Anleger, nach verborgenen Perlen zu fischen. Schärfster Konkurrent ist hier der transparente, preiswerte Qualitätsindex m:access der Börse München.

EURO STOXX 50. Der Leitindex der EU umfasst die 50 größten Titel aus Euroland. Er stürzte im Crash bis auf 2.000 Punkte ab, legte aber seitdem längst nicht so stark zu wie der DAX und verlor im guten Börsenjahr 2010 sogar fast 5 % wegen der zahlreich vertretenen, durch die Finanzkrise gebeutelten Banktitel. Ende Januar 2011 notierte der extrem dividendenstarke EURO STOXX 50 – vergleichbar mit der Champions League im Fußball – bei knapp 3.000 Punkten.

Ethikaktien, Ethikfonds. Das Ethik-Rating stellt folgende Ansprüche: a) Umweltverträglichkeit (Entwicklung regenerativer Energien, Schutz der bedrohten Tier- und Pflanzenwelt, umweltfreundliches Bauen, Recycling, Schadstoffvermeidung), b) Sozialverträglichkeit (keine Niedriglöhne und andere Formen der Ausbeutung und Diskriminierung), c) Kulturverträglichkeit (bei Auslandsstandorten Einbindung in dortige soziokulturelle Gegebenheiten). Mit der Rückbesinnung auf Werte und Vorbildwirkung steigt der Wunsch, mit gutem Gewissen Geld anzulegen.

Exchange-Traded-Funds (ETF). Dies ist die Bezeichnung für die preiswerten, transparenten börsengehandelten Indexfonds, die nie besser, aber auch nicht schlechter als der zugrunde liegende Index, die Benchmark, abschneiden. Mit den passiv gemanagten ETFs – es gibt mittlerweile rund 1.000 Produkte – lassen sich weltweit alle interessanten Märkte abdecken.

Export. Nach dem starken Einbruch im Zuge der Weltwirtschaftskrise 2008/09 boomt der Export 2010/11 des Vizeweltmeisters Deutschland, angetrieben von der Automobilindustrie und dem Maschinenbau. Die Ausfuhrquote liegt bei 60 % gegenüber den Einfuhren mit 40 % Anteil.

F

Finanztermingeschäftsfähigkeit. Zu den spekulativen Finanztermingeschäften zählen Derivate (Optionen und Futures) sowie Optionsscheine. Die Bank ist bei Termingeschäften verpflichtet, den Kunden über die Risiken solcher Transaktionen aufzuklären, ihm eine entsprechende Informationsschrift auszuhändigen und sich dies schriftlich bestätigen zu lassen.

Fonds, Investmentfonds (vgl. Aktienfonds). Während Standardwerte-Fonds zu 80 % schlechter abschneiden als der Vergleichsindex (Benchmark) und hier die passiv gemanagten preiswerten ETFs vorzuziehen sind, liegt die große Stärke in Themenfonds. Ob Rohstoffe, Edelmetalle, Emerging Markets oder Nebenwerte. Hier kann ein Fondsmanager zeigen, was in ihm steckt. Die Kursgewinne der vor 2009 gekauften Aktienfonds sind als Altbestand steuerfrei.

Footsie, FTSE-100-Index. Der seit 1984 bestehende und von der Financial Times betreute Aktienindex der Londoners Börse FTSE umfasst die 100 wichtigsten Titel Großbritanniens.

Free Float. Die frei handelbaren Aktien befinden sich im Streubesitz statt in festen Händen von Großaktionären oder dem Staat. Für die DAX-Gewichtung ist neben dem Börsenwert der Free-Float-Anteil maßgebend – ungünstig z. B. für die Dt. Telekom, vorteilhaft für Siemens.

Freistellungsauftrag, Freibetrag. Sofern der Bank ein Freistellungsauftrag (Pauschalbetrag für Alleinstehende 801 Euro, für gemeinsam veranlagte Verheiratete 1.602 Euro) vorliegt, schreibt das Kreditinstitut Dividenden, Zinseinkünfte und Kursgewinne bis zum Ausschöpfen steuerfrei gut. Wer seinen Freistellungsauftrag ändert, ihn aufteilt oder erstmals einreicht, muss seine persönliche Steuer-Identifikationsnummer angeben, um Missbrauch vorzubeugen.

Fundamentalanalyse, vgl. Branchen, Einzel- und Globalanalyse. Hier untersuchen Analysten die unternehmerischen Einflussfaktoren auf die Geschäfts- und Kursentwicklung. Anhand der Fundamentaldaten ist leichter erkennbar, ob die Aktie unter- oder überbewertet erscheint, wie aufgrund von Marktstellung, Geschäftsmodell und Qualität des Managements die künftige Entwicklung einzuschätzen ist. Die Fundamentalanalyse stützt sich unabhängig von der Charttechnik auf Fakten. Kernpunkt sind die Global-, Branchen- und Einzelanalyse.

Fusion. Der Zusammenschluss zuvor selbstständiger Unternehmen auch durch *freundliche* oder *feindliche* Übernahmen soll Kosten senken, die eigene Marktstellung stärken und die Umsatz- und Gewinnchancen erhöhen. Fusionen führen wegen unterschiedlicher Firmenkulturen nicht immer zum erhofften Synergieeffekt. Meist steigt bei einer angekündigten Akquisition der Aktienkurs der Zielfirma deutlich, während er bei der Bieterfirma um einige Prozentpunkte sinkt.

Futures. Es handelt sich um ein zweiseitig verpflichtendes Termingeschäft. Der Verkäufer erklärt sich bereit, eine bestimmte Menge des Objektes (Basiswert) zum vereinbarten Preis und Termin zu liefern. Der Käufer verpflichtet sich, bei Fälligkeit den Basiswert, z. B. Aktien, Indizes, Rohstoffe, Währungen, abzunehmen und zu bezahlen. Der Basiswert (Underlying) wird üblicherweise nicht geliefert. Es findet ein Bargeldausgleich statt, Cash Settlement genannt.

Garantiefonds. Der Anleger erhält bei diesen vorwiegend in sichere Anleihen investierenden Fonds einen bestimmten Kapitalbetrag garantiert zurück. Dafür ist die Rendite meist dürftig.

Garantiezertifikat. Die Teil- oder Vollabsicherungs-Zertifikate begrenzen einen Verlust oder schließen ihn völlig aus. Freilich hat diese „Geld-zurück-Garantie" ihren Preis – sichtbar an einer niedrigeren Rendite, Einbehalt der Dividende, offenen oder versteckten Gebühren. Die Garantie betrifft nur das Produkt. Sie gilt nicht für den Emittenten, siehe die Pleite von Lehman Brothers.

Geldkurs. Die Börse informiert, zu welchem Preis man verkaufen kann. Aus Anlegersicht ist der Geldkurs „G" der niedrigere Verkaufspreis, der Briefkurs „B" der etwas höhere Kaufpreis.

Geldmarktfonds. Das Geld wird in verzinsliche Wertpapiere mit einer Laufzeit bis zu einem Jahr angelegt. Geldmarktfonds eignen sich zum „Parken", bis lukrativere Investments winken.

Genehmigtes Kapital. Eine AG darf ihr Grundkapital nur aufstocken, also z. B. eine Kapitalerhöhung durch Ausgabe „junger" Aktien vornehmen, wenn ein entsprechender Beschluss auf der HV gefällt wird. Im Aktienrecht wird deshalb vom „genehmigten" Kapital gesprochen.

General Standard. Seit der Neusegmentierung im März 2003 durch die Deutsche Börse gibt es den **Prime Standard** mit strengen Auflagen, dem der DAX, MDAX, TecDAX und SDAX angehören. Als kostengünstigerer Unterbau besteht der **General Standard** mit milderen Auflagen.

Genussscheine. Sie nehmen eine Zwitter-Stellung zwischen Aktien und Anleihen ein. Je nach Ausgestaltung überwiegen die aktien- oder rentenähnlichen Merkmale. Genussscheine gewähren keine Mitgliedschaftsrechte am Unternehmen und berechtigen nicht zur HV-Teilnahme. Sie verbriefen Rechte am Reingewinn bzw. Liquidationserlös. Es gibt Genussscheine mit fester oder ergebnisabhängiger Ausschüttung, evtl. auch mit Wandelrecht in Aktien.

Geschäftsfähigkeit. Die volle Geschäftsfähigkeit, die zur Kreditaufnahme und zum Aktienhandel ohne elterliche Zustimmung berechtigt, verlangt die Volljährigkeit. Sie besteht ab dem 18. Geburtstag, während Jugendliche unter 18 Jahren nur beschränkt geschäftsfähig sind.

Geschlossene Fonds. Sie werden nur solange verkauft, bis das vorher festgesetzte Ausgabevolumen erreicht wird. Ein vorzeitiger Rückkauf der Film-, Schiffs-, Windkraft-, Flugzeug- und Immobilienfonds usw. ist nicht möglich. Es sei denn, es wird eine Ersatzperson gestellt. Bei Verlust ist sogar eine Nachschussverpflichtung möglich.

Gewinnschwelle. Der „Break-even" bedeutet das Schreiben schwarzer Zahlen. Die Gewinnschwelle, ab der ein Unternehmen Erträge erwirtschaftet, erscheint greifbar nahe. Vor allem zahlreiche Biotech- und Nanotechnologie-Firmen arbeiten anfangs noch nicht profitabel.

Gewinnwarnung. In diesem Unwort wird nicht vor Gewinnen gewarnt. Außer massivem Zinsanstieg fürchten Aktionäre kaum etwas so sehr wie die Gewinnwarnung, also eine zurückgenommene Ergebniserwartung. Je schlimmer die Abweichung, umso größer der Kursabsturz! Die Gewinnwarnung vom Marktführer treibt als Sippenhaft die Titel der Konkurrenz mit nach unten.

GEX. Seit 2004 gibt es im Prime-Standard-Segment den GEX (German Entrepreneurial Index) für Familienunternehmen aus allen Branchen. Der GEX krankt daran, dass die Börsennotiz höchstens zehn Jahre zurückliegen darf und danach die Mitgliedschaft endet. Der 2010 von der Deutschen Börse AG installierte DAXplus Family Index weist diese Schwäche nicht mehr auf.

Girosammelverwahrung. Bei dieser heute üblichen rationellen Art der Wertpapierverwahrung erhält der Aktionär ein Miteigentumsrecht an allen eingebuchten Wertpapieren.

Gleitender Durchschnitt. Diese mathematische Methode zum Glätten der Kursdaten dient dem Charttechniker zur Deutung von Kursverläufen und zur Trendprognose. Börsentäglich wird der Kurswert einer Aktie für eine bestimmte Zahl zurückliegender Handelstage gebildet. Ein nachhaltiges Unter- oder Überschreiten der 200-Tage-Linie gilt als Signal für eine Trendumkehr.

Globalanalyse. Bei der Fundamentalanalyse überprüfen die Analysten die konjunkturellen Einschätzungen im eigenen Land und weltweit. Sie untersuchen die Wirtschafts-, Sozial- und Steuerpolitik, den Ölpreis, die Währung, Wechselkurse, politischen Ereignisse, Zinspolitik usw.

Gold. Das mit vielen Mythen behaftete begehrte Edelmetall ist vor allem in unsicheren Zeiten als „sicherer Hafen" physisch in Form von Barren und Münzen begehrt, aber auch als Schmuck gefragt. Ebenso besteht Interesse an Goldminenaktien. Ende 2010 kostete eine Feinunze (31 Gramm) bereits über 1.400 US-Dollar bzw. mehr als 1.000 Euro. Die meisten Analysten rechnen mit weiteren Kurssteigerungen bei hoher Volatilität. Gold ist ein knappes Gut. 5 % bis 15 % Vermögensanteil in verschiedener Form, abhängig vom Risikoprofil, erscheinen angemessen.

Gratisaktien, Berichtigungsaktien. Bei einer „Kapitalerhöhung aus Gesellschaftsmitteln" werden Unternehmensrücklagen in Grundkapital umgewandelt. Die Altaktionäre erhalten weitere Aktien im Verhältnis 1:2, 1:3, 1:5 usw. Der Anteil am Grundkapital ändert sich nicht.

Grauer Kapitalmarkt (vgl. Anlagebetrug)

Growth. Die Bezeichnung „Growth" ist für auf Wachstum ausgerichtete Aktien und Aktienfonds reserviert. Im Trend liegt das „Style Invest", ein Mix aus Value und Growth. Auf Dauer lässt sich mit der Kombination von substanzstarken Value-Aktien und aussichtsreichen Wachstums- papieren eine bessere Performance erzielen als mit nur einem Aktientyp. Generell gilt: Bei Kon- junkturschwäche mehr auf Value-Titel setzen, bei Frühindikatoren für ein anspringendes Wirt- schaftswachstum konjunkturabhängige zyklische Werte übergewichten wie den Maschinenbau!

Grundkapital. Das Grundkapital einer AG wird in Aktien „zerlegt", muss also mit der Summe der Nennwerte bzw. der Stückelung der ausgegebenen Aktien übereinstimmen. Der Aktionär ist entsprechend seiner Aktienzahl als Miteigentümer am Grundkapital beteiligt.

Hauptversammlung (HV). Einmal im Jahr findet das Aktionärstreffen statt, auf dem wichtige Beschlüsse über Kapitalerhöhungen, Aktienrückkaufprogramme, Höhe der Gewinnausschüt- tung usw. gefasst und Vorstand und Aufsichtsrat entlastet werden sollen. Pro Aktie gibt es eine Stimme. Anspruch auf die volle Dividende hat der Aktionär, der am HV-Tag das Papier besitzt. Jeder Aktionär hat Rederecht („Wortmeldungen"), und er freut sich über eine gute Bewirtung.

Hausse. Sie ist das positive Gegenstück zur Baisse und steht für einen länger anhaltenden starken Kursanstieg. Eine kurze technische Erholung ist keine Hausse. Antizyklisch handelnde Aktionäre realisieren einen Teil ihrer Kursgewinne auf dem Höhepunkt des Bullenmarktes und kaufen in der Endphase einer Baisse wieder zu.

Hebelwirkung (Leverage). Sie macht den Reiz beim Optionsschein oder Hebelzertifikat aus. Das Basisinstrument ist z. B. eine schwankungsfreudige Aktie oder ein Rohstoff. Gekauft wird bei positiver Markteinschätzung mit relativ geringem Geldeinsatz und unterschiedlich hohem Hebel ein Call-Optionsschein oder Long-Zertifikat. Beim Put-OS oder Short-Zertifikat verhält es sich umgekehrt. Der Hebel selbst ist ein einfacher Bruch. Der aktuelle Kurs des Basiswertes wird durch den Kurs des Scheins geteilt. Ein Beispiel: Notiert die Aktie bei 40 Euro und kostet der Call-OS nur 8 Euro, beträgt der Hebel 5. Steigt der Basiswert um 4 %, so sind dies 20 %.

Hebelzertifikate. Für den Handel mit derivativen Produkten werden die Risikostufe V und die Finanztermingeschäftsfähigkeit verlangt. Aktuell (Mitte Januar 2011) bietet die Börse Stuttgart mit ihrer Tochterfirma EUWAX 290.500 spekulative Finanzinstrumente an, darunter 190.800 Optionsscheine, 93.500 Knock-out-Produkte und über 6.200 Exotische Produkte.

Hedge-Fonds. „To hedge" steht für „absichern". Hedge-Fonds verfolgen unterschiedliche Anlagestrategien und gründen häufig auf einem mathematischen, computergestützten Quant- Ansatz. Das Ziel ist eine möglichst hohe Rendite bei begrenztem Risiko. Die Manager sind an keine Vorgaben gebunden und müssen sich nicht an einem Vergleichsindex (Benchmark) orien- tieren. Privatanleger können seit 2004 in diese Assetklasse investieren und die Chance nutzen, auch in fallenden Märkten Geld zu verdienen. Hedge-Fonds eignen sich als Depotbeimischung und zur Risikoabsicherung. Die Gebühren sind relativ hoch. Die Transparenz ist bescheiden.

Highflyer. Der Begriff „Highflyer" ist für Aktien reserviert, die sich zu Kursraketen entwickelt haben oder denen künftig ein starker Aufwärtstrend zugetraut wird. Es zahlt sich nur selten aus, Gewinne vorzeitig mitzunehmen, um das Geld in zurückgebliebene Titel zu stecken. Meist set- zen die Spitzenaktien ihren Aufwärtstrend zumindest im Bullenmarkt weiter fort.

Immobilienfonds. Sie investieren in Grundstücke und Häuser im In- und Ausland, bevorzugt Büro- und Geschäftshäuser. Die Wertentwicklung der früher als sicher geltenden offenen Immobilienfonds enttäuschte in jüngster Zeit. Bei einigen Fonds wurde im Zuge der Finanz- und Weltwirtschaftskrise wegen des Mittelabflusses die Rückzahlung vorübergehend gesperrt. Seit Ende 2010 bessert sich die Lage, und auch die Aktienkurse der Immobilienunternehmen steigen. Bei geschlossenen Immobilienfonds gibt es keine Rücknahme-, möglicherweise aber eine Nachschussverpflichtung. Es handelt sich jeweils nur um ein Objekt bzw. wenige Objekte.

Index, Aktienindex. Ein Index zeigt die Grundtendenz am Aktien- und Rentenmarkt an. Meist sind die Aktien nach Marktkapitalisierung gewichtet. Dies gilt auch für die deutschen Börsenbarometer DAX, MDAX, TecDAX und SDAX, die eine Notierung im Prime Standard erfordern.

Indexfonds, Exchange-Traded-Funds (ETF). Im Gegensatz zum Indexzertifikat handelt es sich bei diesem preiswerten Finanzinstrument um keine Schuldverschreibung, sondern um geschütztes Sondervermögen der Investmentgesellschaft, also eine Beteiligung an allen Aktien des betreffenden Börsenbarometers wie DAX, DivDAX, EURO STOXX 50, Dow Jones, Nasdaq, Nikkei usw. Der Handel erfolgt an der Börse. Kursschwankungen im Tagesverlauf sind identisch mit dem abgebildeten Index. Dies fördert das Verständnis und die Transparenz.

Indexzertifikate. Diese zinslosen Schuldverschreibungen ohne Laufzeitbegrenzung bilden einen Börsenindex ab, z. B. DAX oder Dow Jones, Biotech- oder Rohstoffindex. Indexzertifikate sind kostengünstiger als Fonds. Statt eines Ausgabeaufschlags ist nur ein geringer Spread, die Differenz zwischen Brief- und Geldkurs, üblich. Der Handel erfolgt börsentäglich.

Inflation, Inflationsrate. Zu steigenden Preisen und erhöhter Inflationsgefahr kommt es, wenn die Nachfrage nach Gütern und Dienstleistungen das Angebot übertrifft oder Spekulanten am Werk sind. Auch ein Ungleichgewicht zwischen Dollar, Euro und Yen sowie explodierende Öl- und Rohstoffpreise gefährden stabile Preise. Die Notenbanken reagieren auf den Kaufkraftverlust meist mit Zinserhöhungen, was Aktien gegenüber Anleihen weniger attraktiv macht.

Insider, Insidergeschäft. Personen, die wegen ihrer beruflichen Position (Vorstand) oder vertraglichen Stellung (Wirtschaftsprüfer) über Insiderinformationen (z. B. geplante Fusion oder Übernahme) verfügen, dürfen dieses Wissen nicht vor erfolgter Veröffentlichung an andere Personen weitergeben oder Empfehlungen aussprechen. Ebenso ist es verboten, diese Aktie zu handeln. Insiderdelikte werden mit einer Geld- oder Freiheitsstrafe bis zu fünf Jahren geahndet.

Insolvenz. Damit ist die andauernde Unfähigkeit eines Unternehmens gemeint, die fälligen finanziellen Verpflichtungen zu erfüllen. Das Ranking sinkt auf die niedrigste Stufe. Bei DDD gilt das Unternehmen als Not leidend und nicht mehr zahlungsfähig.

Investmentclub. Hauptsächlich in Großstädten schließen sich mitunter Privatanleger zusammen, um gemeinsam ein Aktiendepot aufzubauen, Kosten zu sparen und eine gute Wertentwicklung zu erzielen. Insbesondere Einsteiger begrüßen den Kontakt zu Gleichgesinnten.

ISIN (International Securities Identification Number). Seit 2003 gilt die zwölfstellige ISIN statt der sechsstelligen Wertpapier-Kennnummer (WKN). Die ersten beiden Positionen kennzeichnen das Land. DE steht für Deutschland, die drei Nullen dienen künftigen Erweiterungen. Danach folgt bei deutschen Aktien als Kern die bisherige WKN. Als Letztes wird eine einstellige Prüfziffer angehängt. Die noch tolerierte einprägsame WKN wird meist bevorzugt.

Junge Aktien. Im Zuge einer Kapitalerhöhung werden oft neue Aktien mit oder ohne Bezugsrechte für Altaktionäre ausgegeben. Dies führt zu einem Verwässerungseffekt. Häufig, aber nicht immer erfolgt bezüglich der jährlichen Dividende eine Gleichstellung mit den alten Aktien.

Kapitalerhöhung. Eine AG kann ihr Grundkapital aufstocken durch Erhöhung in Form junger Aktien, Genussscheine oder Wandelanleihen. Ein solches Vorhaben muss die jährliche HV genehmigen. Eine Kapitalerhöhung wird geplant, wenn große Investitionen bzw. Übernahmen anstehen. Abhängig davon, inwieweit die mit einer Verwässerung der alten Aktien verbundene Kapitalerhöhung überzeugt, ist ein Kursabschlag zu befürchten. Die Bezugsrechte werden z. B. im Verhältnis von 5:1 (für fünf alte eine junge Aktie), 4:1, 3:1, 3:2 usw. angeboten.

Kaufsignal. Die Technische Analyse liefert Kauf- und Verkaufssignale. Durchbricht der Kurs eine Widerstandslinie nach oben oder hält unten die Unterstützungslinie, entsteht ein Kaufsignal. „Bullenfallen" zeigen dagegen falsche Kaufsignale an. Der Aufwärtstrend hält nicht an.

Konjunktur. Ein Konjunkturzyklus verläuft wellenförmig und umfasst mehrere Jahre. Entscheidend für die Entwicklung der Börsen sind die Heftigkeit und Dauer des konjunkturellen Auf- oder Abschwungs. Günstig im Abwärtstrend ist der V-Verlauf. Die Wirtschaft erholt sich schnell. Der U-Verlauf ist dramatischer. Die Talsohle, begleitet von Rezession, wird nur langsam durchschritten. Das „W" markiert den befürchteten Double-Dip. Nach kurzem Auftrieb geht es erneut abwärts. Erst danach erholt sich die Wirtschaft dauerhaft. Am gefährlichsten ist der L-Verlauf. Weder Zins- noch Steuersenkungen bringen die Wirtschaft auf Trab.

Konsolidierung, Korrektur. Bei fließenden Grenzen wird ein mäßiger Abwärtstrend Konsolidierung, ein stärkerer Einbruch Korrektur genannt. Ein extrem heftiger Absturz gilt als Crash.

Kurs-Gewinn-Verhältnis. Das KGV bildet die wohl wichtigste Kennziffer der Fundamentalanalyse und erleichtert die Einschätzung einer Aktie vor allem im Branchenvergleich. Ein möglichst niedriges KGV zeigt, mit welchem Vielfachen des Jahresgewinns die Aktie gehandelt wird.

Kurszusätze. Der Zusatz B für Brief (für Anleger der höhere Kaufkurs) und G für Geld (für Anleger der niedrigere Verkaufskurs) erleichtert vor allem bei Nebenwerten aktuelle Orderentscheidungen. Der Hinweis exD (ohne Dividende) zeigt die Kursnotierung am Tag des Dividendenabschlags, exBr (ohne Bezugsrecht) die Notierung am Tag des Bezugsrechtsabschlags, exBA (ohne Berichtigungsaktien) die Notiz nach der Umstellung auf das neue Aktienkapital an.

Laufzeit/Zeitwert (Optionsschein). Die Laufzeit umfasst den Zeitraum zwischen der Ausgabe des Optionsscheins und dem Verfalltermin, an dem das Optionsrecht erlischt. Der Zeitwert nimmt ab, je näher das Laufzeitende rückt. Mit Erreichen des Verfalldatums beträgt der Zeitwert Null. Der Optionsschein ist wie verdorbene Ware jetzt keinen Cent mehr wert.

Leerverkauf. Diese Spekulation setzt auf fallende Kurse überbewertet erscheinender Aktien. Hedge-Fonds nutzen gern dieses Finanzinstrument. Der Short Seller verkauft an der Börse Papiere, die er sich gegen Zahlung einer Gebühr von einem Broker in der Hoffnung leiht, sie später zum niedrigeren Kurs an der Börse zurückzukaufen. In dieser Spanne liegt sein Gewinn. Bei einem unerwarteten Kursanstieg wird der Leerverkäufer auf dem falschen Fuß erwischt.

Leitzins EZB. Die Europäische Zentralbank (EZB) mit ihrem Präsidenten Trichet legt den Leitzinssatz für die Länder der EU fest. Zu dem betreffenden Leitzinssatz können die Banken Geld von der EZB erhalten. Seit Mai 2009 war der Leitzinssatz mit 1,0 % sehr niedrig, wurde aber 2011 leicht angehoben, nachdem die Inflationsrate im Dezember 2010 auf 2,2 % stieg.

Leitzinspolitik Fed. Im Zuge der schweren Finanz- und Weltwirtschaftskrise, deren Auslöser die Subprimekrise in Amerika war, senkte die US-Notenbank Fed mit ihrem Präsidenten Ben Bernanke den Zinssatz auf das historische Tief von 0,0 % bis 0,25 %. Dieser extrem geringe Leitzinssatz nahe Null soll vorerst in etwa beibehalten werden, um den erhofften konjunkturellen Aufschwung im überschuldeten Amerika nicht zu gefährden.

Limit, Limitierung. Um unangenehme Überraschungen vor allem bei marktengen Werten zu vermeiden, ist es ratsam, ein Limit bis zum Monats- oder Quartalsende einzugeben. Bei einer Kauforder ist das Limit der höchste Kurs, bei einem Verkauf der niedrigste akzeptierte Kurs. Wer das Limit zu eng setzt, läuft Gefahr, dass der Auftrag nicht ausgeführt wird. In unruhigen Börsenphasen lohnt es sich, beim Kauf über ein niedriges „Abstauberlimit" nachzudenken.

Liquidität, „Flüssigkeit" bezeichnet die Fähigkeit, seine Zahlungsverpflichtungen zu erfüllen. Bei hoher Liquidität werden Wertpapieraufträge sekunden- bis minutenschnell abgewickelt.

Maklergebühren. Bei jeder Wertpapierorder fällt eine Courtage an. Der Preis für die Vermittlung von Wertpapiergeschäften richtet sich nach dem Kurswert und beträgt meist 0,8 Promille.

Marktkapitalisierung. Sie zeigt den aktuellen Börsenwert an und ist neben dem Börsenumsatz ausschlaggebend für Aufnahme und Gewichtung im Index. Die Marktkapitalisierung ergibt sich durch Multiplikation des Börsenkurses mit der Aktienanzahl. Niedrig kapitalisierte AGs sind schwankungsfreudig und anfällig für Kursmanipulationen durch Börsengurus, die anfangs den Kurs der billig erworbenen Aktie mit Lobhudelei aufwärts puschen, dann selbst verkaufen und den Kurs nach unten treiben. Fonds greifen oft erst bei einem Börsenwert ab 100 Mio. Euro zu.

MDAX. Der Index umfasst nach dem DAX die Aktien der nächst größeren 50 klassischen Titel aus dem In- und Ausland und ist vergleichbar mit der 2. Fußballbundesliga. Ein Auf- und Abstieg erfolgt zweimal jährlich. Der MDAX hat sich auch 2010 besser entwickelt als der DAX mit einem Jahresplus von 33 %, während es der deutsche Leitindex auf 18 % brachte.

Micro Caps. Die niedrig kapitalisierten Werte unterhalb des SDAX befinden sich mangels Informationen und Analysteneinstufungen in den wenigsten Anlegerdepots. Bei einer Turnaround-Story locken extrem hohe Kursgewinne. Es empfiehlt sich, ausländische Nebenwerte schon wegen des erhöhten Risikos nur über einen Indexfonds (ETF) oder Themenfonds abzudecken.

Mid Caps. Die Aktien der mittelgroßen Unternehmen sind in Deutschland im MDAX mit 50 klassischen Titeln und im TecDAX mit 30 Werten aus dem In- und Ausland mit halbjährigem Auf- und Abstieg notiert. Die kleinsten MDAX-Werte weisen eine Marktkapitalisierung von rund 500 Millionen Euro, die stärksten Titel von über 10 Milliarden Euro auf. Damit kann der TecDAX als Nachfolger des NEMAX 50 nicht mithalten. Hier beträgt der Börsenwert der Hightechtitel teilweise nur rund 200 Mio. Euro, reicht aber auch über die Grenze von 3 Milliarden Euro.

Mischfonds. Das Anlageziel sind Aktien und Anleihen, je nach Ausrichtung gelegentlich auch Hedge-Fonds. Die Gewichtung und damit auch die Rendite hängen sowohl von den Leitzinssätzen als auch von der Mischung im Hinblick auf den Trend am Aktien- und Rentenmarkt ab.

N

Nachschusspflicht. Ist nach einem Kursabsturz der Wertpapierkredit nicht mehr ausreichend besichert, muss der Kunde Geld nachschießen. Ansonsten droht der Aktienzwangsverkauf. Das Depot wird aufgelöst. Alle Aktien sind weg. Übrig bleibt dennoch ein Schuldenberg.

Nanotechnologie. Beim Stichwort „Nanotechnologie" (Nano heißt Zwerg) kommt Fantasie auf. Den Strukturen in Nanometergröße – der millionste Teil eines Millimeters – werden beeindruckende Eigenschaften in der Medizin, Medizintechnik und Produktentwicklung nachgesagt.

NASDAQ. An der US-Technologiebörse sind Hightech-, Biotech-, Internet-, Telekommunikations- und Medienaktien usw. gelistet. 2010 legte der Index Nasdaq 100 um über 19 % zu – doppelt soviel wie der Dow Jones. Der TecDAX orientiert sich an der NASDAQ-Entwicklung.

Nebenwerte. Hierzulande zählen dazu der MDAX und SDAX mit je 50 in- und ausländischen Titeln aus klassischen Branchen sowie der TecDAX mit 30 Aktien aus dem Hightechsektor, aber auch die Titel im Entry Standard und im Freiverkehr. Marktkundige Investoren stöbern immer wieder substanzstarke Titel mit üppiger Dividende und überzeugender Gewinnentwicklung auf. 2010 füllten ETFs und Nebenwertefonds mit in- und ausländischen Aktien die Siegerlisten.

NEMAX. Bis zur Neusegmentierung im März 2003 waren im mittlerweile beerdigten NEUEN MARKT die Hightech- und Wachstumswerte erfasst. Nachfolger vom NEMAX 50 ist der TecDAX mit 30 in- und ausländischen Hightechwerten, darunter erfolgreiche Neuemissionen.

Nennwertlose Stückaktien. Seit der Euro-Umstellung bieten immer mehr Aktiengesellschaften nennwertlose Stückaktien an. Diese Aktien lauten nicht mehr auf einen bestimmten Betrag, sondern stellen einen bestimmten prozentualen Anteil am Grundkapital der AG dar.

Neuemission. Dies bedeutet, dass ein Unternehmen seinen Börsengang (IPO: Initial Public Offering) antritt. Bei Notierung im Prime Standard besteht die Hoffnung, im Zuge der nächsten Indexüberprüfungen in den MDAX, TecDAX oder SDAX aufzusteigen. Innerhalb einer bestimmten Frist kann gezeichnet werden. Chancen auf Zuteilung bestehen bei begehrten Papieren nur, wenn die Depotbank Konsortialführer ist. Beim Bookbuilding-Verfahren wird die Preisspanne genannt, zu der Zeichnungsangebote möglich sind. Infolge der Finanzkrise kam der IPO-Markt 2008/09 praktisch zum Erliegen. 2010 gab es ein paar interessante Neuemissionen mit Aufstieg in den SDAX und MDAX, darunter Brenntag, Kabel Deutschland und Tom Tailor.

Nichtzyklische Aktien. Dieser Begriff fasst die weniger konjunkturabhängigen Aktien zusammen. Dazu zählen Value-Titel aus der „Old Economy" wie Energie, Versorger, Nahrungsmittel, Haushaltsbedarf und Versicherungen. An Essen, Trinken, Pflege- und Reinigungsmitteln, Strom und Heizung wird auch in Krisenzeiten kaum gespart, aber auf den Preis geschaut.

Nikkei. Der Nikkei ist der wichtigste Index für 225 japanische Aktien an der Börse in Tokio. Seit dem Absturz von 40.000 auf 7.000 Punkte mit kurzen Erholungsphasen scheint trotz der Atom-Katastrophe die Bodenbildung vollzogen und eine Erholung oberhalb der 10.000-Marke denkbar. Interessant ist auch der breit aufgestellte TOPIX mit knapp 1.700 japanischen Aktien.

NYSE (New York Stock Exchange). Die NYSE an der Wall Street gilt als wichtigster Aktienbörse rund um den Globus. Der Dow-Jones-Index mit den 30 größten US-Industrie-Unternehmen liefert die Vorgaben für die weltweite Kursentwicklung der Standardwerte, während die Technologiebörse NASDAQ prägend ist für Gedeih und Verderb von Hightechtiteln.

O

Option. Damit sind einseitig verpflichtende Termingeschäfte gemeint. Der Käufer ist berechtigt, innerhalb einer bestimmten Zeit oder zum vereinbarten Zeitpunkt die festgesetzte Menge vom Basiswert, z. B. Aktien, Indizes, Rohstoffe, Währungen, zu kaufen oder zu verkaufen. Für dieses Recht bezahlt er dem Verkäufer, Stillhalter genannt, eine Prämie, den Optionspreis. Bei einer Call-Kauf-Option profitiert der Käufer von steigenden, bei einer Put-Verkaufs-Option von sinkenden Kursen. Bei falscher Markteinschätzung drohen hohe Verluste.

Optionsscheine, Warrants. Sie verbriefen das Recht, nicht aber die Pflicht, eine bestimmte Menge vom festgesetzten Basiswert zu erwerben (Call-Kauf-OS) oder zu veräußern (Put-Verkaufs-OS). Optionsscheine sind nur für risikobewusste, nervenstarke, disziplinierte und marktkundige Anleger zu empfehlen. Calls setzen auf steigende, Puts auf sinkende Kurse. Wegen der Hebelwirkung winken extrem hohe Gewinne, umgekehrt aber auch große Einbußen bis hin zum Totalverlust. Optionsscheine dienen nicht nur zur Spekulation, sondern auch zur Depotabsicherung. Kurz vor dem Verfalltag droht ein Kursabschlag. „Am Geld" heißt, dass sich Aktienkurs und Basispreis auf etwa gleich hohem Niveau befinden. „Im Geld" bedeutet, dass der aktuelle Kurs beim Call über und beim Put unter dem Basispreis liegt. Notiert der Kurs beim Call unterhalb und beim Put oberhalb des Basispreises, ist der OS „aus dem Geld" und verliert seinen „inneren Wert". Der vergessene Verkauf vor dem Verfalltag bedeutet Totalverlust.

Order. Damit sind die Aufträge – auch Transaktion genannt – im Wertpapierhandel gemeint. Vor allem bei marktengen Werten sollte mittels Limit die Preisspanne beim Verkauf nach unten und beim Kauf nach oben begrenzt werden. Am preisgünstigsten ist eine Order bei den Discountbrokern. Beim Einsatz unterhalb 1.000 Euro fressen die Transaktionsgebühren leicht den Kursgewinn auf. Das empfohlene Umschichten ist nur für Banken und Börsen vorteilhaft.

P

Parketthandel. So wird der Wertpapierhandel an der Präsenzbörse bezeichnet. Üblich ist der sekundenschnelle Computerhandel mit Hochleistungssystemen wie XETRA an der Leitbörse Frankfurt. Vermutlich wird es schon 2012 keine Börsengeschäfte am Parkett mehr geben.

Penny Stock. Durch den massiven Kurseinbruch am mittlerweile „beerdigten" Neuen Markt sind manche Aktien so stark abgestürzt, dass sie unter einem Euro notieren. Penny Stocks sind eine beliebte Spielwiese für Zocker, aber ungeeignet bei langfristigem Anlagehorizont. An der Nasdaq werden Penny Stocks ausgeschlossen, sofern sie sich nicht binnen 4 Wochen erholen.

Performance. Sie bezeichnet die Entwicklung des Depots wie auch einzelner Wertpapiere. Eine langfristig überdurchschnittliche Performance verlangt eine auf das Marktgeschehen angepasste Anlagestrategie mit breiter Streuung in Qualitätstitel und Blick auf üppige Dividenden.

Photovoltaik (Solarstrom). Mit den drastisch zurückgefahrenen Einspeisevergütungen bei Photovoltaik 2010, den geplanten Kürzungen für 2011/12 und Preisdruck wegen starker Konkurrenz aus China und Amerika ist vom früheren Boom wenig zu spüren. Jedoch führt der Atom-Super-GAU in Japan zur Kurserholung. Schwer haben es die Spezialisten für Solarzellen und Solarmodule. Besser sehen die Chancen aus für Unternehmen, die Alleinstellungsmerkmale aufweisen und technologisch die Nase vorn haben wie der Wechselrichter-Weltmarktführer SMA Solar oder der Anlagenbauer Centrotherm. Auch leistungsfähige Systemhäuser können sich im Wettbewerb behaupten. Der Markt dürfte bis 2020 um jährlich 16 % wachsen. Die Installationen sollten sich weltweit binnen 10 Jahren auf knapp 400 Gigawatt belaufen.

PIN. Die mehrstellige **p**ersönliche **I**dentifikations-**N**ummer sollte auswendig gelernt, zumindest aber in raffiniert verschlüsselter Form (z. B. versteckt in Telefonnummern) verwahrt werden.

Portfolio, Portefeuille. Der Depotbestand von Anlegern wie auch die Wertpapierzusammensetzung bei Fondsmanagern wird als Portfolio bzw. Portefeuille bezeichnet.

Prime Standard. Im Rahmen der Neusegmentierung gibt es den Prime Standard mit strengen und den General Standard (ein Auslaufmodell) mit milderen Auflagen. Im Prime Standard sind der DAX mit den 30 größten deutschen Titeln, der MDAX und SDAX mit 50 klassischen Werten und der TecDAX mit 30 Hightechaktien vertreten. Verlangt werden Quartalsberichte, internationale Bilanzierung, Analystenkonferenzen und Ad-hoc-Meldungen in Deutsch/Englisch.

Quant. Damit ist der mathematische Ansatz vor allem bei Hedge-Fonds und Managed Futures-Fonds gemeint. Hochleistungs-Handelssysteme setzen die vom Management entwickelte Strategie selbstständig um. Damit wird irrationales Handeln, oft aber auch Kreativität ausgeschaltet.

Quanto. Dieser Zusatz weist darauf hin, dass der betreffende Aktienfonds oder ETF währungsgesichert ist, also die Performance nicht unter dem Wechselkurs Euro/Dollar/Yen leidet.

Quartalsbericht. Von den im DAX, MDAX, TecDAX und SDAX notierten AGs verlangt die Deutsche Börse AG vierteljährlich einen Bericht über die Umsatz- und Gewinnentwicklung.

Quartalsdividende. Im Gegensatz zu Deutschland, wo die Dividendenausschüttung einmal jährlich am nächsten Werktag nach der HV erfolgt, schütten amerikanische Aktiengesellschaften in der Regel viermal jährlich für das jeweils abgeschlossene Quartal eine Dividende aus.

Rallye. Eine Kursrallye bietet Anlass zu Freude und führt zum Wohlbefinden der Bullen, signalisiert sie doch eine schnelle, besonders kräftige Aufwärtsentwicklung der Aktien an der Börse.

Rating und Ranking. Die Rating-Skalen der großen Agenturen S&P, Moody's, Fitch und Feri Trust zeigen den Grad der Kreditwürdigkeit (Bonität) an. AAA ist die begehrte höchste Bonitätsstufe. Bei DDD gilt das Unternehmen als insolvenzgefährdet. Es gibt auch Rating- und Ranking-Einstufungen für große Aktien- und Hedge-Fonds. Das Rating bewertet qualitative Kriterien wie das Management. Das Ranking beschränkt sich auf quantitative Maßstäbe wie die Rendite in zurückliegenden Zeitperioden. Für das Fondsranking wird auch ein Sterne-System eingesetzt.

Realtimekurse. Im Internet und auf dem Fernsehlaufband erscheinen Börsenkurse oft mit einer Zeitverzögerung von 15 Minuten, teilweise aber auch sekundengenau wie auf der Bildtafel 216 des Nachrichtensenders n-tv für den DAX. Die Discountbroker bieten ihren Kunden kostenlos die aktuellen Notierungen an. Für Day-Trader sind Realtimekurse ein absolutes Muss.

Regenerative Energien. Ob Solarstrom, Windkraft (offshore!), Erdwärme oder Biodiesel aus nachwachsenden Rohstoffen: Knapp werdende fossile Energieträger und der uns bedrohende Klimawandel erfordern weltweit den Einsatz erneuerbarer Energien für Strom und Heizung. Deutsche DAX-Konzerne wie Siemens entwickeln sich zu „grünen Riesen" und setzen auf erneuerbare Energien, vor allem Windkraft auf dem Meer. Auch Wasser als „blaues Gold" wird in vielen Regionen zum knappen, lebensnotwendigen Gut. Anleger sollten mit Aktienfonds, Indexfonds (ETF) und bei guter Marktkenntnis mit Einzeltiteln an diesen Zukunftsmärkten teilnehmen.

Regionalbörsen. Neben der Leitbörse in Frankfurt gibt es die Regionalbörsen Berlin-Bremen, Düsseldorf, Hamburg, Hannover, München und Stuttgart. Nach Frankfurt sind Stuttgart und München am besten positioniert. Einige kleinere Regionalbörsen kämpfen um das nackte Überleben und dürften sich vielleicht zusammenschließen wie Berlin und Bremen. Die Regionalbörsen versprechen günstige Handelspreise, garantieren den Verzicht auf kostspielige Teilausführungen und bieten auf ihren Webseiten einen anlegerfreundlichen und informativen Kundenservice an. Hauptzielgruppe sind Privatanleger, die ebenso behandelt werden wie Institutionelle.

Relative Stärke. Sie gibt Hinweise auf die Kursentwicklung einer Aktie im Verhältnis zum Vergleichsindex. Selbst wenn der Index z. B. um 30 % in den Keller rauscht, gilt ein Titel als „relativ stark", wenn er den Abwärtstrend kaum oder nur um wenige Prozentpunkte mitmacht.

Relative-Stärke-Strategie. Sie verfolgt den Ansatz, dass die Highflyer auch künftig besser abschneiden. Eine weitere Aufwärtsentwicklung der Vorjahressieger ist wahrscheinlicher als eine Trendumkehr und beugt dem übertriebenen, den Gewinn aufzehrenden Umschichten vor.

Rendite. Damit wird der Wertpapierertrag im Verhältnis zum eingesetzten Kapital bezeichnet. Die **Dividendenrendite** entspricht der geschätzten Gewinnausschüttung für das nächste Jahr. Langfristig verspricht die Anlage in substanz- und dividendenstarke Aktien die höchste Rendite.

Rentenpapiere. Dies sind **festverzinsliche** oder mit einem variablen Zinssatz ausgestattete Wertpapiere wie Bundesschatzbriefe oder Unternehmensanleihen. Der Inhaber ist kein Anteilseigner, sondern Gläubiger. Die Zinsen werden jährlich oder zum Laufzeitende ausbezahlt.

Reverseplit. Bei einem Umkehrsplit werden mehrere Aktien zusammengelegt, z. B. im Verhältnis 5:1 oder 10:1, um einen Kapitalschnitt vorzunehmen, dem unangenehmen Penny-Stock-Dasein zu entgehen und eine Kapitalerhöhung möglich zu machen. Ein Reversesplit löst Frust aus, zeigt er doch, dass der Aktienkurs stark gelitten hat, das Geschäftsmodell nicht überzeugt bzw. neu ausgerichtet werden soll. Der frühere Highflyer Intershop nahm zweimal einen Kapitalschnitt von 10:1 vor. So blieb von 100 Aktien nur eine einzige übrig, die nun ca. 2 € kostet.

Riester-Rente. Dies ist ein staatlich gefördertes Altersvorsorgemodell für alle Personen, die in die gesetzliche Rentenversicherung einzahlen. Nutznießer sind vor allem Eltern mit Kindern bei geringerem bis mittlerem Einkommen. Gefördert werden **zertifizierte** Rentenversicherungen, Investmentfonds- und Banksparpläne. Was ratsam ist, hängt von der Lebenssituation und dem Risikobewusstsein ab. Für jüngere Leute empfehlen sich ETF-Sparpläne und Aktienfonds.

Risikoneigung. Jeder sollte seine Risikobereitschaft kennen. Nur dann lässt sich eine passende Strategie entwickeln und diszipliniert einhalten. Ein risikobewusster Anleger setzt nicht nur auf die Trumpfkarte „Sicherheit". Er interessiert sich vielleicht auch für Emerging Markets, Nebenwerte, Rohstoffe, Bergbauaktien und andere Zukunftsmärkte. Ihm ist bewusst, dass mit großen Gewinnchancen hohe Verlustgefahren verbunden sind. Ein sicherheitsbewusster Anleger bevorzugt Blue Chips, kauft Edelmetall, Staatsanleihen, Discount- oder Garantiezertifikate.

Rohstoffmarkt. Der Höhepunkt des Rohstoffzyklus, für den der Experte **Jim Rogers** eine Zeitspanne von ein bis zwei Jahrzehnten ansetzt, dürfte noch nicht beendet sein. Ob Erdöl oder Naturgas, Edel- oder Industriemetalle wie Kupfer und Nickel, Agrarrohstoffe wie Zucker, Kaffee, Kakao, Soja und Getreide oder nachwachsende Rohstoffe für Biodiesel: Die Preise steigen, öfters jedoch unterbrochen von Korrekturen. Neben der physischen Anlage in Gold, Silber, Platin bieten sich Rohstoff-ETFs oder Themenfonds an, für marktkundige Anleger auch gute Einzelaktien. Interessant sind ebenso Bergbautitel wie XStrata, Vale, BHP Billiton und Rio Tinto.

Rote Zahlen. Dies ist der Ausdruck für erzielte Verluste. Bis Anfang 2000 störte es nur wenige Anleger, wenn eine AG operative Verluste erlitt, solange das Wachstum stimmte. Heute werden eine überzeugende Umsatz- und Ertragsentwicklung, zumindest ein baldiges Erreichen der Gewinnschwelle und gute Zukunftschancen erwartet. Sonst wird die Aktie gnadenlos abgestraft.

Rürup-Rente. Wer in die staatlich geförderten Vorsorgemodelle Rürup oder Riester einzahlt, nutzt Steuervorteile, Zuschüsse und sichert sich eine Leibrente bis zum Tod. Die Lebenszeit wird voll abgesichert, unabhängig davon, ob jemand 70 oder 100 Jahre alt wird. Rürup, dessen Namensgeber der Wirtschaftsweise Bert Rürup ist, rechnet sich umso mehr, je älter jemand wird. Die Rürup-Rente darf weder beliehen, noch verkauft oder an den Ehepartner und die Kinder vererbt werden. Aber im Gegensatz zu Riester werden auch Selbstständige gefördert. Die Einzahlungen sind steuerfrei. Erst bei der Auszahlung wird die Einkommensteuer fällig. In der Regel ist der persönliche Steuersatz im Ruhestand niedriger als in der aktiven Berufsphase.

S

Schuldverschreibung. Schuldverschreibungen werden auch als Bonds, Anleihen, Renten, Obligationen bezeichnet. Sie verbriefen ein Gläubigerrecht. Der Inhaber ist kein Anteilseigner, sondern hat Anspruch auf Rückzahlung des Nennwerts. Schuldverschreibungen sind bei festem Rückzahlungstermin mit einem festen oder variablen Zinssatz ausgestattet Je nach Bonität bzw. Kreditwürdigkeit wird für Staats-, Bundes- und Unternehmensanleihen ein unterschiedliches Ranking vergeben, von AAA (höchste Bonität) bis DDD (Zahlungsunfähigkeit). Je schlechter die Einstufung, umso höher sind Zinssatz und Insolvenzgefahr. Indexzertifikate sind Schuldverschreibungen, während Indexfonds (ETF) als Sondervermögen geschützt sind.

Schulter-Kopf-Schulter-Formation. Diese charttechnische Formation besteht aus einem Kopf und zwei Schultern. Um diesen Scheitelpunkt bilden sich links und rechts zwei niedrige Scheitel. Die Tiefpunkte werden durch die Nackenlinie verbunden. Wird diese nach unten durchstoßen, ist dies ein Verkaufssignal. Hält die Unterstützungslinie, wird zum Kauf geraten.

Schwarze Zahlen. Bleiben dauerhaft Unternehmenserträge aus, ist der Kursabsturz vorprogrammiert. Die Einschätzung mit Fokus auf Werthaltigkeit hat sich gewandelt. Substanzkraft und Ertragswachstum, gesunde Bilanzierung und hohe Eigenkapitalausstattung sind gefragt.

Schwergewichtsstrategie. Sie favorisiert die Titel von Unternehmen mit der größten Marktkapitalisierung; denn Indexfonds und Indexzertifikate müssen entsprechend ihrer hohen Gewichtung vertreten sein. Dies verspricht auch für die Zukunft eine ordentliche Wertentwicklung.

SDAX. Im Zuge der Neusegmentierung wurde 2003 auch der SDAX umstrukturiert. Er umfasst nach dem MDAX die 50 größten Unternehmen klassischer Branchen aus dem In- und Ausland und gehört wie der DAX, MDAX und TecDAX dem Prime Standard an. Die Indexanpassung geschieht vierteljährlich. Hier dominieren familiengeführte Mittelständler, die sich in margenstarken Nischen behaupten und flexibel reagieren. Neuemissionen sorgen für stetige Blutauffrischung.

Sell in May and go away. Der Rat, im Mai seine Aktien zu verkaufen und erst später wieder einzusteigen, fußt auf der Erfahrung, dass von Spätherbst bis Frühjahr meist die Kurse steigen, ab Frühsommer bis zum Crashmonat Oktober aber Kursabschläge drohen. Diese Empfehlung lässt außer Acht, dass Nutznießer der vielen Transaktionen nur die drei großen B sind: Börse – Broker – Banken. Die Kosten schmälern die Rendite. Hinzu kommt, dass im Mai und Juni viele Konzerne ihre Dividende ausschütten. Wer vor 2009 diesen Rat befolgte, hat es versäumt, sich einen steuerfreien Altbestand aufzubauen – wohl der größte Fehler in jüngster Vergangenheit.

Sell on good news. Der Tipp, nach guten Nachrichten auszusteigen, geht von der Erfahrung aus, dass die erwarteten guten Zahlen schon eingepreist sind. Schlimm für den Kurs, wenn die Flüsterschätzungen nach unten korrigiert werden und der Unternehmensausblick enttäuscht!

Sell-Out. Der panikartige Aktienausverkauf zu Tiefstpreisen zeigt die Crash-Bodenbildung an. Die Chance auf Trendumkehr steigt. Gut, wer in der Kapitulationsphase die Nerven behält und zu Schnäppchenpreisen selektiv einkauft als sich verlustreich von all seinen Aktien zu trennen.

Shareholder Value. Damit ist eine Firmenpolitik gemeint, die sich an den Interessen der „Aktienhalter" orientiert. Viele werthaltige Industrie-Unternehmen sind auf Shareholder Value ausgerichtet. Dazu gehören eine attraktive Dividende und aktionärsfreundliche Informationspolitik.

Short Seller. Die in den USA beliebten, aber auch hierzulande zulässigen Leerverkäufe gehören zum üblichen Instrumentarium der Hedge-Fonds. Der „Short Seller" verkauft an der Börse hoch bewertete Papiere, die er selbst nicht besitzt. Er leiht sie sich gebührenpflichtig von einem Broker, um sie später an der Börse billiger zurückzukaufen. Darin liegt sein Gewinn. Steigt die Aktie wider Erwarten, muss er auch bei falscher Spekulation den Titel fristgerecht zurückkaufen.

Solarstrom (vgl. Photovoltaik und regenerative Energien)

Sparplan. Schon der junge Berufsstarter sollte für Vermögensaufbau und Altersvorsorge unbedingt einen Sparplan über Aktien- oder/und Indexfonds (ETF) abschließen. Dabei nutzt er den Cost-Average-Effekt. Der Durchschnittskurs ist niedriger; denn bei gleich hohem Monatseinsatz erwirbt er bei fallenden Preisen mehr und bei steigenden Kursen weniger Anteile.

Spekulationsblase. Weltweit neigen die Börsen zu Über- und Untertreibungen, angeheizt durch Gier und Panik. In gewissen Zeitabständen türmen sich Spekulationsblasen auf, die irgendwann platzen. Dies wird auch künftig so sein; denn der Mensch lernt nur selten aus Fehlern und neigt zu wiederkehrenden Verhaltensweisen. Die Frage lautet also nicht ob, sondern nur wann, wie heftig und wie lange der nächste uns heimsuchende Börsencrash dauert.

Split, Aktienstückelung. Mithilfe eines Aktiensplits erscheint der Titel optisch billiger, und zuvor teure Papiere sind durch Stückelung im Verhältnis z. B. von 1:2, 1:3, 1:5 oder gar 1:10 wie bei PORSCHE liquider und besser handelbar. Der Wert ändert sich dadurch nicht. Ein Vergleich: Ich kann eine Torte in mehrere Stücke aufteilen. Solange sie nicht aufgegessen wird, bleibt die gesamte Menge gleich. Ein Split signalisiert, dass der Vorstand von weiterem Wachstum ausgeht. Kreist der Pleitegeier über einer Firma, stückelt sich der Aktienkurs von selbst.

Spread. Bei Zertifikaten und Optionsscheinen bedeutet der Spread die Spanne zwischen dem aus Anlegersicht etwas höheren Briefkurs beim Kauf und dem niedrigeren Geldkurs bei einer Verkaufsorder. Dafür entfällt ein Ausgabeaufschlag, wie er bei Investmentfonds üblich ist.

Squeeze-out. Diese Regelung ermöglicht es bei einer feindlichen Übernahme, die sich widersetzenden Minderheitsaktionäre mit einer dem tatsächlichen Wert entsprechenden Zwangsabfindung herauszudrängen. Vorausgesetzt wird, dass der Bieter 95 % der Anteile kontrolliert.

Stammaktien. Stämme (ST) sind beliebter als Vorzugsaktien. Sie verbriefen ein volles Stimmrecht bei der HV und festigen die Mehrheit der Inhaber bei Ausgabe beider Arten. Zunehmend werden Vorzüge – von Spöttern als „kastriert" tituliert – in Stämme umgewandelt. Die früher wegen der oft höheren Dividende beliebten Vorzüge (VZ) werden vor allem von angelsächsischen Anlegern wegen verminderter Aktionärsrechte abgelehnt. Die Deutsche Börse berücksichtigt nur eine Aktienart bezüglich Indexzugehörigkeit, Gewichtung, Auf- und Abstieg.

Stoppkurs, Stop-Loss-Order. Um bei einem Kurssturz glimpflich davonzukommen, werden Stop-Loss-Orders zur Gewinnabsicherung und Verlustbegrenzung eingesetzt und bei Bedarf nachgezogen. Dies ist im Abwärtstrend oder bei längerer Abwesenheit oft vorteilhaft. Bei einem Minuten-Blitzcrash wie am 6. Mai 2010 wird das Depot jedoch leergefegt, und bei Erholung bleibt man außen vor. Vielleicht stürzt eine Aktie auch nur wegen eines Gerüchts ab oder wird das Opfer von „Sippenhaft", weil der Marktführer patzt. Frust kommt auf, wenn die Aktie kurz vor der Gewinnausschüttung ausgestoppt wurde oder Stoppkurse vor 2009 den Aufbau steuerfreier Altbestände verhinderten. In der Hausse erholen sich Qualitätstitel. Die Baisse wird von sinkenden Kursen geprägt. Stoppkurse sind weder zu eng noch schematisch zu setzen. Bei Blue Chips kann die Spanne knapper, bei volatilen Titeln weiter sein. Die „drei großen B" – **B**örse, **B**roker, **B**anken – halten Stoppkurse für unverzichtbar. Verständlich, garantieren sie doch große Einnahmequellen! Disziplinierte Aktionäre mit guter Marktkenntnis sollten verkaufen, wenn die fundamentalen Daten dafür sprechen und die Charttechnik eindeutige Ausstiegssignale liefert.

Strategie. *„Für einen Seemann, der nicht weiß, welches Ufer er ansteuern will, ist kein Wind der richtige."* Ähnliches gilt für die Strategie. Nur wer sich über Anlageziel, Risikobewusstsein, Anlagezeitraum usw. klar ist, findet das für ihn richtige Konzept. Sonst stochert er im Nebel.

Streubesitz. Damit ist der prozentuale, nicht in festem Besitz befindliche Anteil der ausgegebenen Aktien gemeint. Seit 2002 gilt im DAX für die Gewichtung neben dem Börsenwert nur der Anteil der frei handelbaren Stücke, Free Float genannt. Umgekehrt besteht bei hohem Streubesitz ohne verlässliche Großaktionäre die Gefahr der feindlichen Übernahme (siehe Hochtief).

Strike (Basispreis) und Underlying (Basiswert). Ein Hebelprodukt bezieht sich auf einen bestimmten Vermögensgegenstand, z. B. Aktien, Indizes, Rohstoffe, Anleihen oder Devisen, und wird als Basiswert (Underlying), Basisobjekt oder Basisinstrument bezeichnet. Der vorab festgelegte Preis, zu dem das Basisobjekt gehandelt wird, heißt Basispreis (Strike).

Substanz- bzw. Buchwert. Er bezieht sich auf Immobilien, Grundstücke, Fuhrpark, Anlagen, Maschinen usw. Sind Aktienkurs und Buchwert etwa gleich hoch, erscheint die Bewertung angemessen. Ist der aktuelle Kurs niedriger als der Buchwert, erscheint der Titel unterbewertet.

TecDAX. Im Zuge der Neusegmentierung im Frühjahr 2003 ersetzte die Deutsche Börse AG den skandalumwitterten Neuen Markt durch den TecDAX. Er umfasst die 30 größten in- und ausländischen Unternehmen nach dem DAX aus Technologiebranchen. Die Indexanpassung erfolgt halbjährlich. Seit 2005/2006 dominieren die Solarstromtitel. 2008 stürzte der TecDAX mit einem Minus von fast 50 % am stärksten ab. 2009 war die Erholung mit einem Plus von 61 % am größten. 2010 verhinderte der Absturz der Solarstromaktien eine positive Entwicklung.

Technische Wertpapieranalyse. Der Charttechniker richtet sein Augenmerk nicht auf fundamentale Daten, sondern auf die Kurs- und Umsatzverläufe von z. B. Wertpapieren oder Währungen. Die Verläufe werden grafisch unterschiedlich dargestellt (Linien, Balken, Kerzen usw.). Langzeitcharts ermöglichen Rückschlüsse auf künftige Entwicklungen einzelner Aktien wie auch bestimmter Indizes oder Rohstoffmärkte. Da das menschliche Verhalten gewissen Regelabläufen unterliegt und bestimmte Verhaltensmuster dazu neigen, sich zu wiederholen, zieht der technische Analyst aus den Charts der Vergangenheit Schlussfolgerungen für die Zukunft. Dabei spielen Trend und Trendumkehr, untere Unterstützungs- und obere Widerstandslinien ebenso wie bestimmte Formationen (W, M, Schulter-Kopf-Schulter usw.) eine wichtige Rolle.

Thesaurierung. Hierunter fallen Fonds, die anfallende Dividenden bei Aktienfonds und Zinsen bei Geldmarktfonds nicht ausschütten, sondern die Erträge sofort in weitere Anteile investieren.

Total-Return-Funds. Bei diesem Mischfonds-Konzept werden ein über dem Vergleichsindex liegender Ertrag und eine Mindestrendite angestrebt. Es erfolgt eine ständige Anpassung an die Marktlage und eine unterschiedliche Gewichtung von Aktien, Renten und Geldmarktpapieren. Der Kapitalerhalt steht im Vordergrund. Die Gebühren sind deutlich höher als bei Indexfonds.

Trading, Day-Trading. Der Zugriff auf elektronische Handelssysteme ermöglicht es auch dem Privatanleger, auf kleine Kursbewegungen blitzschnell zu reagieren. Wer nervös und undiszipliniert reagiert und dieses Instrumentarium nicht beherrscht, dem drohen hohe Verluste.

Trend, Trendkanal. Damit ist eine länger andauernde Kursbewegung in die gleiche Richtung gemeint. *„Der Trend ist dein Freund"* macht deutlich, dass es oft unklug ist, sich gegen den vorherrschenden Trend zu stemmen. Beim „prozyklischen" Handeln wird die eigene Strategie auf den Markttrend abgestimmt. Das mutige „antizyklische" Handeln bedeutet, entgegen dem Herdentrieb schon frühzeitig, also im Vorfeld der sich abzeichnenden Trendwende zu reagieren.

Turnaround. Es wird erwartet, dass in Kürze der Boden gebildet wird und das Unternehmen wieder schwarze Zahlen schreibt. Bleibt die angekündigte Rückkehr in die Gewinnzone aus, droht ein erneuter Kursabsturz. Auf eine „Turnaround"-Story spezialisierte seriöse Börsenbriefe sorgen für Informationen, die über marktenge Titel ansonsten nur schwer zu beschaffen sind.

Übernahme. Von **feindlichen** Übernahmen sind vor allem niedrig bewertete Unternehmen bedroht, die keinen Großaktionär und somit einen hohen Streubesitz (Free Float) aufweisen. Um an die Mehrheit der Anteile zu gelangen, erwarten die Aktionäre vom Aufkäufer einen zweistelligen Preisaufschlag. **Freundliche** Übernahmen sind üblich, wenn das **Zielunternehmen** gut zur **Bieterfirma** passt. Oft aber zerstört der „Kampf der Kulturen" erhoffte Synergieeffekte.

Überzeichnung. Wird eine Neuemission überzeichnet, sind **Zeichnungsgewinne** am Eröffnungstag zu erwarten. Der Ausgabepreis dürfte am oberen Ende der **Bookbuilding-Spanne** liegen. Ein Blick auf vorbörsliche Kurse macht Chancen beim Börsenstart berechenbar. Wer bei der Zeichnung leer ausgeht, sollte etwas Geduld üben. Oft geht der Kurs später zurück.

Ultimo. Dieser Begriff bedeutet zweierlei: Zum einen läuft die Kauf- oder Verkaufsorder bis zum Monatsende, zum anderen ist damit der letzte Börsentag im laufenden Monat gemeint.

Umkehrformation. Dies ist die Sammelbezeichnung für Chartformationen, die auf eine Trendumkehr hinweisen wie die **M-, W-, Schulter-Kopf-Schulter- und Untertassenformation.**

Umkehrstrategie. Der Börsianer wählt unter den internationalen Blue Chips jene Titel aus, die im letzten Jahr schlecht abschnitten. Er vertraut auf eine Aufholjagd. Dies ist möglich, wenn sich die fundamentalen Daten verbessern. Nicht jeder „gefallene Engel" hat Erholungspotenzial.

Underlying (Basiswert). Der Optionsschein bezieht sich auf einen bestimmten Vermögensgegenstand, wie Aktien, Indizes, Rohstoffe, Anleihen, Wechselkurse, und wird als **Basiswert** (Underlying), **Basisobjekt** oder **Basisinstrument** bezeichnet.

Unterstützungslinie. Dieser Begriff ist für die **Technische Analyse** wichtig. Wird die Unterstützungslinie nach unten durchbrochen, gilt dies als **Verkaufssignal.** Hält die Unterstützungslinie, wird dies positiv gedeutet, vom Charttechniker als Bodenbildung beurteilt und zugekauft.

Usancen. Wie andere Märkte auch, entwickelt die Wertpapierbörse Marktbräuche und Marktrechte, die auf die besonderen Eigenarten zugeschnitten sind und Umsätze sichern sollen.

Value-Aktien, Value-Fonds. Ab 2000, als die Börsenkurse weltweit in den Keller rauschten, feierte Warren Buffett, der legendäre Verfechter dieser Ausrichtung, sein Comeback. Der erfolgreiche Investor, der alles, was er nicht kennt und versteht, verschmäht, erntete neuen Ruhm. Value ist auf substanzstarke, nachhaltig wirtschaftende, weniger konjunkturabhängige und oft dividendenstarke AGs zugeschnitten. Langfristig empfiehlt sich ein Mix aus Value und Growth.

Verkaufssignal. Bei der Technischen Analyse deuten bestimmte Kursverläufe auf sinkende Notierungen hin. Ein Verkaufssignal wird z. B. gebildet, wenn der Kurs der Aktie oder des Index mehrfach an einer Widerstandslinie abprallt, ohne sie nach oben durchstoßen zu können.

Verliererstrategie. Enttäuscht ein Unternehmen über einen längeren Zeitraum, baut sich ein Verliererimage auf wie bei der Deutschen Telekom. Selbst wenn sich die Lage verbessert, hält Skepsis an. Wer antizyklisch handelt, steigt bei positiver Neuausrichtung vor den anderen ein.

Verlustbegrenzung. Vernünftig ist es, Gewinne laufen zu lassen und bei fundamental schlechten Nachrichten Verluste rasch zu begrenzen. Beim Crash bietet sich für Langzeitanleger bei Qualitätstiteln alternativ das Aussitzen an. Das Geheimnis des Börsenerfolgs liegt darin, dass eine Aktie zwar zum Totalverlust führen kann. Nach oben gibt es jedoch keine Grenze.

Volatilität. Damit sind Kursschwankungen gemeint. Technologieaktien und marktenge Werte sind besonders volatil. Wer das mitunter heftige Auf und Ab nervlich nicht aushält, vertraut lieber auf die großen Standardwerte oder investiert in Indexfonds (ETF) oder in Branchenfonds.

Vorzugsaktien. Die „kastrierten" Vorzugsaktien sind wegen fehlender Stimmrechte auf der HV wenig beliebt. Da tröstet die oft höhere Dividende kaum. Mitunter werden Vorzüge in Stämme umgewandelt, weil für die Indexgewichtung und den Indexaufstieg nur eine Aktiengattung zählt. Oft halten aber nur die Inhaber Stammaktien, um ihre Mehrheit nicht zu gefährden.

Wachstumswerte (Growth). Dazu zählen vor allem Hightech-, Biotech-, Internet-, Nanotechnologie- und Medienwerte. Wachstumsaktien sind attraktiv, wenn die Konjunktur deutlich anzieht und die Erschließung neuer Märkte mit Umsatz- und Gewinnentwicklung verbunden ist.

Wall Street. Dies ist die Straße, in der die New York Stock Exchange (NYSE) ansässig ist.

Wandelanleihen. Oft begeben Unternehmen Wandelanleihen mit mittlerem Zinskupon, um ihr Kapital aufzustocken. Hier bestimmt der Investor innerhalb einer festgelegten Frist selbst, ob er zum Laufzeitende Geld oder Aktien wünscht. Das Risiko ist beim Rating im A-Bereich niedrig.

Weltmarktführer Mittelstand. Unter den 1.500 deutschen Weltmarktführern gibt es 1.350 Mittelständler, großteils, zu 70 % familiengeführt. Das Profil sieht so aus: 100 Mio. Euro Jahresumsatz, 600 Mitarbeiter, Exportanteil 62 %, innovative Geschäftsmodelle in Marktnischen.

Wertpapiere. Dies ist der Sammelbegriff für Urkunden, die Vermögenswerte verbriefen. Dazu gehören Aktien als Sondervermögen ebenso wie verzinsliche Rentenpapiere oder Schuldverschreibungen. Börsenfähige Wertpapiere heißen Effekten. Wertpapiere werden unterteilt in Gläubigerpapiere (z. B. Staats- und Unternehmensanleihen) und in Aktien als Teilhaberpapier.

Wertpapier-Kenn-Nummer (WKN). Wer Aktien telefonisch oder online ordert, verwendet gern die weiterhin tolerierte, einprägsame sechsstellige WKN. Die zwölfstellige ISIN ist nicht beliebt. Sie trägt aber den globalisierten Finanzmärkten Rechnung, lässt Erweiterungen zu und dient der eindeutigen Identifizierung. Neue WKN weisen oft den vermeidbaren Mangel auf, dass neben der Null das D, neben der 6 die 8 und das G verwendet werden. Bei kleiner Schrift kommt es leicht zu Verwechslungen. Drum sollte man bei jeder Order auf den Namen schauen!

Widerstandslinie. Charttechnisch wird die Ampel erst dann auf „Grün" gestellt, wenn die Widerstandszone nachhaltig nach oben durchbrochen wird. Wichtige Widerstände liegen psychologisch bedingt im Bereich runder Zahlen und beim früheren Höchststand von Aktie oder Index.

XETRA. Das vollelektronische Handelssystem der Frankfurter Börse macht den Parketthandel entbehrlich. XETRA führt Kauf- und Verkaufsaufträge über Computer blitzschnell zusammen.

Zeichnung. So heißt die verbindliche Abgabe eines Kaufangebots für neu emittierte Aktien zum Ausgabepreis. Hohe Zeichnungsgewinne am ersten Börsentag sind nur bei attraktiven Titeln zu erwarten. Mittlerweile wich die Euphorie der Vernunft – aber wie lange noch?

Zeitwert. Die Laufzeit umfasst den Zeitraum zwischen der Ausgabe und dem Verfalltermin, an dem z. B. ein Optionsrecht erlischt. Der Zeitwert nimmt ab, je näher das Laufzeitende rückt.

Zertifikate. Davon gibt es mehr als eine halbe Million, darunter mehrheitlich Anlagezertifikate wie Index-, Discount-, Bonus- und Express-Zertifikate. Dies sind zinslose Schuldverschreibungen unterschiedlicher Ausstattung, angepasst auf die individuellen Bedürfnisse und Markterwartungen der Anleger. Was stört, ist das Begriffswirrwarr und die übertriebene Vielfalt. Auf marktkundige spekulative Anleger warten rund 200.000 Hebelprodukte mit riesigen Gewinnchancen, aber ebenso erheblichem Risiko. Je höher der Hebel, umso größer die Spekulation!

Zinspolitik. Seit 2006 ist Ben Bernanke Notenbankchef der US-Fed. Sein langjähriger Vorgänger Alan Greenspan ging mit 79 Jahren in den Ruhestand. Damals waren weitere Zinsschritte nach oben zu erwarten. Die Jahre des billigen Geldes schienen vorbei zu sein. Mit der schwersten Finanz- und Weltwirtschaftskrise 2008/2009 seit 80 Jahren, ausgelöst durch die Subprimekrise in den USA, wurde zur Stabilisierung des Finanzsystems und Bewältigung des Überschuldungsszenarios eine Niedrigzinspolitik mit historischen Tiefständen eingeläutet – in den USA zwischen 0,0 % und 0,25 %. Die Europäische Zentralbank (EZB) mit ihrem Präsidenten Trichet senkte den Leitzinssatz auf 1,0 %. Im Sommer 2011 wird im Zuge der konjunkturellen Erholung eine leichte Zinssatzerhöhung auf 1,25 % erwartet – es sei denn, der Atom-Super-GAU in Japan zerstört diesen Plan. Moderate Leitzinssätze mit Erhöhung in kleinen Schritten bedeuten nicht zwingend, dass die Bären die Bullen aus der Börsenarena vertreiben.

Zykliker, zyklische Aktien. Dieser Begriff gilt für Unternehmen, deren Umsatz und Gewinn in hohem Maße konjunkturabhängig sind. Dies trifft zu für Maschinen- und Autobauer, für Chiphersteller, Bergbau-, Stahl- und Chemiekonzerne. Beim Konjunkturaufschwung werden zyklische Titel favorisiert. Ist der konjunkturelle Hochpunkt überschritten, nehmen vorsichtige Investoren bevorzugt nichtzyklische Titel wie Versorger, Konsum- und Energiewerte in ihr Depot.

28 Sachwortverzeichnis: Wo steht was?

Die fett gedruckten Ziffern weisen auf Schwerpunktinformationen hin.

29 Nachwort: Die Atomkatastrophe in Japan

Folgende Schlagzeilen gingen Mitte März 2011 um die Welt

Die unglaubliche Katastrophe: Verzweifelt versucht Japan, den Kernkraft-GAU noch abzuwenden – Atomangst führt zur Panik an der Börse – Brand, Kernschmelze, Strahlen: Fukushima gerät außer Kontrolle – Gefahren für die Weltwirtschaft, aber keine globale Rezession – Die Japan-Katastrophe verändert den Energiemix – Ein schwarzer Schwan: Das Unvorsehbare ereilt Japan: schwerstes messbares Erdbeben – 20 Meter hohe Tsunami-Wellen – kein Strom, keine Kühlung, Reaktorzerstörung, radioaktiver Austritt ...

Quelle: ARD-Börse, 18.03.2011

Die wirtschaftlichen Folgen von Erdbeben und Tsunami allein wären nach Expertenmeinung für Japan beherrschbar – nicht aber ein Atom-GAU

Erinnert sei an das schwere Erdbeben von 1995 in Kobe, dem weltgrößten Handelshafen. Unberechenbar sind dagegen die Folgen einer atomaren Katastrophe. Dazu meint Allianz-Chefvolkswirt Michael Heise in einer Studie: *„Käme es im Rahmen eines GAU zu einem massiven Austritt von Radioaktivität, wären schwerwiegende und nachhaltige Folgen für die japanische Wirtschaft zu erwarten. Sollte der Großraum Tokio – das wirtschaftliche Herz der drittgrößten Volkswirtschaft – getroffen werden, kämen große Teile der landesweiten Produktion zum Erliegen."* Die Kette der japanischen Heimsuchung – Erbeben, Tsunami, Atomnotstand – sind für die Weltwirtschaft auch deswegen gefährlich, weil sich die Krisenherde in Nordafrika, allem voran Libyen, hinzugesellen. Aktuell ist mit rund 27.000 Todesopfern zu rechnen.

Was richten die radioaktiven Strahlen beim Menschen an?

Der Feind mit seinen Partikeln ist unsichtbar und extrem gefährlich. Er schleicht sich über die Luft, die Haut, das Trinkwasser, die Nahrungsmittel in den Körper, lagert sich im Gewebe und entfaltet mit Schädigung wichtiger Enzyme seine zerstörerische, tödliche Kraft mit Haut-, Blutbild- und genetischen Defekten sowie vielerlei Krebsleiden.

Wieso ist bei dieser Katastrophe der Yen nicht schwach, sondern stark?

Eine erneute Finanzspritze der japanischen Notenbank und die Rückführung von Anlagegeldern nach Japan stützen den Yen gegenüber dem US-Dollar. Ob institutionelle oder private Anleger: Das in Anleihen angelegte Kapital wird dringend gebraucht für den Wiederaufbau der zerstören Immobilien und Infrastruktur. Auch die Versicherungswirtschaft und andere Firmen realisieren Gewinne und holen Geld zurück, um den Wiederaufbau des durch Erdbeben und Tsunami zerstören Landes zu finanzieren.

Welche Reaktionen sind bei solchen Katastrophen angemessen?

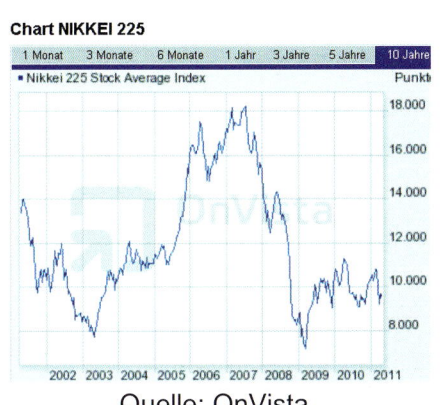

Quelle: OnVista

Es lässt sich gewiss darüber streiten, ob es überhaupt ethisch vertretbar ist, Erdbeben, Tsunami-Verwüstung und Atomkatastrophe für die eigene Anlagestrategie zu nutzen. Eine darauf bezogene Strategie verdient ein eindeutiges „Ja", wenn zumindest ein Teil des Kursgewinnes dazu verwendet wird, Gutes zu tun, für Japan selbst zu spenden oder in die Bildung der Nachkommen zu stecken. Dazu habe ich mich entschlossen. Wer schnell reagiert hatte, wie ich selbst, konnte die von mir entwickelte Hoch/Tief-Mut-Strategie bestmöglich nutzen, trafen hier doch zwei gegensätzliche Phänomene aufeinander, die sich als besonders vorteilhaft erwiesen. Auf der einen Seite sprangen die Aktien für erneuerbare Energien in die Höhe, außerdem Tognum und Hochtief durch Übernahmeangebote und SGL Carbon infolge großer Beteiligungen (BMW, VW). Andererseits stürzten die Kurse großer und kleiner Titel bis zu 30 % in den Keller. So verkaufte ich aus dem Neudepot einige Sieger und griff bei den verprügelten Titeln kräftig zu wie ElringKlinger, MTU, Aurubis und Südzucker (MDAX), Gigaset (TecDAX) und Bertrandt (SDAX), zudem PSI, Schuler sowie zwei japanische Bau- und Immobilienaktien, Daiwa und Sekisui House. Der japanische Markt ist jetzt im historischen Vergleich niedrig bewertet, ein KGV für 2011 von nur noch 13,7 gegenüber 17,92 als Durchschnitt einer langfristigen Berechnung.

Welche Branchen dürften mit Blick auf Japan besonders interessant sein?

➢ Dies gilt für den gesamten Bereich der Infrastruktur, also Aktien von Baustoffen wie Zement, Immobilien, Bauwirtschaft, Netzwerkausrüster, Gasturbinen usw.

➢ Auch gute Aktien für erneuerbare Energie – vor allem Windkraft und Solarenergie – dürften boomen. Kernkraft wird geschwächt, regenerative Energie gestärkt.

➢ Rohstoffe, wie Edel- und Industriemetalle, Nahrungsmittel, Gas und Öl werden dringend gebraucht, zumal die landwirtschaftlichen Nutzungsflächen abnehmen.

Wer das neue Buch in 4. Auflage „Der Aktien- und Börsenführerschein" durchgearbeitet und die Testaufgaben erfolgreich gelöst hat, sollte die Prüfung ablegen. Warum? Was bringt es?

➢ Selbstwertgefühl durch Erfolgserlebnisse

➢ Fachkompetenz in den wichtigen Fragen des Vermögensaufbaus und der Altersvorsorge

➢ Fähigkeit, eine maßgeschneiderte erfolgreiche Anlagestrategie aufzubauen und sein Portfolio kompetent zu managen

➢ Attraktive Urkunde mit Prädikat (Benotung)

➢ Bessere berufliche Ein- und Aufstiegschancen

Wie läuft diese Prüfung ab? Jeder Leser darf beim FinanzBuch Verlag die Prüfung auf dem Postweg ablegen. Betreut werden Sie von mir, der Projekt- und Buchautorin Beate Sander. Bei dem zu erwartenden Erfolg erhalten Sie ein **Zertifikat (Urkunde)** mit erreichter Punktzahl und Benotung.

Prüfung für Schüler, Azubis und Studenten: In Schulklassen und Börsen-Arbeitsgemeinschaften kann die Prüfung während des Unterrichts oder der Geschäftszeit stattfinden. Die Teilnehmer dürfen das Börsenführerscheinbuch als erlaubtes Arbeitsmittel einsetzen und – sofern organisatorisch möglich – auch das Internet nutzen. Als Prüfungszeit erscheinen zwei Schulstunden oder 60 bis 90 Minuten angemessen.

Das Prüfungsverfahren im Detail

➢ Anmeldung unter Beifügung eines frankierten und adressierten Großbriefumschlags (1,45 €) zwecks Zusendung der Prüfungsunterlagen an Beate Sander, Pommernweg 55, 89075 Ulm, ☎ 0731-26 59 96, E-Mail: Beate.Sander@gmx.de. Wer die Prüfung online ablegen will, nimmt Kontakt auf. Er spart Postversand-Kosten.

➢ Rücksendung der gelösten Prüfungsaufgaben binnen zehn Tagen unter Beifügung eines frankierten und adressierten Großbriefumschlags (1,45 €) an Beate Sander, Pommernweg 55, 89075 Ulm. Die Korrektur, Bewertung und Rücksendung der Prüfungsaufgaben nebst Zertifikat erfolgen binnen zehn Tagen.

➢ Die Prüfungsgebühr beträgt **15,00 €** und muss vor Abgabe der gelösten Prüfungsaufgaben auf mein Konto überwiesen werden. **Schüler zahlen 10,00 €.**

BÖRSE HÖREN.

www.comdirect.de/audio · www.sbroker.de (Rubrik Markdaten/Audiobörse)
www.postbank.de (Rubrik Fonds · Börse) · www.brn-ag.de ...